基于标准的教师教育新教材

课堂评价

主编◎王少非

华东师范大学出版社
上海

图书在版编目（CIP）数据

课堂评价/王少非主编.—上海：华东师范大学出版社，2013.10
ISBN 978-7-5675-1305-1

Ⅰ.①课… Ⅱ.①王… Ⅲ.①课堂教学—教学评估—中小学 Ⅳ.①G632.421

中国版本图书馆CIP数据核字（2013）第246233号

基于标准的教师教育新教材

课堂评价

主　　编	王少非
责任编辑	吴海红
责任校对	赖芳斌
装帧设计	卢晓红

出版发行　华东师范大学出版社
社　　址　上海市中山北路3663号　邮编 200062
网　　址　www.ecnupress.com.cn
电　　话　021-60821666　　行政传真 021-62572105
客服电话　021-62865537　　门市（邮购）电话 021-62869887
地　　址　上海市中山北路3663号华东师范大学校内先锋路口
网　　店　http://hdsdcbs.tmall.com/

印 刷 者　常熟市文化印刷有限公司
开　　本　787毫米×1092毫米　1/16
印　　张　19.25
字　　数　395千字
版　　次　2013年11月第1版
印　　次　2024年1月第11次
书　　号　ISBN 978-7-5675-1305-1/G·6903
定　　价　38.00元

出版人　王　焰

（如发现本版图书有印订质量问题，请寄回本社客服中心调换或电话021-62865537联系）

前言

30年前，我正在大学教育系的学校教育专业学习。在所学的众多课程中，《教育评价》最让我头疼。实际上，在之后的20多年中，教育评价在我的印象中一直蒙着神秘的面纱，高深莫测，令我不敢靠近——对于我几位年轻的合作者而言，当年评价似乎也是同样的面目。2005年，我作为博士生为华东师范大学课程与教学研究所的老师们申报的教育部哲学人文社会科学研究重大攻关项目《素质教育课程评价体系研究》和教育部人文社会科学研究重点基地重大项目《基于标准的学生学业成就评价体系研究》做一些文献准备工作，开始重新接触教育评价。由于对印象中的评价心存恐惧，因此开始参与研究时只敢在评价的"外围"，比如评价系统、问责等领域游走。可随着参与的深入，我发现评价不是我原来印象中的评价，反而有它不神秘的一面。

是评价变了！当前的教育评价领域正在发生着范式转换，从"对学习的评价"（assessment of learning）转向"为学习的评价"（assessment for learning），也就是，因将评价的核心功能定位从对学习的判断转向对学习的促进，从而引发评价目标、方法方式、结果运用等方面的一系列变化。当评价从"对学习"转向"为学习"时，教师在评价中的地位和作用凸显出来了：在原有的教育评价范式中，要对学习作出判断，那些与学生学习有直接利害相关的教师似乎是不可信任的，只能由"专业人士"来实施；而且，评价建基于心理测量学——一个高度关注自己的"专业性"以至于有很强排他性的领域——之上，教师们通常只能作为"门外汉"围观"专业人士"的工作。在这种范式中，教师们无权评价或者只需要模仿专业人士的评价，或者会主动游离于这一专业。可是，在新的促进学习的评价中，教师成为评价的主体了。因为只有当教师依据应有的教学目标设计、实施评价，并以评价结果作为自己教学决策的基础，为学生提供作为学习决策基础的反馈时，评价促进学习的功能才能真正得到发挥。也正因为如此，教师日常实践层面的评价，也即课堂评价（classroom assessment），成为新的评价范式中的关注焦点。

从实践来看，教师们经常在进行各种各样的评价活动：课堂提问、安排课堂练习、布置家庭作业、实施课堂小测验，以及单元测验、期中考试等。按美国著名评价专家斯蒂金斯的说法，教师们的专业实践中大概有一半以上的时间花在评价及其相关活动上。问题在于，尽管教师们花大量时间实施课堂评价，但课堂评价应有的促进学习的功效却未能充分得到发挥。一个重要的原因就是，绝大多数的教师并不拥有很高的课堂评价素养。当然，这不能归罪于教师，因为我们的教师培养和教师培训都没有提供相应的专业知识基础——我们的教师培养课程框架中，评价方面的课程长期缺失。即使有相关课程，也是基于心理测量学的、旧的评价范式框架内的课程。教师培训中同样没有相应的课程——教师们拥有的关于课堂评价的认识，其实大多来自于对外部实施的大规模评价的模仿，而这种外部的大规模评价，从其遵循的范式上，恰恰与课堂评价相冲突。

尤为重要的是，党的二十大报告明确将教育定位于全面建设社会主义现代化国家的基础性、战略性支撑，强调坚持教育优先发展，加快建设教育强国；中共中央、国务院发布的《深化新时代教育评价改革总体方案》也明确提出,"落实立德树人根本任务,遵循教育规律,系统推进教育评价改革",为课堂评价的改革指明了方向。因此,教育评价改革必然是"教育强国"建设的重要任务,良好的课堂评价系统必然是"富有时代特征、彰显中国特色、体现世界水平的教育评价体系"不可或缺的有机组成部分,而教师的评价素养正是良好的课堂评价系统运行的关键之所在。因此,本教材定位于在二十大报告精神的指引下,坚持问题导向,基于课堂评价领域的前沿成果,构建良好的课堂评价系统,并为教师课堂评价素养的提升提供知识基础,以助力教师落实"立德树人"根本任务的能力发展。

核心观点是,评价目标一定要与学习目标相匹配,所用的评价方法一定要收集到关于学生学习的准确信息,评价的结果一定要成为教师教学决策和学生学习决策的基础,学生也一定得参与评价过程。基本的内容框架是:

第一章课堂评价概述,厘清课堂评价的边界,在新的评价范式之下明确课堂评价的定位与功能,进而探讨了良好的,即能有效促进学习的课堂评价应有的特征。

第二章评价目标的设定,强调了评价目标与学习目标的一致性,让学生知道评价目标的重要性,以及让学生知道评价目标的一些有效策略。

第三章到第七章,关注评价方法问题,即收集关于学生学习信息的方法。在总体强调评价方法与评价目标的匹配之后,分别介绍了四类具体的评价方法:纸笔测验、表现性评价、交流式评价和档案袋评价。

第八章和第九章都关注评价结果的运用,强调评价结果的正确运用是评价促进学习的关键所在。第八章讨论如何让评价结果成为学生学习决策的基础,即反馈;第九章关注教师如何运用评价结果进行教学决策。

第十章学生参与评价,讨论学生在以促进学习为指向的课堂评价中的角色,强调学生对评价过程的参与。

最后以"附录"的方式提供了关于"课堂评价技术"和"教师的课堂评价素养"的相关内容。

本教材契合了《教师教育课程标准》的要求。《教师教育课程标准》的在职教育建议模块中直接建议设置《课堂评价》,而其职前教育课程部分虽然没有直接规定《课堂评价》课程,但规定了其他相关课程,如《课程设计与评价》,"课堂评价"就是这门课程中"评价"的一个重要内容。因此,本教材适用于教师职前教育,在当前教师课堂评价素养普遍缺失的情况下,同样适用于教师在职教育。本教材是团队合作的产物。具体分工如下:第一章,王少非;第二章,冯翠典;第三章,周文叶;第四章,王少非;第五章,周文叶;第六章,冯翠典;第七章,周文叶;第八章,王少非、盛慧晓;第九章,王少非;第十章,王少非;附录一,王少非、盛慧晓;附录二,王少非、冯翠典。全书由王少非负责统稿。

在本书即将出版之际,我们要特别感谢华东师范大学"基于标准的教师教育新教材"编委会将本教材纳入"基于标准的教师教育新教材"系列之中!感谢崔允漷教授在本书形成过程中提供的诸多帮助和宝贵建议!感谢华东师范大学出版社王焰社长、高等教育分社翁春敏社长、责任编辑吴海红女士等为本书的出版所做的大量工作!

目录

第一章　课堂评价概述　1
- 第一节　课堂评价的概念　3
- 第二节　课堂评价的定位　8
- 第三节　课堂评价的功能　14
- 第四节　良好的课堂评价的特征　19

第二章　评价目标的设定　29
- 第一节　评价目标的内涵与作用　31
- 第二节　设定评价目标的依据　33
- 第三节　让学生知道评价目标　44

第三章　评价方法的选择　55
- 第一节　评价方法及其类别　57
- 第二节　课堂评价方法选择的一般原则　63
- 第三节　课堂评价方法选择的核心原则　67

第四章　纸笔测验　79
- 第一节　选择反应题　81
- 第二节　建构反应题　95
- 第三节　试题整合　102

第五章　表现性评价　107
- 第一节　表现性评价的涵义与类型　109
- 第二节　表现性任务的设计　120
- 第三节　表现性评价的实施　127

第六章　交流式评价　133
- 第一节　交流式评价概述　135
- 第二节　课堂提问　139
- 第三节　课堂观察　146

第七章　档案袋评价　157
- 第一节　档案袋评价的特征与类型　159
- 第二节　档案袋评价的设计　165
- 第三节　档案袋评价的实施　174

第八章 评价结果的运用（上） **181**
    第一节　评价结果的多重用途　　183
    第二节　给学生反馈　　186
    第三节　有效反馈的原则　　198

第九章 评价结果的运用（下） **217**
    第一节　教学决策的基础　　219
    第二节　基于评价结果的决策类别　　229
    第三节　基于评价结果的教学决策　　237

第十章 学生参与评价 **251**
    第一节　学生在课堂评价中的角色　　253
    第二节　促进学生参与课堂评价　　260

附录一　课堂评价技术　　**271**
附录二　教师的课堂评价素养　　**283**

第一章

课堂评价概述

导读

　　一提到评价,如果你是学生,你可能马上会想起让你印象特别深刻的中考、高考;如果你是教师,你可能会想到你的学生曾经参与或即将参与的各种重要的考试。是的,所有这些都属于评价。可是,除了这些之外,你还能想到哪些评价?

　　其实,教师在课堂中的提问、布置并批改的作业、课堂中的小测验等都有评价的成分。这些评价与中考、高考之类的大规模考试一样吗?差别很大。本章就想回答这样一个问题:课堂评价与大规模评价有何不同,特别是在内涵、功能以及质量标准上有何不同?

本章从评价的分类入手对课堂评价进行界定，关注其不同于外部评价的目的定位，以及外部评价难以充分发挥的功能，进而明确促进学习的课堂评价应有的特征。主要内容包括：

第一节　课堂评价的概念；
第二节　课堂评价的定位；
第三节　课堂评价的功能；
第四节　良好的课堂评价的特征。

通过本章学习，您将能够：

1. 理解课堂评价的概念；
2. 明确课堂评价的目的在于通过为教师教学决策和学生学习决策提供依据而促进学习；
3. 理解课堂评价的情绪动力功能和认知功能，尤其要明确课堂评价在通过改变学生认知来促进学习方面的作用；
4. 掌握良好的课堂评价的特征，并能运用这些知识来分析自己和他人的课堂评价实践。

第一节　课堂评价的概念

有关"教育评价"的教材或著作并不少见，很多教师对于"教育评价"乃至"评价"有一些先存的知识或观念。课堂评价是教育评价的一个组成部分，对课堂评价的界定也可以从教育评价的类别出发。

一、evaluation 与 assessment

在英语中，与汉语中"评价"一词相对的最常用的词有两个：evaluation 与 assessment。许多教育评价方面的教材都运用了 evaluation 的意思。从词源看，evaluation 一词的构成有两部分，"e"和"value"。在拉丁文中，"e"的含义为"引出"，"value"的含义是"价值"，evaluation 的本意就是"引出价值"。因此，绝大多数教育评价教材都将评价视为价值判断的过程。如王汉澜的《教育评价学》将评价界定为"根据一定的目的和标准，采取科学的态度和方法，对教育工作中的活动、人员、管理和条件的状态和绩效，进行质和量的价值判断"[1]。陈玉琨的《教育评价学》认为，从本质上来说，评价是一种价值判断的活动，是对客体满足主体需要的程度的判断，因此认为格朗兰德(Gronland, N. E.)关于评价的公式——评价=测量（量的记述）或非测量（质的记述）+价值判断——抓住了评价的本质。[2]一本通行的高等师范院校公共课教育学教材《教育学基础》，认为教育

---

[1] 王汉澜.教育评价学[M].郑州：河南大学出版社，2001：15.
[2] 陈玉琨.教育评价学[M].北京：人民教育出版社，1999：7.

评价是"在一定价值观指导下,依据确立的教育目标,通过一定的技术和方法,对所实施的各种教育活动、教育过程和教育结果进行科学判定的过程"。[①] 这些界定基本上源于教育评价领域的奠基人拉尔夫·泰勒关于教育评价的定义:"评价过程实质上是一个确定课程与教学计划实际上达成教育目标的程度的过程。"

尽管泰勒的评价理论很长时间以来一直占据主导地位,却并非没有遭受到任何挑战。其实,关于评价,还有一些相当有影响的观念,一直在试图突破泰勒的观念。教育评价领域的著名学者克龙巴赫(Cronbach, L.),就将评价定义为"为作出关于教育方案的决策,搜集和使用信息"。另一学者斯塔弗尔比姆(Stufflebeam, D. L.)也做了一个类似的界定:"为决策提供有用信息的过程。"在英语中,意为评价的还有另一个常用的词:assessment,本身就有收集信息的意思。作为assessment的词根,assess的本意是"坐在旁边看",后引申为"收集相关信息"。某些特定的评价不用evaluation一词,而用assessment,课堂评价在英语中就叫做classroom assessment,而不叫classroom evaluation。

对于课堂评价,是就学生的学习情况作判断、下结论更重要,还是收集学生学习的信息并以此为基础改进自己的教学和学生的学习更重要?课堂评价应该与选拔无关,与认证也无关,不必对学生的学习作判断、下结论。更关键的是,用于对学生学习下结论甚至"贴标签"的课堂评价无助于学习的改进。课堂评价应当用于收集学生学习的信息,进而为自己的教学决策提供依据,为学生的学习决策提供依据。但必须指出,强调收集信息,不能完全忽略或否定"判断"。所收集到的信息只有经过判断,才可能真正成为决策的基础。

二、外部评价与内部评价

根据实施主体来分,评价可以被分成外部评价和内部评价。前者是指外部机构实施的评价,后者是指机构自己实施的对本机构活动的评价。在教育领域中,一些影响巨大的评价活动通常是由外部机构组织实施的,如高考、中考,以及各种各样的统考、联考,都是由学校以外的机构组织实施的,或者超越单一的学校由多所学校联合实施的,属于外部评价。学校教研组或教师个体组织实施的对本校或本班学生的评价就属于内部评价。

高考、中考等外部评价的主要目的就是选拔,实施各种统考、联考名义上都是以"提高教学质量"或"促进学习"为名的,但其实质的指向却是管理,且以学校和教师为管理对象。由于需要对学校和教师进行比较、鉴定或判断,所以评价必须客观公正。而要客观公正,就不能考虑学校、班级、学生个体的具体情况,就必须采用同一套检测工具(通常是纸笔考试),采用相同的标准。高考、中考只在高中、初中学段结束时实施,各种统考联考也只能在一个相对完整的教学阶段结束时实施,不能频繁地实施。由于通常需要安排专门的时间集中批改,所以评价结果的反馈会相对滞后,而且通常以学校、班级为分析单元,难以向学生个体提供具体的描述性的反馈。

---

① 全国十二所重点师范大学联合编写.教育学基础[M].北京:教育科学出版社,2002:265.

教师在日常教学层面的评价可以根据本班甚至学生个体的学习情况来实施，可以采用多样化的方法频繁地实施，比如可以用纸笔测验或书面作业，也可以采用表现性评价（包括口头作业），可以通过与学生交流甚至观察来评价，可以将评价结果及时地反馈给学生，学生也能够便利地参与评价过程。因此，相对于外部评价，课堂评价对学习的促进作用会更直接、更有效。

练习1-1

外部评价和内部评价各有优势，也各有不足。你能否自己进行分析，将下表填充完整？

	优 势	不 足
外部评价	1. 标准一致，比较公正； 2. 3. 4. ……	1. 难以频繁实施； 2. 方法手段比较单一； 3. 反馈时间相对滞后； ……
内部评价	1. 可以针对学生具体情况来实施； 2. 实施便利，可以频繁实施； 3. 学生容易介入； 4. 容易及时反馈，信息传递比较便捷； ……	1. 2. 3. 4. ……

课堂评价是教师在课堂层面实施的评价，教师在教学过程中提问，然后给学生的回答以回应，布置课堂练习和家庭作业，实施随堂小测验等都属于课堂评价。显然，课堂评价属于内部评价范畴。

三、成就评价与心向评价

从评价所指向的内容看，教育评价经常可以分成成就评价与心向评价。尽管教学中对学生的评价都经常给予成绩，但并不是所有的评价都指向于学习成就。所谓成就评价，所评价的是通过学习而获得的结果，这种结果通常会通过两条途径获得：一是通过学校的课程教学活动获得，二是通过学生课外的学习获得。心向评价关注的是通常与生俱来的能力倾向，对学生聪明与否的评价，如常见的智力测验就属于心向评价。高考之类以选拔为目的的外部评价关注学生学习成就，但也会容纳很多心向评价的内容。

课堂评价应当关注什么？成就还是心向？课堂评价是为教学服务的，本身也是教学活动的一个有机组成部分。它不应对学生聪明与否做出判断，也不应关注那些与学校的教学活动关系并不密切、主要源于学生课外学习的学习结果，相反，它应当关注学生在教学过程中获得的学习结果，即学生达到教师期望达到的学习目标的程度。

反思1-1

请思考,下列两道题目评价的是什么?心向还是成就?如果是成就,是通过教学获得的成就还是与教学无关的成就?

第一题:一道四年级数学题
下列哪个字母可以用对折的方法拆分成完全相同的两个部分?
a. Z　　　　　b. F　　　　　c. Y　　　　　d. S

第二题:一道六年级科学题
植物的果实通常都有籽,根据这一条件判断下列选项哪个不属于果实。
a. 榴莲　　　　b. 芥蓝　　　　c. 柠檬　　　　d. 桑葚

四、总结性评价与形成性评价

根据目的和功能来分,评价可以分成总结性评价(也称终结性评价)和形成性评价。这种区分是美国学者斯克里文(Scriven, M.)在其1967年的著作《评价方法论》中最早提出的。如今在提到这两种评价时,似乎更多关注的是评价实施的时间。一个相对完整的教学阶段完结时实施的评价是总结性评价,而在过程中实施的评价就是形成性评价。其实,斯克里文最初是在教材评价中提出总结性评价和形成性评价的区别的,他在区分这两种评价时并没有将实施时间当作关键区别。在他看来,总结性评价是在教育活动发生后关于教育效果的判断,而形成性评价是通过诊断教育方案或计划、教育过程与活动中存在的问题,为正在进行的教育活动提供反馈,以获得更为理想的效果。应用到学生学习评价领域,总结性评价通常被认为是一个相对完整的教学阶段完结时实施的评价,目的在于对学生的学习作出判断,或者对学生进行区分。在学生学业评价领域,中考、高考就是一种典型的总结性评价。形成性评价则被认为通常是在教学和学习过程中实施的,用以发现学生学习中的问题,进而向学生提供反馈,以改进学生学习。换言之,常规上是从实施时间和结果运用这两个维度区分总结性评价和形成性评价的。但实际上实施时间并不重要,两者之间的关键区别在于评价结果的运用。如果评价结果用于对学生的学习结果作判断、下结论,那就是总结性评价,教师在教学过程中的评价也可能是总结性评价。如果评价结果被用于向学生提供反馈,支持学生学习的改进,那么即使它可能在一个教学阶段完结时实施,也能成为一种形成性评价。

反思1-2

从评价角度看,厨师品尝菜品与顾客品尝菜品有何区别?
前者是形成性评价,后者是总结性评价。
请你找到其他一些类比说明形成性评价与总结性评价的区别。

课堂评价应该是一种总结性评价还是一种形成性评价?这要看课堂评价的目的指向。课堂评价是教师在课堂层面实施的评价,可以在教学过程中实施,也可以在一个相对完整的教学阶段(如单元、学期)基本完结时实施,但根本的目的都不应是对学生的学习下结论,更不是要对学生作出区分,相反,课堂评价的目的应该是收集学生学习的信息,并以此为证据改善自己的教学和学生的学习。也就是说,课堂评价应该是一种形成性评价。

反思1-3

有没有注意到?在中小学中有些练习册封面上赫然标着"某年级某科学的形成性练习册",有些试卷直接以"某年级某学科形成性检测卷"为题。练习册、试卷本质上都是一种评价工具。一种特定的评价工具有没有总结性和形成性之分?是否某种评价一定是总结性而另一种一定是形成性的?为什么?请尝试说明你的理由。

综上所述,课堂评价是一个收集学生学习信息、解释信息,并以此为依据实施教学决策的过程,是一种内部评价,所要评价的是学生在学校课程教学过程中获得的学习结果,目的在于改进学生的学习,是一种形成性评价。

好了,现在你能不能用一句话来概括课堂评价,告诉你的同事或同学,课堂评价是什么?请将你的这句话写在下面的框框中。

练习1-2

然后,完成下面的练习。

练习1-3

在下列教师日常的教学实践活动中,哪些属于课堂评价?请在下表第三列用√标出你认为是课堂评价的项目。

1.	准备、实施、批改每周的小测验	
2.	记录学生在项目活动中的表现	
3.	编辑学生在某一学科上的档案袋	
4.	计划学生在科学实验技能的表现性评价	
5.	为某种特殊教育措施观察某个学生的行为	
6.	批改学生的作文,评价学生的表现	
7.	在家校联系单上写出关于学生表现的信息	
8.	检查家庭作业	
9.	提问	
10.	布置课堂练习	

第二节　课堂评价的定位

从第一节的分析中我们可以看到，课堂评价只是评价的一个类别，与其他评价活动存在着差别。上面所罗列的只是差别的一些方面，更根本的差别在于课堂评价定位的不同。

一、课堂评价是教学过程的一个有机组成部分

上一节最后部分的表格中所罗列的是一个教师在一个星期中都会碰到的活动，乍看起来是不是不像"评价"？在你的印象中，"评价"通常是在一个相对完整的教学阶段完结时实施的吧？如单元测验是在一个单元的学习完结之后实施的，期末考试当然是在一个学期的学习完成之后实施的。期中考试从名称上看好像应当是在学期中间实施的，但你或你的老师一定会在期中考试之前完成某个单元的教学，然后将考试范围局限于之前完成的几个单元。那么，评价只是一个相对完整的教学过程临近完结或完结之后的环节，或者就是凌驾于教学之上的一个孤立的环节吗？

许多教师假定，学生能够学会自己所教的东西，可是，在评定期末试卷时，他们得到的证据让他们非常失望：学生经常没有学得像教师期望的那么多、那么好，所教和所学之间经常存在差距，有时甚至是巨大的鸿沟。如果只到结束时才了解到这些差距，要进行校正就已经太晚了。从这一点看，教学过程中必须有评价，评价不能只在教学过程终结时才实施。

尽管并不是所有的教师都清晰地认识到教学过程之中必须有评价，但从现实情况看，评价却是教师的日常教学实践的重要成分。请看下面的案例，我们称它为"教学案例"，但我们可以尝试分析一下其中是否有评价的成分。

吉尔是五年级学生，数学成绩很糟糕，经常考不及格，因此要呆在失败者行列。他已准备放弃数学。

可是，在这一次测验之后，他的老师分发了另一张卷子。那是一张老师希望学生从测验中学习的工作表。表上列着测验中的20道题，要求学生填写其在测验中的表现。

题号	题目	所检测的能力	对	错	简单错误	不理解导致的错误
1						
2						
3						
4						
……						

吉尔检查了答案，对12题，错8题。教师要求学生诚实地评价自己为什么会做错。吉尔发现8道做错的题中有4道是因为粗心所致，自己知道如何订正，另外4道他真的

不知道如何解决。

接着教师分发了一张测验所覆盖的数学概念表，让吉尔和他的同学们确定自己不理解的概念是什么。吉尔发现他的错误都是因为同样的原因。

教师已经准确地指出每道试题所要测量的能力，并与学生合作根据学生未掌握的概念对学生分组进行补充性教学，也让学生知道了避免简单错误的策略。

当这些工作完成时，教师用同一卷子实施了另一次测验。吉尔得到100分。他从自己的座位上高高地跳起来。

他的成功经历开始了。[①]

从上面的案例中可以看出，教师的日常教学实践中评价几乎无处不在。教师几乎每天都布置家庭作业，然后批改、讲评作业；有时教师会布置课堂作业或实施课堂小测验，然后当堂讲评；教师也一定会在课堂中提问，其中有些提问就是为了了解学生的学习情况。即使这些活动都没有，教师总会在课堂中观察学生，通过观察了解到学生的学习情况，然后对自己的教学进行调整。所有这些活动都旨在收集关于学生学习的信息，了解学生的学习情况，所以都属于课堂评价。不过，你同样可以把这些活动看成教学活动，实际上可能大部分教师在实施这些活动的时候会觉得自己在进行教学活动，并没有清晰地意识到自己也是在进行评价。的确，一定要清楚地说哪些是教学哪些是评价有些难，因为这些课堂评价活动本身也就是教学活动，任何一本专门讨论教学问题的书籍都不可能不讨论到课堂提问、作业布置与批改之类的问题。

二、课堂评价是教学决策的基础

尽管我们可以从理性上将课堂评价活动与教学活动分开，但实践中课堂评价与教学活动却不能截然分离。首先，教学活动离不开课堂评价。"教学即决策"，这一观念已被越来越多的人所接受。课堂教学不是执行备课阶段制定的教学方案的过程，而是一个持续作决定的过程。有些研究表明，教师可能在一堂课中作出甚至几百个决策。教师在课堂中不可能凭借拍脑袋作出有效的决策，有效的决策必然依据从课堂中获取的信息，尤其是关于学生学习的信息。而课堂评价就是获取关于学生学习信息的最主要、最重要的途径。其次，课堂评价如果离开教学活动，也就没有必要存在了。实践中有些教师实施测验就是为了判断学生的学习结果，甚至对学生作出判断。可如果要判断学生，借助于那些编制更严密的外部评价更可靠，而且教师也没有必要为预测学生的将来而对学生作判断、下结论、贴标签。所以，课堂评价是要为教学服务的，即为教师的教学决策和学生的学习决策提供基础。

（一）课堂评价是教师教学决策的重要基础

教学的情境性、复杂性众所周知，良好的教学需要面对特定的复杂的情境，在众多可能的方案或行为中有意识地作出审慎的选择。教学可以看作是教师持续作出进而执行影响学生学习的决策的过程，也正是在这一意义上，人们认为"教学即决策"。教师

[①] Stiggins, R. J. (2007) Assessment through the student's eyes. *Educational Leadership*.

在上课之前要确定教学目标,选择教学内容和教学方法,设计教学活动,这些都需要教师在多种可能性中作出决策。上课并不是简单地执行上课之前的备课结果,面对动态变化的课堂情境,教师需要即时作出决策。上课过程中对教学内容和教学方法的调整当然是决策,甚至讲述时一个词的选择也是决策的结果。需要何时去问一个问题、对学生的回答如何回应,都需要教师的决策。谢佛尔逊(Shavelson, R. J.)甚至认为决定何时去问一个问题的能力是优秀教师和一般教师的关键区别。上课过程中的决策也许是唐纳德·舍恩(Schon, D.)所说的教学中反思的结果。上课结束之后教师也经常作出诸多决策,比如,是否需要就本堂课的内容进行一些补充性教学,确定哪些学生需要降低或提高作业要求,确定下一堂课如何引入,等等。

> **链接1-1**
>
> 1979年,教学决策的早期研究者之一亨特(Hunter, M.)在其《教学即决策》一文中将教师定义为教学决策者。1986年,克拉克和彼得森在其著名的《教师研究手册》中把教师界定为决策者。现在你能够理解他们的观点了吗?请尝试举出更多的例子来证明教师就是决策者。
>
> 如果你需要进一步了解他们的观点,请参见:(1) Hunter, M. (1979) Teaching is decision making. *Educational Leadership*. 37(1), 62-67; (2) Clark, C. M & Peterson P. (1986), Teachers thought processes. In M. C. Wittrock(ed.). *Handbook of Research on Teaching*. New York: Macmillan.

教师的教学活动离不开决策,但教师在教学活动中的决策并不总是能够对学生的学习发生积极的影响。决策对学生学习的效果会取决于很多因素,凭经验、"拍脑袋式"的决策很难起到良好的作用,有效的决策必然是有依据的。尽管不同的教师在教学决策时有不同的决策框架,但对于有效的决策,最重要的依据无疑是学生的学习情况。整个教学过程中的决策都如此,上课过程中的决策尤其如此。加拿大学者马克斯·范梅南(Max Van Manen)关于教学的一个寓意深刻的比喻很好地说明了这一点:为了来学校学习新知识,学生需要跨过一些障碍(比如一条街)才能来到教师身边(学校),教师必须知道:"孩子此刻在哪里?"[1] 对学生学习情况的准确把握就是教学决策的重要基础,而对学生学习情况的把握就需要借助于课堂评价。课堂评价能为教师的教学决策提供最重要的依据。

(二) 课堂评价也是学生学习决策的基础

如果回顾自己的学习经历,你应该能够记起在学习过程中是经常需要作出决策的。作为成人学习者,除了少数强制性的学习机会外,几乎所有的学习都需要你自己作决策,决定学什么、怎么学。作为一个学生,其学习大多发生于与教师的互动过程之中,需要执行教师所作的决策,但这并不意味着学生不需要作出自己的决策。实际上,学习过程离不开学生的决策,是否执行教师的决策就是学生必须作出的决策之一。学生在教学过程中并非单向接受教师的教,相反,一定会对教师的教作出选择,运用自己已有的

---

[1] [加]马克斯·范梅南,李树英译.教学机智——教育智慧的意蕴[M].北京:教育科学出版社,2001:204.

知识经验,与教师呈示的内容相互作用,然后建构起自己的理解。课余学习自然会涉及到大量的自主决策,比如学什么,怎么学,何时学,重点放在哪里,时间如何分配,等等。只不过无论是成人还是学生,在作出这些决策的时候可能并没有清晰明确的决策意识。

> **链接1-2**
>
> 大家都知道学生在课堂中的注意状况对于学习成效影响极大,可还记得什么是注意吗?
>
> 心理学给注意的一个常见的界定是:注意是人脑对一定刺激物的指向和集中,意为头脑会在同时作用的众多刺激物中选择一定的对象,而对其他刺激只产生模糊的反应或根本不作反应。选择性是注意的关键属性,头脑在众多刺激物中选择哪个刺激物作为对象,受外部客观因素的影响,也受内部主观因素的影响,有些是无意识的,有些是有意识的。有意识的注意其实就是决策的结果。

但学习者的学习决策也有一个有效性的问题。并不是所有的学习决策都能促进学习,有些决策甚至可能还会阻碍学习。有效的学习决策与教学决策一样,受到众多因素的影响,但其中最重要的因素一定是对自己学习情况的全面了解。基于自我监控的自我反馈是了解自己学习情况的重要途径,可对学生,尤其是年龄比较小的学生而言,自我反馈并不容易,他们可能很难准确全面地了解自己的学习情况。此时,能够提供关于其学习信息的外部反馈就十分关键。对于学生,反馈的主要来源当然是教师,而教师要提供准确的反馈,课堂评价是重要的前提基础。

三、课堂评价也是一种学习机会

课堂评价是收集学生的学习信息,并将运用这些信息来促进学生学习的改善的过程。这一界定隐含着一种观念:学习是评价的对象,也是评价的目的。这是否意味着课堂评价是学习之外的活动?

学生是学习的主体,学习是学生在与新的知识、观念互动时发生的主动的建构过程,为此,学生必须理解信息,将之与已有经验联系起来,并监控自己的学习过程,运用获得的信息来调整自己的学习。正因如此,加拿大西北教育合作协议(Western and Northern Canadian Protocol for Collaboration in Education)才将学生看成评价与学习之间的关键联结者。[①]

> **链接1-3**
>
> 下面呈现的例子能够很好地说明学生在评价与学习的联结中发挥的作用。这一例子叫"Mathematics Portfolio Letter",来自于加拿大西北教育合作协议的报告:Rethinking classroom assessment with purpose in mind。

---

① Western and Northern Canadian Protocol for Collaboration in Education(2006). Rethinking classroom assessment with purpose in mind.

> 在学期之初,一个高年级班级的学生被要求给数学老师写一封信,信的内容涉及:他们已有的数学经验、他们的期望、如何最好地学习数学、教师如何最好地帮助他们。
>
> 首先,他们被要求讨论先前的数学经历,特别关注:如何学得最好(单独学习;与他人一起学习;运用具体材料;阅读解决方案);喜欢和不喜欢数学中的什么内容。
>
> 然后,描述他们对学习的期望,明确:想学什么;需要教师什么样的支持。
>
> 这种初步的自我反思为教师提供了对学生学习方式、学习投入以及学习能力的理解。
>
> 在学期中间,学生阶段性地回顾自己最初的信,并给老师写后续的信,包括:对自己期望达成程度的描述;对有助于自己学习的教学方式和资源的反馈;对自己作为学习者的了解。

其实,课堂评价本身也可以成为学生的一个重要的学习机会。通常评价被看成对学生已学内容的掌握情况的检测,可是大家都知道,呈现给学生的评价任务并不完全是学生已经学过、见识过的。比如,语文课堂小测验中运用了学生从未读过的文本,要求学生进行阅读理解;数学课堂小测验中要求学生将知识运用到一个全新的问题情境之中。当学生完成这些任务时,他们关于学习内容的知识得以增长,解决问题的能力得以提高,学习就在这一过程中发生了。如果学生接受评价之后能够得到良好的反馈,能够因为这种反馈了解自己学习上存在的问题,明确当前的学习状况与学习目标之间的差距,进而有效地弥补这种差距,那么对内容的学习也会得到改善。

链接1-4

加拿大西北教育合作协议提出了"评价即学习"(assessment as learning)的观念,并从五个方面总结了作为学习的评价的特征。

为何评	指导每个学生监控、反思自己的学习,并为之提供机会。
评什么	每个学生对自己的学习的思考,用以支持或挑战学习的策略,以及用以调整和改进学习的机制。
运用何种方法	能够引出学生学习元认知过程的多种方法。
质量保证	• 学生自我反思、自我监控和自我调节的准确性和一致性。 • 学生审视并挑战自己的思考。 • 学生记录自己的学习。
信息运用	• 为每个学生提供准确的、描述性的、有助于其发展独立学习习惯的反馈。 • 让每个学生关注任务和自己的学习(而不是正确答案的获得)。 • 为每个学生提供调整、重新思考和表达自己的学习的建议。 • 为教师和学生提供讨论备择的条件。 • 学生报告自己的学习。

资料来源:Western and Northern Canadian Protocol for Collaboration in Education (2006). Rethinking classroom assessment with purpose in mind.

然而，评价中的学习还不止表现在内容的学习上。评价总是关注学生达成学习目标的程度，总是跟学习目标直接相关，所以评价有助于学生更好地为自己设定学习目标，能够让学生对自己的学习目标有进一步的认识和把握；评价总是依据一定的标准，评价过程会让学生了解或进一步理解评价所依据的具体的评价指标，所以有助于学生对高质量的学习结果有更好的认识；评价是教师评价学生的学习，但从另一角度理解，这种评价也是一种教学，是向学生示范评价活动，通过这种示范教给学生评价的技能和策略，学会自我评价，有效监控并进而调节自己的学习过程。所有这些也都是学习，甚至是比内容学习更为重要、更有价值的学习，因为这些学习导致的是更可持续的学习能力的发展。

> **链接1-5**
>
> 当学生能够在学习过程中进行自我监控，他们的学习才更有成效。所以科斯塔强调："我们必须不断提醒自己，评价的终极目标是学生能够自我评价。"
> 参见：Costa, A. (1989). Reassessing assessment. *Educational Leadership*.20.1.
> 斯切劳（Schraw, G.）认为学生要有效进行元认知监控，就需要明确以下问题：
> - 学习这些概念和技能的目的是什么？
> - 关于这一课题我知道些什么？
> - 我知道何种策略有助于我在这一方面的学习？
> - 我理解了这些概念吗？
> - 表示工作改善的指标是什么？
> - 我达成了为自己设定的目标了吗？
>
> 资料来源：Schraw, G. (1998) Promoting general metacognitive awareness. *Instructional Science*.26：113–125.

不过，不是所有的评价都能提供学习的机会，也不是所有的课堂评价都能提供学习的机会。比如，中考、高考之类高利害的评价经常运用一些新的问题情境作为评价任务，本来能够成为学生的一个很好的学习机会，但由于考试时间的限制，这种学习机会受到极大的局限；没有提供具体的描述性反馈的评价无助于学生学习的改善，因此也不能成为一个有效的学习机会。这样的情况还有很多。

> **练习1-4**
>
> 想一想，还有什么样的评价无法为学生提供学习机会？
> 1.
> 2.
> 3.
> 4.
> 5.
> ……

第三节 课堂评价的功能

所谓功能,即所能发挥的作用。课堂评价应该发挥,并能够发挥什么样的作用？这决定了我们学习课堂评价的必要性和意义。所以我们将理清课堂评价的核心功能,并进一步说明课堂评价功能得以实现的关键路径。

一、课堂评价的功能在于促进学习

关于评价的功能的认识,通常来源于对评价本质的认识。如果评价被界定为"价值判断的过程",那么评价的核心功能就是对价值作判断。可是,如果评价被界定为"为决策提供有用的信息",那么评价的核心功能就是支持决策。克龙巴赫和斯塔弗尔比姆就强调评价的非判断性,斯塔弗尔比姆甚至强调,"评价最重要的意图不是为了证明,而是为了改进"。斯克里文关于总结性评价和形成性评价的区分也强调,除了判断,评价还有改进的功能。

可是决定评价功能的,不只是对评价本质的认识。评价有许多具体的类别,作为一个比较上位的范畴,不同类别的评价有相同的本质,但不同的评价性质不同,定位不同,实施的情境不同,具体的目标指向不同,因此也就有不同的功能。许多有关教育评价的著作在提及评价的功能时会罗列激励功能、导向功能、选拔功能、认证功能、诊断功能等诸多功能,其实这并不意味着某一种评价会具有所有这些功能,相反,这种罗列只表明教育评价"可能"有这样一些功能,某一种特定的评价可能只拥有这些功能中的一个或者几个。适用于特定情境或指向于特定目的的评价往往需要特定的设计,而这种设计就会决定评价的功能。比如,高考是一种大规模考试,为高校招生服务,其核心功能不同于教师资格考试的核心功能,尽管后者也是一种大规模考试,但指向于确定个体是否能够获得一种资格或证书。前者的核心功能是选拔,而后者的核心功能是认证。课堂评价是一种镶嵌于教学过程之中的、由教师在日常教学过程中实施的评价,能够发挥或应该发挥高考或资格考试之类评价的功能吗？

很显然,课堂评价的性质决定了它不可能,也不应该具有评价所能具有的所有功能。比如,选拔就不是,且实际上也不该是课堂评价的功能。这一点几乎所有教师都认可,因为教师自己实施的评价对于学生的升学无能为力,小学教师尤其认可,因为小学甚至根本不涉及中考、高考之类的选拔性评价。可是,教师在课堂层面实施的评价是否完全没有选拔的成分？这种评价对学生升学之类的选拔的确不能直接发挥作用,但是否教师用它在头脑中进行隐性的选拔或筛选了？当教师运用课堂评价的结果在头脑中对学生进行排位,进而据此对学生的未来作出判断,从而放弃某些学生时,这种隐性的选拔发生了。这种隐性的选拔或筛选至少会给相当一部分学生的学习带来负面的影响。

那么,鉴定是否该是课堂评价的功能呢？教师的确在日常教学实践中经常对学生作鉴定,比如在学期结束时所填写的成绩报告单就有"成绩评定"的部分,甚至有些栏目就叫"鉴定",如"品行鉴定"。按照《现代汉语词典》(第5版)的解释,鉴定作动词用,有两个意思:(1)鉴别和评定。(2)辨别并确定事物的真伪、优劣等。其实两方面的意思基本一致,都是基于辨别的确定,有判断的成分。按照一些重要的评价学者的观念,判断是评价的本质。以色列学者内伏(Nevo,D.)批评克龙巴赫等人因担心评价受到被评价者的抵触而忽略评价的判断性,指出"以忽视评价的主要特征来引起对评价的肯定态度,也许是不现实的"[1],他所指的"评价的主要特征"就是判断。的确,评价过程包括课堂评价过程都需要判断:收集的信息是否是所需要收集的,是否与特定的学习相关,能否说明学生学习的状况,说明了学生学习的什么样的状况,依据这样的信息需要作出什么样的决策……所有这些都需要判断。然而,判断又为了什么呢?如果基于这种判断而给学生下结论,甚至于贴标签——这也是"鉴定"中的第二层意思,那么这种"确定"是无益的——教育不是停留在判断一个学生好还是不好上,而是要让不好的能够变好,好的变得更好。就此而言,鉴定同样不该是课堂评价的功能指向。

> **反思1-4**
>
> 我国著名教育专家吕型伟先生在20世纪80年代曾经说中国的教育是培养失败者的教育。小学生中未能上初中的是失败者,初中生中未能上高中的是失败者,高中生中未能升大学的是失败者,大学毕业未能留在城市的是失败者,留在城市未能出国的还是失败者。显然他指的失败者是层层选拔的结果。
>
> 可问题是,现在真正的选拔性考试到中考才开始,为什么小学和初中还有那么多的失败者?

课堂评价的核心功能在于促进学生的学习。首先,课堂评价的性质决定了课堂评价必须以促进学习为核心功能。课堂评价不是凌驾于教学之上的一个孤立的环节,而是镶嵌于教学过程之中,与教学活动紧密地缠绕在一起的,是教学的一个有机组成部分。作为一种教学活动,课堂评价必须指向于学习的改进。其次,课堂评价也能够有效承担促进学习的功能。相对于外部评价,教师在课堂层面的评价更可能是情境化的,作为被评价者的学生能够更好地参与其中,能够更好地回应特定学习内容、特定学生的需求和学习状况,能够持续地实施,能够持续、及时地发现问题,从而调整自己的教学,并向学生提供反馈,有效地促进学生的学习。

教师为何进行评价?也许有相当一部分教师从未想过这个问题,有些教师可能只是将评价当作一种常规——课堂中总不能自己一个人讲到底吧?所以得有提问,得安排练习。到时候了,所以安排单元测验、期中考试或期末考试。不过,成功的教师都明确知道为何要评价。他们试图运用评价来激励学生的学习积极性,让学生在学习中更有动力,更加投入;在开始时了解学生的背景知识,保证教学能够有效关注学生尚未掌握的东西;了解学生学了什么、未学什么,确定学习目标是否被达成;确定并比较班级中最差和最好的学生的学习情况;诊断学生的长处和弱点、错误理解、兴趣和需要,向学生提供有效的反馈;了解自己教学的效能,为自己的教学调整寻找依据。

然而,即使那些明确以促进学习为目的的课堂评价,也并不一定能够发挥促进学

---

[1] [以色列]Nevo,D.,赵永年,李培青译.教育评价概念的形成:对文献的分析评论[A].载瞿葆奎主编.教育学文集·教育评价[C].人民教育出版社,1989:346.

习的功能。比如，许多教师为激励学生学习而采用所谓的"激励性评价"，课堂中"很好"、"你真棒"、"你真聪明"之类的赞扬声不绝于耳，可是学生的学习并不见得因此而有多大的改善。为此，我们还必须明确课堂评价功能实现的关键方式。

> **练习 1-5**　请你列举三个没有发挥促进学习功能的课堂评价例子，并尝试解释其原因。

二、课堂评价功能的实现方式

课堂评价促进学习的功能是如何实现的？理解这一点是有效运用课堂评价促进学习的前提。一方面，课堂评价能够向教师提供关于学生学习的信息，当教师以这些信息为依据作出教学调整时，如果这种调整是有利于学生学习的，那么就能够有效促进学生的学习。这种对学生学习的促进可以被看作是课堂评价间接地实现的，因为对学生学习直接发生影响的还是教学——只是这种教学是基于评价的教学。我们更关注的是课堂评价对学生学习直接发生作用的情况，在这一方面，课堂评价促进学习的功能大概通过两种方式来实现：一是影响学生的动力，二是影响学生的认知。我们暂且可以将通过这两种方式实现的功能分别称为课堂评价的动力功能和认知功能。

（一）课堂评价影响学生的动力系统

学生是学习的主体，学习是学生主动建构知识意义的过程，所以学习的意愿和动力是影响学习成效的重要因素。问题是，学习的意愿和动力从何而来？学习动机研究领域有众多理论，有些告诉我们，动机与生俱来，如驱力理论、成就动机理论，但更多的理论强调后天因素对动机的影响，如强化理论、归因理论、自我效能理论等。这些理论看起来各执一端，但实际上并不冲突，不同的动机理论都从不同的角度解释了动机的某一个侧面。

驱力理论认为，机体的需要引发了驱力，驱力迫使机体活动，但机体实施何种活动或反应，要依环境中的对象来决定。成就动机理论认为，人有成就需求，追求成就需要的强弱会影响行为动机，且成就需求得到满足会导致进一步的动机。强化理论认为，影响行为的唯一因素就是行为的后果，某种行为的后果有利时，这种行为就会在以后重复出现；不利时，这种行为就减弱或消失。所以借助于强化来影响行为的后果，可以影响行为。归因理论认为，人对自己成功或失败的原因的主观认识是行动的动力来源，当人将成功或失败归结为内源的可控的因素时，行动就有动力。自我效能理论认为，人对自己某一方面工作能力或胜任能力的主观评价会影响个体在活动中的努力程度，以及活动中面临困难、挫折、失败时的持久力和耐力。

这些理论所强调的影响因素各不相同，但并非没有任何共同之处。一个关键的共同之处就是，这些因素要真正影响到动机，都离不开行为主体的主动介入，即对自身和情境的认识和判断。与生俱来的驱力起作用，但驱力推动主体采取怎样的行动，还是依赖于对能够满足需求的刺激物即诱因的判断；成就动机发挥作用也总是依赖于对自己是否取得成功的判断；强化起作用是因为行为后果的影响，而对行为后果是否有利也需要判断，课堂评价甚至还能直接赋予某种行为以后果；归因是对成功或失败原因的主观判断，而对因果关系的主观判断很可能受到外部评价的影响；自我效能感不是天生的，而是从经验中形成的，对自己胜任能力的判断在很大程度上来自于以往成功或失败的经历。

从这一方面说，评价能够直接影响人行为的动机。评价涉及对目标达成状况的判断，所以能够提供关于成就的信息；评价在某种程度上有"行为后果"的意味，所以能够起到强化作用；评价的指向，如以行为为对象还是以人本身为对象，会直接影响人对成败的归因，导致某种归因倾向的产生；以往经历中所接受的评价会影响人对自己某方面胜任能力的判断，直接影响自我效能感。相对于外部评价，课堂评价作为教师在日常教学实践中实施的评价，会直接面对学生，会持续频繁地发生，因而对学生学习动机的影响更频繁、更直接。就此而言，课堂评价是具有明显的动力功能的。

（二）课堂评价影响学生的认知系统

能够影响学生的学习动机，这是不是课堂评价促进学习的功能的全部？实践中有许多教师一提到课堂评价，首先想到的就是课堂评价语，而提及课堂评价语时，基本上就关注它的激励功能。学习动机是影响学习成效的重要因素，因为不想学一定学不好，但有学习动机是否意味着学习必然得到促进呢？并非如此。首先，耶克斯—多德森定律告诉我们，动机与效果并非是完全的正比关系，而是一种"倒U型"关系。有时动机太强反而阻碍效果的提高。其次，经验也告诉我们，有很多时候我们的确很想做好一件事，可实际上却没有做好。原因在于想做不一定就能做，想做好也不一定知道如何做好，有时可能根本不知道自己做得怎么样，甚至有时还根本不知道什么是"好"。在这种情况下，动机再强，积极性再高，可能都无助于学习的改善。

> 耶克斯—多德森定律表明：
> 动机与效果之间的关系是：(1) 如果面对低难度的任务，偏强的动机有利于效果的提高；(2) 如果面对中等难度的任务，中等强度的动机有利于效果的提高；(3) 如果面对高难度的任务，偏低的动机更有利于效果的提高。

链接1-6

学习的改善其实不仅需要动机，更重要的是知道学习的目标、自己当前的学习状况，能够判断这两者之间的差距，能够运用有效的方法缩短这两者之间的距离，也就是说，学习的改善更需要认知方面的提升。其实，课堂评价的动力功能在很大程度上也依赖于被评价者的认知。如果学生根本不认为评价是行为的后果，强化不可能起作用；如果不知道是什么满足了其成就需求或者怎样算是成就需求得到满足，也就难以体验到成功感，而成功体验是人进一步行动的最大的动力来源；如果不能正确认识因果关系，对成败进行了错误的归因，那么动机甚至可能遭受压抑；如果对自己以往经历的成败缺乏认知,自我效能感也就不可能形成。就此而言,课堂评价对认知的影响是课堂评价促进学习功能实现的最根本的途径。

关于评价的认知功能,其实以往的一些教育评价文献均有涉及,所谓的"导向功能"、"诊断功能"、"反馈功能"等,都与认知相关,只是一般关于这些功能的讨论大多没有直接与认知联系起来。总体而言,课堂评价的认知功能是通过让学生回答以下三个问题来实现的。

1. 我要去哪里

课堂评价要评价的是学生达成学习目标的状况,所评价的目标就是学生的学习目标。当教师给予学生评价任务,也即那些用来评价学生学习的规定性或选择性的练习时,学生会从中发现教师认为重要的东西。评价必然会传递关于目标的信息,而且相对于教学开始时明确告知的主题和目标列表,评价任务传递的关于目标的信息更具体、更直观,因为目标与具体的活动、具体的情境紧密地结合起来了;评价任务中体现的目标对学生的学习行为也有更强大的影响力和约束力,当教师的教学目标中体现的学习目标与评价任务中体现的目标不一致的时候,后一个目标显然对学生的学习更有影响力,具有更大的引导力量。

2. 我当前在哪里

课堂评价是一个收集学生当前学习状况的信息的过程,了解学生在达成学习目标的"旅程"中所处的位置,就像医生运用"望、闻、问、切"等手段和各种仪器对病人作出"诊断"一样。课堂评价需要将"诊断"的具体结果反馈给学生,因为尽管教师可以运用"诊断"结果来支持教学决策,但学习的主体毕竟是学生,最终决定学习结果的还是学生自己。通过课堂评价,教师能够将所收集的信息反馈给学生,让学生明确自己的学习状况。但如果要使学生能够以此为基础作出有利于学习改善的决策,教师传递的信息就必须:(1)准确——这取决于教师是否运用了正确的评价方法;(2)具体——这取决于教师是否运用了描述性反馈。

3. 我如何才能去我将要去的地方

明确了学习目标,也了解了自己的学习状态,学生就能明确这两者之间的差距。教师可以以评价结果为基础作出教学决策,为学生提供达成目标的支架,但让学生自己明确缩小与目标之间的距离的方法途径对学生的可持续发展则更关键、更重要。表面上看来,这似乎并不是评价本身的作用,但实际上它是评价的必然延伸。这并不是说教师必须在评价过程中将改进的方法途径直接告知学生,至少教师应当让学生有意识地思考改进的方法和途径,并为学生自己的调整提供支持。

练习 1-6　课堂评价要促进学习,需要影响学生的动力系统和认知系统。其实,外部评价也会影响到学生的动力系统和认知系统。请对比课堂评价和外部评价在影响学生动力系统和认知系统上的根本不同。

第四节　良好的课堂评价的特征

课堂评价是否总是能够发挥其促进学习的功能？实践表明，教师实施的很多课堂评价不仅未能促进学生的学习，反而可能阻碍学生的学习。很多教师都知道借助于评价激发学生学习的积极性，但却没有让课堂评价的认知功能得以充分的发挥。甚至在有些时候，教师为激发学生学习积极性而运用的课堂评价，表面上似乎收到了成效，但却付出了内部动机逐渐丧失的代价。能够有效促进学生学习的课堂评价必须是良好的课堂评价。以下将首先探讨课堂评价的一个分析框架，进而明确良好的课堂评价应有的特征。

一、课堂评价的分析框架

有些课堂评价可能有些复杂，比如规模较大的学校的期中考试，需要编制专门的试题，确定适当的实施时间，安排专门的评分时间……会涉及到许多教师，也需要大量的组织工作；有些课堂评价则非常简单，比如教师在课堂中对学生回答的回应。但即使是最简单的课堂评价，也会涉及到众多的变量。

（一）课堂评价的基本变量

课堂评价最基本的构成要素，也就是课堂评价最基本的变量，包括：

（1）评价目的。即为什么评价。现实中的确有些教师在实施评价时并没有非常清晰的目的，也许只是因为到该评价的时候就实施评价，比如一个单元结束了，就来个单元测验；到期中了，所以要实施期中考试；学期结束了，那总要考一考吧……其实，实施评价总应该有一定的目的。这种目的可能是筛选，将具有某种特征的学生选择出来；可能是鉴定，按某种标准对学生的表现作出判断；也可能是诊断，发现学生学习上存在的问题，通过教学的改进和学习的改进来促进学习。在评价的目的中，还需要关注一个重要的变量，那就是评价的后果。即评价是否达到了它所想要达到的目标。评价的后果虽然不是在评价设计阶段能够设定的，但在评价设计时必须有所关注：期望评价产生什么样的后果？所期望的后果是否会出现？可能会产生哪些期望之外的后果？这些后果是积极的、有价值的吗？如果没有价值，那该如何避免？

（2）评价目标。即评什么。如果评价是收集信息，那么要收集的信息是什么？通常我们在收集信息时会有选择，不会将所有的信息都纳入。我们收集的信息经常就是，至少主要是我们所想要获得的信息。如果把评价看作价值判断，那么我们在作判断时采用的是什么样的价值标准？没有价值标准或者衡量的标准，我们不可能作出价值判断。这些都与评价的目标有关。从大的领域来讲，课堂评价的目标就是我们的学习目标，可能是认知领域的目标，可能是情感态度价值观领域的目标，也可能是动作技能领域的目标。而不同领域的目标经常有不同的层次，比如，布鲁姆的教育目标分类学就将认知领域的目标分成知识、领会、应用、分析、综合、评价。

（3）评价主体。即谁来评。评价的实施主体同样是课堂评价的一个重要变量。如果从学生学习评价来考察，可能的评价主体会比较多，大致上可以分成来自于外部和来自于内部两个方面的主体，前者指中考、高考、统考等外部评价的实施者，如教育行政部门及其相关的业务单位，后者是学校内部评价的实施者。课堂评价属于内部评价，其实施主体就是教师和学生。通常而言，教师是课堂评价的主体，但学生同样可以成为课堂评价的主体。而且有研究表明，学生对课堂评价的参与，如参与设定评价目标、实施自我评价和同伴评价、进行自我反馈等，会对学习产生明显的促进作用，且在参与课堂评价中发展起来的自我评价能力对学习的影响更为持久。

链接1-7

斯克里文的目标游离评价模式

美国教育家和心理学家斯克里文认为，目标评价很容易使评价人受方案制定者所确定的目的的限制，声称"对目的的考虑和评价是一个不必要的，而且是有害的步骤"。他建议把评价的重点由"方案想干什么"转移到"方案实际干了什么"上来。他认为，评价委托人不应把方案的目的、目标告诉评价者，而应当让评价者全面地收集关于方案实际结果的各种信息，不管这些结果是预期的，还是非预期的，也不管这些结果是积极的，还是消极的，这样才能使人们对方案作出正确的判断。

严格地说，目的游离模式更多是一种评价思想，不是一种完善的评价模式，因为它没有提供完整的评价程序。

（4）评价方法。即怎么评。评价总要收集相关的信息，而信息的收集总是要运用相应的方法。有时方法在评价过程中似乎没有明显表现，通常是相关信息已经出现，信息收集者只需要借助于日常的观察就可以获得；可有时评价在方法上的要求很高，甚至需要专门的技术，主要是当学生没有自然表现出评价者想要看到的东西时，评价者就需要运用专门的方法把所想看到的东西引出来，为此需要设计特定的评价任务让学生去完成。评价方法就是从由非正式的方法到很正式的方法构成的连续体上收集信息的方法，但具体的评价方法选择取决于评价者想要收集的信息的性质。想要收集的信息不同，所要运用的评价方法也应不同。想要知道学生是否知道，纸笔考试是合适的方法；但想要知道学生是否能做某件事，纸笔考试就不合适，表现性评价更合适。如果所用的方法与所要收集的信息性质不匹配，那么这种方法就不能收集到你所想要的信息——按照评价专家波帕姆（Popham, J.）的说法，你无法用汤匙来测量体温。

反思1-5

你的确无法用汤匙测量体温，你也不能用绳子来测量体重，但你能够用绳子来测量身高。

可是，用绳子测量高度好像还是有问题，是什么问题呢？

用尺子来测量呢？如果这把尺子是地摊上买来的劣质货，你会相信它测量出来的结果吗？

评价方法中还涉及到其他的一些变量,比如评价内容的抽样,是限于学生学过的,且也是教师教过的内容范围的抽样,还是不限于所学所教的内容范围来确定?又比如,评价哪些学生,是评价所有学生,还是个别或部分学生?如果是个别或部分学生,这些学生是怎么确定的?

(5)评价时间。即何时评。评价必然与时间相关,评价的时间维度涉及到多个方面,如,①评价实施的时间节点,课前评、课中评,还是课后评?是教学过程中评,还是在一个相对完整的教学阶段结束后评?②评价的时间安排,是随机安排,还是专门安排?如果是专门安排,那是在自己的教学方案中安排,还是列入学校正式计划中安排?③评价实施的频度,是持续地评,还是间隔一段时间来评?④评价实施的持续时间,是几分钟,一节课,还是个把小时?评价的时间维度也会对评价结果的准确性以及评价的功效产生重要影响。

(6)评价结果的运用。包括了谁来用、如何用。通常我们会认为,评价结果是评价所获得的结果,评价结果的运用是评价的后续环节,本身并不是评价的必要组成部分,但实际上,评价结果的运用却是评价的一个非常重要的变量,会直接影响到评价目的能否达成,并制约评价的评价方法、评价目标的选择等评价过程变量。评价结果的运用首先涉及到评价结果的用户,对于外部评价,评价结果的用户主要是外部机构,比如高校是高考结果的用户,高中是中考结果的用户;对于课堂评价,用户则是两个方面,教师和学生,当然学生这方面还可能包括其家长。评价结果的运用也涉及到结果的用途,有时结果用以决定学生的升级、升学,有时结果用以决定教师对学生的判断或鉴定,有时结果则用于发现学和教上所存在的问题,为改进提供依据。评价结果的运用还涉及到评价结果本身的呈现方式。呈现方式会决定结果对特定用途的适应性,比如,分数、等级这类结果就难以为学生所用,成为学生学习决策的依据,甚至也难以让教师用以作为教学决策的基础。

以上所罗列的只是课堂评价中最基本的变量,其实在课堂评价中还存在其他很多更为具体的变量,比如评价方法中所涉及的评价技术因素,比如教学过程中评价设计的时间问题,又比如结果运用的时间和具体方式,等等。这些变量都可能影响课堂评价的成效。

(二)课堂评价变量之间的关系

即使是表面上看起来非常简单的课堂评价,本质上也是相当复杂的。这种复杂性不仅仅因为其所涉及的变量的多样性,更因为不同变量之间的复杂的联系。在课堂评价中,不同的变量看起来是相互独立的,实则不然,这些变量之间存在着十分复杂的相互依存、相互制约的关系,其中有些变量之间的关系可能非常明显,很容易被发现;但有些变量之间的关系就可能不那么明显,但如果忽略了这种关系,评价的成效就可能会受到局限,甚至可能产生负面的后果。

评价目的是课堂评价诸多变量中最为重要的、最为关键的一个变量,因为它会对其它很多变量产生制约作用。如果评价的目的是要发现学生学习中存在的问题,进而促进他们的学习,那么评价的目标就应当来自于学习目标,与学习目标相一致;就需要运用多种多样的,且与评价目标相匹配的方法收集关于学生学习情况的准确信息;就需要让学生参与到评价过程之中,成为评价的主体,也成为评价结果的重要用户;也需要对学生进行持续的评价。但是,如果评价的目标只是要对学生的学习结果进而对学生的学习能力作出鉴定,比如有些教师要判断学生是否"聪明",那么评价的目标就不能局限于学习目标,内容也不能局限于学生学过且教师教过的东西,学生也不能成为评价的主体,也不需要成为评价结果的用户。如果评价的目的是促进学生的学习,而所评的又远超出学习目标的要求,那会怎样?间隔很长时间才得到一次评价,又会怎样?学生不知道评价的具体结果,会怎样?促进学习的目的不可能会达到——即使学生的学习可能表现出已经改善了,这种改善也不是评价的后果。

反思1-6

如果评价目标与学习目标不一致,比如,所考的很多东西都是学生没学过且教师也没教过的,你会采用什么方法来提高学生的考试成绩?

想想统考吧!有些语文老师说,明天就要统考了,可是我基本上不知道可能会考些什么。如果是这样,教师和学生要做出什么样的努力才能"促进学生的学习"呢?

评价目标会制约学生对评价过程的参与。显然,学生的自我评价能力相对较差,尤其是年龄较小的学生。有些目标能够自我评价,但有些目标,如一些高层次的认知目标,若要他们进行自我评价的话,就需要比较多的外部支持,比如教师提供评分规则,或者引导他们参与制定评分规则。评价目标也影响评价方法的选择,每一类目标都有相应的、适当的评价方法,比如纸笔测验就不适用于技能目标的评价,口头交流同样不适用于技能目标的评价——除非所评价的技能正好是口头表达方面的技能。评价主体也会制约评价方法的运用,因为作为评价主体的学生,在不同的评价方法中参与的深度会存在差异,比如相对于口头交流,学生在纸笔考试中的参与程度通常会更浅一些。评价主体也会影响评价结果的运用,如果学生参与设定评价目标,充分了解评分规则,那么就可能更好地理解评价结果,并运用评价结果来改善自己的学习。而评价结果的运用同样会对评价目的的实现产生反作用,甚至决定评价目的能否实现。如果学生不能有效地运用评价结果,那么评价促进学习的目的就很难实现。

(三)课堂评价的一个分析框架

根据以上两个方面的阐述,我们可以形成一个课堂评价的分析框架。

图1-1 课堂评价的分析框架

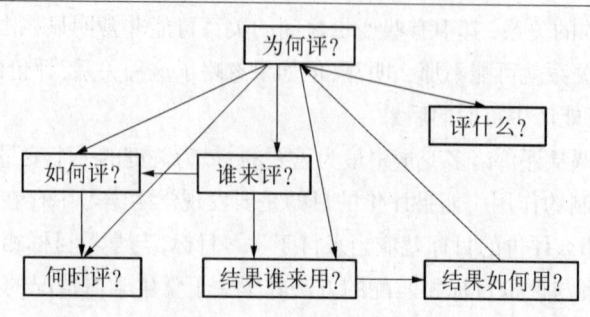

二、良好的课堂评价的特征

要讨论良好的课堂评价具有什么样的特征,首先得将课堂评价与外部实施的大规模评价区分开来,因为尽管都是评价,但两者性质明显不同。其次得明确"良好"的含义,"良好"只表明在一个等级系列中处于较高的位置,但没有包含其具体内涵。我们在这里将"良好的课堂评价"界定为"能够有效促进学习的课堂评价"。

(一)大规模评价的技术指标及其对课堂评价的适应性

1864年,英国格林威治医学院的费希尔(Fisher, G.)首先提出了"量表"的概念。1894年,美国的赖斯(Rice, J. M.)建议运用客观标准来比较不同教育方法的相对效能。1901年,著名心理学家桑代克编制的书写量表正式出版,这被看作"对教育产品的科学测量的真正开端"。之后,测验成为评价公立学校教育结果的重要方法。几乎与测验产生的同时,1895年,改善测验的专业关怀和尝试就已出现。1954年开始,美国心理学会、美国教育研究会和美国教育测量委员会共同制定了《关于心理测验和诊断技术的技术建议》,这一建议经修订演变成为著名的《教育与心理测验标准》在1966年出版,并且在1972年和1985年出版了第二版和第三版后,1992年又重新修订,并于1999年出版了第四版。标准主要涉及两个方面的规范,测验的伦理(主要是测验公平性)规范和测验的技术规范,试图为测验工具本身和测验的实施过程设定质量标准。可是,在这些标准的演进过程中,我们却能看到一个明显的趋势:伦理规范在逐渐减少,而技术规范却成倍增长。这些技术指标,如效度、信度等,在随后很长时间内成为心理测验乃至教育测验的核心质量指标,甚至成为教育评价领域的核心概念——当你翻开以教育评价学为名的书籍时,你几乎在所有的书中都能看到效度、信度这样一些技术指标。

所谓效度,指的是一个测验能否测出它所想要测的东西的能力;所谓信度,指的是测验结果的一致性程度。正如我们所看到的那样,这些技术指标是在大规模测验的情境中发展起来的,按照评价专家谢泼德(Shepard, L. A.)的观点,它植根于20世纪早期的思想渊源——智力的遗传决定论、行为主义学习理论、社会效能课程论,以及"科学"测量理论——,是心理测量学的产物。而且,这些技术指标对教育领域内绝大多数的评价者影响有限,因为教师们在这一方面得到的培训有限,更因为教师课堂评价实践与这种技术指标产生的情境——大规模测验明显不同。

链接1-8

心理测量学的基本假定

假定之一:心理测验测量个体稳定的特征

心理测量学源于智力研究和智力测验。在智力研究中,智力被假定为一种如同肤色之类的遗传特征一样,是内在的、稳定的。这种内在稳定的特征是可以准确地、可靠地加以测量的,而且,测量的结果不会受背景的影响,是一种不受"污染"的特性,也就是说,个体的教育状况,甚至为测验所作的准备都不会影响测验结果。

假定之二:测验就是对某种单一属性的测量

> 测验中的试题应当测量单一的基本属性,测验就是对某种单一属性的估计。与整体分数有高相关的试题意味着它能检测所要测的那种属性,而与整体分数没有高相关的试题则意味着它检测了所要测的属性之外的东西。
>
> 假定之三:测验分数对于不同个体具有本质上相同的意义
>
> 强调测验分数的普遍意义,强调这种意义能够得到普遍接受和理解。标准化和标准参照测验所测到的东西存在一种单一的、一致的、超越了社会情境和历史的意义。不同个体在相同的测验中获得的分数可以进行直接的比较,并且这种比较就是用来决定这种测验所要测的能力的高低。
>
> 假定之四:技术具有价值中立性
>
> 测验就是一种价值中立的科学工具,只能按其科学价值来判断。达成目标或结果的工具或最佳路径的选择被看作一种技术选择,而不是一个价值选择,因此测验专家能够不用价值判断而作出技术决定。用非科学家的观念或主观偏好来取代测量技术和证据规则是不符合理性的,测量专家的职责就是就"工具"作出判断,即开发评估教育结果的方法,并解释这些方法的运用。
>
> 资料来源:王少非.校内考试监控研究[M].上海:华东师范大学出版社,2010.

心理测量学的许多假定并不适用于课堂评价领域:学生的学习必然受其自身发展和外部因素,尤其是教学的影响,不可能是绝对稳定的;学习是多维度的,不仅涉及到认知领域,同样涉及到过程方法以及情感态度领域;学习情况是具有情境依赖性的,同样的结果对于不同个体的意义差别巨大;评价的技术是价值负载的,不可避免地受到价值观的影响。评价专家布鲁克哈特(Brookhart, S. M.)列举了课堂评价情境与大规模评价情境之间的区别:大规模评价理论认为情境脉络是无关变量的来源,所以要实现不同情境中的概括化,可对于课堂评价,试题和任务依赖并镶嵌于教学环境;在大规模测验中,试题或任务通常被假定为独立的,但在课堂评价中,它们在学生的课堂经历中联结在一起;大规模评价通常需要大样本,而课堂评价中,班级规模小,且有时评价只针对部分学生,甚至个别学生。

正因如此,不断有人尝试着要在课堂评价中抛弃在大规模评价情境中发展起来的测量理论,致力于为课堂评价开发"本土的"(indigenous)理论。20世纪80年代末,第四代评价的主要代表人物古巴和林肯(Guba. E. & Lincoln, Y.)就已经在为评估寻找传统的信度、效度之外的品质,如可信任性、真实性等。而在吉普斯(Gipps, C. A.)看来,对于教育评估,以下品质或许更为重要:课程忠诚度——评估要反映课程;可比较性——有一致的评估方法,对评估指标有相同的理解,评分上具有一致性;可靠性——最高的效度和适合于目的的信度;公众信任度——能够让用户相信;情境描述——只有对情境进行详尽的描述,才能对评估结果作出推断;平等——运用多种指标,提供多重成功机会。[①]

在实践层面,也不断有人在开发适合于课堂评价的教育评价质量标准,如内布拉斯加教育部与巴罗斯心理测量研究所(Buros Institute of Mental Measurements)合作开发的

---

① Gipps, C. A. (1994) *Beyond testing: Towards a theory of educational assessment*. The Flamer Press, pp.172–174.

高质量评价的指标体系，全美评估论坛（National Forum on Assessment）的《学生评估系统：原则与指标》（Principles and indicatore for student assessment systems），教育评价标准联合委员会（Joint Committee on Standards for Educational Evaluation）的《学生评价标准》（Student Evaluation Standards）等。

（二）良好的课堂评价的应有特征

课堂评价是教学过程的一个有机组成部分，是一种教育性评价，其目的指向于促进学生的学习。但并非所有的课堂评价都很好地发挥了促进学生学习的作用，其原因不在课堂评价本身，而在于课堂评价的实施。真正能够促进学生学习的课堂评价应该具备一些关键的特征。

链接1-9

英国学者布莱克和威廉在他们的一个关于课堂评价的极具影响力的文献综述《黑箱之内：通过课堂评价提升标准》中，在考察大量研究的基础上，回答了三个问题：形成性评价提升了标准吗？日常的形成性评价有改善空间吗？改善形成性评价实践有适当的途径吗？

他们对所有三个问题的回答都是肯定的。在回答第二个问题时，他们列举了以下现象：
- 测验倾向于鼓励死记硬背和肤浅的学习；
- 未能运用通过各种方法所收集到的信息；
- 强调作业数量和上交，而忽略质量（小学教师尤其如此）；
- 过度强调分数和等级；
- 将学生相互比较；
- 强调评价的管理性角色。

资料来源：Black, P. &William, D. (1998) Inside the black box:Raising standards through classroom assessment. *Phi Delta Kappan*, 80(2).

---

1. 有清晰明确且与学习目标一致的评价目标

在通常意义上，评价涉及对学生所知和能做的了解。要了解什么，实际上取决于所要评价的目标，所要评价的目标将会决定评价的设计，比如在课堂提问时，为什么提这一问题而不是那一问题，为什么这样提问而不是那样提问；小测验中，为什么给学生这种任务而不是另一种任务，为什么安排这种题型而不是另一种题型。这些都受制于评价目标。因此，良好的课堂评价必须有清晰明确的目标，才能保证评价有适当的设计，才能保证收集到准确的信息。也只有清晰明确的目标才能够对学生的学习起到导向的作用，当学生明确地知道评价的目标时，就会更清晰地知道什么是"好"的表现，也就更可能主动地朝这个方向去努力。

所谓促进学习，其实就是推动学生达成或接近教师期望他们达成的目标，因此所要评价的目标就是教师期望学生达到的目标，也就是学习目标。评价目标应当与学习目标高度一致，如果评价目标和学习目标不一致，学生就可能无所适从，这样的评价也就无法有效地发挥促进学习的功能了。

2. 运用与目标相匹配的评价方法

课堂评价的关键之一是让学生知道自己当前的学习状况，即回答"我当前在哪里"。这就需要教师收集关于学生当前学习状况的准确信息。而能否收集到准确信息，在很大程度上取决于所运用的评价方法。课堂评价中可用的方法很多，斯蒂金斯将常用的评价方法归为四大类：选择反应式评价、论述式评价、表现性评价和交流式评价，[①]但并非所有的评价方法都能让教师收集到所要收集的信息。一种评价方法能否收集到所要收集的信息，取决于这种方法与评价目标的匹配性。如果你想知道学生的口头表达能力，你能否运用纸笔考试的方式，出几道题来让学生完成？如果你想知道学生运用数学知识解决问题的能力，你能否借助于选择题测验来获得你想要的信息？如果你想知道学生是否了解质数的特征，你是否可以借助于"5是质数吗"的课堂提问来获得你想要的信息？任何具体的评价方法都有其适用范围、优势及缺陷，只有依据评价目标来确定评价方法，才可能收集到关于学生学习的准确信息。

反思1-7

你现在要编制一份测验试卷，请思考：
（1）如果目标是"了解……"，你应该运用哪些题型？
（2）如果目标是"理解……"，你应该运用哪些题型？
（3）如果目标是"运用……来……"，你又应该运用哪些题型？

---

3. 正确运用评价结果

评价结果的运用是课堂评价能否有效促进学习的关键所在。要让学生回答"我当前在哪里"，除了应当收集准确的信息之外，更为重要的是让学生获得这些信息。教师将所收集的信息用作自己教学决策的基础，作出有利于学生学习的调整，是能够间接促进学习的，但对学习更为直接的促进，是教师将所收集的信息反馈给学生，让学生掌握这些信息。教师对学生回答的回应，以及作业或小测验的批改，都是反馈。没有反馈就没有改进，但现实中教师经常给学生反馈，学生的学习却可能没有明显的改进，这是反馈存在问题所致。一种情况可能是教师将本该对事或行为的反馈变成了对人的判断，如"你真聪明"；二是所提供的反馈基本上是评价性反馈（evaluative feedback），而不是描述性反馈（descriptive feedback），如分数、等级、各种简单化的批改符号等。

但在运用评价结果之前，教师还要对评价结果进行分析，并作出正确的解释。分析必须联系学生原有的知识基础、学习行为、学习情境、自己的教学，解释则需要依据期望学生达到的目标以及具体的表现指标，而不能采用排名、等级等方式来进行解释。换言之，正确的解释应该是标准参照，而不是常模参照的。

4. 让学生参与评价过程

学生是学习的主体，评价对学生学习的促进最终要靠学生自己的主体作用才能实

---

① [美]Stiggins, R. J., 国家基础教育课程改革"促进教学发展和学生成长的评价研究"项目组译. 促进学习的学生参与式课堂评价（第四版）[M]. 北京：中国轻工业出版社, 2005: 73.

现。因此，学生在评价过程中的角色不是单纯的被评价者，相反，他们应该成为评价过程的主动参与者。完成评价任务是他们对评价过程的一种参与，如果他们能够积极主动地完成评价任务，比如能够将所学运用于新的任务，能够创造性地解决问题，学习迁移就会发生，学习就得到拓展。教师向学生提供了反馈，如果学生不能理解或者不接受，那么这种反馈就没有任何意义，所以学生应当同时进行自我评价。而要进行自我评价，他们就必须全面、准确地了解评价目标以及具体的表现指标，如果他们能够自己发现评价目标以及相应的表现指标，他们就能够更好地引导自己的学习。当学生通过对课堂评价的主动参与学会自我评价时，学习的改善更可期待，也更可持续。

练习 1-7

运用下列问卷确定评价应当是什么和实际上是什么。

你认为这种陈述有多重要				基本陈述	当前的实践是这样的吗			
1	2	3	4		1	2	3	4
				评价为所有学生提供了展示自己所学东西的机会。				
				评价有助于学生理解自己所做的以及接下来的目标。				
				确定每一课程的关键学习结果，这样评价能够用以帮助学生发展学习。				
				评价不限于课程。				
				要经常与学生分享学习目标，这能使学生理解其在课程中的角色。				
				学校中的评价加强了学习。				
				教师适时的评价有助于每日和每周的计划，能使学习符合学生的需求。				
				向家长报告时，确定所取得的成绩，并指出需要改善的地方。				
				学生参与对自己和同伴的评价。				
				教师与学生一起确定学习目标及达成目标的方法。				
				每年更新每个学生的核心评价数据，并将之交给接任的教师以支持其教学规划。				

注：
1—不重要
2—重要
3—很重要
4—非常重要

注：
1—完全不是
2—有一些成分
3—有改善空间
4—是

改编自：Swafield, S. & Dudley, P. Assessment literacy for wise decision.

进一步阅读的文献：

1.［美］Stiggins, R. J., 国家基础教育课程改革"促进教学发展和学生成长的评价研究"项目组译.促进学习的学生参与式课堂评价(第四版)[M].北京：中国轻工业出版社,2005.

2.［美］Wiggins, G., 国家基础教育课程改革"促进教学发展和学生成长的评价研究"项目组译.教育性评价[M].北京：中国轻工业出版社,2005.

3. Black, P. & William, D. (1998) Inside the black box: Raising standards through classroom assessment. *Phi Delta Kappan*, 80(2).

4. 王少非.校内考试监控研究[M].上海：华东师范大学出版社,2010.

第二章

评价目标的设定

导读

要进行评价,首先必须明确"评什么"。提到"评什么",也许你头脑中首先浮现的就是评价的内容,比如考试考什么。从作为学生的经验讲,你或许在考试之前想知道考试的内容范围,可是,只了解内容范围,而不知道考试对特定内容的要求程度,能否足以让你做好考试的准备工作?

"评什么"要确定的不止是内容,还要对这些内容的程度有所要求。内容和程度要求的整合就构成了目标,评价目标在整个评价系统中处于一个关键的位置,它将决定评价的设计。

本章始于对课堂评价目标的内涵和作用的探讨,然后明确课堂评价目标设定的依据就是学习目标,以及学生明确评价目标的必要性,最后提供让学生明确评价目标的策略。主要内容包括:

第一节　评价目标的内涵与作用;
第二节　设定评价目标的依据;
第三节　让学生知道评价目标。

通过本章的学习,您将能够:

1. 理解评价目标的确定在课堂评价中的关键作用;
2. 知道课堂评价系统中评价目标与学习目标的一致性,形成教—学—评一体化的观念;
3. 学会将学习目标转化成评价目标;
4. 理解让学生知道评价目标的重要性,学会通过直接告知、运用样例、运用评分规则等来告知学生评价目标。

第一节　评价目标的内涵与作用

评价总是首先涉及到"评什么"的问题,不明确"评什么",评价就不可能发生。确定"评什么",本质上就是设定评价目标,也就是要在期望学生达成的目标中确定所想要评价的目标。

一、什么是评价目标

所谓评价目标,也就是"评什么"中的"什么",即所要评的东西。提到所要评的东西,我们可能马上会想到评价的内容,比如试卷上可能涉及的那些知识、技能的内容。没错,内容的确是所要评的东西,但只是其中的一个方面。其实,所要评的东西所涉及的不止是内容,还涉及到对这些内容掌握程度的要求。换言之,评价是不仅要确定学生做了什么,还要确定他们做得怎么样。"关于什么做得怎么样",实际上涉及的就是目标的问题。因此,准确地讲,评价目标也就是所要评价的目标。

> **反思2-1**
>
> 想想你的大学学习经历,是否每到学期临近结束之时,总有同学要求老师划定考试范围?对于准备考试,了解了考试的内容范围就足够了吗?你经常还需要其他什么信息?
>
> 对了,你还想知道考试的题型吧?
>
> 可是,如果你不知道特定的内容会以何种题型出现,即使知道了内容范围和题型,对你准备考试帮助很大吗?

在课堂评价中,所要评价的目标当然就是教师期望学生在学习之后获得的结果。课堂评价就是要确定学生是否获得预期的学习结果,是否达成了预期的学习目标,或者确定学生的学习状况与预定目标之间的差距。从这一点来说,课堂评价的目标就是学习目标,而学生的学习目标又与教师的教学目标一致,因此,可以说,教学目标、学习目标和评价目标是三位一体的。

评价目标不同于评价目的。评价目的是关于评价的理由和原因,即"为什么评"的问题。评价本身不是目的,而是达成某种目的的一种手段。比如,作为一种评价的中考、高考,其目的就在于为高一级学校选拔合格的学生。又如,同样作为一种评价的教师资格考试,其目的在于确定某些评价对象能否获得教师资格,而课堂评价的目的则在于收集学生学习信息,为教师的教学决策和学生的学习决策提供依据。

二、评价目标的作用

评价目标在整个评价体系中起着评价内容、评价标准、评价方法等无法起到的非常关键的作用,而且能够对教师的教学和学生的学习产生非常重要的影响。具体来说,评价目标的作用有以下几个方面。

首先,评价目标能够决定评价体系中的其它成分。评价目标决定了评价内容和评价标准,与学习目标一样,评价目标也是由两部分构成的,即内容和表现;评价目标的陈述方式最经常的就是"动词+名词"的方式,名词规定了要评价的内容,而动词规定了学生在这些内容上应达到的掌握水平或程度,这一掌握水平也就是用以判断学生达成目标状况的评价标准。比如,义务教育阶段数学课程标准第一学段(1—3年级)"图形与几何"领域"图形的认识"部分有一条目标,"能辨认长方形、正方形、三角形、平行四边形、圆等简单图形"。这一条目标就决定了评价的内容,即目标中的核心名词:"长方形、正方形、三角形、平行四边形、圆等简单图形",也决定将来评价中对学生在这些内容上的掌握要求,即目标中的核心动词:"辨认"。换言之,针对这一目标的评价,一定要关注学生能不能对这些简单图形进行准确的"辨认"。

评价目标也决定了评价方法。不同的评价目标对学生有不同的要求,要求学生产生不同的心理加工活动。比如目标是"辨认"与目标是"描述"或"解释",显然对学生提出了不同的要求。评价不同的目标就需要不同的方法,因为不同的评价方法所引发的学生心理加工过程是各不相同的。关于这一点,我们在第三章中还要详细讨论。

其次,评价目标能极大地影响教师的教学。我们都知道,有效的教学必须有明确的教学目标。没有明确的目标,教学就不可能有效——你拿什么来判断有效与否呢?即使我们现在关注生成的目标,但对生成目标的关注并不是以放弃或排斥预设目标为前提的,相反,如果缺少预设目标,教学就会失之随意,就会没有方向。可是,如果教师在开始教学时不仅有明确的教学目标,而且有很明确的评价目标,那么教师的教学会更有方向,更关注评价所要评的那些目标。如果有评价,教师们"为考而教"的情况就不可避免。在当前的语境下,"为考而教"更多是贬义的,但"为考而教"本身其实并无不当,甚至说是应该的,问题在于当"考"不适当时,为"考"而实施的"教"必然导致很大的问题;如果"考"或"评"适当,那么为这种"考"或"评"所实施的"教"必然会带来良好的结果。

当前教学设计领域在倡导一种新的教学设计模式,称为"反向设计"或"逆向设计",即要求从期望学生达成的学习结果出发来设计教学,并且在明确教学目标之后、设计教学过程之前就完成评价的设计——这种安排被称为"评价设计前置",其目的就在于让教师在明确教学目标之后,马上将教学目标转化成评价目标,并依据评价目标做好评价规划,选择评价方法,设计评价任务,让评价来引导自己的教学和学生的学习。

第三,评价目标会极大地影响学生的学习。教师们可能会认为,只要有明确清晰的教学目标,且学生据此设定了自己的学习目标,那么学生就能够用这些目标来引导自己的学习,改善自己的学习。这种想法基本没错,但有一个关键的条件不能忽略,那就是,学生得知道将来评价所要评的也就是这些目标,即评价目标与学习目标是一致的。如果你设定了一个教学目标,规定了学生在学习之后应知和能做的事,然后你告诉学生一个与教学目标不一致的评价目标,试想学生会根据哪一个目标来确定自己的学习目标呢?答案是确定的。当学生明确了评价目标之后,他们的学习会更有方向。"所评即所得",就是说明评价目标对学生学习有强大的引导作用。

第二节 设定评价目标的依据

"评什么"不是随意确定的,也就是说,评价目标的设定不是随意的。评价目标的设定应当是有依据的,直接的依据就是学习目标,也就是学生在相关课程教学之后能够得到的学习结果。根本的依据则是课程标准,因为课程标准规定了学生学习之后的应知和能做,是教学目标和学习目标最重要的、最根本的来源。

一、教—学—评一体化

在工业化时代,教育中的"教—学—评"的实践可以归纳为:教学智慧——知识传授;学习智慧——死记硬背;评价智慧——标准化测验。[①] 在这种实践范式中,教学就是知识的灌输,学习就是令人厌烦的训练和实践,评价就是运用由去情境化的、以心理测量学为基础设计的选择题构成的标准化测验来区分学生并按成绩来排列的定量的方法。教、学和评被认为是相互分离的活动。

随着知识社会的到来,"教—学—评"一体化的观念以及与之相应的新的"教—学—评"实践范式正在出现:学习是主动的建构,是一个自我组织的过程,也是一个文化适应的过程;教学的目的在于促进学生学习;评价是教—学过程不可分割的一部分,而不是凌驾于教学之上的孤立环节。与以往的观念相比较,"教—学—评"一体化观特别关注教学与评价的整合,强调评价与教学的紧密配合。没有与教、学的紧密配合,评价就不可能在教和学的改善中发挥作用。换言之,评价与教、学之间的一致性正是评价能够对教和学发生影响的前提条件。"如果教师看不到评估结果与其教学之间的联系,

---

[①] Birenbaum, M. (2003) New insight into learning and teaching and their implications for assessment. In:Segers, M., Dochy, F. & Cascallar, E. (eds.) *Optimising new modes of assessment:In search of qualities and standards*, Kluwer Academic Publishers, p.15.

那么测量就不可能影响教学。"[1]

教—学—评一体化的关键在于教学目标、学习目标和评价目标三者的一致性。教学目标不是规定教师所要做的事，而是通过自己的教学活动应该达到的结果，这种结果是体现在学生身上的，因此，教学目标的规范陈述是以学生为主体的。换句话说，即使在陈述教学目标时所用句子的主语可以省略，但也必须能够让人毫无疑义地推导出：这句话的主语是学生。如果我们从学生应知和能做的角度来陈述教学目标，那么，教学目标就能够直接转化成学生的学习目标，也就是学生在完成学习任务之后应该获得的学习成果。而关于这些成果的描述必然应当成为接下来检测学生是否达成目标的最重要的依据。换言之，评价所要评的目标就是学习目标。进一步讲，当教师设定了适当的教学目标时，评价目标的基本框架就已确定。

练习 2-1

著名评价专家罗伯特·林恩就学习目标的陈述从正反两个方面提出建议（参见：Linn, R. L. & Miller, M. D. *Measurement and assessment in teaching*（9th ed.）. New Jersey: Pearson Education Inc., 2005, 58.）：

不要把学习目标陈述成：	应把学习目标陈述成教学后的学生表现：

1. 教师的表现（比如，教给学生核心的概念）。
2. 学习的过程（比如，学生要学习概念的意义）。
3. 课程的内容（比如，学生学习不同的几何图形）。
4. 叠加的目标（比如，学生要知道和理解这些概念）。
	1. 知道概念的意义。
	  1.1 识别概念的定义。
	  1.2 识别与该概念相匹配的陈述。
	  1.3 把该概念与相应的图形对应起来（比如，几何图形）。
	  1.4 区分不同概念间的差别。
	  1.5 把该概念应用到日常的情境中。

请根据林恩的建议，判断下列目标陈述是否规范，并在符合规范的目标前面打"√"。

1. _____ 学生能说出四种熟悉的乐器。
2. _____ 学生能在给出经纬度的前提下，知道在世界地图上定位地理位置的步骤。
3. _____ 帮助学生理解美国《独立宣言》的基本意义。
4. _____ 学生学习正方形、长方形、圆形、平行四边形等简单图形。
5. _____ 学生能说出圆面积计算公式。
6. _____ 让学生学会正确运用适当的文章组织方法。
7. _____ 学生将学习每个省份的省会。
8. _____ 学生能标出一朵花的四个部分。
9. _____ 学生能按所教的格式撰写一份信函。
10. _____ 学生能说出细胞分裂的四个步骤。

---

[1] Mehrens, W. A. (1998) Consequences of assessment: What is the envidence? *Education Policy Analysis Archieve*, Vol.6, No.13.

二、学习目标及其类型

评价所要评的就是学生达成学习目标的程度,评价目标必须与学习目标匹配。而要保证评价目标与学习目标的匹配,首先得了解学习目标的本质、构成和类型。

(一)什么是学习目标

学习目标,顾名思义,即通过学习所要达成的目标。换一个角度讲,学习目标也就是学生通过学习达到的学习结果,是对学习结果或学习者学习后的某种变化的描述,通常涉及到学生在完成一定的学习经验基础上所知道的和所能做的事。

学习目标总是与学生的学习经验相关,也就是学习活动或经验的结果,但学习活动或经验不是学习目标。"学习辨认正方形、长方形、圆形等简单图形",只是描述了学生应参与的活动,或者描述了学生的一种学习经历,但没有说明学生参与这样一种学习之后应该达到的结果。学习目标也总是与学习内容相关,总是体现为关于某些内容的学习结果,但学习内容不是学习目标。"正方形、长方形、圆形等简单图形"显然只提供了关于学习内容的限定,却没有规定学生在这些内容上的学习结果,也即没有明确学生在这些内容上应该知道什么,能做什么。学习目标还总是与学生的某种心理加工活动或行为表现相关,但没有内容的心理加工活动和行为表现实际上都无法存在。比如,教师将目标表述为"知道"、"分析"或"批判性思考",可要"知道"、"分析"或"批判性思考"的到底是什么呢?学习目标应该描述学生在经历了某种学习活动之后在某些内容上所知和能做的事,比如,"能够辨认正方形、长方形、圆形等简单图形"——这才是学习的结果。

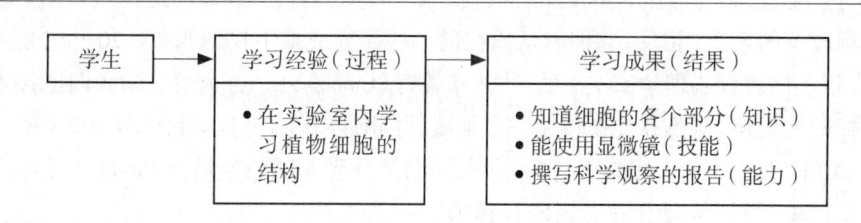

图 2-1

学生 → 学习经验(过程) → 学习成果(结果)
- 在实验室内学习植物细胞的结构
- 知道细胞的各个部分(知识)
- 能使用显微镜(技能)
- 撰写科学观察的报告(能力)

学习经验与学习成果之间的关系

(二)学习目标的构成

学习目标是对学生在经历了某种学习活动之后在某些内容上所知和能做的事的描述,这就意味着每一个学习目标都会至少涉及到两个部分:一是学什么,也就是学习的内容。是知识,还是技能,或者是情感态度?是语文,还是数学,或者是科学?是识字,还是阅读,或者是写作?二是学得怎样,也就是学习达到的程度。比如识字,是会认,还是能认读,或者是能认读还能写,或者是能正确运用?对于学习目标,这两个部分缺一不可。对学习内容的罗列无法构成目标,对没有明确应用领域的概括化行为的列举同样不是目标。

从句法上分析,所有的学习目标都可以用"动词+名词"的结构来加以呈现,其中的名词就规定了学习的内容,动词则规定了在这些内容上学习应达到的程度或水平。比如,在"能够辨认正方形、长方形、圆形等简单图形"这一目标中,我们很容易就能够找出其中的核心名词,即"正方形、长方形、圆形等简单图形",这些名词实际上就界定了学习的内容;我们也很容易就能找出其中的动词,即"辨认"。这个动词实际上规定了学生在这些内容上应该达到的掌握水平,只需要能给特定的简单图形命名,或者在多个简单的图形中找到某种特定的图形即可,不需要画出这些图形,更不需要知道如何计算这些图形的周长和面积。

有些目标可能会表述得比较复杂,可能会包含多个动词,也可能包含了多个名词,但实际上,核心的动词经常只有一个,核心名词可能不止一个,但一定是一类。其他的动词和名词可能规定了行为的条件、情境等,是目标的构成部分,但不是最基本、最核心的成分。

(三) 学习目标的类型

> **练习 2-2**
>
> 请收集某一学科学习目标的一些实例,从句法的角度来分析这些学习目标,找出这些学习目标中的动词和名词。

学习目标的类型可以从其所涉及的内容领域的不同和所要求的水平或程度的不同来考虑。

从内容领域来看,学生不同的学习领域会涉及到不同的目标,比如语文学习目标、数学学习目标;更具体的比如数学中"数与代数"的学习目标、"图形与几何"的学习目标、"统计与概率"的学习目标、"综合与实践"的学习目标;甚至还可能更具体,比如"图形与几何"中的三角形学习目标、长方形学习目标等。

但是,从更大的内容领域看,不同学科的内容有相同之处,据此可以超越具体的学科内容来概括内容维度的目标类型。我国新一轮课程改革就将目标归为三大领域:知识与技能、过程与方法、情感态度与价值观。其实,对目标领域的这种归类并非这一轮课程改革的创造,相反,它能够从以往的一些研究成果中找到渊源。20世纪五六十年代,以美国教育心理学家本杰明·S·布鲁姆(Blooms, B. S.)为首的学者们把各类教育目标归入认知、情感和动作技能三个领域,并相继出版了《教育目标分类学(第一分册):认知领域》(1956)、《教育目标分类学(第二分册):情感领域》(1964)、《教育目标分类学(第三分册):动作技能领域》(1970)。

若从目标要求的水平或程度看,不同的目标对学生的要求也是各不相同的,无论是认知领域、情感领域,还是动作技能领域。根据目标对学生不同的要求,目标也可以分成不同的类型。比如,在布鲁姆及其团队的研究中,认知领域的目标包括了知识、领会、运用、分析、综合和评价等六种类型(见表2-1);情感领域的目标包括了接受、反应、价值化、重组、形成品格等五种类型;动作技能领域的目标包括了知觉、定势、指导下的反应、机制、复杂的外显反应、适应、创作等七种类型。

表 2-1 布鲁姆教育目标分类学中认知领域的目标类型

类 别			二级类别的定义
1.00 知识			对具体事物和普遍原理的回忆,对方法和过程的回忆,或者对一种模式、结构或框架的回忆。
	1.10 具体的知识		对具体的、独立的信息的回忆。重点在于具体指称物的符号。
		1.11 术语的知识	指具体符号(言语的和非言语的)指称物的知识。

续 表

类 别			二级类别的定义
1.00 知识	1.10 具体的知识	1.12 具体事实的知识	日期、事件、人物、地点等方面的知识。
	1.20 处理具体事物的方式方法的知识		有关组织、研究、判断和批评的方式方法的知识。这种知识包括在某一领域内的探究方法、时间序列和判断标准,也包括用来确定各个领域内的各个方面并把它们内在地组织起来的组织结构。
		1.21 惯例的知识	有关对待、表达各种现象和观念的独特方式的知识。
		1.22 趋势和顺序的知识	有关时间方面各种现象所发生的过程、方向和运动的知识。
		1.23 分类和类别的知识	有关类别、组别、部类及排列的知识,被看作是某一特定的学科领域、目的、论题或问题的基础。
		1.24 准则的知识	有关经验或判断各种事实、原理、观点和行为所依据的准则的知识。
		1.25 方法论的知识	有关在某一特定学科领域内使用的以及在调查特定的问题和现象时使用的探究的方法、技巧和步骤的知识。
	1.30 学科领域中的普遍原理和抽象概念的知识		有关把各种现象和观念组织起来的主要体系和模式的知识。是在研究各种现象或解决各种问题中使用得非常普遍的那些主要结构、理论和概念。
		1.31 原理和概括的知识	有关对各种现象的观察结果进行概括的特定抽象概念方面的知识。
		1.32 理论和结构的知识	有关为某种复杂的现象、问题或领域提供一种清晰的、完整的、系统的观点的重要原理和概括其相互关系方面的知识。
2.00 领会	领会是最低层次的理解。个人不必把某种材料与其它材料联系起来,也不必弄清它的最充分的含义,便知道正在交流的是什么,并能够正确运用正在交流的这种材料或观念。		
	2.10 转化		领会是以一种语言或一种交流形式被译述或转化成另一种语言或另一种交流形式时的严谨性和准确性为依据的。
	2.20 解释		对交流内容的说明或总括。转化是对交流的一种客观的、一部分一部分的解译,而解释则是对材料的重新整理、重新排列,或提出新的观点。
	2.30 推断		根据最初交流中所描述的条件,在超出用以确定各种内涵、后果、必然结果和效果等既定资料之外的情况下延伸各种趋向或趋势。
3.00 运用	在某些特定和具体的情境里使用抽象概念。		

续表

类别		二级类别的定义
4.00 分析	指将交流分解成各种组成要素或组成部分，以便弄清各种观念的有关层次，或者弄清所表达的各种观念之间的关系。	
	4.10 要素分析	识别某种交流所包括的各种要素。
	4.20 关系分析	对交流内容中各种要素与组成部分的联结和相互关系的分析。
	4.30 组织原理的分析	对将交流内容组合起来的组织、系统排列和结构的分析。
5.00 综合	指把各种要素和组成部分组合成一个整体。	
	5.10 进行独特的交流	提供一种交流条件，以便作者或演说者把观念、感情和（或）经验传递给别人。
	5.20 制订计划或操作程序	指制订出一项工作计划，或提出一项操作计划。计划应满足任务的需要。
	5.30 推导出一套抽象关系	确定一套抽象关系，用以对特定的资料或现象进行分类或解释；或者从一套基本命题或符号表达式中演绎出各种命题和关系。
6.00 评价	为了特定目的对材料和方法的价值作出判断。	
	6.10 依据内在证据来判断	依据诸如逻辑上的准确性、一致性和其它内在证据来判断交流内容的准确性。
	6.20 依据外部准则来判断	根据挑选出来的或回忆出来的准则来评价材料。

如果将认知内容维度和认知要求维度整合起来，那么就可能产生更多的目标类型。2001年，安德森（Anderson, L. W.）等人对布鲁姆等提出的认知领域的目标分类进行了修订，他们把认知领域的目标分为两个维度，一个维度是取原来认知领域中六个目标的名词层面的涵义，并概括成由四个类别的知识构成的知识维度：事实性知识、概念性知识、程序性知识、元认知知识。另一个维度是取原来认知领域中六个目标的动词层面的涵义，并有所调整，形成六个类别的认知过程维度：记忆、理解、应用、分析、评价和创造，从而形成一个以二维细目表形式呈现的认知领域教育目标分类框架。

表2-2 安德森的教育目标分类学的总体架构[①]

知识维度	认知过程维度					
	1. 记忆	2. 理解	3. 应用	4. 分析	5. 评价	6. 创造
A. 事实性知识						

---

① Anderson, L. W. & Krathwohl, D. R.（2001）*A Taxonomy for learning, teaching, and assessing: A revision of bloom's taxonomy of educational objectives*. Boston: Addison Wesley Longman, Inc.

续表

知识维度	认知过程维度					
	1. 记忆	2. 理解	3. 应用	4. 分析	5. 评价	6. 创造
B. 概念性知识						
C. 程序性知识						
D. 元认知知识						

虽然布鲁姆等将他们提出的框架称为教育目标"分类学",旨在说明目标的类型,但实际上,由于这种类型主要是从目标所要求达到的水平程度或认知的复杂性来分的,因此这些目标也表现出了明显的层次性,如布鲁姆的六种类型的认知目标,从"知识"到"评价",在水平上依次从低到高,而且目标表现出了累积性,较高层次的目标包含了较低层次的目标。图2-2和图2-3可以更清楚地说明这种层次性和累积性。① 需要说明的是,不只是认知领域的目标,情感领域和动作技能领域的目标同样具有层次性和累积性。

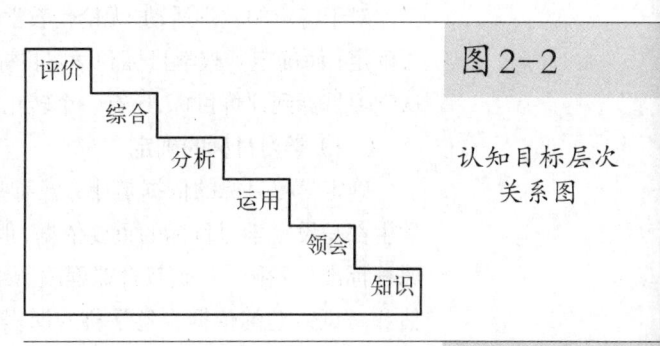

图 2-2 认知目标层次关系图

（评价 / 综合 / 分析 / 运用 / 领会 / 知识）

图 2-3 认知目标累积关系图

知识：a
领会：a+b
运用：a+b+c
分析：a+b+c+d
综合：a+b+c+d+e
评价：a+b+c+d+e+f

链接2-1 从较为简单的框架开始

新手教师在一开始撰写学习目标时,可以使用一个较为简单的框架,比如,只使用知识、理解、应用三个层次。这样可以帮助新手教师较好地制定出不同层次的学习目标。举例如下：

	知识	理解	应用
阅读	知道文中的词汇。	能领悟文章涵义。	能使用从文中获得的信息解决问题。
写作	知道写作的规则。	能领悟写作中的语法规则。	通过写作来就具体的目的进行交流。
数学	知道数字系统和基本的运算。	能领悟数学概念和过程。	使用数学来解决问题。
科学	知道术语和事实。	能领悟科学原理。	在新的情境中应用科学原理。
社会	知道一些事实性信息。	能领悟社会问题的原因。	运用批判性思维来看待社会问题。

资料来源：Linn, R. L. & Miller, M. D. (2005). *Measurement and assessment in teaching* (9th ed.). New Jersey: Person Education Inc., 2005, 54.

---

① 陈玉琨. 教育评价学[M]. 北京：人民教育出版社,1999：82.

练习 2-3

回顾"练习 2-2"中你所确定的目标实例,与同伴讨论这些学习目标各属于认知、情感、技能的哪个类别,又各属于每个类别下的哪个层次,并说明你的理由。

三、从学习目标到评价目标

对于特定的教学活动,无论是教学目标,还是学习目标,都不是现成的,都需要教师去确定;而确定了教学目标和学习目标,并不意味着评价目标也就同时确定。实际上,从学习目标到评价目标,还有一个转化的过程。

(一)学习目标的确定

确定学习目标的依据是什么?有些教师马上会回答是教材,是学生。没错,教材、学生都是设定学习目标的重要依据,但都不是根本依据。确定学习目标的根本依据是课程标准。我国《基础教育课程改革纲要》指出,国家课程标准是教材编写、教学、评估和考试命题的依据。各学科的课程标准都体现了国家对不同阶段的学生在知识与技能、过程与方法、情感态度与价值观等方面的基本要求。各学科课程标准的核心内容都是课程目标,都根据学科特性提出了更为具体的内容领域和表现领域,从原则上规定了"应该教什么"以及"应该教到什么程度"等基本问题,是确定学习目标的最根本的依据。

反思 2-2

为什么教材不是确定教学目标的根本依据?

课程标准中的课程目标通常以学段目标方式来呈现,这些课程目标可以成为学生的学习目标。可是,课程目标规定的是学生在一段比较长的时间中的学习结果,比如九年义务教育数学课程标准就将义务教育阶段分成三个学段,分别规定了三、六、九年级结束时学生在数学学习上该达到的结果;九年义务教育语文课程标准则将义务教育阶段分成四个学段,分别规定了二、四、六、九年级结束时学生在语文学习上该达到的结果。而从学生学习来讲,除了需要学段目标这样比较长远的目标之外,还需要学期的、单元的学习目标,更需要课时的学习目标。相对于学段目标,较为短期的目标更易检测,对学生学习的引导作用更为直接,因此单元目标、课时目标等短期的学习目标是非常必要的。这就需要教师与学生一起将课程标准中的课程目标转化为单元目标和课时目标。

要实现这种转化,就需要对课程标准中的课程目标进行分解。课程目标的分解可以采用一个简单的程序:

第一步,在课程目标中寻找关键词。一条课程目标经常会涉及到三个方面的关键词:行为动词、核心名词,以及规定情境或条件等的其他词。以《义务教育数学课程标准》2011年版第一学段"图形与几何"中的一条目标"结合实例认识周长,并能测量简单图形的周长,探索并掌握长方形、正方形的周长公式"为例,行为动词包括了"认识"、"测量"、"掌握";这些动词所指向的名词是"周长"、"周长公式";其中还包含了其他一些用以规定情境或加以限定的词作为条件,比如,认识周长要"结合实例",对正方形和长方形周长公式的掌握要以学生的"探索"为途径。

第二步,分解行为动词。课程目标中总是使用一定的行为动词,但由于课程目标是一段比较长时间的学习后该达到的目标,因此其中的行为动词就可能不那么具体。对行为动词的分解就是要将课程目标中的行为动词分解成可观察、可测量的行为动词。以上例中的课程目标中的行为动词为例,"测量"相对比较具体,可观察、可测量,但"认识"、"掌握"就需要分解。什么叫"认识"？是"能说出"、"能识别"、"能概括",还是"能解释"？什么叫"掌握"？是"能记住"、"能推导",还是"能运用"？

第三步,分解核心名词。课程目标中的核心名词规定了要达成的目标的内容领域。有时核心名词似乎很清晰地界定了内容,但在很多情况下,这些核心名词也可以,甚至需要分解,以进一步明确具体的内容。比如,"认识周长"中的"周长"就可能包括"周长的定义"(背诵或默写)、"周长的含义"(用自己的话来描述)、"周长与边长或半径之间的关系"等,还可能是不同图形的周长。"掌握长方形、正方形的周长公式"中的"周长公式"是正方形还是长方形的周长公式？是公式本身,还是公式的推导过程,或者是公式的应用原理？

第四步,对分解出来的行为动词和核心名词进行重新组合,形成目标列表。比如,假定我们将"掌握"分解成记住、推导、运用,而将"周长公式"分解成正方形或长方形的公式本身、推导过程、应用原理,那么动词和名词的组合就有很多。比如,记住正方形周长的计算公式;记住长方形周长的计算公式;记住正方形周长公式的推导过程;推导长方形周长的计算公式,等等。在这个例子中,潜在的具体目标有18个。

第五步,分析教学内容,在目标列表中选择适当的目标。教材是依据课程标准编写的,教学内容总是指向于特定的课程目标。教师需要明确当前所教内容所指向的课程目标,然后从前面建构的目标列表中选择适合于相应教学内容的目标。在具体呈现教学目标时,还需要同时考虑课程目标中的限定词。比如,如果目标是推导正方形周长的计算公式,那一定不是将推导过程展示出来让学生去记忆、复述,而是要让学生去探索。既可以让学生自主探究,也可以让学生小组合作探究。

在使用这一目标分解程序来明确学习目标时,有两个方面需要高度关注:

首先,要明确课程标准中的目标与课程教学内容并不完全一一对应,也就是说,某一课题的内容所指向的可能并非是某一条目标,而是可能涉及到课程标准中的多条目标;反过来,课程标准中的一条目标也不一定就借助于某一课题的学习来达成,可能需要不同的学习内容来达成。比如,在《义务教育数学课程标准》第二学段"数与代数"领域的课程目标涉及到:"结合具体情境,理解小数和分数的意义,理解百分数的意义;会进行小数、分数和百分数的转化"、"能比较小数的大小和分数的大小"、"能分别进行简单的小数和分数(不含带分数)的加、减、乘、除运算及混合运算"、"能解决小数、分数和百分数的简单实际问题"。而人教版小学数学教材在四年级下册安排了第4单元"小数的意义和性质"(包括小数的意义和读写法,小数的性质和大小比较,生活中的小数，求一个小数的近似数）、第六单元"小数的加法和减法"（理解小数加法和减法的情境，知道小数加法和减法的注意事项，小数加法和减法的两步运算，知道整数的运算定律在小数运算中的适用），五年级上册第1单元"小数乘法"（小数乘整数，小数乘小数，积的近似数、连乘、乘加、乘减，整数乘法运算定律推广到小数）、第2单元"小数除法"（小数除以整数，一个数除以小数，商的近似数，循环小数，用计算器探索规律，解决问题）。

其次，因为这种不对应，将上述程序中的"第五步"的部分做法提前，对于教师或许更适当。即教师首先对教材进行深入的分析，在课程标准中找出本部分内容所对应的课程目标，然后再对相关目标进行分解、组合，形成适合于本课或本单元内容的教学目标（从学生的角度看，也即学习目标）。

> **练习 2-4** 请选择你所任教或将任教的某一学科课程标准中的某些条目，尝试按照给出的程序进行分解，并与同伴进行相互评论。

（二）依据学习目标确定评价目标

确定评价目标的一个关键原则就是要保证评价目标与学习目标的一致或匹配。教师不能评价那些自己未教、学生也未学的内容，这对学生不公平，而且所评的也不是学业成就。关键是，这样评价所得到的结果无论对于教师的教，还是学生的学，都没有意义，还可能挫伤学生的学习积极性。

> **反思 2-3** 评价目标与学习目标匹配，是说"学什么就考什么"吗？这好像有问题哦。
> 你觉得问题在哪里？
> 可是，所评非所学，又会产生什么问题？
> 如果两种做法都有问题，那么"两害相较取其轻"，你选择哪种做法？

评价目标与学习目标的一致或匹配要求：第一，所评的内容应该是学生所学的内容。具体来说，一是评价要求的知识技能范围与学习目标的规定相同；评价的内容应当覆盖学习目标涉及的内容范围，但不能超出学习目标规定的内容范围；二是评价内容分布应当与学习目标所涉内容的分布相适应；评价内容的分布应与评价所覆盖的学习内容中不同内容的分布情况相一致，评价内容中的重点应与学习目标的内容重点相一致。第二，评价对学生在特定内容上的表现要求应当与学习目标的要求一致。如果某一课的学习目标要求是知识层面的——比如，"结合实例认识周长"，那么评价中如果要求学生"应用"，如运用周长公式去解决实际问题，就是不匹配的。第三，评价任务的情境或条件也应当与学习的情境或条件相一致。比如，学习时一直要求学生使用工具书、计算器，但评价时却不允许使用。

表2-3 可用于评价不同种类学习目标的不同活动类型[①]

学习目标的种类	相应的评价的例子
回忆、识别、再认	客观性的测试题目，比如，填空、匹配、标识、多项选择，需要学生：对术语、事实、概念进行回忆和再认。
解释、例示、分类、概括、推断、比较、说明	一些活动，比如做论文、参与测验、课堂讨论、做概念图等，需要学生。 • 对阅读材料、视频材料或讲话材料进行总结。 • 对两个或两个以上的理论、事件或过程进行对比和比较。 • 使用确定的准则把事例、要素、事件进行分类。 • 用自己的话解释文件或讲话内容。 • 找到或识别某个概念或原则的例子。
应用、实施、执行	一些活动，比如解决问题、行为表现、实验室活动、模型制作、模拟等，要求学生： • 使用一定的程序来解决或完成熟悉或不熟悉的任务。 • 确定对给定的任务来看，哪个程序是最适当的。
分析、区分、组织、归因	一些活动，比如案例分析、评论、实验室、论文、项目、辩论、或概念图，要求学生： • 区分或选择相关或不相关的部分。 • 确定各个要素如何运作在一起。 • 确定给定材料的偏见、价值观、意图。
评价、检查、评论、评定	一些活动，比如，日志、简报、评论、问题情境、作品评论、课题研究，要求学生： • 根据一定的准则或标准来考察、监控、判断，或评论阅读材料、表现、作品等。
创造、形成、计划、制作、设计	一些活动，比如研究项目、音乐创作、表现、论文、商业规划、网站制作，或情境设计，要求学生： • 制作、建立、设计、形成某些新的东西。

反思2-4

请思考以下两个场景，想想这样做会给学生带来什么，对你自己又会产生什么影响。

(1) 你制定的学习目标是让学生"应用分析性技能"，但评价仅限于"对事实性信息的回忆"。

(2) 你在评价中考察了学生"对不同作者观点的比较和评论"，但你在教学中主要关注学生"对不同作者观点的总结"。

不过，需要说明的是，评价目标与学习目标的一致或匹配，并非意味着在所有时候评价目标都要与学习目标完全同一。两者之间的不同一主要表现为评价实际所评的目标要比学习目标少，而不是表现为评价目标任意提升，或降低学习目标的要求。因为，

[①] https://www.cmu.edu/teaching/assessment/basics/alignment.html.

即使是课堂小测验,所评价的目标也都必然要比学生在课堂中所学的更少。从本质上来说,评价就是一种抽样,要在期望学生达成的多个学习目标中抽取适当的目标进行考察。匹配或一致强调的是评价目标对学习目标的代表性。只要评价目标对学习目标具有代表性,评价目标和学习目标就是一致的、匹配的,不一定要求评价目标与学习目标完全同一。

第三节　让学生知道评价目标

学生知道评价目标对于学生学习的改善有着非常巨大的正面影响。这种正面影响表现在很多方面,因此教师必须采取多种做法让学生明确评价目标。

一、为什么要让学生知道评价目标?

看到这一节的标题,你可能会想,让学生知道评价目标,不就是让学生知道考什么吗?这不会带来问题吗?其实,一直以来,中考、高考都有考纲,而且是公开的——考纲就是规定评价目标的。如果我们分析一下学生不知道或知道评价目标所可能带来的问题或好处,我们就能明白为什么考纲要公开了。

(一) 学生不知道评价目标可能带来的问题

在你的教学或学习经历中,是否曾经发现评价有神秘化的倾向?中考、高考等外部评价还稍好些,因为有考纲;统考则很无序,许多教师都难以预测统考可能的内容。而在课堂层面的评价中,教师也似乎有一种明显的"防学生"的倾向——教师有意识地防止学生知道评价目标,甚至有些教师还采取"突然袭击"的方式来实施测验。

> **练习 2-5**
>
> 无论你是教师,还是准备进入教师职业的学生,你都曾经经历过许多评价。现在你又要准备应对评价了。如果你是教师,你要参加"教坛新秀"或"名师"的评选,可是你根本不知道这种评选要考察什么;如果你是师范生,你要参加教师招聘考试,可是你同样不知道考什么。现在,请你描述你在面对这种情境时的心理状态。

也许有些教师假定学生知道评价目标:考纲公开的,学生怎会不知道?我们已经明确了学习要求,学生怎会不知道评什么?可是,教师告诉学生要去关注考纲了吗?对考纲进行过解读吗?或者,在设计评价时严格依据学习要求了吗?事实上,大多数时候没有。

这会带来很多问题。首先,在这样一种评价环境中,学生会严重缺乏安全感,学生不知道评价目标,也就不能确定自己的学习状况,评价焦虑和无助感就由此而生。其次,学生可能要去猜测评价目标,这种猜测本身就会占用学生宝贵的学习时间。如果猜测错误,那么学习时间和精力的浪费就更加明显,也更加严重。第三,不知道评价目标,学生就无法对自己的学习进行自我监控、自我调整,甚至难以理解教师所给予的关于自己学习的反馈信息——如果学生不理解反馈信息,那么这种反馈信息绝不可能对其学习产生促进作用。

> 在新课程背景下,许多新的评价观念开始进入教师的头脑。谈到评价,许多教师会提到多元评价;提到多元评价,又会提到多主体评价,比如,教师评、学生自评、学生同伴评等。要让学生成为评价的主体,需要提供什么样的条件? 不让学生知道评价的目标,学生如何自评? 如何评同伴?

反思2-5

(二) 学生知道评价目标可能带来的好处

如前所述,好的评价应该能够让学生回答三个问题,其中第一个问题"我要去哪里"可能是最为关键的。回答"我要去哪里",就是要明确学习目标,也要明确评价目标。概而言之,让学生知道评价目标,最根本的好处就在于促使学生实现自主学习。具体而言,让学生知道评价目标,能够让学生进行:

(1) 自我引导的学习。前面我们思考过一个问题:如果评价目标与学习目标不一致,对学生学习能够产生更大引导力的会是哪一个目标? 答案应该非常确定,当然是评价目标。让学生知道评价目标,也就是让学生明确自己在完成学习经历之后该达到的结果,学习也就会更有方向。

(2) 自我监控的学习。学生知道评价目标,也就能够以评价目标为依据来审视自己的学习,更可能发现自己在学习上存在的问题,也更可能看到自己在学习上的进步。前者为解决问题提供了前提,后者则为自己进一步的学习提供了动力。

(3) 自我调节的学习。学生知道评价目标,就会从自己的问题出发,运用目标来引导自己下一步的学习,并进行自我反馈,明确自己下一步的行动。

所有这些都能保证学生产生对评价的控制感,进而产生对学习的控制感,相信学习是自己能够控制的,形成较强的自我效能感。这对学习会有极大的正面影响。

二、如何让学生知道评价目标

既然学生知道评价目标对其学习有这样的正面作用,教师就得让学生知道评价目标。教师总是要有让学生知道评价目标的意识,采取多种方法让学生知道评价目标。总体而言,教师可以通过三种途径让学生知道评价目标:直接告知、运用样例、运用评分规则。

(一) 直接告知

让学生知道评价目标的最简单的做法就是直接告知。教师可以在教学一开始告知教学目标的同时,说明这些目标也就是将来要评价的目标。

直接告知应当在教学开始之时。教学过程中或者教学之后告知学生评价目标,相对于不告知,其好处应该很明显。但从教学一开始就告知,不仅能够影响学生在评价中的表现,也会影响学生的学习。

直接告知,关键不在于教师的"告",而在于学生的"知",因此,教师不仅需要正确陈述自己的教学目标，更需要用学生能够理解的语言"告"，以保证学生"知"。有时，如果目标中出现了学生没有接触过的目标术语或词汇，教师就需要运用学生能够理解的语言加以解释。比如，对于三年级学生来说，目标"学会推断"中的"推断"就可能是一个陌生的术语。如果教师告诉学生目标是"学会推断"，从教师角度讲，这样的表述非常清晰，但学生很可能不理解。如果在"学会推断"后补充一句，"也就是要学会运用一些线索作出合理的猜测"，学生就更可能"知"了。有时，目标可能比较大，一个目标术语中可能包含着比较多的内容，那么将目标分解，形成一些比较小、也比较具体的目标构成的目标列表，学生也就更可能理解了。比如，"我们要学习分数。要读出和写出 1/2、1/3、1/4、1/10；读并写出混合数；将十分之几转换成小数"。

借助于直接告知让学生知道评价目标，比较适合于较低层次的目标，不适用于比较复杂的、较高层次的表现目标。

（二）运用样例

运用样例，不是将目标直接告知学生，而是提供一些表现样例，让学生去分析、比较，从中发现所期望的良好表现。这种方式比较适合于层次较高、较为复杂的目标，尤其是表现性目标，比如习作。习作的目标似乎也可以直接告知，实际上大多数语文教师上习作课都会对学生的习作提出一些要求，比如，主题明确、层次清楚、内容翔实等。教师也可以把这些要求表述得非常清楚，但问题是，学生依然可能不明白：到底怎样算是主题明确？怎样算是层次清楚？……教师也可以对这些要求进行解释，但不结合实例，教师的解释也很难让学生明白。斯蒂金斯提供了一个运用样例让学生明确目标的实例，[①] 很有参考价值。

一个中学英语教师要求学生阅读同一作者的三篇小说，并归纳出其中的主要观点，然后要求学生写一篇文章对这些观点进行辩护。

为确保学生成功，教师首先向学生提供了一篇高质量的文章让学生阅读分析。第二天，全班一起来讨论这篇文章好在哪里。在下一次作业中，教师给学生一篇低质量的文章，学生详细地分析和评价了它的主要特征。通过对这两篇文章的比较，学生列举了两者之间的关键区别。然后全班运用分析的结果确定了高质量文章的关键，并将之转化为评分规则——一套描述了每个关键点的质量连续体的评分量表。教师以学生作业为例来说明连续体中的每个层次。

学生在理解评分规则的基础上开始起草他们的文章，然后相互交换文章，相互运用评分规则的语言提供关于如何改善的描述性反馈。学生也可以向教师要求某一方面的描述性反馈。到结束时，并非所有文章都很优秀，但大部分都有较高的质量，且每个学生在上交自己的作品时都很有信心。

运用样例让学生知道目标可以遵循以下程序：

1. 确定一个优秀的作品样例和一个糟糕的作品样例。注意，不能随便拿一个比

---

① Stiggins, R. (2007) Assessment through the student's eyes. *Educational Leadership*.

差的作品当作用以分析的糟糕样例,一定要寻找有普遍性问题的作品样例。

2. 准备一个用以评价该作品的评分指南或评分规则,将之分发给学生。

3. 展示优秀的作品样例,让学生按照评分指南独立地进行评分。注意,展示优秀作品样例时,应当将作品的作者隐去。

4. 学生在小组中分享自己的评价结果,并用评分指南上的语言来解释自己评分的理由。

5. 班级共同确定该优秀作品的分数。在这一过程中,可以让学生自愿解释评分的结果。

6. 展示糟糕的作品样例,重复步骤3—5。

与"直接告知"不同,这种做法可以让学生结合实例获得关于目标的直观的印象,而且通过自己的分析及与同伴的讨论,能够更深入地理解目标,也更可能在自己表现的时候运用这些目标进行自我监控。

(三)运用评分规则

评分规则(rubric)是一套能够展示质量水平和标准的准则,各种高层次的目标的评价都需要借助于评分规则。它把任务分解成各个要素,并提供了每个要素上详细的、不同层次的表现的描述,这种描述清晰地指明了什么样的表现是可接受的,什么样的行为是不可接受的。提供评分规则也能够让学生知道教师对自己完成任务的期望,知道自己要达成的目标。

评分规则由四部分构成,无论什么样的评分规则都必须具有这四个基本的部分。即,从最简单的形式看,评分规则包括了任务描述、某种形式的量表(即成就水平,可能是等级、分数、语言等形式)、任务的维度(把任务涉及的知识和技能进行分解),以及对每个表现水平的具体描述。其基本的格式如表2-4所示。

	成就水平1	成就水平2	成就水平3
维度1	表现描述	表现描述	表现描述
维度2	表现描述	表现描述	表现描述
维度3	表现描述	表现描述	表现描述
维度4	表现描述	表现描述	表现描述

表2-4

评分规则的基本格式

1. 表现维度(dimensions)

也可称为"指标",指决定表现性任务、行为或作品质量的各个指标,包含了需要评价的知识、技能和理解。表现维度应当使用学生熟悉的语言和术语;应清晰地和学习任务相关;确保只包括学生表现的最重要的部分,数量不能太多。

2. 表现描述(indicators)

也可称为"描述符",即对某个维度上不同表现水平的具体说明,描述在每个等级水平上的表现,定义了每个维度的每个水平的具体特征,提供了质量上从差到好(或从好到差)的序列,是判断某一维度掌握程度的具体证据。这是评分规则的核心。

3. 成就水平（rating scales）

也即区分不同表现水平的等级，说明学生在表现任务中处于什么样的水平。评分规则中的成就水平或等级不宜过多，因为我们很难找到相应等级的"描述符"。有时如果涉及到比较多的等级，却又难以找到合适的"描述符"，就可以采用下例呈现的变通模式（见表2-5）。即"成就水平2"和"成就水平4"不提供描述符，介于成就水平1和3之间的，即可确定为成就水平2，介于成就水平3和5之间的，即可确定为成就水平4。

表 2-5 评分规则的变通格式

	成就水平1	成就水平2	成就水平3	成就水平4	成就水平5
维度1	表现描述		表现描述		表现描述
维度2	表现描述		表现描述		表现描述
维度3	表现描述		表现描述		表现描述
维度4	表现描述		表现描述		表现描述

链接2-2

实验报告分析性评分规则

指标	等级				权重	得分
	0	1	2	3		
问题	没有问题。	提出了问题。			5.5	
假设	没有假设且没有自变量和因变量。	清楚地陈述了假设，但未解释自变量和因变量；或者自变量的解释很模糊。	清楚地陈述了假设，且大致上解释了自变量和因变量。	清楚地陈述了假设且解释了自变量和因变量。	10.5	
数据	未呈现数据。	运用图表、图画等部分准确地呈现了数据。	运用图表等呈现了数据，但画图不准确。	通过图表等准确地呈现了数据。	10.5	
结论	未呈现结论。	未能针对问题、假设的准确性、自变量和因变量的作用，且未进行准确的陈述。	较准确地表达了问题、假设的准确性、自变量和因变量的作用。	准确地表达了问题、假设的准确性、自变量和因变量的作用。	10.5	

三、如何制定评分规则

从某一角度看,评分规则主要用于对表现进行评分,是评价工具的一种。这种理解并没有错。但不能忽略的是,评分规则其实同样是评价目标问题,是评价目标的具体化问题。因此,我们将评分规则放在评价目标中进行讨论。

(一)评分规则的类型

评分规则可以分成整体型评分规则和分析型评分规则。整体型评分规则要求教师整体性地评价整体的过程或作品,而不是分别判断各个部分的质量;相反,分析型评分规则中,教师对作品或表现的各个部分先进行评价,然后再进行整体的衡量。

1. 分析型评分规则

分析型评分规则是分维度评价学生表现的工具,即将所要评价的表现分成不同维度,然后分别给出目标,以及确定等级的不同标准。分析性评分规则最大的好处就是将目标具体化,让学生知道高质量的产品或表现的属性;而且,运用评分规则来评价有助于给出更为详细具体的反馈,对教师的教学调整和学生的学习调整都非常有用。但其缺点也很明显,即无论是建构评分规则,还是进行评分,都是非常费时费事的。

2. 整体型评分规则

相较于分析型评分规则,整体型评分规则不是从维度角度来描述的,而是描述了每一等级水平该有的表现,这些表现通常也是从不同的维度来呈现的。对于以下几种情况,整体型评分规则非常适用:要对整体表现作一个快速判断时;被评价的技能或产品很简单时;被评价的技能或产品只有一个维度时。整体型评分规则的运用比分析性评分规则容易且快速,但往往只能提供有限的反馈,而且可能不能准确地反映学生的真实表现情况,因为不同的学生会因为完全不同的原因得到相同的分数。表2-6提供了整体型评分规则的一个模板。表2-7则是整体型评分规则的一个样例。

表2-6 整体型评分规则的模板

题 目

任务描述:

分 数	表 现 描 述
5	表现出对问题的全部理解,完全达到了任务的所有要求。
4	表现出对问题相当程度的理解,基本达到了任务的所有要求。
3	表现出对问题部分程度的理解,达到了任务的大多数要求。
2	表现出对问题较少的理解,任务的大多数要求没有达到。
1	基本没有表现出对问题的理解,任务的要求基本没有达到。
0	没有回答,或任务没有尝试。

表2-7

作文质量的整体型评分规则

任务描述：撰写一篇500字的记叙文。

成就水平	整体性描述
优秀（A）	主题句：确切地指明主题；间接、明确、吸引人的句子；正确的位置。 组织：清楚的逻辑；清楚的结尾；观点和句子间转换流利。 创造性思维：有独创性；有冒险、深刻而清晰的思维。 语法：没有拼写错误；没有语法错误。
良好（B）	主题句：清楚地指明主题；清楚的和好的句子；正确的位置。 组织：有逻辑；有结尾；没有转换不顺；流畅。 创造性思维：有趣的、吸引人的、清晰的思维。 语法：1处拼写错误；1处语法错误。
合格（C）	指明主题；句子正确；位置正确。 组织：有逻辑；有1—2处转换不顺；顺序有些不好。 创造性思维：有点吸引人；有些清晰的想法；看出努力。 语法：2—3处拼写错误；2—3处语法错误。
不合格（D）	主题：没有点明主题；句子不正确。 组织：没有逻辑和顺序。 创造性思维：枯燥、单调、不深入。 语法：太多的错误。

练习2-6

现在你的任务是担任学生演讲比赛的评委。你需要事先明确怎样评价学生的演讲。请为学生演讲的评价开发一个分析型或整体型评分规则。

（二）开发评分规则的基本步骤

如果遵循一定的步骤来开发评分规则，评分规则的开发就不是很困难的事。一般而言，评分规则的开发可以遵循以下五个步骤。

1. 审查学生表现任务所指向的学习目标，明确评价目标，因为评分规则就是评价目标的具体化。
2. 确定你期望看到以及不期望看到的可观察的具体维度，即确定你期望看到的特征、技能或表现，以及你不希望看到的常见错误。
3. 罗列体现每一个表现维度上不同表现水平的具体指标。
4. 对于整体型评分规则，整合所有方面的维度来详细描述最优表现和最糟表现的特征；对于分析型评分规则，分维度来详细描述最优表现和最糟表现的特征。
5. 对于整体型评分规则，根据两端的描述来补充其它水平的描述，这些描述要整合所有的维度；对于分析型评分规则，根据两端的描述来补充其它水平的描述，这些描述只针对特定维度。

要开发评分规则，首先需要明确目标所包含的维度。这并不困难，只要你对目标有准确的把握，你就能够找到目标中所包含的维度，就像一个五年级语文教师一定知道评价其学生的习作应该特别关注哪些方面，一个八年级科学教师也一定知道评价学生的实验报告应该特别关注什么。

开发评分规则最难的也许就是第五个步骤，即确定整体或单一维度的不同水平。突破这个困难有一个小技巧：首先描述学生行为的顶级表现；然后圈出顶级表现陈述中可以改变的词；再改变这些词以表达不同的程度。链接2-3中关于程度的词汇会有效地帮助我们确定不同的水平或等级。

链接2-3

学生表现的定量和定性维度不同程度的修饰语

定量

全部/许多/有些/没有　　　大部分/很少
一贯地/不一贯　　　　　　经常/偶尔/很少/从不
广泛的/有限的　　　　　　有表现/没有表现

定性

准确/不准确　　　　　　　自然的/僵硬的
主动/被动　　　　　　　　原创的/独特的/老一套的/使用过度的
适当的/不相干的　　　　　精确的/含糊的
清晰的/合逻辑的/混乱的　　专门的/通用的/肤浅的
正确/不正确　　　　　　　支持性的/适当的/无关的
流畅的/断续的/单调的　　　全面的/充分的/有限的/表面的
有焦点的/宽泛的　　　　　多变的/重复性的

资料来源：Gredler, M.& Johnson, R. (2004) Assessment in the literacy classroom. Boston, MA: Allyn and Bacon.

如果教师在开发了评分规则之后，能够收集学生不同质量的表现来为每个水平的评分规则提供样例，那么就能在必要时通过向学生提供样例来帮助学生更好地理解评分规则，也更好地理解评价目标。

下面我们呈现两个使用如上步骤针对具体的表现任务设计评分规则的一个案例。[①]

案例：小学高年级数学科——数据分析

哈里是一位四年级的数学教师，他准备设计关于数据分析主题的单元教学，主要关注学生对图表进行估计和解释的技能。具体来说，在单元学习之后，他希望学生能掌握如下目标：

- 学生能正确地解释条形图；
- 学生能准确估计条形图中的数值。（第一步）

---

① Mertler, C. A. (2001) Designing scoring rubrics for your classroom. *Practical Assessment, Research & Evaluation*, 7(25).

因为这个表现任务本质上是总结性的,即根据评价结果将得出学生的等级,他决定采用整体型评分规则。他确定了评分规则的四个维度:估计、数学计算、结论、解释的交流(第二步和第三步)。最后,他开始为每个维度撰写不同水平的具体表现(第四步和第五步)。下面就是他设计的评分规则。

姓名:_____   日期:_____

分数	描述
4	进行了准确的估计,使用了适当的数学计算步骤,结果无误。通过条形图得出了逻辑型结论,对思维的解释有力。
3	进行了较好的估计,使用了适当的数学计算步骤,结果有一些错误。通过条形图得出了逻辑型结论,对思维的解释较好。
2	进行了估计,但有很多错误。有不适当的数学计算步骤,但结果无误。得出了结论,但没有使用条形图。提供的解释比较牵强。
1	估计不准确,数学计算步骤不适当。没有得出和条形图相关的结论,也没有提供解释。
0	没有回答或尝试。

链接2-4

评分规则制定和应用的一般步骤

1. 挑选要教的过程或者作品;
2. 确定这些过程或作品的行为标准;
3. 决定评分层次水平,通常3—5层为宜;
4. 陈述学生行为标准层级的最高水平;
5. 陈述学生行为标准接下来的层级水平;
6. 将每个学生的行为同每个层级水平进行比照;
7. 根据学生的实际行为或作品选择最适合的层级水平;
8. 给学生评级。

资料来源:[美]Airasian, P. W., 徐士强等译. 课堂评估:理论与实践[M]. 上海:华东师范大学出版社, 2008:280.

(三)评价评分规则的检核表

高质量的评分规则能够让学生清楚地知道将来评价要关注的东西,知道教师对自己的期望,知道自己的努力方向。但糟糕的评分规则可能误导学生的学习,无法让学生清楚地知道目标,而且难以使用。因此,评分规则必须确保是高质量的。这需要教师在开发评分规则的过程中遵循评分规则开发的原则,也需要教师在开发出评分规则后,运用核查表等手段来考察评分规则的质量。这样一个核查的过程,不仅有助于保证评分规则的质量,还有助于促进教师开发评分规则能力的提升。以下就是一个可用于评价评分规则质量的检核表。

- 评分规则是对学习目标的具体描述吗？是否明确说明适合于什么阶段的学生发展水平？
- 评分规则中有关学习过程和成果的说明是可以被测量的吗？
- 评分规则涵盖了学生成就的不同水平吗？评价准则是否反映了目前评价内容的重要观点？
- 评分规则的等级水平划分的数目合理吗？不同等级水平之间有明确的划分依据吗？
- 评分规则能够适用于不同的评分者，不同的教师对评分规则中的评价准则和等级水平的划分标准是否达成共识？
- 评分规则能被学生和家长清楚地理解吗？
- 评分规则能够应用于多个任务吗？
- 评分规则是公平而无偏见的吗？
- 评分规则是有用的、可行的、可实施的吗？评分规则能够记录需要的和有效的学生信息吗？

进一步阅读的文献：

1. [美]Stiggins, R., 国家基础教育课程改革"促进教学发展和学生成长的评价研究"项目组译.促进学习的学生参与式课堂评价(第四版)[M].北京：中国轻工业出版社,2005.

2. 李坤崇.教学评估——多种评价工具的设计及应用[M].上海：华东师范大学出版社,2011.

3. [美]Airasian, P. W., 徐士强等译.课堂评估：理论与实践[M].上海：华东师范大学出版社,2008.

4. [美]B·S·布鲁姆等, 罗黎辉等译.教育目标分类学(第一分册)：认知领域[M].上海：华东师范大学出版社,1986.

5. Mager, R. F. (1997) *Measuring instructional results:how to find out if your instructional objectives have been achieved.* (3rd ed.). Atlanta, GA: CEP Press.

6. Gronlund, N. E. (2004) *Writing instructional objectives for teaching and assessment* (7th ed.). Upper Sadder River, NJ: Pearson.

第三章

评价方法的选择

导读

在明确评价目标，也即"评什么"之后，我们就得考虑"怎么评"的问题了。

关于评价方法的选择，我们拥有一些"常识"，比如知道要测量温度得用温度计，而不能用汤匙。在课堂评价方法的选择上，许多教师也知道何时可以借助于观察，何时必须借助于纸笔测验。但要收集关于学生学习的准确信息，我们在评价方法的选择上就需要比"常识"更多的知识基础——我们在从第三章到第七章的五章内容中就将提供这样一些知识基础。

本章首先探讨评价方法的实质和多样性,提供了思考课堂评价方法谱系的若干框架,进而讨论课堂评价方法选择的原则。由于评价目标在评价方法选择中的核心作用以及在实践中存在的问题,我们特别强调了评价方法与评价目标的匹配,并将之作为评价方法选择的核心原则。主要内容包括:

第一节　评价方法及其类别;
第二节　课堂评价方法选择的一般原则;
第三节　课堂评价方法选择的核心原则。

通过本章的学习,您将能够:

1. 理解评价方法的实质,知道课堂评价方法的多样性和基本的类别;
2. 知道影响课堂评价方法选择的因素,学会选择适当的评价方法;
3. 理解课程效度,知道课堂评价方法与评价目标的匹配关系,学会依据评价目标来确定评价方法。

第一节　评价方法及其类别

在课堂评价领域,评价方法即收集学生学习信息的方法。收集学生学习信息的具体方法很多,这些具体方法可以依据一定的标准分成不同的类别。

一、方法与评价方法

(一) 方法

"方法"一词在古代汉语中是指"度量方形的法则"。《墨子·天志》说:"今夫轮人操其规,将以量度天下之圆与不圆也,曰中吾规者谓之圆,不中吾规者谓之不圆,是故圆与不圆皆可得而知也。此其故何?则圆法明也。匠人亦操其矩,将以量度天下之方与不方也。曰中吾矩者谓之方,不中吾矩者谓之不方,是故方与不方皆可得而知也。此其故何?则方法明也。"如今一般泛指"为获得某种东西或达到某种目的而采取的手段与行为方式"。

方法是一个含义非常丰富的术语,当人们在不同的层面使用时,"方法"经常有不同的含义。有时,人们会在哲学层面上谈方法,这个方法通常是指"方法论",也即人们认识世界、改造世界的一般方法;有时人们有可能在很具体的实践层面上谈方法,这个方法通常涉及到具体的做事办法。有时方法可能指思路,有时方法又似乎等同于技术、步骤,甚至手段、工具。从哲学层面看,所有事的办事方法被认为是相同的,只是因为不同的哲学家秉持着不同的世界观,因此所认同的一般的办事方法也就不同,比如坚持唯物主义世界观的人所认同的方法论就不同于坚持唯心主义世界观的人。尽管对于一个特定的人,其办事所基于的方法论是一致的,但对于不同的事,其办事的方法一定是各不相同的。

（二）评价方法

评价，即收集信息并以所收集的信息为基础作出相应决策的过程；评价方法就是为作出决策而收集信息的方法。其实评价本身就是一种方法，体现着一种以实证为基础的方法论，强调的是从实际出发来解决问题。但本章及下面四章着重要讨论的是评价所用的方法，而且特别关注收集信息所用的方法。

人收集信息主要借助于感官，通过视觉、听觉、味觉、嗅觉、触觉等多种感官获得关于外部世界的信息，但对于不同的对象，收集信息的方法各不相同。比如，传统中医经常运用"望、闻、问、切"的方法来收集病人的信息，可教师要收集学生学习的信息，能够用"望、问"的方法，却无法使用"闻、切"的方法。

要收集信息，首先得有信息的存在。从对学生学习的评价来说，当评价者参与到学生学习的过程中时，那么通过观察的方法能够收集到学生表现出来的有关学习的外显的信息。可是，有时评价者不一定全程参与到学生的学习过程中，比如，期望选拔学生进入高一级学校的人或机构，也即外部评价的组织者，就无法参与到学生的学习过程中；就是任课教师，也无法全程参与到学生的学习过程中，如教师就无法直接观察学生的课外学习；即使在课内，面对班级中那么多的学生，教师也无法直接观察所有学生的学习。更何况，学习不仅表现为外显的行为变化，更表现在内隐的心理变化，而这种心理上的变化很难直接观察到。在这种情况下，要收集信息，评价者就必须将相关的学习活动引出来。比如，教师上课时可能观察到某个学生在学到某个内容时的一些表现，但没有收集到确切的信息来确定他是否理解，就可向他提出一个问题，或者要求他完成一个练习，以此引出学生相应的活动，然后可以从他的反应中收集相关的信息。

就此而言，评价的一般方法就是，如果有信息直接呈现，那么运用观察的方法来收集信息；如果没有信息直接呈现出来，就要设计一些活动将能够呈现所要收集的信息的活动引出来。我们接下来要关注的评价方法，尤其是课堂评价的方法，其实就包括了这两种情况。

（三）课堂评价的方法

课堂评价是教师在日常教学活动层面实施的对学生学习的评价，与外部实施的各种评价有很大的不同。在外部评价中，评价的实施者通常没有直接参与到学生的学习过程中，因此难以运用直接观察的方法来收集学生的学习信息。当然，如果投入足够，也可以让外部评价者直接参与到学习过程中来收集信息，但很难保证每个评价者都按相同的标准去收集信息，而不受任何个人因素的影响地呈现信息、解释信息。而在课堂评价中，作为评价者的教师直接参与到学习过程中，有机会观察学生的学习过程，因此能够通过直接观察的方式获得关于学生学习的信息。但教师在自然状态下通过参与式观察，只能获得关于学生学习的部分信息，相当数量的信息教师并不能直接收集到，因此，外部评价所用的评价方法，如纸笔测验，在课堂评价中也能加以运用，只不过课堂评价中所运用的纸笔测验在实施上、要求上都应与外部评价中的方法有所区别。

此外，课堂评价中还可以有一些外部评价中无法使用的信息收集方法，比如一些类似于课堂提问的引出学生表现然后加以观察的方法，或者一些让学生基于自我评价进行自陈的方法。这些方法可以通称为"课堂评价技术"（classroom assessment techniques），可以在课堂中运用，简便快速地收集学生学习的信息。这些"课堂评价技术"我们将在"附录一"中加以呈现。

二、评价方法的类型

（一）评价方法的多样性

如前所述，不同的人可能会在办任何事的时候都坚持同样的方法论，但在认识、处理具体的事的时候所可能运用的具体方法却是多种多样的。有时似乎只能用单一的方法来处理某个具体的问题，那是因为思维受到局限。请看下面的案例：

很久以前，我接到我同事的一个电话，他问我愿不愿意为一个试题的评分做鉴定人。好像是他想给他的一个学生答的一道物理题打零分，而他的学生则声称测验制度不公平，他应该得满分。老师和学生同意将这件事委托给一个公平无私的仲裁人评判，而我被选中了……

我到了同事的办公室，并阅读了这个试题。试题是："试说明如何用一个气压计测定一栋高楼的高度。"

学生的答案是："把气压计拿到高楼顶部，用一根长绳子系住气压计，然后把气压计从楼顶向楼下坠，直到坠到街面为止；然后把气压计拉上楼顶，测量所放下绳子的长度，这长度即为楼的高度。"

这是一个有趣的答案，但是这学生应该获得称赞吗？

我指出，这位学生应该得到高度评价，因为他的答案完全正确。另一方面，如果高度评价这个学生，就可以给他物理课程的考试打高分；而高分就证明这个学生知道一些物理学知识，但他的回答又不能证明这一点……

我让这个学生用六分钟回答同一问题，但必须在回答中表现出他懂得一些物理学知识……；在最后一分钟里，他赶忙写出他的答案，答案是这样的：把气压计拿到楼顶，让它从屋顶落下，用秒表记下它落下的时间，然后用落下的距离等于重力加速度乘下落时间的平方的一半算出建筑物的高度。

看了这答案之后，我问我的同事他是否让步。他让步了，于是我给了这个学生几乎是最高的评价。正当我要离开我同事的办公室时，我记得那位同学说他还有另外一个答案，于是我问是什么样的答案。学生回答说："啊，利用气压计测出一个建筑物的高度有许多办法。例如，你可以在有太阳的日子记下气压计的高度和它影子的长度，并算出高度与长度的比例；同时测出建筑物影子的长度，就可以利用简单的比例关系，算出建筑物的高度。"

"很好，"我问，"还有什么答案？"

他说："如果不限制我用物理学方法回答这个问题，还有许多其他方法。例如，你拿上气压表走到楼房底层，敲管理人员的门。当管理人员应声时，你对他说：亲爱的管理员先生，我有一个很漂亮的气压计。如果你能告诉我这栋楼的准确高度，我将把这个气压表送给您……"

正如办事的具体方法是多种多样的,评价的方法也是多种多样的,课堂评价的方法更是多种多样的。

反思3-1　你能从上述案例中得出"评价方法是多种多样的"这一结论吗?
想一想,评价(包括课堂评价)与对大楼高度的测量有何共同之处?

(二)课堂评价常见的分类

关于课堂评价的讨论中有很多涉及到评价方法、评价形式方面的内容,相关的观点不少,有些采用列举方式罗列了课堂评价的具体形式,比如,加斯凯(Guskey, T. R.)认为,课堂评价包括了课堂问答、课堂测验、课堂观察、课后练习和作业,以及与学生的谈话等具体形式;[1] 而麦克米兰(McMillan, J. H.)认为,课堂评价包括了平时测验(教师自编测验)、课堂提问/问答、作业评价和备择评价(alternative assessment,这一类评价又包括了真实性评价、基于表现的评价、档案袋评价、作品展示、示范、日志,以及其它评价形式)。[2]

不过,也有些学者尝试用一定的标准对课堂评价的方法进行分类,比如,依据评价方法所引发的学生心理加工过程的不同,可以将评价方法分为选择反应评价和建构反应评价。前者指学生只需要在已有的答案中作出选择,后者则需要学生自己建构答案,并以一定的方式组织答案。这种分类与另一种分类——客观性评价和主观性评价——有重合之处,但并不完全相同。所谓客观性评价和主观性评价,更多是从评分角度来讲的,前者的评分比较客观,不易受评分者主观因素的影响,后者的评分则容易受评分者主观因素的影响。选择反应评价基本都能客观评分,甚至可以使用机器评分;大多数建构反应评价的评分都易受评分者主观因素的影响,但并非所有的建构反应评价都是主观评价,比如纸笔测验中的填空题属于建构反应评价,但依然可以客观评分。此外,依据评价方法所获取的信息的载体不同,评价方法可以分为纸笔测验、观察评价和交流式评价。纸笔测验获取的是文字信息,观察评价获取的是行为信息,而交流式评价获取的则是口头语言信息。

以下介绍两种来自著名评价专家的课堂评价方法分类。

1. 斯蒂金斯的分类

斯蒂金斯认为,课堂评价中可运用的评价方法可以分成四类,分别是选择性反应评

---

[1] Guskey, T. R. (2003) How classroom assessment improve learning. *Educational Leadership*, 60 (5), 1–6.
[2] McMillan, J. H. (2001) *Classroom assessment: Principles and practice for effective instruction*. Boston: Allyn & Bacon, 14.

价、论述式反应评价、表现性评价和交流式评价。[1] 这种分类比较好地概括了课堂层面可用的评价方法,但更多地是从实践角度来概括的,其实并没有明确的逻辑依据。比如,交流式评价中就可以采用选择反应评价,也可以采用论述式反应评价;而表现性评价可能就包含了部分论述式反应评价。

2. 布鲁克哈特的分类

布鲁克哈特同样将课堂评价方法分为四个类别:纸笔测验、表现性评价、口头问题、档案袋评价。[2] 与斯蒂金斯的分类类似,布鲁克哈特的分类同样更关注实践因素,而

链接 3-1

布鲁克哈特的课堂评价方法分类框架

评价方法	客观评分	主观评分	最适当的用途	主要优点	潜在的缺点
纸笔测验	选择;是非;匹配;填空。	论文;用评分规则或评分量表来判断的展示性问题。	评价一个内容领域的知识和技能,或者评价心向和兴趣。	评价一个内容领域的知识和技能的最可靠的方式;覆盖大量事实和概念的最佳方式。	要求清晰表述的从一个内容领域中适当抽样的试题;最容易编成回忆层面的问题。
表现评价	运用检核表对任务重的表现进行判断。	运用评分规则和评分量表对任务重的表现进行判断。	评价一个领域中的深入思考,或评价所获得的技能、所创造的产品。	可以测量无法评价的深度思考、技能或产品。	需要对任务和评分的期望提供有意义的评价信息。
口头问题	答案是对错的课堂提问。	用评分规则或评分量表评价的讨论或会谈。	在教学过程中评价知识和思考,或评价心向和兴趣。	为教学提供反馈;确定学生的概念和错误概念;学生的兴趣和观念。	学生可能不愿在班级中说话,或给出他们诚实的回答。
档案袋	能将检核表用于档案袋条目,但没有为特定目的的建议。	学生一段时间的作品和反思的集合;条目可以单独评分,也可整体评分。	记录进步或发展,展示一系列技能的复杂成就。	可以评价学生的发展和学生的某些自主权和控制权。	需要清楚的目的,有焦点的结构,长期的注意,以给予比单独的评价更有用的信息。

资料来源: Brookhart, S. M. (1999) *The art and science of classroom assessment: The missing part of pedagogy*. Washington, DC: The George Washington University. p.36.

---

[1] Stiggins, R. J., 国家基础教育课程改革"促进教师发展与学生成长的评价研究"项目组译. 促进学习的学生参与式评价[M]. 中国轻工业出版社, 2005: 71.
[2] Brookhart, S. M. (1999) *The art and science of classroom assessment: The missing part of pedagogy*. Washington, D.C.: The George Washington University. p.36.

不是严格依据形式逻辑、按统一标准分类的结果。比如,档案袋评价关注的是学生在一段较长的时间内表现的累积情况,其中可能包括了部分纸笔测验的结果,包括了在回答口头问题时的表现,也包括了一些典型的表现性结果。需要指出的是,尽管表现性评价可能会涉及到某些以纸笔方式完成的任务,但纸笔测验有一个确定的涵义,因此可以认为两者之间并不存在重叠交叉。

(三) 评价方法的补充分析维度

对课堂评价方法的分类其实涉及到的是关于课堂评价分析维度的思考。当我们将课堂评价方法分为选择反应评价和建构反应评价时,我们考察的是课堂评价方法所引发的学生心理加工方式维度;当我们将课堂评价方法分为客观评价和主观评价时,我们所关注的则是不同评价方法中评价者的评分方式维度。其实,对课堂评价方法的分析还可以考虑其他几个维度。

首先,我们需要考虑这种方法是否需要引出特定的行为或反应才能收集信息。有时教师可以在课堂教学的自然情境中收集到关于学生学习的信息,比如对学生课堂中自然表现的观察,就不需要专门设计活动或任务引发学生反应;而有时教师就需要给予学生特定的任务,引出学生的反应,这样才能收集到他想要收集的信息,比如比较规范的纸笔测验。

所有具体的评价方法都能从这一维度上找到自己特定的位置,从而构成一个连续体:

图 3-1 评价方法连续体(一)

自然情境中的参与性观察　　自然情境中的交谈　　档案袋评价　　表现性评价　　提问　　课堂练习　　期末考试

在图 3-1 所示的连续体中,越是往左,与日常教学和学习的结合就越紧密,越不需要专门去引出特定的反应,越接近于自然情境中的信息收集;越往右,与教学学习的分离就越明显,就需要设计专门的活动来引出学生的特定反应。需要说明的是,我们将档案袋评价放在比较靠左的位置,是因为,尽管档案袋之中会包含众多因教师设计的特定任务而引出的反应结果,但基本上都是在教学学习过程中积累下来的,比较接近于自然情境中的表现。

其次,学生在各种评价方法中的介入程度也是一个需要关注的维度。尽管课堂评价所评价的是学生的学习,但在不同的评价方法中,学生的介入程度是有差异的。有时不需要介入,比如当教师在自然情境中进行观察时,学生就完全不介入评价过程;有时介入程度很深,需要有意识地将某种被期望的反应展示出来。在这一维度上,不同的评价方法也构成了一个连续体。

图 3-2 评价方法连续体(二)

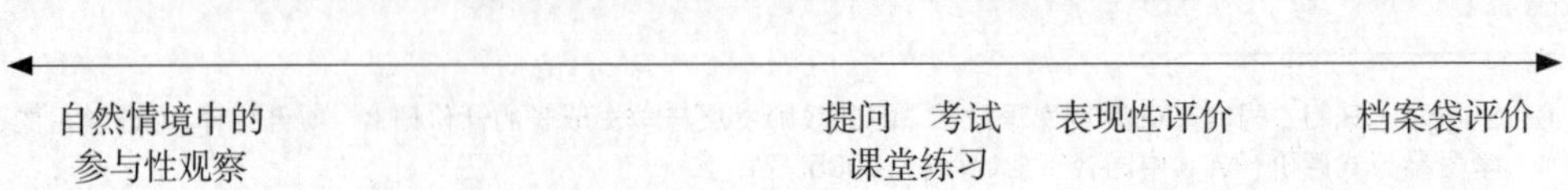

自然情境中的参与性观察　　　　　　提问　考试　表现性评价　　档案袋评价
　　　　　　　　　　　　　　　　课堂练习

在图3-2所示的连续体中,越往左,学生的介入程度就越低;越是往右,学生的介入程度就越高。学生介入程度最高的是档案袋评价,因为档案袋的内容是由学生自己选择、组织的。

> 选择一个课堂评价的分类框架,回顾自己曾经经历过的各种形式的课堂评价,将之分别归入不同的类别。

练习 3-1

第二节 课堂评价方法选择的一般原则

课堂评价的具体方法非常多样,特定的课堂评价需要教师在各种评价方法中作出选择。所有评价方法都可能是"好"的,但评价方法没有一般意义上的好差之分,所谓"好"的评价方法,也就是"适当"的评价方法。

一、评价方法的选择应符合评价的目的

除了方法论意义上的那种抽象的方法,其他任何方法都是与具体的事和目的相联系的,正如本章第一节所界定的,方法是"行事之条理",这种"条理"一定是跟所行之事相关联的。所行之事不同,所应遵循的条理也就应该不同。而当我们认为方法是"为获得某种东西或达到某种目的而采取的手段与行为方式"时,方法就直接与目的相联系了,目的不同,方法也就不同。

评价本身就是一种方法,达成某种目的的方法,因此也受制于评价的目的。所谓评价的目的,也就是为何进行评价。我们在第一章中已经了解,课堂评价与中考、高考等外部评价的区别主要在于评价目的上。课堂评价旨在获得关于学生学习的信息,为教师的教学决策和学生的学习决策提供依据,而中高考等外部评价,则旨在对学生进行区分,选拔特定的学生进入高一级学校。这两种不同的目的决定了评价方法上的差异。

若以收集信息为教学决策和学习决策提供依据为目的,所用的评价方法只需要考虑这种特定的方法能否收集到所要收集的特定信息即可,不需要考虑来自于不同学生的信息的可比较性,因此,一种评价方法收集到的信息能否客观评分就不是一个重要的考虑了,那些能够收集到但难以客观评分的描述性信息的评价方法也能适用。但如果以选拔为目的,那么评价结果的可比较性就非常关键,评价方法能否收集到能够客观评分的信息就非常重要,所运用的评价工具的信度就成为一个非常重要的质量指标了。

这里讨论的是课堂评价与外部的选拔性评价的差异,这是我们从"应然"考虑,假定课堂评价是为教学和学习决策提供依据以促进学习的。若从"实然"视角来看,课堂评价实践并非都定位于促进学习,相反,有些教师的课堂评价是定位在对学生作判断、下结论上的,因此,他们很可能会觉得有些课堂评价方法,如观察、交流、档案袋评价等不客观、不可靠,因此也不适用,能适用的就是外部选拔性评价的翻版。

在传统心理测量学以及教育测验理论中,评价的可靠性问题通常用"信度"来衡

量。所谓信度,就是指"多次测量的一致性",这种多次测量甚至不需要考虑测量的具体情境。换言之,一种"测量"若是有高信度的,那么学生无论在何种情境中得到的测量结果都应该是一致的。可是,对于以收集信息为教学决策和学习决策提供依据的课堂评价而言,信度是否应该是衡量评价方法或工具的必要指标?

> **链接3-2**
>
> "作为一名教师或准教师,您需要了解信度的哪些知识呢?例如,您需要从课堂中搜集数据,以便准确地计算信度系数吗?如果是这样,您是否有必要搜集三类不同的信度证据?我的回答也许会让您感到吃惊。我认为,您需要知道什么是信度,但是我认为您不必把信度应用于您的测验中——也就是说,只有当您的某种测验异常重要时,您才有必要使用信度。而且,至今我还没有发现哪个测验(即使是期末考试)重要到要计算信度的程度。一般而言,如果您的课堂测验是认真编制的,那么根据测验结果进行决策是没有太多问题的。"
>
> 资料来源:[美]波帕姆,王本陆,赵婧译.教师课堂教学评价指南[M].重庆:重庆大学出版社,2010:43.

二、评价方法的选择应关注不同方法本身的优势和局限

我们可能无法笼统地对不同的评价方法进行比较,然后作出简单化的优劣判断。不同的评价方法在任务编制、实施、评分,以及评分之后的推断等方面其实各有优势,各有局限,而且适用的范围也各不相同。

(一)任务编制

除了少数几种方法,大部分评价方法都需要给予学生特定的评价任务来引出期望看到的表现。对于不同的评价方法,任务编制的难度通常会存在差异。比如,纸笔测验中经常会包括的一些具体任务,如选择题、是非题、匹配题等,看起来非常简单,但实际上编制上的要求很高。相反,像论述题之类的任务,尽管对学生答题要求较高,但编制却相对简单。

(二)实施

有些评价方法实施起来比较简便,要求也不那么严格,费时也比较少。比如观察,就可以在教学过程中实施完成,但需要教师的教学是一种具有监管功能的教学,随时保持对学生反应的敏感;课堂提问的实施也比较简便,几乎不占专门的时间,因为作为教学行为的大部分提问都能起到收集学生学习信息的作用。但有些评价方法的实施就相对复杂,费时也比较多,比如纸笔测验,通常都需要有比较长的实施时间,而且对测验的情境会有一定的要求;表现性评价的实施通常需要创设一个具体的、真实的情境,并要给学生比较充分的时间来表现或完成,并展示成果;需要更长时间的是档案袋评价,学生需要在一段比较长的时间内收集、积累相关信息,并根据一定的目标、按一定的方式加以组织。

(三)评分

不同评价方法所收集到的信息的评分的客观性程度和便利程度各不相同。有些答

案的评分比较客观,而且非常方便。比如选择题,通常只有一个正确或最佳答案,而且答案只用英文字母表示,辨认容易,评分非常客观快速,尤其使用答题卡时还可以借助机器来评分,非常高效。但纸笔测验中的论文式任务的评分就不那么客观便利了,因为正确的答案不止一个,所要评的不止是内容本身,还涉及到内容的组织,而且答案内容的量也比较大,因此评分比较费时;答案需要学生手写,评分易受学生书写清晰度的影响;更重要的是,即使教师比较严格地依据事先确定的评分规则来实施,依然会难免受评分者主观因素的影响。表现性评价同样如此。档案袋评价在这一方面的问题甚至更明显,因为不同的学生可能因不同的目的、按照不同的框架组织各不相同的内容,评分甚至是个别化的。

（四）推断

在评价中,教师所收集的信息并不等同于学生所提供的信息,而是依据学生的表现进行推断获得的信息。比如,学生在纸笔测验中的正确率或分数,其实就是学生自己提供的表现信息,这种原始的信息对教师教学改进和学生学习改进都没有什么价值,教师需要依据这些原始信息对学生学习状况,尤其是目标达成状况作出推断,这样获得的信息才有意义。可是,在不同的评价方法中,学生呈现的原始信息可能各不相同,也就可能会使教师的推断产生不同的难度。比如,学生对选择题的回答为教师提供了原始的信息,但教师要从中作出准确的推断恐怕就比较困难:学生选错了,教师或许能够确定学生未掌握该掌握的内容,但选对了,教师却无法确认学生是否掌握或掌握的程度——猜对的? 还是记住的? 或者是经过某种高层次的心理加工过程得到的?

（五）适用范围

不同的评价方法所能引出的学生的反应或心理加工活动是各不相同的。例如选择题引发的心理加工活动主要是再认、回忆、辨认等,而论述题则要求展开思维过程,表现性评价则需要学生展示某种行为或比较复杂的心理加工活动成果,因此,运用不同评价方法所能得到的信息也会各不相同。纸笔测验能够评价学生知识掌握的情况,却不能评价技能行为的表现。表现性评价能够评价技能的掌握情况,但不适用于知识掌握情况的评价。填空题、是非题、匹配题等经常只能适用于评价较低层次的认知技能,而论述题、问题解决题、表现性评价等则能够评价较为复杂的、较高层次的认知技能。

同时,由于不同的评价方法在实施上的要求不同,一次评价能够容纳的内容也会不同。像用以选择题等客观题为主的纸笔测验来评价知识的掌握情况,测验内容通常能够获得对学习内容较高的代表性;而用以论述题为主的纸笔测验,测验内容就难以保证较高的代表性。相对而言,选择题等有利于测量知识的广度,而论述题等则能够保证所检测的知识的深度。

此外,不同的评价方法能够覆盖的时间范围也是不同的。有些评价方法只能关注到学生当前的情况,比如观察;有些能够关注一段时间内的学习情况,比如单元测验、期中考试等。但单元测验、期末考试等虽然能够覆盖一段较长时间内的学习内容,毕竟反映的还是学生在特定时间点上的表现,因而难以反映学生学习的过程。档案袋评价则能够反映学生在一段较长时间内学习上的变化过程。

> **练习 3-2**
>
> 课堂小测验和课堂提问是课堂评价的常用方法，请比较它们的优势和局限。

三、评价方法的选择应当考虑经济便利

不同的评价方法有不同的实施要求，因此它的使用可能对教学过程产生的影响也就各不相同。比如自然情境中的参与式观察是在学生学习过程中实施的，不需要中断正常的教学活动，因此不会对教和学的过程产生干扰。不过，如果设计、实施良好，各种不同的评价本身也能够成为一个学习的过程。国外倡导的"作为学习的评价"(assessment as learning)，就期望评价本身能够成为学习过程的有机组成部分。但需要指出的是，不是所有评价都能成为学习过程的有机组成部分的，只有那些关注学生的学习过程和元认知的评价才可能成为学习过程的有机组成部分。

有些评价方法的运用可能会中断正常的学习过程，纸笔测验，尤其是比较正式的期中考试、期末考试，就要安排专门的考试时间，且在一个相对正式的情境中实施，这就可能对学习产生干扰。当教师和学生为这些考试专门花时间进行准备时，这种干扰作用就会进一步扩散，不只影响用于考试的这段时间，更影响到考试之前相当长一段时间的教和学。

> **反思 3-2**
>
> 请思考：在学校内部的考试之前安排专门的复习时间是否适当？如果这些考试定位于收集信息，为教学决策和学习决策提供依据呢？

从课堂评价的目的来看，评价就是要收集关于学生学习情况的信息。既然评价有可能对学习产生干扰，那么收集到我们所希望收集的信息，却能够将评价可能给教和学带来的干扰降到最低限度，这是我们在选择评价方法时应当遵循的一条重要原则。因此，在选择评价方法时，首先得清楚自己所需要的信息是什么，需要多少信息，能够处理和运用多少信息。对于教师而言，在收集信息时，信息的全面性、丰富性不是首要的考虑，信息内容的准确性和数量的适当性才是首要考虑，正如安杰洛(Angelo, T. A.)等建议的，"如果你不想知道就别去问。不要去寻找关于你不能或不想改变的事的反馈"。此外，还要记得安杰洛的另一建议："收集的信息不要太多，应限于你能分析且能回应的信息。"的确，如果收集到的信息不能用起来，那么就不如不要花时间去收集。

明确了信息需求之后，教师就要选择能够满足自己信息需求的最简便的评价方法。如果通过观察能够获得所需信息，那就不要提问；如果借助于提问能够获得所需信息，那就不要测验；如果运用频繁的镶嵌于学习过程之中的课堂练习或借助于简便的课堂评价技术能够获得所需信息，那就不要考试。

第三节 课堂评价方法选择的核心原则

评价方法的选择的确受众多因素的制约,第二节所涉及到的方方面面都需要教师在选择评价方法时加以考虑。但评价方法的选择不只是受前述因素的制约,相反,影响评价方法选择最重要的、最核心的因素是评价目标,也即期望学生达成的目标。选择与评价目标匹配的评价方法,这是评价方法选择应遵循的最核心的原则。

一、效度观的演进

在心理测量学和传统教育评价学中,效度被认为是评价方法或工具该有的一个重要质量标准,因此,在选择评价方法时必须选择有效度、高效度的方法。课堂评价方法的选择也必须考虑评价方法的效度问题。问题是,怎样的方法算是有效度、高效度的方法?答案取决于我们对效度的认识。

最通常被提及的一个效度概念是,效度是指一个测验能测量到其要测量的对象的程度。然而,和很多其他概念一样,效度是一个在持续论辩中所发展出来的暂时性结论。自从效度的概念产生以来,其含义就在不断发展。

在心理测量学中,早期关于效度的讨论将效度界定为对变量的价值作出估计的准确程度。但是,判断这种估计是否准确,离不开"效标"——效标被假定能够提供变量的"真正的"价值,或者更接近于这种真正的价值——效度也就被定义为测验分数估计或预测了效标分数的程度。[①]这就是所谓的"效标效度"(criterion-based validity)。可是在很多情况下,测验很难随时找到合适的效标,因为效标的值同样需要验证,这样,所谓的效标验证就容易成为一个无限循环的、没有结果的过程。因此,一些人开始关注考试内容对内容领域的代表性,也即考试题目的要求反映所教的内容领域的程度。这就是所谓的"内容效度"(content-based validity)。可是,这种效度概念也因其高度的主观性以及强烈的确定性偏见而受到批评。

1955年,克隆巴赫与其同事米尔(Meehl, P.)发表了著名的《心理测验的结构效度》一文,之后,"结构"开始在心理测量领域中变得流行起来。结构效度也被纳入美国心理学会等《技术建议》之中。随后,1974年版的《教育与心理测验标准》就列举了与四种相互依赖的推断性解释相联系的四种效度:预测效度、相关效度、内容效度和结构效度。可是,在1971年克隆巴赫提出"效度验证就是考察测验的所有解释的可靠性"之后,测量理论家们开始认识到测验本身不能被证明有效或无效,效度验证的关注点是从测验分数中生成的推断和决策,效度被看作从测验生成的结果中作出的推断的正确性、准确性程度。1985年的《教育与心理测验标准》进一步确认:(效度)概念是指基于测验分数所作的特定推断的适当性、意义和用途。在这种情况下,在测验理论界,一体化的结构效度开始取代效标效度、内容效度和结构效度三分法。

不过,在这样一个发展过程中,还出现了众多的效度概念。比如,课程效度,在1940

[①] Kane, M. T. (2001) Current concerns in validity theory. *Journal of Educational Measurement*, Vol.38, No.4, p.319.

年代的测验文献中就非常流行,并且在1974年的《教育与心理测验标准》得到确认。[①] 又如,后果效度,1950年代就已开始出现。库列顿(Cureton)将效度定义为测验在多大程度上做了它所想做的事。[②] 1989年,梅西克(Messick, S.)提供了对效度的一个一般定义:"效度是一种整合的评价性判断,关注经验证据和理论原理对基于考试分数或其他形式的评价作出的推断和行动的正确性和适当性的支持程度。"[③] 这些并非全新的效度概念为后来人们寻求传统效度之外的评价质量标准提供了重要的启发。

> **链接3-3**
>
> 1981年,在美国佛罗里达州的Debra, P.诉Turlington案中,法庭提出一个无可争议的立场:向学生提出要求却没有提供实现这种要求的工具是不适当、不公平的。这一立场坚持,考试中涉及未教过的内容对学生是不公平的。法庭没有挑战州在决定考试内容和及格水平上的权利,但提出了一条非常重要的原则:无论考试的内容是什么,学生都应有机会在公立学校中学习这些内容,否则就不能在考试中对这些内容提出要求。法庭认为州负有举证责任,有义务证明所实施的考试事实上测量了佛罗里达州学校所教的内容。
>
> 资料来源:Langenfeld, T. E. & Crocker, L. M. (1994) The evolution of validity theory: Public school testing, the courts, and incompatible interpretations. *Educational Assessment*, 2(2), p.157.

尽管效度概念被广泛应用于教育评价领域,但人们对传统源于心理测量学的效度概念是否适用于教育评价,并非从未有过质疑。相反,人们也一直在寻求传统效度的替代品,以更适合于教育评价的效度观。

二、课程效度

在效度观的演进过程中,曾经出现过内容效度和课程效度的观念,而且都在《教育与心理测验标准》中得到过确认。课程效度本质上是内容效度的一种,是内容效度的具体化,它所指的是评价内容与课程的相关性和对课程的代表性,即评价的内容范围、所要求的认知类型和难度水平是否适当地反映了课程的要求。在教育评价中,评价所要评的是学业成就,而所期望的学业表现领域是从课程和教学材料中发展起来的,学业成就也就是课程所要求的那些东西。显然,我们不能拿那些课程对学生没有要求的内容来评价学生,并将结果视为学生的学业成就;学业成就评价必须关注课程有要求的那些内容,这是不容置疑的。同样不容置疑的是,即使是课程有要求的内容,但教师未教过,学生也未学过,依然不能成为评价的内容。评价必须能够反映教学的内容,且学

[①] Langenfeld, T. E. & Crocker, L. M. (1994) The evolution of validity theory: Public school testing, the courts, and incompatible interpretations. *Educational Assessment*, 2(2), p.152.

[②] 转引自:Kane, M. T. (2001) Current concerns in validity theory. *Journal of Educational Measurement*, Vol.38, No.4, p.328.

[③] Messick, S. (1989) Validity. In R. L. Linn (Ed.), *Educational measurement* (3rd ed.). New York: American Council on Education and Macmillan. p.13.

生有学习所评内容的机会（这也是巴罗斯心理测量研究所第二条标准的核心内容），否则就是不适当、不公平的。因此，课程效度还可以进一步扩展到教学效度。

如果狭隘地将评价的课程效度理解为评价内容与教材内容的一致性，那么课程效度就难免会受到与内容效度相同的质疑。就像凯恩（Kane, M. T.）对内容效度的批评一样，对内容代表性的判断通常是在考试开发过程中或稍后由参与考试开发的人作出的，显然考试开发者不会承认自己开发的考试缺少内容代表性，在任何情况下，他们都会为自己开发的考试作辩护。[①]在凯恩看来，对内容代表性的判断经常是主观的、任意的。当教材本身多样化时，强调评价内容与教材内容的匹配性就更无法避免这种批评了。梅西克则看到内容效度的另一个问题。在他看来，内容效度为考试量表的领域相关性和代表性提供支持，但不能为来自于考试分数的推断提供直接的支持证据。[②]这或许是内容本身无法反映心理测量学中所强调的"结构"的缘故。

如果我们能够为课程找到一种深层的结构，并把评价的课程效度理解为评价内容与这种深层结构的匹配的话，那么就能够有效地避免类似于凯恩和梅西克的质疑。首先，依据这样的深层结构而不是教材来确定匹配性，有助于避免人们因教材的多样化而产生对评价内容的质疑。其次，依据深层结构来确定内容的匹配，其实也就为基于评价结果的推断找到了依据。

课程标准就是这样一种深层结构，可以被理解为学业成就评价所想评价的东西的"操作性定义"，即"结构"。课程标准规定了学生在完成一个学段的学习之后应知的内容和能做的事，即相关的知识和技能，而这正是任何评价（包括考试）过程的一个重要出发点，因为任何评价过程都应始于对所要评价的内容的一个清晰的愿景的形成。当我们将课程效度中的课程理解为"课程标准"这样一种深层结构时，课程效度也就与传统的结构效度发生了联系。

> 又是期末考试的时候了。可这一次期末考试中出现了大量课程标准上没有要求，所以你也就没有教的内容。结果是，你的学生普遍考得很糟糕。面对这样的结果，如果你希望学生在下一次考试中有更好的表现，除了给学生做大量的题目之外，你还有什么好的办法？

反思3-3

我国第八轮基础教育课程改革的一个重要方面就是课程标准取代原有的教学大纲。这不仅对教学产生了巨大的影响，对评价同样产生了巨大的影响——课程标准不仅为教学确定了目标，也为评价、考试提供了重要依据。实际上，不仅是命题，评价的方法、程序等都必须考虑课程标准的要求，评价结果的报告也应当以课程标准为依据。就

---

① Kane, M. T. (2001) Current concerns in validity theory. *Journal of Educational Measurement*, 38(4), p.320.
② Messick, S. (1989) Validity. In R. L. Linn (Ed.), *Educational Measurement* (3rd ed.). New York: American Council on Education and Macmillan. p.17.

此而言,评价必须与课程标准匹配。更准确地说,评价必须与课程标准所规定的课程目标匹配。

链接3-4

"国家课程标准是教材编写、教学、评价和考试命题的依据。""考试命题要依据课程标准。"——教育部,《基础教育课程改革纲要(试行)》(教基[2001]17号)

"学业考试的命题应根据学科课程标准。"——教育部,《国家基础教育课程改革实验区2004年初中毕业考试与普通高中招生制度改革的指导意见》(教基[2004]2号)

"学业考试的命题要严格依据学科课程标准。"——教育部,《关于深入推进和进一步完善中考改革的意见》(教基[2008]6号)

三、评价与目标的匹配

匹配(alignment),在基于标准的课程改革背景中,特指评价与课程标准之间的匹配或一致性,实质上也就是评价与课程标准规定的课程目标之间的匹配或一致性。许多国家为保证课程标准得到落实,特别强调评价与课程标准之间的匹配。美国教育部甚至专门联合科学教育国家委员会组建了"匹配分析协会",该协会指出,"评价应当与课程标准相一致,且应当基于课程标准提供关于学生学业成功的持续的、一致的信息,应当把评价、课程与教学的一致性作为州、社区、学校努力实现有挑战性课程标准的一项关键性指标"。其实,强调评价与课程标准之间的匹配,也基于对学生学业成就本质的认识。学业成就是学生通过学习获得的成就,而不是那些与先天素质、禀赋直接相关的成就。学业成就评价更是要关注学生在学校教育中通过学习获得的成就——而这种成就期望就是由课程标准加以界定的。

关于匹配的具体含义,近年来有很多研究,许多学者或机构提出了各不相同的分析框架。比如,诺曼·韦伯(Webb, N. L.),一个关于匹配的著名的研究者,就提出一个颇具影响力的分析框架,见表3-1。

表3-1 评价与标准匹配的维度与指标[①]

维　度	指　标
评价内容与标准的内容一致	评价的内容类别与标准的内容类别同一或一致。
	评价要求的知识范围与标准规定的相同。
	评价和标准给予不同的内容主题、教学活动和任务以相类似的强调。
	评价试题考虑了标准中不同目标的平衡。

---

① Webb, N. L. (1997) Critaria for alignment of expectation and assessment in mathematics and science education, The Council of Chief State School Officers.

维　　度	指　　标
评价的认知和技能要求与标准界定的期望紧密匹配	评价和标准在复杂性、认知要求和技能要求上相一致。
	评价采用的形式应当适合于标准中的目标。
评价的难度水平要与标准的要求相一致	

此外，成就公司（Achieve. Inc）提出的框架强调，对匹配的判断应当关注：评价内容与课程标准内容是否一样或一致；评价要求的认知深度与课程期望学生达到的要求是否一致；测试题目中是否含有具有挑战性的学科问题；评价任务是否涉及到每条课程标准的内容，是否评价了每一标准不同的认知要求。威克森（Wixson, K. K.）则强调，匹配要求课程标准的内容均衡地分布于测试的题目中；评价的认知要求与课程标准要求一致；评价范围与课程标准范围一致；所评价的课程目标有均衡的测试题目数目；测试题目隐藏的价值观与课程标准要求的价值观一致。

概括而言，评价与课程标准之间的匹配涉及到以下三个方面的匹配。

（一）内容匹配

评价应当反映课程标准规定的知识、技能的范围，即评价内容应当依据课程标准中的内容标准维度加以确定，以能适当地代表课程标准规定的内容标准。内容匹配与以往所说的内容覆盖面有很大的相关。绝大部分的评价都会涉及内容的抽样，内容匹配的核心要求是评价内容对课程标准规定的内容标准的代表性，代表性偏差（评价内容与课程标准内容无关）和代表性不足（评价内容只抽取了部分内容标准）就是内容不匹配的表现。假定某一年级的课程内容就是"多样的生物"，那么该年级科学课程评价的内容就必须能够反映中华人民共和国教育部制定的《全日制义务教育科学（3—6年级）课程标准》规定的三个主题（常见的植物、常见的动物、常见的其他生物）中的13条"具体内容标准"中与这一年级相关的内容标准。

具体而言，内容匹配需要保证以下几个方面的一致性：

1. 评价覆盖的知识技能范围与标准的规定相同。评价的内容应当覆盖课程标准规定的内容范围，但不能超出课程标准规定的内容范围。延续上边科学课程的例子，如果是学段结束时的评价，那么评价内容不能遗漏三个主题中的某一个，或者将某一主题中的某个或某些具体内容标准排除在外，否则就是代表性不足；也不能将"生命的共同特征"或者"生活与环境"中的内容纳入评价范围，否则就是不能代表。如果是单元测验，那么评价的内容就要代表该单元所反映的那些内容。教师需要深入分析课程标准的规定，准确把握课程标准确定的学段目标要求和学习内容，然后全面规划学段中各学年和各学期的课程目标和内容，并根据内容要求来确定评价的内容。

2. 评价内容分布应当与标准的规定相适应。评价内容覆盖了内容标准规定的内容只是代表性的一个方面，评价的适当代表性还要求评价内容的分布应与评价所覆盖的内容标准中不同内容的分布情况相一致。例如，在"多样的生物"中，"常见的动物"这一主题有6条内容标准，在13条内容标准中占了近一半，那么在评价中，与"常见的动物"相关的试题分值也应当占据一个大致相当的比例。除此之外，评价内容分布与标准规定的一致还应当包括评价内容中的重点应与标准上表现的内容重点相一致。在关于"多样的生物"这一主题的评价中，如果关于"常见的动物"的试题只占五分之一，甚至三分之一，那么这一评价就不能被认为与课程标准匹配。

3. 评价试题考虑了标准中不同目标的平衡。课程标准规定了学生在一个学段的学习后在知识与技能、过程与方法、情感态度与价值观等目标领域应达到的多方面的目标，评价也应当关注这些不同的目标领域。当然，评价更多反映的是知识与技能这一目标领域的内容，但知识与技能领域同样有多方面的目标。比如从知识维度看，就有陈述性知识和程序性知识，这些目标应当在评价中得到平衡，不能只关注与某些目标相关的内容，而忽略与其他目标相关的内容。

（二）认知类型匹配

评价应当提供符合课程标准所要求的认知类型的任务，并采用符合课程标准所要求认知类型的任务呈现方式。课程标准的知识、技能目标要求包括了从事实性知识的回忆到真实问题的解决等多种认知技能。如前所述，布鲁姆的教育目标分类学将这些认知技能按智力特性的复杂程度分为六个不同的层次：知识、理解、应用、分析、综合、评价。以《全日制义务教育科学（7—9年级）课程标准》中生命科学领域的主题1"生命系统的构成层次"为例，该主题三方面的内容23条具体内容标准，几乎包括了布鲁姆的认知技能的所有成分，有"识别、知道、了解"，有"观察、描述、解释、说明"，还有"比较、概述、应用"，相关的评价也就应当检测应用这些认知技能的过程和结果。

练习 3-3　　选择一个内容，设计两个评价任务，要求能够分别检测学生在这一内容上的"比较"和"解释"的认知技能。

具体而言，评价的认知类型匹配要求以下几方面的一致性：

1. 评价要求和课程标准在认知技能水平和复杂性要求上相一致。评价内容不仅需要代表课程标准所规定的期望学生学习的内容，而且必须代表课程标准运用这些内容期望学生达到的认知水平。课程标准的不同内容标准对学生"应知"和"能做"的要求不同，要求学生达到或表现的认知技能在水平和复杂性程度上也各不相同，因此，就相关内容标准设计的评价任务就必须反映这些内容标准所要求的认知水平和复杂程度。要求学生说出"生物与环境的一致性"的表现可能是一种认知复杂程度较低的活动，但要求学生"用有关事实来说明生物与环境的一致性"就是认识复杂性程度更高的任务，也更能代表"具体内容目标"所要求的"知道生物对环境的适应性"。

2. 评价题型适合于标准中的目标要求。评价题型就是在评价中要求学生完成的任务类型，比如提出单个词的答案，在多个选项中选择正确的答案，或者建构自己的回答等。评价题型或评价任务类型与评价内容之间存在着一种切合性，一些内容经常只能借助于特定的题型来检测。反过来，不同的评价题型实际上就是向学生提出不同的要求；填空要求学生回忆事实性知识；选择要求学生再认，有时可能需要学生在选项中进行甄别；论述则需要学生展现思考过程。这意味着不同的题型检测不同目标的能力存在着明显的差异，简答和填空对于事实性知识掌握的检测是一种好方法，但明显难以反映学生的思考过程或推理技能。依然以《全日制义务教育科学(7—9年级)课程标准》中生命科学领域的主题1"生命系统的构成层次"为例，要检测"生物的分类"、"生态系统的四个组成部分"之类的内容，填空、选择之类的题型是合适的，但要检测"生物对环境的适应性"，那么填空、选择之类的题型显然不合适。

（三）掌握水平匹配

即设定的掌握水平应与课程标准的要求相符。评价结果出来后，我们需要有一个标准来解释和判断学生水平的评价结果，需要确定何种水平才是"可以接受的水平"，如同我们一直以来在选拔评价中根据学生评价结果的比较及选拔人数将某一分数线确定为"上杠线"，或者在百分制计分法中将60分设定为"及格线"。但在基于标准的评价中，选拔性评价中常用的确定"分数线"的方法对于掌握水平的确定显然是不合适的，因为它明显不是通过与某一绝对标准的比较来确定的。在基于标准的评价中，应当为学生的评价结果设定一条绝对的"合格线"作为可以接受的水平，这条合格线不应当是百分制中的60分——从理论上讲，严格基于标准的评价中的合格线就是100分，因为课程标准规定了对学生的最低要求。课程标准中的"内容目标"实际上也规定了学生在"应知"和"能做"方面应达到的掌握水平，尽管因为我们当前的课程标准中缺少明确的"表现标准"，具体的表现标准还需要教师自己来编制，因而"掌握标准"也不清晰，但用以解释和判断评价结果的掌握水平的设定应当来源于并且符合于课程标准的要求，则是确定无疑的。

四、评价方法与目标的匹配

在上面关于评价与课程标准匹配的讨论中，我们可以清楚地看到，匹配不仅涉及到评价内容与课程标准中的内容标准的匹配，也涉及到评价的认知要求与课程标准中的表现标准的匹配。从后一方面看，由于不同的评价方法会引发学生不同的认知活动，因此，如果评价要反映课程标准中的表现标准，那么就应当依据课程标准中的目标来确定评价方法。如果所用的评价方法无法引出特定的认知活动，那么评价就无法收集到关于学生达成目标状况的信息。

> **练习 3-4**
>
> 《九年义务教育数学课程标准》第一学段"空间与图形——图形的认识"目标中有一条："辨认长方形、正方形、三角形、平行四边形、圆等简单图形。"你将用何种方法来评价学生在这一目标上的学习结果？请设计至少三种评价方法。

在这方面，有些学者提供了分析框架，有些关注不同评价方法对不同目标的适应性，有些则直接提出了特定评价方法与特定目标的对应方式。

罗德(Roid, G. H.)和哈拉迪纳(Haladyna, T. M.)提出了一个关于学习结果和评价方式的三维分析框架(图3-3),其所涉及到的"学习结果"其实也就是学习目标,因此也可以认为该框架就是关于评价方法与目标的关系的分析框架。三个维度分别是内容维度、任务维度和反应类型维度。[①]其中,内容维度分为事实、概念与原理,反应类型根据试题答案的产生方式分为选择与建构,而任务则分为六种水平:重现、概括、展示、预测、评价与应用,相对应于认知过程维度。对于不同层次的学习结果来说,评价方式也应该不一样,而且随着认知思维的加深和复杂化,评价方式的选择将更加情景化。低水平的认知思维(记忆/再现、理解/概括)可以通过比较容易的测量和客观评价手段而得到评价,但高水平的认知思维(应用、分析、评价、创造)则需要更加复杂和真实的评价方式。例如,需要记忆与重现的事实性知识适合选择反应的评价类型进行检测,而需要创造与应用的程序性与元认知等原理性知识无疑就需要建构反应的评价类型进行检测。根据需要评价的学习结果,我们就能在三维模型中找到相对应的位置,从而设置相匹配的评价。

图 3-3

学习结果与评价方式的三维分类模型

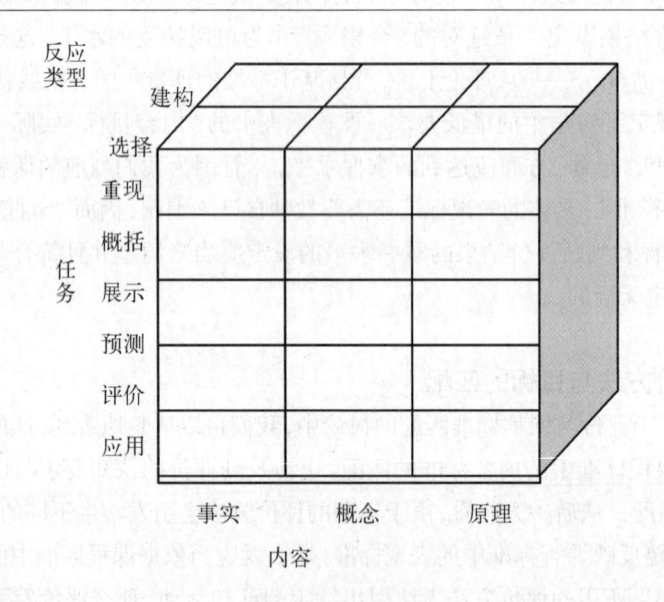

我国学者皮连生则以对加涅的学习结果分类为依据,探讨了针对每一类结果类型的评价方式。[②]言语信息主要是通过回忆提取的知识,它以命题、表象等形式存储在人脑中。若学生能用自己的话陈述出某类信息或再现某类信息,那么这种行为就证明学生已经掌握了该类知识,因此适宜用填空题、选择题和概念图等评价方式进行。对辨别和具体概念的应用,则应该采用选择题、是非题、判断题和解释题,而定义性概念和规则应采用问答题和应用题,高级规则的测评必须是开放性和真实性较强的问题。可以通过口语

---

① Roid, G. H. & Haladyna, T. M. *A technology for test-item writing*. London:Academic Press INC. LTD. 1982,pp.161-171.
② 皮连生主编.实施《基础教育课程改革纲要(试行)》的心理学基础[M].上海:上海教育出版社,2004:324.

报告或从学生解决问题和完成其他任务中对认知策略进行推测。情感领域以自我陈述问卷、投射测验、轶事记录法和评定量表法进行评价。动作技能通过直接观察进行评价。

布鲁克哈特关注到其四类评价方法的最适当的用途,其实也就是明确了不同的评价方法最适合评价的目标。

表3-2 评价方法及其最适合的用途[①]

评价方法	最适当的用途
纸笔测验	评价一个内容领域的知识和技能,或者评价心向和兴趣。
表现评价	评价一个领域中的深入思考,或者评价所获得的技能或所创造的产品。
口头问题	在教学过程中评价知识和思考,或评价心向和兴趣。
档案袋	记录进步或发展,展示一系列技能的复杂成就。

斯蒂金斯更为直接,比较全面地考察了不同评价方法对不同目标的适应性,为不同方法与不同目标的组合提供了建议。

表3-3 学习目标与评价方法的组合[②]

要评价的目标	评价方法			
	选择式反应评价	论述式评价	表现性评价	交流式评价
知识和观点	选择题,正误判断题,匹配题和填空题能够考查对知识点的掌握程度。	可以测量学生对各个知识点之间的关系的理解。	不适用于评价这种学业目标——优先考虑其他三种方法。	可以提问,评价回答,并推断其掌握程度,但是很费时间。
推理能力	可以评价某些推理形式的应用。	对复杂问题解决的书面描述,可以考查推理能力。	可以通过观察学生解决某些问题的方法,或通过成果,推断其推理能力。	可以要求学生"出声思考",或者通过讨论问题来评价推理能力。
表现性技能	可以评价对表现性技能的理解,但不能评价技能本身。	可以评价对表现性技能的理解,但不能评价技能本身。	可以观察和评价这些技能。	非常适于评价口头演讲能力;还可以评价学生对技能表现的基础知识的掌握。
产生成果的能力	只能评价对创作高质量产品的能力的认识和理解。	可以评价对产品创作的背景知识的掌握情况;简短的论文可以评价写作能力。	可以评价创作产品的步骤是否清楚,产品本身的特性。	可以评价程序性知识和合格作品的特点的知识,但不能评价作品的质量。
情感倾向	选择性反应问卷可以探测学生的情绪情感。	开放式问卷可以探测学生的情绪情感。	可以根据行为和产品推断学生的情感倾向。	可以跟学生交谈,了解他们的情绪情感。

---

① Brookhart, S. M. (1999) *The art and science of classroom assessment:The missing part of pedagogy*. Washington, D.C.: The George Washington University. p.36.
② Stiggins, R. J., 国家基础教育课程改革"促进教师发展和学生成长的评价研究"项目组译.促进学习的学生参与式课堂评价[M].中国轻工业出版社,2005:77.

其实，评价方法与评价目标的匹配并非是远离人们常识的奇谈，也不是大家非常陌生的全新观念，相反，对于绝大部分的人来说，这就是常识。正如我们不会像波帕姆所说的那样"用汤匙去测量温度"，也不会用磅秤去测量身高，大多数教师也知道对不同学习结果的检测需要不同的方法。所有的教师都知道，要了解学生的写作能力，就得让学生去写，没有教师会用纸笔测验来评价学生的口头表达能力。

反思3-4

如果你接下来要参加考试，关于评价方法与评价目标匹配的知识能够为你提供什么帮助？想一想，当你在学习考试科目中某些具体的内容时，你能想到这些内容若在考试中出现，会以哪种题型出现吗？

但这并不意味着教师们都很清晰地了解了评价方法与所要评价的目标之间的匹配关系，并且始终确定地依据评价目标来选择评价方法。在这一方面，教师们还需要进一步的知识基础。尤其是在课堂评价中，教师要获得的是关于学生在学校提供的课程中的学习状况的信息，如果所用的评价方法与所要评价的目标不匹配，教师就无法获得关于学生学习结果的准确信息。"如果教师看不到评价结果与其教学之间的联系，那么测量就不可能影响教学。"① 只有课程、教学和评价之间都存在匹配时，评价才能真正检测教和学的效能，才能真正对教学和学习发生影响。

反思3-5

目标，包括课程目标、教学目标和学习目标，通常的表述方式是"动词＋名词"，名词规定了所要教和学的内容，也即将来要评的内容；动词规定了学生在这些内容上应该达到的程度。要保证评价方法与评价目标之间的匹配，应该关注目标中的动词还是名词？想一想，你在完成本章上一练习时，主要是依据什么来设计评价方法的？保证评价方法与评价目标之间匹配的一个实用的小技巧就是，关注目标中的动词，想想你给学生的评价任务能否引出目标中那个动词所规定的行为。

《九年义务教育数学课程标准》第一学段"空间与图形——图形的认识"目标中还有一条："结合生活情境认识角，会辨认直角、锐角和钝角。"针对这条目标，你又会设计什么样的评价方法？别忘了，评价方法的设计除了要关注动词，还需要关注目标中规定的条件。

进一步阅读的文献：

1. Stiggins, R. J., 国家基础教育课程改革"促进教师发展与学生成长的评价研究"

---

① Mehrens, W. A. (1998) Consequences of assessment: What is the envidence? *Education Policy Analysis Archieve*, Vol.6, No.13.

项目组译.促进学习的学生参与式评价[M].中国轻工业出版社,2005.

2.[美]波帕姆,王本陆,赵婧译.教师课堂教学评价指南[M].重庆:重庆大学出版社,2010.

3. Webb, N. L. (1997) Critaria for alignment of expectation and assessment in mathematics and science education, The Council of Chief State School Officers.

第四章

纸笔测验

导读

顾名思义，所谓纸笔测验（paper and pencil test），就是借助于对一些问题的书面回答来考察学生的学习状况。在心理测量中运用得非常广泛，同样是教育评价中运用得最普遍、最广泛的方法。我们经历过的大大小小的各种考试，如课堂小测验、单元考试、期中和期末考试、中考、高考等，基本上都属于这一类。由于纸笔测验能容纳多种任务——不同的任务是通过不同的题型来体现的，因此也能够检测多种类型的目标。

不过，尽管纸笔测验在外部评价中几乎是唯一的方法，但在课堂评价中可不是唯一的方法，甚至算不上是最重要的方法。

本章将纸笔测验中的题型分为选择反应题和建构反应题两大类，分别讨论其中所包含的具体题型的内涵、优势和局限，以及编制规则，然后再介绍将各种题型的题目整合成一个整体（如试卷）所需要遵循的规则。主要内容包括：

第一节　选择反应题；
第二节　建构反应题；
第三节　试题整合。

通过本章的学习，您将能够：

1. 掌握是非题、选择题、匹配题等选择反应题，以及填空题、简答题、解释性练习等建构反应题的基本格式、优势和局限，学会依据评价目标来选择适当的题型；
2. 知道编制不同类型的题目应当遵循的一些基本规则，能够发现实践中试题或作业中存在的问题，并学会编制高质量的题目；
3. 有规划测验的意识和技能，知道如何将不同的题目整合成一张试卷或一份作业。

第一节　选择反应题

选择反应题（selected-response items）是指题目已提供了现成的备选答案，学生只需要在备选答案中选择正确或最佳答案即可的试题。一般来说选择反应题包括了是非题、选择题、匹配题。

一、是非题

（一）什么是是非题

是非题的基本形式是提供一个陈述句，要求学生对其作出正误、真假、是否事实或观点、同意或反对等的判断，也叫做判断题。是非题其实是一种只有两个选项的选择题，因此也被称为"二项选择题"（binary response items）。最常见的是非题如：

是非题（阅读下列命题，并作出判断。正确的在题号前的括号内画"√"，错误的画"×"）。

（　　）1. 只有一对对边平行的四边形是菱形。
（　　）2. 俄罗斯的首都是莫斯科。
（　　）3. 某数的80%是200，那么该数比200小。

但评价实践中是非题可以有很多变式，主要的变式有以下几种：

群集是非题：本质上还是简单是非题，不过在一个题干之下提供了多个陈述供学生判断对错，通常也称为"多重是非题"，如：

下面是关于等边三角形特点的叙述，正确的在题号前的括号内画"√"，错误的画"×"。
（　　）1. 三个内角都等于60°。
（　　）2. 任意一内角的平分线都是对边的中线。
（　　）3. 任意一内角的平分线都是对边的高。
（　　）4. 面积等于两边乘积的一半。

复杂是非题：看起来备选答案不止两个，而是有三个，但实际上还是两个，只不过需要做两次二选一的判断。如下面的例子，就需要学生首先判断该陈述是事实还是观点，如果是事实，那么还要进一步判断是对还是错。

请将正确答案填写在题号前的括号内。
（　　）1. 评分规则是一套评价工具。
　　　　a. 对　b. 错　c. 观点

补充回答型是非题：需要学生在作出对错判断之后进行补充回答。大致有两种情况，第一种情况是针对陈述本身的对错判断说明理由，通常也称辨析题；第二种情况是对陈述中的对错作判断，如果学生判断陈述有错误，就要求学生把错误的部分用横线标示，并加以改正。

例1：判断下列陈述，正确的在题号前的括号内画"√"，错误的画"×"，并说明理由。
（　　）判断教学是否有效，主要的依据应当是教师的教学行为。
理由：
例2：判断下列陈述，正确的在题号前的括号内画"√"，错误的画"×"，并改正。
（　　）闰年的八月都要加一天。
改正：

（二）是非题的优势和局限

是非题的优点非常明显。首先，是非题作答迅速，能在较短时间内检测较多的学习内容，能够广泛抽样，内容覆盖面比较大；其次，是非题的编制相对容易，评分客观、公正、高效、准确；第三，对事实性知识掌握情况的检测力比较强；第四，如果结合解释性试题运用，也能检测一些较高层次的认知目标。

但是，是非题的缺陷也很明显。首先，是非题只有两个选项，即使学生对命题的内容一无所知，也有50%的机会猜对答案，因此极易受猜测因素影响；其次，由于猜测因素的存在，即使学生的答案正确，教师依然无法确定学生是否掌握，评价结果提供的有帮助的信息量有限；第三，是非题一般适用于测量学生较低层次的认知能力，难以测量较高层次的认知目标，实际上是非题最适合的是有绝对正误之分的事实性知识，而要编制有绝对正误之分的陈述却并不容易；第四，由于是非题适合于事实性知识，因此容易导致教师和学生对琐碎知识的过度关注。

(三) 是非题编制的注意事项

虽然相对于选择题之类的题型，是非题的编制比较容易，但要编制高质量的是非题，还是需要遵循诸多规则。

基于有绝对正误之分的陈述，不能有条件或例外。能够作为是非题出现的内容，通常应该有确定的正误之分，似是而非的、有例外或条件的陈述都不适合以是非题的方式来呈现。如下例的内容就不适合作为是非题的内容，因为近视眼除了遗传导致以外，还有其他的可能性，它不是绝对正确或错误的陈述。

（　　）近视眼是遗传导致的。

题目的表达要尽可能简洁清晰。是非题题目陈述的内容应当简洁、明了，尽量使用简单句来陈述核心内容。如果运用复杂的句法结构，那就可能会使学生的作答受其阅读能力的局限，从而教师无法检测真正要检测的东西。比如下面的例子[①]：

（　　）尽管在判断溶液的pH值时存在理论和实验方面的困难，我们还是有可能通过将石蕊试纸插入溶液视其颜色变化来判断其酸性。

其实，该题目要考察的核心就是学生关于石蕊试纸在酸性溶液中会发生怎样的变化方面的知识，因此适当的陈述应该是：

（　　）石蕊试纸在酸性溶液中会变红。

> **反思4-1**
> 是非题的陈述中用了一些学生不了解的术语或者不懂的词汇，这合适吗？为什么？

每一题目表达一个单一的观点。如果一道是非题考察的不止一个观点，我们很难从学生的答题情况来推断他们真实的认识状况。比如下例，如果学生认为该陈述是对的，教师就能推出学生在关于等腰三角形的认识上存在错误。但如果学生认为该陈述是错的，教师就不知道学生到底是认为"正三角形是锐角三角形"错，还是认为"等腰三角形一定是锐角三角形"错，或者认为两者都错。

正三角形是锐角三角形，等腰三角形也一定是锐角三角形。

尽量避免用否定句，尤其是双重否定。一般情况下，大多数的是非题都是肯定陈述，这容易使学生形成定势，容易忽略偶尔出现的否定陈述中的否定词，从而导致判断

---
① ［美］Linn, R. L. & Gronlund, N. E.，国家基础教育课程改革"促进教师发展与学生成长的评价研究"项目组译. 教学中的测验与评价[M]. 北京：中国轻工业出版社，2003：104.

错误。双重否定则使陈述的语句意义含糊不清，导致学生理解上的困难，因此需要将之转换成肯定陈述句。在不得不使用否定句来陈述时，应运用字体字号的变化或者加上下划线、着重号等外加符号的方法，让否定词突出出来，有效地提醒学生注意。

避免使用特定的限定词。陈述中运用的词汇会向学生提供作答的线索，有些词甚至可能会泄露正确的答案。比如学生在面对一个包含了诸如所有、总是、没有、绝不、不可能、必然之类表示绝对化的限定词的陈述时，很容易倾向于将之判断为错误的；相反，如果面对一个包含了诸如经常、有时、通常之类表示不确定的限定词的陈述时，则容易倾向于把它看成正确的。所以是非题的陈述中最好能避免使用这些带有暗示性的词。如果一定要运用这些限定词，那么应该保证它们在正确和错误的陈述中都出现。

避免直接使用教材中的原话。是非题只能检测较低层次的认知能力，如果运用教材中的原话作为是非题的陈述让学生判断正误，那么所要求的是低层次认知技能中更低层次的认知技能——再认，这会鼓励学生在极低的层次上进行学习。如果陈述来自于教材，那么就不能将素材原封不动地从教材移植到试卷上，而必须进行适当的组织、加工、转化。

避免使用没有任何来源的观点。通常是非题只适用于事实判断，只有事实才有正误之分；观点或意见通常并无绝对的正误之分。比如下面的例1，就是一种观点，不同的人看法可能各不相同，很难确定其对错，因此也不适合作为是非题来检测。但有些时候可能会涉及到对观点、意见或看法的检测，那么这些观点、意见等都要有确定的出处或来源。这样，这个陈述就会从原来的意见变成事实。比如下面的例2，学生要确认的不再是曹雪芹是否是中国古代最伟大的作家，而是要确认鲁迅是否表达过这样一个观点。

例1：（   ）曹雪芹是中国古代最伟大的作家。
例2：（   ）鲁迅认为，曹雪芹是中国古代最伟大的作家。

错误的题目数应略高于正确的题目数，且以随机排列的方式呈现。是非题本身就是一种鼓励猜测的题型。测验中，什么题型都可能会有未作答的，但是非题不会，除非有学生根本不想做。学生在遇到不会做的题目时，就可能会猜测。通常，人们有选择"真"的倾向，因此，错误的题目数应略高于正确的题目数，全部题目中"错"的占到60%左右比较适宜。而且答案为正确和错误的题目应当随机排列，以降低猜测的可能性。

> **练习 4-1**
>
> 选择你熟悉的学科，根据某一单元的内容，编制是非题3题。在注意编制规范的同时，千万别忘了所编的题目要用来检测你希望学生达成的目标。

二、选择题

（一）什么是选择题

选择题是纸笔测验中运用得最为广泛的一种题型，不同的学科、不同的年级的测验中都经常会用到选择题，甚至还不像是非题那样只用于检测低层次的认知目标，选择题有时还用于检测较高层次的认知目标。从这一点讲,选择题可以被看作纸笔测验中适应性最强的题型。

选择题(multiple-choice item)要求从多个备选答案中挑选一项正确或最佳答案选项。选择题是由"题干"和"选项"构成的。所谓题干,就是根据所要检测的目标编制的一个问题或一句不完整的话;所谓选项,则是根据题干而设计的几个备选答案。在备选答案中,正确答案之外的其他选项被称为"干扰项"。例如:

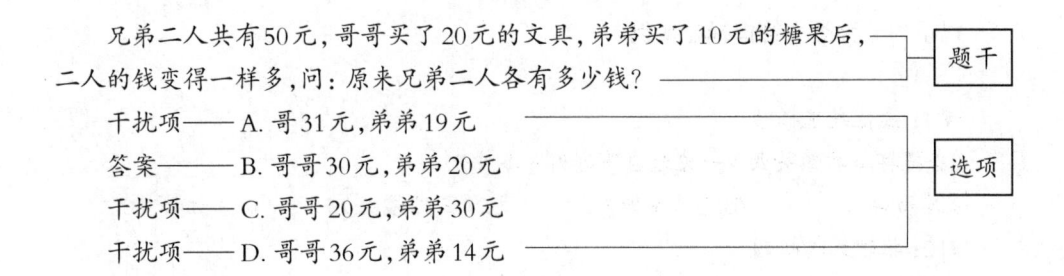

兄弟二人共有50元,哥哥买了20元的文具,弟弟买了10元的糖果后,二人的钱变得一样多,问:原来兄弟二人各有多少钱?————题干

干扰项——A. 哥31元,弟弟19元
答案————B. 哥哥30元,弟弟20元
干扰项——C. 哥哥20元,弟弟30元 ————选项
干扰项——D. 哥哥36元,弟弟14元

依据选项中正确答案的数量,可以将选择题分成单项选择题和多项选择题。单项选择题在备选答案中只有一个正确或最佳答案,多项选择题在备选答案中有两个或两个以上的正确答案。通常需要在指导语中明确是单项选择题还是多项选择题。

其实,选择题从其构成来说有很多种类,不同的类别所能检测的认知目标也有所不同。了解这些具体的种类对我们编制选择题很有帮助。

表4-1 选择题的类别[①]

类 型	含 义	适用的认知能力
$P \rightarrow C$ (最佳式选择题)	一个命题(P)只产生一个结果(C),即学生必须根据试题命题的陈述,从K个备选项中挑选出一个正确(或最佳)的答案。	对名词的记忆能力;理解和应用等层次的认知能力。
$P_1 \cap P_2 \cap \cdots$ $\cap P_n \rightarrow C$ (推理式选择题)	数个命题的交集(即∩)产生一个结果。学生必须在多个命题条件的共同限制下进行思考,然后从K个备选项中挑选出一个正确的答案。	应用、分析及推理层次等较高层次的认知能力。
$P \in C$ (归类式选择题)	命题属于(或包含于,即∈)结果中。学生必须能够知道所陈述的命题应该归到哪一类结果中,然后从K个选项中来分辨。	分类层次的认知能力。
$(P_1 \cap P_2) \cup (P_1 \cap P_2)$ $\cup (P_1 \cap P_2) \cdots \rightarrow C$ (组合式选择题)	题干中有M个命题,各有对或错之分,然后要求学生分别判断其对错,再从2^M个可能结果中,选出正确的一个。如果题干所提供的命题数是两个(即M=2),则可能产生4个不同的选择,其中有一个是正确的,三个是错误的;如果命题数是三个(即M=3),则可以产生8个不同的选择,其中有一个是正确的,七个是错误的。	综合与评价层次的认知能力。

---

① 余民宁.教育测验与评量:成就测验与教学评量[M].台北:心理出版社,2002:132-137.引用时经整理。

类　型	含　义	适用的认知能力
$P_1:P_2::P_3:C$ （类推式选择题）	第一个命题对第二个命题的关系，犹如或相当于第三个命题对一个结果的关系。即要求学生必须先判断前面两个命题间的关系，然后推论后两个命题间应有的关系是什么，再从四个或多个选项中选出一个正确的选项。	演绎及归纳相关事项的能力，以及应用、综合、评鉴等认知能力。

以下为五种类型的选择题实例：

例1：最佳式选择题

《鲁提辖拳打镇关西》一文选自下列哪一本书？

A.《西游记》　　　　B.《水浒传》　　　　C.《三国演义》　　　　D.《红楼梦》

例2：推理式选择题

兄弟二人共有50元，哥哥买了20元的文具，弟弟买了10元的糖果后，二人的钱变得一样多，问：原来兄弟二人各有多少钱？

A. 哥31元，弟弟19元　　　　　　　　B. 哥哥30元，弟弟20元

C. 哥哥20元，弟弟30元　　　　　　　D. 哥哥36元，弟弟14元

例3：归类式选择题

孔子的最大成就在哪一方面？

A. 政治方面　　　B. 艺术方面　　　C. 教育方面　　　D. 历史方面

例4：组合式选择题

(1) 失败"乃"成功之母——你的　　(2) 家祭勿忘告"乃"翁——你的

上述"乃"字的解释，哪一个正确？

A.(1)和(2)都正确　　　　　　　　B.(1)正确，(2)不正确

C.(1)不正确，(2)正确　　　　　　D.(1)和(2)都不正确

例5：类推式选择题

中国：北京；英国：＿＿＿＿＿＿

A. 华盛顿　　　　B. 莫斯科　　　　C. 伦敦　　　　D. 巴黎

例6：类推式选择题的一种变式：$P_1:C_1::P_2:C_2$

四川对＿＿＿＿＿＿的关系，犹如广东对＿＿＿＿＿＿的关系。

A. 成都，广州　　B. 银川，广州　　C. 成都，济南　　D. 南京，深圳

（二）选择题的优势和局限

选择题成为各类纸笔测验中应用最广泛的题型是有道理的，因为它的确有很多优势。首先，选择题可以测量多种层次的认知目标，既适用于低层次认知目标的检测，也适用于高层次认知目标的检测，编制得好甚至还能检测一些复杂的认知技能。其次，相对于是非题，猜测的可能性明显降低，尤其是多项选择题，猜测正确的可能性很小。第三，评分客观、高效、准确，尤其是借助于光学扫描仪的答题卡技术采用后，极大地减少了评

分的工作量。即使不考虑机器评分,选择题的评分也比其他类型,尤其是主观性试题的评分客观、容易得多。第四,如果设计得好,不同的选项还能提供准确的描述性反馈。

但是,选择题也存在一些明显的问题,受到比较多的批评。其中,最大的一个批评在于,尽管选择题能够检测多层次的认知能力,但检测高层次认知能力的选择题比较难以编制,而关于事实性知识的选择题编制起来要容易得多,因此选择题也容易演变成检测低层次认知能力的题目。比如,只要求再认或回忆相关的知识即可作答,结果使教师和学生都更关注对事实性知识的简单回忆。其次,与论述题相比,选择题的编制相对费时、费力,编制出良好的干扰项尤其困难。第三,尽管选择题相对于是非题猜测正确的可能性降低了,但依然存在猜测的可能性。在大多数4个选项的选择题中,猜测正确的可能性有25%。而且教师无法判断学生选对了是猜测的结果,还是正确运用所要求的认知技能的结果。第四,选择题只考察结果,因而无法关注得出结果的心理过程;而且作答很简单,只需要涂写答题卡或填写字母,因而无法考察学生得出结果的认知过程,无法检测学生组织材料的能力和表达能力。第五,与其他许多题型一样,学生对选择题的作答也容易受学生阅读理解能力的影响,以至于结果分数受到"污染"。

> **链接4-1**
>
> 　　一些不能或难以进行客观评分的试题就被排斥在测验以外,无论其在教育上多么有价值。在特定的学业领域中,可能在测验中出现的内容变得越来越可预见,因为可以以客观的方式呈现出来的内容往往是可以确定的。成就被狭化为客观性测验中的分数,更严重的是学习被"碎片化"和"原子化"。SAT的发明者布里格汉姆早在1929年就已预见到这一方面的问题:"当这样一种不幸的时代到来时,我们的教育就会遭受不可避免的损害。这意味着我们的教学会完全碎片化,被分解成毫无联系的片段,科学会成为高度浮夸的语言表达,计算、操作和思考被最小化,语言教学的目的就是语词技能而没有文学价值,英语只教阅读,写作上的实践和训练消失了。"
>
> 资料来源:王少非.校内考试监控研究[M].上海:华东师范大学出版社,2010.

(三)选择题编制的注意事项

许多教师说非常愿意批改选择题,但不愿意编选择题,为什么?就是因为选择题的编制不是一件容易的事,要编制高质量的选择题更不容易。下面提供一些编制选择题的注意事项。

关注重要的或关键性的内容或认知技能。试题应当检测重要或关键的学习结果,而不能关注无关紧要的、没有实质意义的、模糊的内容。否则,检测结果难以提供对于教学和学习改进有帮助的重要信息。如下面的例1,学生选对了,但教师根本不知道学生认为哪几个字是错的,这样的信息对教师有用吗?在例2中,学生答对了,但很可能根本不知道到底可以分成哪几类。

例1:"金丝雀辽亮的桑子,叫惺了森林中的小动物们"中有几个错字?
A. 2　　　　　　B. 3　　　　　　C. 4　　　　　　D. 5

例2：生物可以分成几类？
A. 2　　　　　　B. 3　　　　　　C. 4　　　　　　D. 5

将题干作为一个直接的问题来呈现。只要可能，题干的呈现就不要用不完整的陈述，而要用一个直接的问题来呈现。好的题干应当将回答任务明确地呈现给学生，以便学生能按照题目要求作出选择。如果题干中间有空格，那么等于是一句完整的话被这个空格分割成两个部分，这就会增加学生理解题意的难度，有时学生就不得不阅读一两个选项，才能弄明白题目问的是什么。例如下面的题干，换成直接问句含义会更清晰，学生也更容易理解。

某数的6倍是144，某数是_____？
A. 24　　　　　　B. 150　　　　　C. 744　　　　　D. 864

题干中呈现单一的确定的问题。如果题干中呈现了多个问题，学生可能会迷惑，搞不清题意，导致回答上的困难。教师也不能从学生的回答中获取关于他们学习状况的确定的信息。比如下面的例子，题干中实际上包含了两个问题：气候上的分界线；地理上的分界线。学生选"B"，答对了，很可能是因为知道"我国地理上的分界线"是秦岭—淮河，而不确定气候上的分界线在哪里，或者相反；学生答错了，教师也无法确定学生是因为两个都不知道，还是不知道其中的一个而答错。

我国气候上的分界线，也是地理上的分界线是什么地方？
A. 青藏高原　　　B. 秦岭—淮河　　C. 黄河　　　　　D. 长江

将每个选项中重复的词放在题干中。试题中，选项的表述要尽可能简洁，选项之间要尽可能避免重复的内容，将各选项中相同的内容放在题干中，避免有重复的材料出现。尽管题干也应当表述简洁，但与其让选项长，不如让题干长。较长的题干和简洁的选项组合起来比表述不足的题干和长的选项要好得多。比如下面的例子[①]，各选项重复的内容就应当去掉，放在题干中表述。

两条异面直线的概念是（　　　）。
A. 指在空间中不相交的两条直线
B. 指在空间中位于两个不同平面上的两条直线
C. 指在空间中不在同一平面上的两条直线
D. 指在空间中某一平面与这一平面外的两条直线

[①] 张敏强. 教育测量学[M]. 北京：人民教育出版社，1998.

> **练习 4-2**
>
> 改编上面例子中的试题，使之符合相关要求。

审慎地运用否定性陈述的题干。题干一般不要用否定陈述句，因为否定词很容易被忽略。如果要运用，要将否定词划出来，如在下例中的"不是"下面加上双划线。这样可以避免学生犯错误——漏看题干中的否定词。有时候，教师们可能认为使用否定词可以提高题目的难度，但是要明确：这种难度是否是我们所要检测的目标的难度？

下列哪一项<u>不是</u>华中地区的特色？
A. 水利发达　　　B. 土壤肥沃　　　C. 雨水充足　　　D. 地多高原

要让所有选项对缺乏知识的学生都貌似可信。选择题的选项中除正确答案之外，其他选项被称为"干扰项"，也就是要对缺乏相关知识的学生产生迷惑性。如果让不具备相关知识的学生一眼就能排除掉，该选项就起不到干扰作用了。因此，每个选项都应该是貌似可信的，但不能让所有学生都迷惑，如果有相关知识的学生也被迷惑了，就不是好的设计，题目也就缺乏应有的鉴别力了。下面两个例子的选项设计就不合适。依据学生常犯的错误来确定干扰项是一种好的选择。

例1：米老鼠的两个侄子的名字是什么？
A. 休伊、戴维和路易　　B. 路易戴维　　C. 莫蒂和菲蒂　　D. 米尼
例2：英国的首都是（　　　）。
A. 东京　　　　B. 华盛顿　　　　C. 伦敦　　　　D. 堪培拉

> **链接 4-2**
>
> ### 编制具有迷惑性干扰项的方法
>
> √ 使用学生最常见的错误。
> √ 使用与题干有关的听起来重要的词（例如，重要、准确），但是不要过分！
> √ 使用那些在口语中与题干相联系的词（例如，政治家、政治的）。
> √ 使用课本上的语言或者是其他具有真理性的措辞。
> √ 使用那些由于学生误解或者是粗心而造成的错误答案（例如，忘记了把尺转换为码）。

> - ✓ 干扰项在内容上与正确答案同质或者相似(例如,所有的人都是发明者)。
> - ✓ 干扰项在形式上与题干平行,在语法上与题干一致。
> - ✓ 使干扰项与正确答案在长度、词汇、句子结构和内容的复杂程度上相似。
> - ✓ 警告:干扰项应该迷惑没把握的学生,而不应该让掌握了知识的学生造成误解(例如,不要把"不"插进正确答案中做干扰项)。
>
> 资料来源:Linn, R. L. & Gronland, N. E.,促进教师发展与学生成长的评价研究项目组译.教学中的测验与评价[M].北京:中国轻工业出版社,2003:130.

所有选项在语法上对等,字数基本相等,且与题干一致。选项的语法结构应该保持一致,如三个选项都是动词开头的,而一个选项是名词开头的,就可能给学生某种暗示。而且一些与题干语法不一致的选项会成为明显的错误答案,一些具备考试技巧的学生可能会从中获益。下面提供了一个例子[①]。

电子变压器可以被用作_____。
A. 为了贮存电量　　　　　　B. 增强交流电的电压
C. 它可以把电能转换为机械能　D. 交流电被转换为直流电

试试看,你能不能正确地回答这个题目?如果你有考试技巧,即使你完全不具备相关的知识,你也有很大的可能作出正确的回答。看看哪个选项放到题干中是符合语法规则吧。

选项的长度可能会泄露正确答案。如果四个选项中有一个特别长,字数特别多,有心眼的学生就可能猜测教师给这一选项更多的关注,这一选项与其他选项相比一定有特殊之处吧。因此,各选项的字数要基本保持一致。若实在做不到,可以让两个选项较长,而另两个选项较短,但一定要保证正确选项与干扰项的长度没有明显差别。

选项不能相互交叉。选项之间应当相互独立,不能存在交叉、重叠的情况。如果存在交叉重叠,学生无法选择。例如,对于下面的题目,如果学生觉得是"2杯",那么他应该选A还是B?

10岁儿童每日所需的最低牛奶量是(　　)
A. 1—2杯　　　B. 2—3杯　　　C. 3—4杯　　　D. 至少4杯

避免无关的线索。语言结构、惯用术语、题干和答案的联系等都可能会提供一些无关的线索,帮助某些学生作答。比如在下面的例子中,根本不认识选项中四个单词的学生也有50%的可能选对,因为他可以直接排除选项B和C。

---

① [美]Linn, R. L. & Gronlund, N. E.,国家基础教育课程改革"促进教师发展与学生成长的评价研究"项目组译.教学中的测验与评价[M].北京:中国轻工业出版社,2003:126.

A chain of islands is called an _____.
A. archipelago   B. peninsula   C. continent   D. isthmus

而在下面的例子中，就算你不具备相应的知识，但你想错都难。因此，要避免在选项中重复题干中的用词。一个选项重复了题干中的词，可能导致学生选择该选项。在下面这个题目中，学生能运用这种策略获益，但如果重复了题干用词的选项并非正确答案时，那就可能误导学生。

固体遇热熔化为液体的现象称为什么？
A. 凝结   B. 蒸发   C. 熔化   D. 凝固

> 请回顾前面提及的关于我国气候和地理分界线那道题，现在你知道正确答案了吧？但即使你根本没有相关的知识，稍微想想就能找出正确答案。想想吧，为什么选项B要显得那么特别？这个特别的选项给你什么暗示？

反思4-2

　　至少要有四个选项，且保证只有一个正确或最佳答案。选项数量太少，就增加了学生靠猜测得分的机会。但选项也不能太多，尽管选项越多，猜测的可能性就越低，信度就越高，但可能会降低试题的鉴别力。而且要找到合适的干扰项也不太容易。

　　随机分配正确答案的位置，四个选项成为正确答案的比例大致相当。教师在编制试题时，可能会倾向于将正确选项放在后面或中间，以避免学生一眼就看到正确答案。这种想法有一定道理，但如果选择题题量较大，而试题正确选项出现的位置存在规律性，那么就会给学生猜测的机会。正确答案出现的位置应当随机分配，避免有规律性的排列。而且，正确答案在不同位置出现的几率应大致相同，以降低学生猜测的机会。

　　审慎运用"都是"和"都不是"作为选项。如果运用，这些答案应当偶尔成为正确答案。比如，在题干中设置"都是"选项，有些学生没有读完题，只是注意到第一个选项是对的就作出了选择；而有的学生注意到有两个选项是对的，就知道"都是"肯定是正确答案了。前者答错是因为他没有读完所有题目，后者答对也只是基于部分知识作出的判断，这样就没有实现我们检测想要达成的目标。

　　同一测验中，各试题间应彼此独立，没有任何逻辑上的联系。不同试题间应是彼此独立的，也不存在任何逻辑上的联系，要保证避免某试题为另一试题提供暗示答案的线索。而且各试题的评分也应相互独立，不能出现某一试题的得分取决于另一道试题得分的情况。如下面两道题就不是相互独立的，如果某个学生第一题做错了，那么第2题做对就非常奇怪了。如果教师给该生第2题计分了，你会怎么想？

1. 某数的6倍是144，某数是多少？
A. 24   B. 150   C. 744   D. 864

2. 接上题,某数的4倍是多少?
A. 56　　　　　　　B. 96　　　　　　　C. 576　　　　　　　D. 3 456

练习 4-3

选择你熟悉的学科,根据某一单元的内容,编制选择题3题。在注意编制规范的同时,千万别忘了所编的题目要用来检测你希望学生达成的目标。

三、匹配题

(一) 什么是匹配题

匹配题(matching item)又称配对题,有时也叫做连线题,就是要求学生找到两类事物之间的关系。通常的形式是左右各呈现一列词或短语,然后让学生按照一定的关系,将两列中有关系的词联系起来,可以用连线的方法,也可以用填写序号的方法。通常左边一列需要从另一列中找到对应信息,其项目成为前提项,右边一列中的项目供选择,称为反应项。两列项目数完全相同的称为完全匹配题,不相同的称为不完全匹配题。

匹配题适合于检测知识之间的关系,但与其他题型相结合,也能够检测一些较高层次的认知水平。

链接 4-3

重要的知识间联系

人物——成就　　　　　　　历史事件——日期
术语——定义　　　　　　　规则——例子
符号——概念　　　　　　　书名——作者
外语单词——母语对应词　　机器——用途
动植物——类别　　　　　　原理——说明
物体——物体名称　　　　　部件——功能

资料来源:[美]Linn, R. L. & Gronlund, N. E., 国家基础教育课程改革"促进教师发展与学生成长的评价研究"项目组译. 教学中的测验与评价[M]. 北京:中国轻工业出版社, 2003: 106-107.

常见的匹配题如:

请将下列作品与作者配对,在作品前的括号中填写作者名字前的符号。

(　　)套中人　　　　　　A. 海明威
(　　)老人与海　　　　　B. 司汤达
(　　)红与黑　　　　　　C. 契诃夫
(　　)双城记　　　　　　D. 狄更斯

（二）匹配题的优势与局限

匹配题的优势在于，适用范围比较广，而且有较大的内容覆盖面，能够在较短时间内检测较多的内容；文字较少，所需要的阅读时间较少，对学生的阅读能力要求不高；学生作答容易，或者填写字母，或者连线；比较客观，检测结果可靠，评分高效、准确。

但匹配题通常被用来检测一些事实性知识，容易导致学生死记硬背。虽然也可以检测较高层次的认知目标，但要编制检测简单的信息回忆之外的学习目标的匹配题并不容易。

（三）匹配题编制的注意事项

提供指导语，清楚地说明如何确定匹配。题目的指导语要说明匹配的基础和要求，同时还要告诉学生每个反应项可以使用几次。学生对回答要求知道得越清楚，他们的回答也就越准确，教师根据他们的表现结果所作的推论也就更加有效。比如，在上面的例子中，如果指导语只是告诉学生"配对"，学生很可能就需要花一点时间去判断左右两列各项之间存在的关系，某些学生甚至可能无法发现其中的关系，回答就可能发生偏差。但如果指导语明确要求"请将下列文学作品与作者配对。每个反应项只能用一次"，那么学生会更清楚要求，这个题目也就能更好地引出所期望引出的心理加工。

运用同质的材料。编制匹配题的一个最重要的规则就是所用的材料必须同质，即同一类别或同一事物。具体来说，所有的前提项应该同质，所有反应项也应该同质，而且各前提项与反应项的关系也应该是一样的。如果在同一道题中使用不同质的材料，那么就会降低反应项的迷惑性，学生就会轻易地找到无关的线索并据此作答。比如，下面的例子就存在着明显的问题。

请将下列两列根据相关性进行配对。

（　　）水　　　　　　　　　　NaCl
（　　）发现镭　　　　　　　　费米
（　　）盐　　　　　　　　　　NH_3
（　　）第一次人工核裂变的年份　H_2O
（　　）氨　　　　　　　　　　1942

如果可能，以某种系统顺序（如年代、字母、笔画）安排各答案。这能避免给学生额外的答题线索。

将下列历史事件与其发生的时间配对。请将代表时间的代号填在事件前的括号中。右边的答案只能被选一次。

（　　）西安事变　　　　　a. 1931
（　　）珍珠港事件　　　　b. 1932
（　　）七七事变　　　　　c. 1935
（　　）一·二八事变　　　d. 1938
（　　）九一八事变　　　　e. 1940
　　　　　　　　　　　　　f. 1941

应尽量使用不完全匹配题,且不限制反应项备选的次数。不完全匹配题是指反应项数目多于前提项数目的匹配题,而完全匹配题的反应项数目等于前提项数目。在完全匹配题中,随着正确的增加,剩下各题被猜对的可能性也就增加,到最后一对选项,甚至都不需要猜测,也就没有任何检测的意义了。如果采用不完全匹配题,且不限制反应项备选的次数,那么学生凭猜测作答的可能性就会降低,试题的鉴别力也会提高。请看下例[1]:

请思考下列叙述,从右边的反应项中选出一个最适合的,并填入左边前提项的括号内。

( ) 1. 恍然　　　　A. 轻巧的样子
( ) 2. 妩媚　　　　B. 辽远的样子
( ) 3. 沸沸然　　　C. 稀少的样子
( ) 4. 烂漫　　　　D. 腾涌的样子
( ) 5. 寥寥　　　　E. 光彩纷呈的样子
　　　　　　　　　F. 忽然领悟的样子
　　　　　　　　　G. 姿态美好的样子
　　　　　　　　　H. 模糊不清的样子

如果可能,"反应项"一栏只用短语或单词。为了减少阅读时间,要把较短的词或短语放在"反应项"中。或者说,"反应项"要比"前提项"更加简短。

反思 4-3

请看下面的题目:
请将上古时期民族与其文化成就配对。

( ) 中国　　　a. 建金字塔
( ) 印度　　　b. 编法典,修运河
( ) 埃及　　　c. 长于法律和建筑
( ) 希腊　　　d. 创立婆罗门教、佛教
( ) 罗马　　　e. 甲骨文、青铜器
( ) 巴比伦　　f. 建立城邦,艺术发达

想一想,如果把左右两列对换一下,你自己的作答会受到什么影响?

避免将同一匹配题的内容放在两个不同的页面上。匹配题中的所有选项和被选项放在同一页试卷上,有利于学生减少翻页寻找选项的时间,提高学生作答的速度和测验的效率,从而有效地避免了漏答的情况。

---

[1] 余民宁. 教育测验与评量: 成就测验与教学评量[M]. 台北: 心理出版社, 2002: 162.

> **练习 4-4**
>
> 选择你熟悉的学科，根据某一单元的内容，编制匹配题3题。在注意编制规范的同时，千万别忘了所编的题目要用来检测你希望学生达成的目标。

第二节 建构反应题

建构反应题（constructed-response items）是指没有现成的答案可供选择，而是要学生自己生成答案的试题。常见的建构反应题有填空题、简答题、论述题、问题解决题。由于论述题和问题解决题更关注学生的表现，因此将在第五章表现性评价中讨论。此外，本节还关注一种介于选择反应和建构反应之间的一类题型——解释性练习。

一、填空题

（一）什么是填空题

填空题是指命题者在一个完整的陈述中去掉一些关键或重要的词语，要求学生补充完整。最常见的形式就是：

中国的首都是_____。

注意就是心理活动对一定对象的_____和_____。

但填空题也有多种变式。比如，如果所检测的内容具有序列性，就可以采用序列型填空题，让学生按所提供的内容的先后次序排序填空。小学语文测验中常见的将句子排序成段就是一个例子。又如，如果所检测的内容是学生容易出错或混淆的，改错型填空题就比较合适，比如：

在下列成语中错误的部分下画线，并在括号内填入正确的内容。

变本加厉（　　）　　信口开合（　　）　　试目以待（　　）

填空题还有一种变式，就是在英语考试中常见的完形填空。

（二）填空题的优势和局限

填空题有诸多优势，如内容覆盖面广，可以检测很多内容；特别适合于检测学生对知识的记忆和理解；相对于选择题等题型，编制容易；学生作答简单省时，相对于是非题、选择题，猜测的可能性极大地降低了；尽管可能受书写的可辨认性的影响，但评分还是比较客观的，受评分者主观因素的影响较小。

但填空题的局限同样很明显。如评分相对于前面的几种试题类型比较麻烦、费时，相对更易受主观因素的影响；所能检测的认知技能层次较低，不适用于检测高层次的认知技能，这容易鼓励学生死记硬背，不利于高层次认知技能的发展。

（三）填空题编制的注意事项

只省略重要的词汇。测验当然要检测重要的或关键性的知识内容，也就是与目标密切相关的内容。试题中空格处所要求填写的内容也应能体现出学生对该知识的掌握和理解程度，要具有一定的代表性。不能随便留出几个空格，要求学生填写。否则填空题就很容易进一步加剧学生对零碎的、片段的知识的掌握。

空格数目不能太多。一个陈述中需要学生填写的空格数量要适中，不能太多。如果一个陈述句中留的空白太多，容易导致句子因失去原有的意思而令学生无法理解，也容易鼓励学生死记硬背。比如下面两例，如果在学习材料上没有直接对应的原文，学生就无法理解、作答。即使能作答，答案也可能五花八门，导致评分上的困难。

例1：_____会议中确定，_____应将抢占中国的领土如_____、_____、_____归还中国。

例2：角的两边是（　　）线，角的（　　）和（　　）无关，和（　　）有关。

保证只有一个正确答案。陈述的含义要明确，限定要严密，并且答案应是唯一的。若题意不清，模棱两可，就可能出现多种答案，也就无法检测到所要检测的东西，而且不利于评分。比如下面的例1，学生随便填个名字，甚至就填"我"，教师怎么评分呢？而例2，到底要求填时间呢，还是要求填地点？如果是时间，是年份还是朝代？如果是地点，是大的地点还是具体的地点？填"玄武门"可不可以？

例1：山东曲阜是_____的故乡。

例2：玄武门之变发生于_____。

每个空格要等长，并且最好把空格放在陈述的末尾。教师在编制题目时当然知道答案，所以经常容易根据答案字数的多少来确定空格长度，这为学生提供了额外的线索。要保证每个空格都等长，避免给学生暗示性的线索。同时，也要尽可能地避免将空格放在陈述的起始位置，因为起始位置句子成分的空缺很容易导致理解上的困难。一般要将空格放在陈述的末尾，这能保证题意更清晰，也能使计分更准确，更快。

避免直接从课文中选取陈述。如果以课文内容为题目素材，就应当尽可能地避免直接从课文中选取陈述，而应当进行适当的组织加工，否则会鼓励学生去死记硬背。当然，如果要检测学生对那些本来就要求背诵的内容的掌握情况，如中小学语文中的经典诗文，那就另当别论了。

如果答案是数字，要注意明确作答要求。若试题是有关计算的，则要注意明确所填答案的要求，如单位、数字的精确程度等，以利于学生正确作答。如果要求不明确，答案就可能不唯一，而且学生也就不知道精确到哪个程度，以至于浪费时间；如果学生因此在测验过程中询问，还会干扰测验秩序。下面的题目是一个很好的例子。

一个圆的半径为5 cm，则其面积为_____（精确到小数点后两位数字）。

练习 4-5

选择你熟悉的学科，根据某一单元的内容，编制填空题3题。在注意编制规范的同时，千万别忘了所编的题目要用来检测你希望学生达成的目标。

链接 4-4

避免客观试题测验中出现的问题

潜在的问题来源		建议采取的措施
没有注重的学业目标		仔细分析要测验的教材内容，寻找知识和推理目标。
		寻找真正重要的知识命题。
评价方法与学业目标不相匹配		选择性反应评价方法只能用于考察对知识和某些推理形式的掌握程度。
		选择性反应评价可以考察有效技能和产品的必备知识，但不能评价表现本身。
没有代表性	没有选取真正重要的命题	理解教材内容，制定测验计划，全面覆盖学业目标。
	题量太小	编制能涵盖重要概念的、足够多的题目。
	从规定的答题时间来看，题量太大	减少题量，让自信的学生能够在规定时间内做完试卷。
可能存在的偏向	有的学生不能满足对阅读能力的要求	降低对阅读能力的要求，或者给予阅读上的帮助。
	答题时间太短	缩短测验，或者延长答题时间。
	测验题的质量差	学习一般原则和针对不同题型的具体指导方针，并把它们应用到测验编制中。

资料来源：Stiggins, R. J., 国家基础教育课程改革"促进教师发展和学生成长的评价研究"项目组译. 促进学习的学生参与式课堂评价[M]. 中国轻工业出版社, 2005：123.

二、简答题
（一）什么是简答题

论文题（essay item）包括两大类型，一种是限制回答论文题（restrictive response essay item），也就是我们通常所说的简答题；另一种是扩展回答论文题（extended-response essay item），相当于我们通常所说的论述题。由于论述题更接近于表现性评价，因此将在后面相关内容中讨论。

简答题呈现完整陈述的问题，要求学生通过回忆知识、组织知识，并在一个符合逻辑的整合的答案中呈现知识。通常限定了答题的内容和形式，学生的作答必须在一定的范围内进行，作答的篇幅也受到限制，作答有明确的方向，且有比较确定的内容标准，不能自由发挥。简答题可以评价多种认知技能，如对问题提出相应的假设、得到问题适当的结论、解释问题的因果关系、对问题的陈述作出预测等。但总体而言，简答题还是适用于知识、理解、应用等较低层次的认知技能，缺乏对分析、综合、评价等高层次的认知技能的鉴别力。

> **链接4-5　限制性反应论述题适合的情境**
>
> 限制性反应论述题在以下几种情况中最适合使用。① 教学目标要求学生能够呈现知识，而不是再认知识。原来的选择性反应题目往往难以评价呈现知识的情况。② 需要测查的内容相对较少。如果有30个学生，你设计了一个由六道限制性反应论述题组成的测验，这样评分将会花费大量时间。这时，你可以选用少量几道限制性反应论述题，并与客观题结合起来使用。③ 还需要考虑测验的安全性。如果担心学生很容易抄袭选择题的答案，这时选择限制性反应论述题就比较好。通常情况下，编制一个限制性反应论述题比编制一个好的客观题能节省更多的时间。
>
> 资料来源：[美]Borich, G. D. & Tombari, M. L., 国家基础教育课程改革"促进教师发展与学生成长的评价研究"项目组译. 中小学教育评价[M]. 北京：中国轻工业出版社, 2004: 100.

（二）简答题的优势和局限

简答题最大的优势就是适合于检测多种认知目标，而且编制相对容易，结果也相对比较客观，评分也相对容易。当然，局限也很明显。首先，适合于编制简答题的内容有限，而且用简答题来检测也难以覆盖很多内容，因此代表性相对较差。其次，因为通常需要学生用一段或几段文字来表述，因此结果容易受学生表达能力的影响。第三，相对于选择、填空等只需要学生用符号或少量文字作答的题型，简答题评分比较费时，而且不易客观、准确。第四，相对于论述题，简答题难以检测组织、整合知识的能力以及作答时的思考过程。

（三）简答题编制的注意事项

一定要用于测量复杂的高层次的学习结果。简答题应当用于检测那些不能被客观题很好检测的学习结果，也就是那些较高层次的认知目标。在其他条件都相同的情况下，客观测验相对更有效、更可信，因此如果用客观题可测，那就不必要运用简答题。比如大多数知识层次的认知能力，都不必用论述题这一题型来评价。只有当客观测验不足以检测该学习结果时，才要考虑用论文式题目来检测。例如，下面的题目所涉的内容可以用客观题很好地检测，就不需要用简答题了。

请说出《三国演义》中的三国是哪三国。

要检测较高层次的认知技能，就要避免运用何时、何处、何人、何事之类的表述，而应运用说明、解释、推断、分析、应用、综合之类的词汇。

> **链接4-6**
>
> **常用来测量复杂学习结果的论述题术语**
>
> | 学习结果 | 术语样本 |
> |---|---|
> | 比较 | 比较、分类、描述、区别、阐释、提要、摘要 |
> | 解释 | 转述、归纳、估计、例示、解释、复述、摘要、翻译 |
> | 推论 | 归纳、估计、延伸、外推、预测、提出、关联 |
> | 应用 | 安排、计算、描述、显示、例示、重安排、关联、摘要 |
> | 分析 | 分割、描述、图示、区分、分开、列举、提要、分隔 |
> | 创立 | 组合、设计、发明、归纳、形成、制作、表示、提出 |
> | 综合 | 安排、合并、建构、设计、重安排、重组织、关联、叙写 |
> | 类化 | 建构、发展、解释、形成、产生、制作、提出、叙述 |
> | 评鉴 | 赞赏、批评、辩解、描述、评鉴、解释、判断、叙写 |
>
> 资料来源：余民宁. 教育测验与评量：成就测验与教学评量[M]. 台北：心理出版社, 2002：182.

编制的题目一定要引出你期望测量的行为。简答题要检测什么目标，那么给予学生的任务就要引出学生相应的心理反应和行为，否则题目与目标就是不匹配的。比如，目标是"辨认三角形、正方形、长方形、平行四边形等平面图形"，简答题是"请写出三角形的定义，说明三角形的特点"。尽管学生回答这一问题所需的知识是"辨认"前提，但显然不是直接检测学生的"辨认"能力的，因为这道题目无法引发学生进行"辨认"的心理过程和行为。

准确表达题目以让学生明确任务。如果所设计的题目任务不明确、不具体，或是意思模棱两可，学生就不一定能够理解题目的意图。学生对题目的理解不同，因而反应也是各种各样的。这样也就难以判断学生偏离目标的反应是由于错误的理解，还是由于尚未掌握学习目标，所以检测结果也就没有实际的意义。下面例1并没有给学生提供一个反应的框架，学生在答题的时候，不同的学生可能会作出不同的反应。例2对学生的回答要求作了清楚的界定。

例1：讨论导致1929年股市崩盘的经济因素。

例2：确定导致1929年股市崩盘的三个主要经济因素。按时间顺序简要讨论各个因素，并用一段话说明这些因素之间的相互联系。

确定每题的分数或权重，以及答题的时间规定。在设计题目的时候，教师需要从整体上考虑每道题目的分数和权重，并且估计学生回答每道问题的时间，保证合理的思考和答题时间。

避免让学生在试题中进行选择(选做)。如果提供较多的题目让学生选做,学生就可能选做不同的题目,这样就难以用统一的依据来评价他们的表现了。而且,简答题所检测的内容对学习内容的代表性本来就较低,允许选做会导致代表性更低。

三、解释性练习
(一) 什么是解释性练习

解释性练习(interpretive exercise)是一系列基于同一引导性材料的客观性题目,通常由两个部分构成:一个部分是引导性材料或背景性材料,可以是文字、图表、表格、图形、模拟情境等;另一部分就是由前述几种题型以及填空、简答等客观性题目构成的题组。要求学生根据引导性材料提供的信息,回答一串事先编制好的题目。[①] 解释性练习不仅能测量较低层次的认知能力,与一般的选择反应式题目相比,还能测量学生的理解和推理能力、问题解决能力及创造性等较高层次的认知能力。比如可以让学生进行推断、进行有依据的概括、提出假定、认识信息的关联性、应用原理、运用图画材料等。

需要说明的是,尽管我们将解释性练习放在建构反应题中讨论,但这并不意味着解释性练习就是一种建构反应题。实际上,解释性练习中经常既包括了选择反应题,也包括了填空、简答等建构反应题——只是这些题目通常都是客观题——是一种综合性的题型。

以下就是解释性练习的一个例子[②]:

清明节,小强和爸爸、妈妈、妹妹从台北到南部祖父家,一同和亲戚上山扫墓。小强调皮好动,不慎跌倒摔了一跤。妈妈赶紧替他止血敷药,并说:"小强,痛不痛?好了一点儿吗?清明节扫墓是表示对祖先的敬意与怀念,不可以那么调皮,知道了吗?"妈妈帮小强包扎好了之后,祖父带领他们到了一墓地前说:"我们现在所要祭拜的先人是中国的抗日英雄,也是我的哥哥。"请问:

(1) 小强台北家的组织性能是什么?
　A. 血缘家庭　　　B. 核心家庭　　　C. 中家庭　　　D. 折中家庭
(2) 小强摔了一跤后,妈妈对他说的一番话,包含了家庭的何种重要功能?
　A. 教育和生物　　B. 心理和娱乐　　C. 安慰和责备　　D. 心理和教育
(3) 祖父带领他们祭拜的先人是小强父亲的什么人?
　A. 故伯祖父　　　B. 故叔祖父　　　C. 故伯父　　　D. 故叔父

(二) 解释性练习的优势和局限

解释性练习具有以下优点:首先,它需要学生阅读引导性材料并进行解释,这种解释能力在日常生活中很重要。其次,相对于单一的、孤立的试题,它可以检测比较复杂的学习结果。而将相关的试题系列化,所能够检测的认知技能广度较大,深度较深。第三,背景性或导论性材料的使用提供了必要的背景信息,减轻了学生记忆的负担,能将因事

[①] [美]Linn, R. L. & Gronlund, N. E., 国家基础教育课程改革"促进教师发展与学生成长的评价研究"项目组译.教学中的测验与评价[M].北京:中国轻工业出版社,2003:138.
[②] 余民宁.教育测验与评量:成就测验与教学评量[M].台北:心理出版社,2002:170-171.

实性知识缺乏而产生的对复杂技能检测的影响最小化。且为学生作答及教师的评分提供了相同的标准和前提。第四,由于解释性试题结构化明显,评分较容易、客观、可靠。

> **链接4-7**
>
> 解释性练习能够测量下列能力:
> 应用原理原则的能力;解释关系的能力;认知与叙述推理的能力;认知数据关系的能力;发展与认知暂时性假设的能力;形成和认知有效结论的能力;认知结论中基本假设的能力;认知资料限制的能力;认知和叙述重要问题的能力;设计实验步骤的能力;解释图表、表格和数据的能力;评鉴论证的能力。
> 资料来源:李坤崇.教学评估:多种评价工具的设计及应用[M].上海:华东师范大学出版社,2011:90.

但解释性练习也存在局限。首先,适合于评价目标的引导性材料比较难找,即使能找到,也经常需要进行适当的加工。而要编制这样的材料,则比较费时,对教师的要求也较高。其次,学生答题需要基于对引导性或背景材料的理解或解释,对学生阅读能力的要求较高,学生的阅读负担也较重。第三,虽然能检测较高层次的认知能力,但难以检测学生创造产品、组织语言进行适当表达的能力。换言之,只能检测认知维度上的问题解决技能,却不能检测实际的问题解决技能。

(三)解释性练习编制的注意事项

引导性材料应与学习目标密切相关。这是评价与目标匹配的基本要求,也是试题能够检测所要检测的东西的关键所在。如果引导性材料无关乎学习目标,那么检测结果不可能反映学生学习的真实情况,也不能提供对教学和学生有用的信息。

引导性材料应当有一定的复杂性。解释性练习之所以能够检测比较复杂的认知技能,一个关键的原因就在于学生在回答问题之前需要对引导性材料加以解释。如果引导性材料过于简单,那么就不需要用解释性练习,直接使用选择题、是非题等题型更有效率。引导性材料不能直接来自于教材或者学生已经学习过的其他材料;引导性材料也不能过于简单,让学生直接找到问题的答案。

引导性材料应当具有较强的可读性。解释性练习需要学生仔细阅读引导性材料,学生的阅读理解会直接影响检测的可靠性,因此引导性材料应尽可能降低阅读要求。比如引导性材料内容不能太长,适度的复杂性并不意味着必须容纳比较多的内容;内容要清楚明确,无论材料是文字、数据还是图表,都应当清晰呈现,有时运用图表能够充分提高材料内容的清晰性;不能用生僻的词汇和复杂的句法结构;所要求的阅读水平适合于学生的年级水平,对于小学生,要尽量少用文字性的引导性材料,而要多用图表、图片之类的引导性材料。

王伯伯买了一块三角形的土地,他将三角形的高分成都是10米的三等分,划成大、中、小三个都是30米等底的三角形地,小三角形为空地,中三角形中除小三角形外,其余都种稻。问种稻的面积有多少？没有种稻的面积有多少？

该例中，引导性材料不算长，但很模糊，学生不易理解。如果换成有图作为补充的材料，情况就可能完全不同。

王伯伯买了一块三角形的土地（如右图），并在阴影部分种上稻子。三角形底为30米，高分为三等分，都是10米。请回答下列问题：
（1）种稻的面积是多少平方米？
（2）没有种稻的面积是多少平方米？

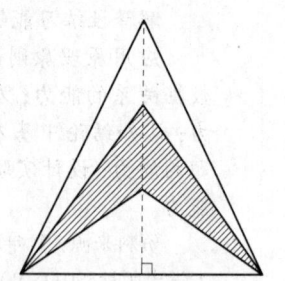

试题的编写应当遵循各类试题的编制规则。解释性练习中的试题主要是客观题，如选择题、填空题、是非题，各类题目的编制必须遵循前面所强调的编制注意事项，以保证试题本身的质量。

试题必须要求学生分析和解释引导性材料。解释性练习就是要学生基于引导性材料的分析、解释，通过理解、推论等作出回答，只需要学生回答引导性材料中已经回答了问题的试题是不合适的。同样，不需要引导性材料就能回答的试题也是不合适的。比如，小强和家人扫墓那个例子中，第3小题若换成"小强一家祭拜的是小强爷爷的什么人？"或者"爷爷的哥哥叫什么？"就不合适了。

试题数目应与引导性材料的长度成比例。应根据引导性材料的长度来确定试题的数目。如果材料简短却提出过多的问题，那么问题一定会涉及到一些不需要引导性材料就能回答的问题；如果让学生阅读一篇相对较长的材料却只需要回答一两个问题，效率就会很低下。

试题应当归类，且保证相互独立。同一类试题应当放在一起，不能一会选择题，一会填空题，然后又是选择题。试题内容不应有重叠，不应出现相互提供答题线索的情况。

练习 4-6　　请选择义务教育阶段某一学科试卷中的几道解释性练习，将其拆分成几个独立性题目，并讨论综合性的解释性练习本身和拆分后的独立性题目有哪些不同？

第三节　试题整合

通常而言，一次测验，即使是课堂小练习，教师也不会只用一两道题来检测。在大多数情况下，由于学习目标的多样性，教师经常需要运用不同类型的试题来检测学生的学习。因此，怎样把编制好的试题整合起来，也是教师必须掌握的一项重要技能。试题整合涉及到两个方面的要求：测验规划的编制和试卷的编排。

一、测验规划的编制

测验规划（test blueprint）是对某个特定阶段学习结果测验的整体设计，通常会涉及到以下几个基本要素：

学习内容。即学生在测验所覆盖的时段所学习的内容。课堂小测验要涉及的就是本课的内容，单元测验则要涉及本单元的内容，而期终测验就要涉及本学期的内容。

学习目标。即学生在学习这些内容时应当达成的目标。这些学习目标也就是测验所要检测的目标。目标通常包括两个维度：一个是要学习的内容，另一个是学习这些内容要达到的程度，也就是所谓的认知技能层次。

试题类型。不同的目标需要用什么样的试题来检测。

权重。不同目标以及不同题型在整张试卷中所占的比重。

内容	目标	具体目标	知识	理解	应用	分析	综合	评价	权重
单元1	目标1：学生知道……	具体目标1-1：命名……	填空						1
		具体目标1-2：列举……	匹配 是非						1
	目标2：学生运用……	具体目标2-1：解释……			填空		论述		5
		具体目标2-2：练习……			选择				2
	目标3：学生估价……	具体目标3-1：评估……						解释性练习	3
		具体目标3-2：选择……						解释性练习	2
单元2									

表4-2

测验规划

这样的测验规划对于试题整合非常重要，它决定了试卷中应当包含哪些题型，这些题型分别检测哪些目标，各种题型的题目在整份试卷中所占的比重，每道题目的配分等。可以说，这样的测验规划就是试题整合的一个基本依据。而且不单单是试题整合，它同样适合于作业布置，比如一个数学老师在今天放学后要给学生布置家庭作业，布置哪些作业，也需要以这样的规划作为依据。

不过，良好的测验规划应当在教学准备阶段完成，而不应等到教学过程临近结束时才考虑编制测验规划。也就是说，单元测验规划的编制应当在单元教学开始之前完成，而期终考试的规划应该在学期开始之初就完成。但在整合试题、形成试卷时，一定得回顾测验规划,严格按照测验规划来选择试题、整合试卷。

二、试卷的编排

如果说一道试题是给学生的一项具体任务,那么一份试卷就是要求学生完成的一项综合性任务。试卷的编排也就必须为学生完成任务提供充分的便利,保证学生将时间、精力放在任务上。为此,试卷的编排必须遵循一定的规则。

（一）要提供完整明确的指导语

测验的指导语是对测验的基本要求的说明,对于学生完成任务非常重要。指导语包括两类:一是整体指导语,二是分题型指导语。

整体指导语是关于整份试卷作答注意事项和要求的说明。通常应该包括:(1)试卷共有几张几页,是否交回?(2)答案写在哪里?(3)共有几大题?(4)总分和各题分值。(5)如何作答?是否倒扣?(6)答题用笔。(7)试卷是否可以打草稿?(8)其它,如考试时间等。

请比较下面两个整体指导语的实例。

例1:本次考试共包括四个部分的内容。每一部分都有多种题型,如选择题和填空题。迄今为止,我们已经完成了四个单元的教学,这四个部分就是要检测大家对这四个单元内容的掌握情况。考试有时间限定,请大家务必把握好时间。祝大家发挥出最佳水平!

例2:1.本试卷共1张2页,必须与答卷纸一并交回。2.每题都有四个选项,其中只有一个选项是正确的。选出正确答案,选错不倒扣。3.答题必须用2B铅笔,在答题卡上涂画所选的答案。不在答题卡上答题,不予计分。4.本试题纸空白处可作草稿用,但答题卡不能打草稿。5.本试题共50题,合计100分。

分题型指导语是关于某种题型题目作答注意事项的说明,用以补充整体指导语的不足。一般应当包括题目数、每小题分值、总分、作答方法等,比如:

一、选择题:共30题,其中1—20为单选题,每题1分;21—30为多选题,每题2分。共40分。

三、是非题:对的在题目后的括号中打"√",错的在题目后的括号中打"×"。共10题,每题3分,共30分。

需要注意的是,某一类题目的总名称其实也是一种指导语,比如选择题、填空题等,因为它们基本上有确切的含义。但在运用一些新的题型时,就需要作出比较详细的说明,让学生明确如何作答。

> **反思4-4**
>
> 实践中有些教师,尤其是小学教师,经常在题目表述上做很多文章,比如有一份数学试卷,六类题目现抄录如下,分别是:
> 一、计算乐园(24分)。

> 二、知识园地(27分)。
> 三、选择题(7分)。
> 四、我是小法官(5分)。
> 五、操作题(8分)。
> 六、解决问题(24分)。
> 你觉得这样的做法好吗？为什么？

（二）同类试题要放在一起

同一种题型的试题应当放在一起，并且和其他题型的题目分开。不能将不同类型的题目交错混杂在一起，不然，学生需要在不同任务之间来回转换，如一会选择，一会判断，再回来选择，就会导致学生作答时受到困扰。

> 反思4-5
>
> 一份试卷，共7道题，这7道题的表述原封不动地抄录如下：
> 一、只要你认真，你一定能算对。
> 二、我来填一填(19%)。
> 三、我会分辨对错(对的打"√"，错的打"×")(6%)。
> 四、我来填一填(填序号)(5%)。
> 五、开心动手。
> 六、文字题(4%)。
> 七、我会解决下面这些问题(36%)。
> 你认为这些内容有什么问题？

（三）按先易后难的顺序排列

试题的排列应是简单容易的在前，复杂困难的在后，无论是题型排列，还是具体试题的排列，均应如此。从不同的题型看，越是检测高层次认知能力的题型，对学生的要求就越高，因此也就应该放在后面的位置。选择题、是非题相对比较容易，因此要放在试卷的前面部分；论述题、问题解决题相对较难，应该放在后面；填空题、简答题等一般放在中间。从具体的试题看，应当按试题的难度水平先易后难地进行排列。

（四）题目的版面安排要规范

每道题目的版面安排都应该遵循一定的规范。比如，要避免将一道试题分割到两个页面来排列，尤其要注意不能是选择题的题干在上一页，而选项却放到下一页。匹配题更不能分到两页来安排。选择题的选项不能直接紧跟在题干之后，而要另起一行。问答题不能题目在上一页，而为答案留的空间却在下一页。下例就是不合适的版面安排。

下列哪位人物是我国宋朝著名的书法家？　A.欧阳询　B.柳公权　C.颜真卿　D.苏轼

（五）依据答题和评分的需要安排版面

试卷版面的安排不能过于拥挤，一定要为学生的作答留下充足的空间。对于年龄较小的学生，所留的作答空间应该更大一些。也要考虑教师计分和给出描述性反馈的空间。

> **反思4-6** 实践中有很多试卷的版面安排非常拥挤，你觉得是什么原因导致了这种状况？版面安排过于拥挤可能会带来哪些负面的影响？

（六）序号要明确，字体字号要有层级

大题小题均应明确标上序号，而且要清楚，尤其是当答案不直接写在试卷纸上，而要写在答卷纸上时。各大题所用文字的字体字号要统一，小题文字的字体字号也要统一，而且大题文字的字号应稍大于小题文字的字号，以清楚地表示层级。试卷文字的字号应适合学生的年龄特点，小学低年级学生试卷上的字号应稍大一些。

> **练习4-7** 选择某一学科的一份试卷，从试卷编排的角度来评价其优点和缺点。

进一步阅读的文献：

1. 李坤崇. 教学评估：多种评价工具的设计及应用[M]. 上海：华东师范大学出版社，2011.
2. 余民宁. 教育测验与评量：成就测验与教学评量[M]. 台北：心理出版社，2002.
3. [美]Linn, R. L. & Gronlund, N. E., 国家基础教育课程改革"促进教师发展与学生成长的评价研究"项目组译. 教学中的测验与评价[M]. 北京：中国轻工业出版社，2003.
4. [美]Oosterhof, A., 谭文明，罗兴娟译. 开发和运用课堂评估[M]. 北京：中国轻工业出版社，2006.

第五章

表现性评价

导读

尽管纸笔测验在你所熟悉的各种评价中运用得非常广泛，但你一定知道，并不是所有的东西都能够借助于纸笔测验来评价的，比如开车。其实，即使是学生在学校中学习的东西也不可能都借助于纸笔测验来评价，比如新课程所倡导的三大目标领域中的一些目标。

三大目标领域实际上体现了对学生学习结果全面性、多维性的关注。学业结果中纳入一些非学术性的成就，以及问题解决、批判性思考等高层次的学业成就，意味着擅长于检测事实性知识的纸笔测验对此无能为力。因此，我们必须超越纸笔测验，表现性评价就是一种必然的选择。

本章首先介绍表现性评价的内涵及类型,旨在厘清表现性评价与纸笔测验的区别,然后在"促进学习的评价"的大观念下,讨论表现性评价的设计和实施问题。主要内容包括:

第一节　表现性评价的涵义与类型;
第二节　表现性任务的设计;
第三节　表现性评价的实施。

通过本章的学习,您将能够:

1. 知道表现性评价的涵义,理解表现性评价在多维目标背景下的重要性,掌握表现性评价的多种类型;
2. 根据自己的任教学科,设计适合于评价目标的表现性评价任务和评分规则;
3. 学会在"促进学习的评价"理念指导下实施表现性评价。

第一节　表现性评价的涵义与类型

表现性评价有着悠久的历史。在不同时期、不同情境中,人们对表现性评价的理解和运用情况也不太一样。在核心学术课程,如语文、数学等学科中的运用始于20世纪80年代掀起的表现性评价热潮。人们期望通过运用表现性评价来促进教学及其改革。

一、表现性评价的涵义

20世纪中前期,表现性评价这个术语多数情况下是与不需要书面写作的实践性测验联系在一起的。在教育领域,指的则是检测个体在特定任务情境中的能力,大都运用于职业课程中的实践领域,如工程、打字、音乐和美术等。在校外,诸如此类的表现性测验被运用于就职面试和相关的培训中,如二战期间的士兵培训。在心理学领域,表现性测验更多的是指非文字测验,这些测验检测的是语言障碍者的能力倾向。[1]这些"历史遗产"当然仍旧是表现性评价的基本意涵。然而,现在,情况并不这么简单。

20世纪80年代以来在美国掀起的表现性评价热潮,赋予表现性评价以新的内涵;主要表现在:(1)在核心学术课程中的运用。(2)运用评分规则影响与解释表现。(3)鼓励学生自我评价。现在,学校的学术性科目,如数学、语言和科学等,成为表现性评价的重要内容。对表现性评价的不断关注,并将其更多地聚焦于学术性科目,是源于滥用多项选择题而引起的不满。多项选择题不能检测复杂的表现、高级的思维,且因为滥用,给教学和学习带来了很大的负面影响。当人们寻求一种更合适的评价来评价学生复杂的表现、高级的思维时,表现性评价就被认为是一种适宜的选择。

---

[1] Ryans, D. G. & Frederiksen, N. Performance tests of educational achievement. In E. F. Lindquist, *Educational Measurement*. Washington, DC: American Council of Educatin.1951, p.24.

在当前的教育语境中,什么是表现性评价,有很多的答案。许多学者经常笼统地使用表现性评价(performance assessment)、基于表现的评价(performance-based assessment)、真实性评价(authentic assessment)、备择评价(alternative assessment)等术语来指代相同的意义。其中,表现性评价领域最具思想深度的两位先锋,威金斯(Wiggins, G.)和斯蒂金斯(Stiggins, R. J.)的观点比较具有代表性。威金斯强调,表现性评价要求学生完成一个活动,或制作一个作品,以证明其知识与技能等,即让学生在真实情境中去表现其所知与所能。① 著名的评价权威斯蒂金斯在1987年就指出,"表现性评价是测量学习者运用先前所获得的知识解决新异问题的评价方式。在表现性评价中,常常运用真实的生活或模拟的评价练习来引发最初的反应,而这些反应可直接由高水平的评价者按照一定的标准进行观察、评判,其形式包括建构反应题、书面报告、作文、演说、操作、实验、资料收集、作品展示。"② 十年之后,斯蒂金斯又给予表现性评价一个更为明确的界定:"表现性评价是基于对展示技能的过程的观察,或基于对创造的成果的评价。"③ 尽管还有许多学者从不同角度对表现性评价进行界定,但毫无疑问的是,表现性评价强调"实作"与"表现"。

链接5-1

众说纷纭的表现性评价

1. 美国技术评价办公室(Office of Technology Assessment)搜集了20世纪以及之前测验史上最具综合性的测验,深刻审视了测验技术进步方面的变化,并于1992年2月出版了《美国学校中的测验:提出正确问题》(*Testing in American Schools:Asking the Right Questions*)一书。在书中,他们将表现性评价界定为:"要求学生创造答案或成品来展示他们所知和能做的。"

(U. S. Congress, Office of Technology Assessment. Testing in American schools:Asking the right questions. Washington, D.C.: U. S. Government Printing Office.1992, p.204.)

2. 瑟洛(Thurlow, M.)指出,"表现性评价要求学生去创造一个答案或成品来展示他们的知识或技能"。

(Thurlow, M. National and state perspectives on performance assessment [EB/OL]. http://www.ericdigests.org/1996-1/state.htm.)

3. 国际教育成就评价协会(IEA, International Association for the Evaluation of Educational Achievement)把表现性评价定义为:利用综合的实践作业去评价学生的内容知识(content knowledge)和程序知识(procedural knowledge),以及学生运用这些知识进行论证或解决问题的能力。

(Harmon, M. & Zuzovsky, R. Introduction in studies in educational

---

① 李坤崇. 多元化教学评量[M]. 台北:心理出版社,1999:134.
② Stiggins, R. J. Design and development of performance assessments. *Educational Measurement: Issuesand Practice*,1987(6).
③ Stiggins, R. J. *Student centered classroom assessment*(2nd ed.). Upper Saddle River, NJ: Prentice Hall,1997,77.

evaluation.1999, p.173.）

4. 琳恩和格朗兰德（Linn, R. & Gronlund, N.）认为，表现性评价包括文章写作、科学实验、语言表达与运用数学解决问题，强调做而不仅仅是知道，兼顾过程与结果。

（转引自李坤崇．多元化教学评量[M]．台北：心理出版社，1999：134．）

5. 哈特（Hart, D.）认为，表现性评价是基于学生的表现或表现样本及既定的标准而进行的直接且系统的观察和评价。

（Hart, D., 国家基础教育课程改革"促进教师发展与学生成长的评价研究"项目组译．真实性评价——教师指导手册[M]．北京：中国轻工业出版社，2004：176.）

6. 艾巴彻（Aschbacher）认为在教学情境中的实作评量，系指教师依据专业判断来评量学生的学习表现，学习表现包括题目反应、作品、学习过程。

（转引自：李坤崇．多元化教学评量[M]．台北：心理出版社，1999：134.）

7. 艾拉逊（Airasian, P.）、派克，莫里森（Patrick & Morrison）以及威金斯主张，表现性评价要求学生完成一个活动，或制作一个作品以证明其知识与技能，此评量让学生在真实情境中去表现其所知与所能。

（转引自：李坤崇．多元化教学评量[M]．台北：心理出版社，1999：134.）

8. 张敏雪认为，表现性评价就是由教师设计相关的情境，由此情境，针对学生所应达到的学习成果（learning outcomes），设计一些问题，让学生在情境或实际中参与实验操作或观察之后，以分组活动或个别思考的形式来解决问题，同时针对学生在过程中的表现，以客观的标准加以评分的一种评量方式。

资料来源：张敏雪．教室内的实作评量[EB/OL]．awk. caes. tpc. edu. tw/sci_edu/sci_assessment/.

反思5-1

表现性评价是什么，不同的人往往给出不同的答案。请仔细阅读链接中的内容，看看他们的观点彼此之间有什么联系与区别，给你的启示是什么？

表现性评价往往是要求学生生成些什么，而不是选择一个答案。它主要观察学生是否积极地参与到某项任务的完成中，这样的任务经常是一个人在实际现场可能做出的表现或模拟。它代表了学习的目标或标准的成就，而这些成就没有一个标准答案，需要通过观察，基于评分规则来进行判断。可见，实施表现性评价，一是要求学生执行表现任务，二是要有用以判断结果和表现的评价标准。而表现性任务和评分规则都是依据我们期望学生能表现出来的学习结果来设计和开发的。因此，表现目标、表现任务和评分规则就构成了表现性评价的三个核心要素（图5-1）。

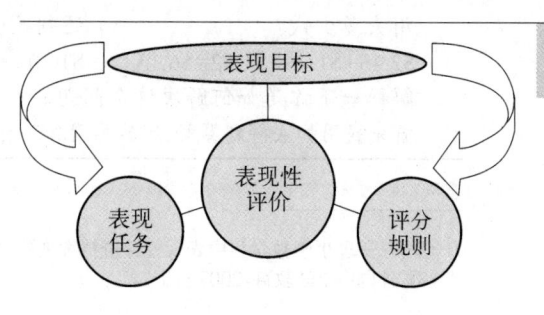

图5-1 表现性评价要素结构图

链接5-2　表现性评价的一个例子

本案例来自美国米尔沃基帕布里克学区，它由三个部分组成：第一部分为表现性目标，第二部分为表现性任务和一位学生的作业及教师的评价（表1），第三部分为评价学生问题解决水平的评分规则（表2）。

该表现性评价指向小学数学学科的问题解决。在评价之前，该学区统一制定了问题解决的五个关键要素，即：

策略的选择：数学中常使用的策略包括：画图表、制作模型、猜测和检查、将信息分类、制作清单、将问题划分为几部分、逆向推理和简化问题。评价的重点在于学生是否能够将先前的知识运用到问题中，将知识与恰当的策略选择联系起来，并对策略的恰当性作出回应。

问题的组织：恰当地组织问题有助于对问题的思考。"问题组织"的评价重点在于是否能确定问题中的必要的信息，并通过图表等方式阐述相关信息。

用数学交流：在解决问题的过程中，解释和阐述"如何看待数学问题"，可以加深学习者对数学概念的理解，提供解决问题的灵感。因此，是否对其所选择的策略和解决问题的思路提供充分的说明，是该指标的评价重点。

问题解决的方案：善于解决问题的人常常会反省自己所做的尝试，分析所采用策略的有效性，检验例外和证实结果。该指标的评价重点为：是否通过有效地使用运算、图表和阐述等方式，获得对该问题的正确解决方案，并作出验证。

运用数学：数学能力的增长应该与恰当地运用数学术语以及数学推理能力的增长同步。因此，是否能使用恰当的数学语言进行数学推理和数学运算，即是评价的重点。

事实上，上述问题解决的五个要素就是我们期望学生掌握的学习结果，也即表现目标。设置表现性任务和评分规则都应当紧紧围绕这五个维度来展开。

表1　表现性任务及一位学生的作业

三年级：商店里的食物[①]
请使用下列菜单回答问题，并说明你是如何获得该答案的。
汉堡：$1.5；比萨：$1.47；奶昔：$0.95；冰激凌：$0.68；小甜饼：$0.29。
你只有10美元，但需要为自己及两个朋友购买午餐：1. 确定你们想买些什么了吗？ 2. 总共需要花费多少钱？ 3. 在购买午餐后，你还剩下多少钱？

我	吉姆	迪姆
汉堡 $1.5	比萨 $1.47	奶昔 $0.95
奶昔 $0.95	小甜饼 $0.29	冰激凌 $0.68
$2.45	$1.76	小甜饼 $0.29
		$1.92

用去多少钱？　　　　　　　还剩多少钱？
$2.45+$1.76+$1.92=$6.13　　$10.00-$6.13=$3.87

解释一下你是如何解决这个问题的：
首先我用加法得到答案，然后再用加法看花了多少钱，再用减法看剩余多少钱。

[①] 罗丹.美国小学数学科中表现性评价档案袋的收集与实施——以米尔沃基帕布里克学区为例.外国中小学教育,2007(10).

表2　表现性评价标准（小学数学科）

等级 要素	0	1	2	3	4
策略的选择		没有尝试使用策略或使用策略不清晰。	尝试使用策略，但不完全或未能实施。	能使用恰当的策略，并加以证明。	能有效地使用恰当的策略，并加以充分证明。
问题的组织		信息反馈缺乏组织和条理。	信息反馈的条理性差，缺乏有效的证明。	有条理地反馈信息并加以证明。	反馈的信息组织出色，条理清晰，并充分证明。
用数学交流	未做任何尝试、离题、不清晰。	反馈信息的陈述表明思路和对实施方案的阐述具有随意性。	反馈信息的陈述模糊，反映出对问题的理解不确切。	反馈信息的陈述清晰，可理解。	所有的反馈信息陈述都有效和恰当。
问题解决的方案		未能呈现出信息反馈或信息反馈较少。	所呈现的问题解决方案不完整或不正确。	所呈现的问题解决方案基本正确。	所呈现出的问题解决方案完全正确。
运用数学		几乎未能表现出恰当地使用数学知识的能力。	一些数学知识的运用不恰当或有问题。	能恰当地运用数学知识，且只有细小的错误。	在整个问题的解决过程中都有效、准确地运用了数学知识。

资料来源：罗丹.美国小学数学科中表现性评价档案袋的收集与实施——以米尔沃基帕布里克学区为例［J］.外国中小学教育，2007（10）.引用时略作修改。

具体而言，表现性评价的内涵包括以下几个方面。

真实情境中的任务。"真实"，要求我们将评价所测的能力直接与生活中复杂的能力连接，以提高学生习得的能力迁移至学校情境之外的生活中的程度。这些真实情境中的任务，既是学习任务，也是评价所要完成的任务，它关注的重心是如何发现和建构知识，而不仅仅是简单地获取知识。一个获得大学英语六级八十多分的学生，却不能进行基本的英语口语交际，是很常见的事。表现性评价旨在改变这种局面，不仅评价某个学习领域、某个方面能力，更重要的是评价学生综合运用已有知识进行实作与表现的能力。真实性任务比起传统的纸笔测验要复杂，同时它也是非常普遍的。例如：写一个宣传小册子、制作一幅地图、创作一个食谱、评价某种行为、制作一盘录像带、写一本儿童读物、编一个计算机程序等，这些都是与现实生活有关的真实性任务,都要求学生展示不同方面的知识和理解,为培养学生"带得走"的能力提供各种各样的机会。

学生的建构反应。表现性评价要求学生建构反应,学生必须自己创造出问题解决方法,或通过自己的行为表现来证明自己的学习过程和结果,而不是选择答案。建构反应和选择反应是两种不同的认知过程,选择反应的评价以完全结构化的任务限制了学生反应的类型;而建构反应的评价允许学生按照自己的方式自由反应,学生的创造力得以表现,建构反应更加接近真实世界的问题解决。大部分的表现性任务要求学生参与一系列复杂的决定,学生必须分析问题,选择各种各样的方法去解决问题,通过书面、口头等其他形式交流问题的解决方法等。因此,他们必须综合而又灵活地运用所学知识,进行思维加工和判断,进行各种探究活动,有个性地展现自己的才能,从而创造性地解决问题。这也正体现了现代认知建构主义学习理论的观点,把学生看作学习过程中意义建构的积极参与者,而非分散知识的接受者。

依据评分规则的判断。表现性评价要求学生建构反应,而不是选择一个现成的答案;并且表现性评价不仅评价学生行为表现的结果,同时也关注学生行为表现的过程。例如,要评价学生的实验能力,我们不仅要对学生的实验成果及获得的数据进行评价,更重要的是要对学生在实验过程中对实验的设计、所使用的仪器和实验技巧等实验过程方面的因素进行评价。评价者必须观察学生的实际操作、表现(如学生的口头陈述、表演或舞蹈等在问题解决过程中的外显行为),或学业成果的记录情况(如论文、方案设计等),以此评价学生的能力。因此,真正的表现性评价与选择题的评分不同,它没有一个统一的标准答案,不存在对错之分,只存在程度之别;不能借助于计算机和扫描仪进行评定,而只能根据事先设置好的评分规则,依靠评价者的经验和智慧来决定学生表现的可接受程度。

评价与教学的统整。表现性评价具有教学性成分,学习和评价能同时执行,它能很好地与教学统整在一起。例如,当实施一个舞蹈单元时,学生可以创编一个舞蹈序列,来表明对某些舞蹈概念和原理的理解。当学生编舞时,他们学习关于舞蹈的种类、动作造型、流畅性、水平等内容。然后,通过评分规则来对他们呈现的舞蹈进行评价。因为学生有评分规则,当他们完成任务时,可以进行自我评价或同伴评价;当学生完成任务以后,教师基于评分规则指导学生,并向学生说明教师的期望,也可以提供具体的描述性反馈。给予学生的评分规则是教师用以评价最终学习成果的标准。这样,学生的学习任务和评价变得不可分割,不同的教学类型可以和评价融合在一起。

当然,上述几个方面的内涵是互相关联,互为因果的。正是因为表现性评价的任务是真实世界中的任务,具有情境性、复杂性,评价的是复杂的学习结果,所以学生在完成任务时必须进行建构反应,而不是简单的选择反应。复杂的任务、建构性的反应,使得传统的二元对错评分方式无能为力,需要基于评分规则进行主观判断。而这些因素及其相互间的关系又促成了表现性评价与课程标准的紧密关联,以及与教学的统整。

> 练习 5-1
>
> 结合表现性评价的要素结构与内涵解析,请画出表现性评价和教学的关系图。

二、表现性评价的类型

和客观纸笔测验一样,表现性评价也有多种多样的类型,并且由于它的复杂性和综合性等特点,其形式就更加丰富多彩。在这里,我们介绍几种常见的表现性评价类型。

> 链接 5-3
>
> **形式各样的表现性评价**
>
> 斯蒂金斯认为:"表现性评价的形式包括建构反应题、书面报告、作文、演说、操作、实验、资料收集、作品展示。"
> [Stiggins, R. J. Design and development of performance assessments. *Educational Measurement:Issues and Practice*.1987(5).]
>
> 尼克认为,表现性评价包括:结构性表现任务、自然发生或典型的表现任务、学生个人或小组的长期项目、档案袋、演示、实验、口头表达或戏剧表演、情境模拟等。
> (Nitko, A. J. *Educational assessment of students*, Upper Saddle River, New Jersey.2004, p.239.)
>
> 黄光扬认为,表现性评价的主要类型有:口头测验、论辩或辩论、短文题考试、写作测验、过程反应题、实验技能教学考试评价、作品、公开演示,以及档案袋评价等。
> (黄光扬.教育测量与评价[M].上海:华东师范大学出版社,2002:206.)
>
> 芬奇(Finch, F.)和道斯特(Dost, M.)将表现性评价所呈现的类型分为六种,分别是:两步式问题、类似于多项选择测验的问题、简短的回答和问答题、用纸笔模仿实际情境的问题、模仿环境下的表现、真实环境下的表现。
>
> 类型 1:两步式问题。学生可以选择一个答案,然后对自己的选择作出解释。
>
> 类型 2:类似于多项选择测验的问题。类似,但不同于多项选择测验的是,要求学生自己给出一个简短的、多重考虑的答案。通常只有一个答案和一个单一的理由。

> 类型3：简短的回答和问答题。要求清楚地说明表现性任务的要求,整个任务的背景要完全适合学生的水平,允许有不同形式的正确答案。
> 类型4：用纸笔模仿实际情境,并以此作为学生反应、回答的依据和基础。
> 类型5：学生被置于一个模仿实际情境的环境下,完成表现性任务,同时评价者对学生的表现作出评价。
> 类型6：评价学生在真实情境中完成的任务。比如评价学生的实验操作、车间工人在操作机床的表现等。
> （Finch, F. L. & Dost M. A. Toward an operational definition of educational performance assessments[EB/OL].
> http://eric.ed.gov/ERICWebPortal/custom/portlets/recordDetails/detailmini.jsp？_nfpb=true&_&ERICExtSearch_SearchValue_0=ED353287&ERICExtSearch_SearchType_0=no&accno=ED353287.）
>
> 傅道春认为,在教学任务情境下常用的表现性任务有：结构性表现测验、口头表述、模拟表现、实验、作品、项目,以及档案录等。
> （傅道春.新课程中课堂行为的变化[M].北京：首都师范大学出版社,2002：267-273.）
>
> 贝兰卡（Bellanca, J.）等人将表现性评价分为作品展示、表现、项目、日志和进度记录、演示、产品、问题解决过程、图表组织者八类。
> （Bellanca, J., 夏惠贤等译.多元智能与多元评价——运用评价促进学生发展[M].北京：中国轻工业出版社,2004：29.）

（一）纸笔任务（paper-and-pencil tasks）

表现性评价中的纸笔任务类型有别于传统的客观纸笔测验,但也不需要借助于其他设备或资源。表现性评价中比较典型的纸笔任务是论述题和问题解决题。论述题也就是扩展反应论文题（extended-response essay item）,它不像限制反应论文题那样在内容和形式上都受限制,相反,它的特点就是回答自由。它的回答自由体现在允许答题者先挑选任何他们认为相关的事实信息,并且还可以根据自己的最佳判断来组织相应的答案,整合并评价他们认为合理的观点。也正是这种自由,使得它能检测分析问题、组织观点、用自己的话表达和发展一致、连贯的论据的能力。以下是论述题的例子：

例1：狼的嗥叫对于牧牛人和猎人来说,意味着什么？为什么只有山能够"客观"地听狼的嗥叫？你怎样理解"这个世界的启示在荒野"这句话？

例2：比较《劝学》和《师说》这两篇古代论说文,作者为了阐明自己的主张,分别运用了哪些论证方法？请结合文章内容说说运用这些方法的好处。

例3：科学地评价哥白尼的太阳系理论。请用科学观察支持自己的陈述。

问题解决题给予学生一个问题情境或任务,要求学生展示某种程序和正确的解决方案。问题解决题能测量大量的内容或目标,最适合检测那些要求在问题情境中应用知识或技能的学习目标,并且能将猜测最小化,比选择题和匹配题更容易编制。例1就是问题解决题的一个例子。该评价任务设置了一个模拟真实的情境,要求学生呈现问题解决的思维过程,来检测学生的数学问题解决能力。

例1:"汽车为什么不动"[①]

亮亮坐在行驶的汽车上,透过车窗,看见远处的雪地上一辆汽车正在爬坡。突然汽车熄火了,停在了坡中央。当汽车再次发动后,汽车的后轮只是空转,却不动地方。你能想办法解决此问题吗?说说你的办法和理由。

本题要解决的问题实质是如何增大摩擦,与之相关的知识点是:增大摩擦的方法(一是增大压力;二是变滚动为滑动;三是增大接触面的粗糙程度)。结合题中所展示的情境,可以确定利用"增大接触面的粗糙程度"解决问题,因此,题目的答案可以是:在汽车的后轮前方垫些砖头、碎石、沙等物体。理由是:接触面粗糙,可以增大摩擦力。

> 反思5-2
> 上例中,题目最后要求学生解释自己是如何解决问题的。你认为这样的设计有什么作用?

(二)展示

展示,需要学生能够使用知识和技能来示范一个界定良好的复杂任务。展示不像项目那样历时长久,也不如它复杂。展示的任务一般都是界定良好的,并且学生和评价者都知道正确的解决方向。然而,它也允许个体间有所差别。当学生展示时,他所采取的风格和方法都会被考虑在评价之内。在学习过程中,学生需要通过适当的技巧来展示他们的技能。例如:

1. 展示做面包前揉捏面团;
2. 展示使用显微镜来观察污点的滑动;
3. 展示在绳子上爬行;
4. 展示在因特网上查询信息。

一般而言,展示关注学生如何使用他们掌握的知识技能,而不是看他们如何解释自己的思考或者表述现象背后的原理。

(三)实验与调查

实验或调查是学生制订计划、执行计划,并且解释实验研究(调查)结果的过程。研究关注回答具体的问题(如,是否本校大多数学生都支持法律规定的死刑),

---

[①] 刘伟."问题解决题"思维程序初探.中学物理,2011(8).

或者调查具体的研究假设(如,醒目的广告更易于人们长久地记住它)。实验或调查包含了发生在自然或者社会科学领域的广泛的研究活动,他们可以由学生个体执行,也可以由小组合作执行。

实验评价的是学生是否能合理运用所要检测的技能。可以评价学生是否掌握了合适的概念框架或理论,以及对研究现象的基于原理的阐释。评价后者,需要关注学生的文献资料质量、他们对研究问题的理解、他们如何设计研究、他们列举的问题和假设的质量、他们对数据间关联关系所提供的解释。通过实验或调查来进行评价,特别需要关注学生以下学习目标的达成:

1. 在收集数据之前做估算和预测;
2. 综合数据,分析数据,展示数据结果;
3. 得出结论,并引用收集到的合理资料来支持结论;
4. 陈述假想,确定方法或数据上可能的错误来源;
5. 有效地交流实验或调查结果。

(四)口头表达与角色扮演

口头表达要求学生以访谈、演讲或其他口头表述等方式来展现他们所掌握的相关知识,运用他们的口头表达技能。明确学习目标是口头表达特别要强调的一点。例如,在口语交际课中,许多学习目标关注的是表达的风格和交流技能,而不是内容的正确性。流利地讲一口外语是外语课程的重要目标,表现性评价的设计要紧紧围绕这一目标,而不是别的。演讲是口头表达的重要形式之一,而辩论是口头表达的另一种形式,辩论是双方学生就某个问题进行逻辑性辩解。

角色扮演将口头表达、展示与表演等综合在一起。学生把他们对小说或历史人物的理解通过角色扮演来展现人物的立场和性格。

(五)项目与课题

通过项目(课题),可以评价学生综合运用知识的能力。项目(课题)可以是学生独立完成的,也可以是合作完成的。

学生个人项目(课题):个人项目的结果可展示为:一个模型,一件科技作品,一个真实报告,或一项收集。下面是一些学生个人项目的例子:

1. 收集假期里的报纸杂志广告,并给他们分类;
2. 使用本学期所掌握的手工工具做一件小家具;
3. 用本单元所学的光学原理制作照相机的工作模型;
4. 收集和运用资料写一个研究报告,分析在初选时选民人数稀少的原因。

一个经过完整设计的项目,它要求学生应用并整合一系列的知识技能。举例来说,当学生写研究报告时,学生将应用资料搜索、文献引用等技能,列提纲,组织结构,计划报告,使用书面语言遣词造句,呈现以及展示他对主题的理解等。一个好的项目任务将促进学生思维的严谨性、创造性以及问题解决等多项能力。

小组项目(课题):小组项目要求两个或者两个以上的学生一起合作完成。将小组项目作为表现性评价的类型之一,主要是要评价学生是否能合作完成项目,形成高质量的成果。小组项目的评价目标取决于学科性质以及学生的水平。

链接5-4

中学历史课程中的一个小组项目

历史调查:最近几年,人们对哥伦布的历史角色颇有争议。他是一个英雄,还是一个恶霸呢?当我们去研究哥伦布时,我们会浏览一大堆由不同历史学家编写的充满了不同见解的资料。

合作小组至少选择两种资料来源,且这些资料都描述哥伦布发现新大陆这个事件,却相互有所冲突。讨论资料中的矛盾之处,找出历史学家秉持不同观点的原因。处理已获取的资料信息,说明冲突的根本原因所在,或者提供具体情节来澄清冲突。

小组成员向班级解释为什么历史学家报告同一件事情时,会有如此的区别。另外,还需要向班级同学提供解决冲突的方案。小组报告可以以剧本表演、小组讨论,或辩论等方式来展现。

项目为期三周。每周五由一位小组成员向大家报告过去一周的项目进程、任务解决过程中遇到的问题,以及下周的项目进展计划。

可从以下几个学习目标维度对每位小组成员进行评价。

▲社会学习内容

理解历史记录受历史学家观点的影响;

你对哥伦布发现和占领新大陆这一事件的看法。

▲复杂思考:历史调查

界定并解释历史事件的不确定性和冲突;

发展一种符合逻辑的方案,为历史事件的不确定性和冲突辩护。

▲有效交流

为不同的目的进行交流;

用不同的方法进行交流。

▲合作学习

与其他学生一起合作成功完成项目(课题);

为班级同学贡献好的想法,呈现搜索到的资料;

通过不同的活动,帮助组员一起成功完成项目(课题)。

资料来源:Student outcomes:Performance assessment using the dimensions of learning model(p.60)by Marzano, R. J., Pickering, D. & McTighe, J.(1993), Alexandria, VA: Association for Supervision and Curriculum Development.

兼顾小组和个人的项目(课题):在小组和个人结合的项目(课题)中,小组成员一起合作完成长期项目(课题),在项目(课题)结束后,个人准备好自己的报告,不得借助同组其他人的帮助。当项目(课题)复杂,并且要求几个学生在合理时间内展现合作能力来共同完成时,这种结合的方法就很有用。这个学习目标要求学生有能力准备最后的报告、自己解释结果等。在这种情境中评价学生,需要同时准备针对小组和个人的学习目标以及评分规则。

> **练习 5-2**
>
> 从你所熟悉的学科领域中，找出一些需要合作才能完成的项目。设计一个表现性任务，并开发相应的评分规则。

第二节　表现性任务的设计

表现性任务是表现性评价的核心要素之一，它是紧扣学习目标而设计的特定作业，旨在引发学生的表现行为，从而收集学生表现的证据，作为评价学生的依据。那么，如何根据选定的学习目标来开发表现性任务？更具体地说，开发表现性任务应遵循什么样的原则，采取怎样的步骤？什么样的表现性任务才是高质量的，有什么判断标准吗？

一、设计表现性任务的原则

高质量表现性任务的开发并非易事。由于表现性评价常用于评价比较高级的思维过程和学习目标，其复杂性决定了开发表现性任务很难有固定的模式、套路可循，它需要根据特定的评价目的、特定的学习目标，以及可利用的时间等因素来进行综合考虑。但由于有着某些共同的特征，表现性评价的开发还是有一些一般的原则是必须遵循的。

（一）与目标相匹配

表现性评价强调真实情境中知识和技能的运用；要求学生必须自己创造出问题解决方案（答案），或通过自己的行为表现来证明自己的学习过程和结果。因此，与表现性评价相匹配的学习结果也必然是那些居于课程核心的，具有情境性、复杂性并需要持久理解的目标。所设计的表现性任务必须与学习目标紧密相连，能够让学生展示目标中界定的要求。相反，表现性任务不应该涉及与学习目标没有联系的知识和技能。比如，测试学生的说话技能，就不应该选择让学生介绍一个很有难度的科学问题，因为这样做，对那些科学知识缺乏的学生是不合理的，因此也就不能真实反映学生的说话水平。

> **练习 5-3**
>
> 请根据下述表现性任务，分析这个任务旨在检测什么样的学习结果。
> 做小小记者：收集即将来临的一个演出的相关信息，在你观看演出时做相关的记录，并且采访其他出席演出的人员，收集他们的看法，然后撰写一个适合在报纸上发表的介绍演出情况的文章。

（二）进行知识的建构

表现性评价的初衷是要求学生应用已知知识来解决问题，从而展现出某种实作或表现能力。因此，表现性评价不能只引发学生的对错式思维，而要引发学生的批判性思考、问题解决等高层次的认知技能。这就要求表现性任务能为学生获取、建构新知识提供学习机会。

（三）综合应用各种知识、技能

表现性评价往往需要学生解决问题，解决问题则要求学生具备策略思维与知能。也就是说，表现性任务必须使得学生综合应用各种知识与策略，如陈述性知识与程序性知识，或一般的和具体的问题解决策略。

（四）展现出所要考察的表现过程与结果

表现性评价不但关注学生表现的过程，也关注学生表现的结果。表现性任务则是对学生提出完成任务过程与结果的设定，学生在这些过程与结果方面的具体表现就是评价的证据所在。

（五）任务应尽量真实并对学生有意义

相对于纸笔测试试题，表现性任务要尽量真实。这就要求表现性任务的背景、活动来自于生活，特别是学生熟悉的日常生活。同时，任务对学生是有意义的——让学生自己能真正参与到问题解决中。因此，开发有意义的任务，还必须是始终指向于学生的：

√ 选择一个对大部分学生都具有个人意义的情境或任务。

√ 将熟悉的内容和新颖的内容适当地结合，让学生感受到挑战。不要让你的任务使学生觉得很费力或是很陌生。

√ 选择那些与你所教学生的日常经验相符的情境或任务。

√ 选择那些要求学生应用他们在课外掌握的知识和技能的情境或任务。

√ 选择那些学生有能力将他们在课堂活动和样例中学到的知识和技能转化为相似的却对他们而言是新的情境或任务。

链接5-5

在科学课中评价实验室表现时综合使用各种技术

评价内容	评价指标举例	评价技术
关于实验程序的知识	描述相关程序；区分仪器和用途；批评有缺陷的实验。	纸笔测验；实验室区分测验。
设计实验的技能	计划并设计要执行的实验。	关注结果的表现性评价（核查表）。
实施实验的技能	选择仪器；安装仪器；进行实验。	关注过程的表现性评价（等级量表）。
观察和记录技能	描述所使用的程序；正确地进行测量；组织并记录结果。	表现性评价（分项评分与报告）。

（续表）

评价内容	评价指标举例	评价技术
解释结果的技能	发现有意义的关系； 确定数据中的缺陷； 得出有效的结论。	表现性评价和口头提问。
工作习惯	有效操作仪器； 迅速完成工作； 清扫实验现场。	关注过程的表现性评价（核查表）。

资料来源：[美]Linn, R. L. & Gronlund, N. E., 国家基础教育课程改革"促进教师发展与学生成长的评价研究"项目组译.教学中的测验与评价[M].北京：中国轻工业出版社,2003：199.

反思5-3

表现性任务检测的是高级的、复杂的学习结果，并且与生活紧密相连，对学生富有意义，那为什么在大规模评价中却不被重用？既然大规模评价中不常用，为什么却要强调在课堂评价中运用呢？

二、设计表现性任务的步骤

和任何其他评价方式一样，设计高质量的表现性任务可以遵循一定的步骤。它包括明确评价目的和目标，设置评价这些目标的任务，以及对学生的表现作出判断的标准和范例。

（一）明确评价目的和目标

在着手设计具体的评价任务之前，我们必须知道我们为什么要实施这个评价——谁将使用这个评价，以及如何使用。让学生完成任务是用来对学生的学习进行评价，还是为了促进学生的学习，或者兼而有之。明确评价目的对于表现性任务的设置是非常重要的，如果是对学生的学习进行评价，如为了问责，那么就不能事先告诉学生评价任务完成情况的具体标准及范例，因为学生将获得"答案"；如果是为了促进学生学习，则往往需要告诉学生评价标准并让他们理解这些标准，从而为学生自评提供标准参照。

评价目标决定了表现性任务的特性。评价目标的界定与具体化在第二章已经详述。在设置表现性任务之前，我们要明确评价目标的任务范围是什么，这个任务要检测一个目标还是多个目标。如果是多个目标，彼此之间的关系如何，其中哪个是核心目标等。只有清晰地界定了评价目标，并理清各目标之间的关系，才能明确任务要评的是什么。

（二）设置表现性任务和任务指导语

明确评价目的和目标之后，接着就要考虑设置表现性任务的具体事宜，并撰写任务指导语了。

任务结构。任务应该结构化还是非结构化？任务的哪个部分需要结构化，结构化需要到达什么程度？事实上，在一个极端，任务可能定义一个问题让学生来解决（结构化的）；在另一个极端，则可能要求学生自己来明确问题是什么（非结构化的或是定义不良的）。在这之间，我们可以给学生搭脚手架。脚手架是提供给学生的支持、指导和建议，可以建议学生如何解决问题，使用哪些书籍或资料，以及告诉他们最后作品的大致特征。这些建议和指导说明把结构加入了任务，因此，较少的支架意味着较少的结构。如果你的任务只用一个或两个程序或策略来表现或解决，那么就意味着任务有较好的结构。非结构化的选择意味着有更多正确的方法达到正确的答案或是完成作品。

任务数量。总的来说，任务数量越少，你能评价的目标就越少。在评价中，任务数量取决于几个因素：(1) 评价范围。将要运用的评价涵盖了多少教学内容——一个单元或是一节课？涵盖了一个单元中的多少内容？评价范围越广，需要的任务越多。(2) 评价目标的数量。复合的评价目标要求融合多种知识和能力，并可能需要更长的时间来表现。在这种情况下，实践限制了给学生这类任务的数量。但是，因为越多的时间花费在一个（最多几个）这样的任务上，信息的质量往往就越高。(3) 完成每项任务的时间。作为实践，在一堂课的时间中只需实施一些任务。决定一个学生完成一项任务需要多少时间，并将这些时间分成课的长度，来决定任务的最大数量。学生通常完成一项任务花费的时间比你预计的要多，安排任务时要考虑到这一点。(4) 所拥有的时间。任务的数量要根据所拥有时间的多少进行增加或缩减。(5) 需要的诊断性信息。如果需要大量的细节来诊断一个学生的学习问题，你应该制定能提供丰富信息的任务。这通常意味着更少的任务、更具体的表现，和更具体的反馈。如果评价是为了得到更多学生的诊断性信息，表现和评分的时间将会限制你，让你只能在每个学生身上使用较少的任务。(6) 可用的人力资源。

任务完成人数。学生在完成任务时，能否求助于同学、老师或专家？是独立完成，还是小组合作？评价目标指引着任务的构建。如果评价目标需要合作或协作学习（或使用其他基于小组的技能），就应该建立一个至少有部分需要使用小组活动的任务。

任务表现样式。有的评价目标具体说明了学生应该以多种方式交流他们的知识，用多种方法来解决一个问题，或是用许多方式来表达自己的思维。当然，我们不能随意地去决定采用什么样式，或者采用多种样式，而需要将表现样式与评价目标联系起来。如果主流、单一的样式不是很适合所有的学生，那么就应该使用替换性的样式来适应他们。但是，必须关注评价任务中的内容所指向的评价目标。比如，如果评价目标旨在通过书面语言进行交流，那么唱一首歌、用表情和行为来表达答案，或是画一幅画，就会不合适，尽管这些都是替换样式。但是，如果目标关注内容理解、思维技能和问题解决，书面报告不是表达能力表现的唯一方法，即使你希望大部分学生用书面语言来表达他们的问题解决策略。

完成任务时间。有些目标在较短的时间内就可以进行评价。比如，写一篇短文或一个说明，画一幅图，或是进行简单的实验。但是，许多目标需要学生完成一个长期的评价。例如，做一个观点调查并写成文章，建立一个城镇模型，为一个社区行动开发一个综合计划，往往需要一个月或者更多的时间，并且许多工作需要在课后完成。任务时间的限制一定要与目标相匹配,而不是与你自己的便利相匹配。

撰写任务指导语。为了让学生知道他们需要表现什么,必须告诉学生关于任务以及评分的内容。教师应当用简短的话描述评价任务,要说明完成任务所需要的思维过程。任务的措辞和指导语应该根据学生的学习水平而定,确保学生能理解你期望的反应是怎么样的。简要地说,这其实也就要求任务的表达方式要与考察目标相一致。林和格朗兰德总结了将任务呈现给学生时可能出现的一些障碍,包括模棱两可的陈述,啰唆,词汇过难,句式结构过于复杂,指导语不清楚,描述性材料含糊不清,种族、民族或性别歧视等,这些都是在开发任务的过程中需要避免的。[1]

(三) 制定任务的评价标准和范例

描述完任务之后,制定者还要开发评价学生完成特定任务质量的评价标准。它往往以评分规则的形式出现,直接告诉学生达成不同学习水平的各种表现。评分规则的开发在第二章已经详述,这里不再重复。此外,还需为评分规则中的水平表现配置范例,而且范例最好多于一个,以免所有学生都去模仿这个单一范例。这些范例可以从往届学生的作业中选取,也可以教师自编。

(四) 修改与完善

尽管系统的、仔细的开发程序可以减少任务的缺陷,但却不能完全避免错误的发生。许多在设计稿上看起来很好的任务和评价工具都可能是不成功的,因此,进行任务试验是非常重要的。否则,当你用评分规则对学生的表现进行评分时,错误就会变得尤其明显,但在此时,"修改"任务就已经太晚了。当然,在使用评价任务前,先进行试验对于课堂教师来说,几乎是不可能的。但是在使用评价任务前,让同事检查或修改开发好的任务,这是完全可能做得到的。其次,在使用完一个评价任务之后,运用所获得的任务中错误的相关信息来修订任务。随后,在下一次新的班级中重新运用修订后的任务,不断完善任务的质量。

练习 5-4

选择你熟悉的学科,选择一个或多个需要通过学生的"做"才能进行评价的学习目标,设计一项表现性任务。

评价目标:

表现性任务:

评分规则:

---

[1] [美]Linn, R. L. & Gronlund, N. E.,国家基础教育课程改革"促进教师发展与学生成长的评价研究"项目组译.教学中的测验与评价[M].北京:中国轻工业出版社,2003:81.

三、判断表现性任务质量的标准

表现性评价需要学生完成一定数量的富有意义的任务,而不是大量并不是很重要的任务。教师仅凭学生在有限任务中的表现来进行评价,因此,任务的质量就显得尤为重要。无论是教师自己开发表现性任务,还是根据需要从现成的表现性任务中进行选择,都需要清楚什么是高质量的表现性任务。

（一）指向明确

表现性任务必须指向所要评价的目标,要具体地表明相关期望,确保学生有机会展现出所期望具备的能力水平。如果目标本身很简单,设定的任务就应该能反映出这种简单性:如要测试小学二年级学生的口语表达技能,那么表达的话题就不应该是那些比较复杂的或是学生不熟悉的内容,因为这样就不能真实反映出他的口语表达水平。如果目标变复杂了,任务也要作出相应的调整:要评价学生写论文的能力,就要让他们把论文写出来。

在设计完表现性任务之后,我们要进行审查:(1)表现性任务是否要求学生提供那些与成就目标无关的证据?(2)表现性任务是否要求学生提供的证据仅仅局限于评价目标?

（二）表达清晰

被评价的学生都要能看得懂或听得懂任务的要求,这包括:指导语是清晰的吗?是否以可理解的方式呈现?哪些必要的提示缺失了?其次,任务表现的类型和要实现的目标要清楚地反映在评分规则中,并且容易理解。再次,要明确规定完成任务的条件,如时间限制。

（三）实施可行

实施可行是指任务在现实条件下能顺利实施:(1)有足够的时间和资料来完成这项任务。如教学时间或经费上如果是不允许的,那么表现性任务就缺乏实施的基础。又如,学生需要利用公共图书馆才能完成任务,而部分学生没机会进入,这也就缺乏实施任务的基础了。(2)任务要求不会对学生或其它人造成危险。(3)所有必要的资源都事先准备好了。(4)从结果来看,实施任务所付出的代价,如时间,是值得的。

（四）公平可信

任务对于所有学生都是公平的,成功完成任务并不需要依赖某种特定文化或语言背景。如果表现性任务使用了一些独特或特殊的知识,那些缺乏知识背景的学生将处于不利处境。如果有多个表现性任务可供学生选择,那么评价该种能力的标准就应是相同的,不然评价的信度难免会受到影响。另外,学生需在宽松、不影响其表现的环境下完成任务;对特定的学生,如有学习障碍者,应相应地调整任务的呈现方式或要求。

> 根据某一学科某一年级的某一目标,设计一项表现性任务,并解释这项表现性任务如何满足了表现性任务的质量标准。

练习 5-5

链接5-6

表现性任务质量标准

（一）目标相关性

学生会把评价的任务看成是课堂学习的一部分，还是看成能够得到分数的其他东西？你所评价的是你和学生都关注的任务吗？这些任务要求学生展示的是他们在课堂上学习并练习过的技能吗？

（二）试题难度

老师必须确定适合学生能力水平的最佳难度。任务必须是新的，但又是学生熟悉的类型，是学生练习过的，但又不是一模一样的。活动要有挑战性，但又必须是学生熟悉的内容。评价的目的是让学生展示他们在学习过程中发展的高级思维能力。如果任务解决的程序和内容难度太大，学生就难以展示他们的能力。

（三）多重目的性

解决真实世界的任务需要各种思维技能：分析、解释、评价、计划、回顾、清晰的表达和自我监控。对表现性评价来说，也是如此。虽然一个评价任务可以只评价一种能力，但如果在设计任务时同时兼顾多种能力会更好。复杂的活动会更加吸引学生。而且，表现性评价的设计耗费大量的时间，如果一次能达到多个目的，表现性评价的效率就更高。

（四）问题解决方式的多样性

表现性评价要求学生努力解决一个复杂的问题，但这个问题的解决方法却不是唯一的。学生必须选择解决问题的方式，并说明选择这些方式的理由是什么。学生有时候要自己去选择查找资料的方式（如向专家求助，查阅杂志、百科全书、报纸、科学刊物等）和呈现成果的方式（如录像带、磁带、辩论性文章、口头说明、图表展示、故事、对话等），这种方式能让学生感觉到对学习拥有自主权。而其中最关键的目的是能够将学生最大的优势和不足测量出来。

（五）自主学习

课堂学习一个最重要的结果，是学生对自己作为学习者的感觉如何。如果学生在同伴和老师仅仅提供一定协助的情况下，主要依靠自己的能力完成了一件复杂的任务，学生会有自我成就感。换句话说，当他们有权选择任务的类型、选择如何回答问题、有规划自己行为的灵活性时，他们的学习就会变得很主动。不要忘了，学生会把从生活中学到的各种陈述性知识和程序性知识用在解决具体任务的情境中，他们自动地存储和组织这些知识和策略。表现性评价任务要想促使学生应用这些知识，就要考虑给予他们学习的自主性。换句话说，表现性评价必须允许学生有一定的自主权，为学生展示他们的能力提供足够的时间和资源，允许他们和同伴或老师进行讨论。

（六）清楚的指导语

表现性评价任务应该是复杂的，要求高级思维参与其中，在真实的生活情境中测评多种能力，为达到测评的目的允许有较大的自由。但是，在评价过程中，所运用的指导语和对试题的描述应该既不出乎学生的意料，也不要留有漏洞，应是学生能够预料到的。学生或许需要苦苦思索如何完成这项任务，但是他们心里必须非常清楚最后的成果应该是什么。他们必须能够非常确切地知道在测评结束后，你希望他们上交给你的是什么东西。

资料来源：[美]Borich, G. D. & Tombari, M. L., 国家基础教育课程改革"促进教师发展与学生成长的评价研究"项目组译.中小学教育评价[M].北京：中国轻工业出版社,2003：191-193.

第三节　表现性评价的实施

表现性评价检测的是那些高级的、需要持久理解的目标，相对应地，其设计与实施也比较复杂，所需要的时间和精力也比较多。因此，我们在课堂中实施表现性评价的时候要特别谨慎。为了确保表现性评价在课堂教学中的实施质量，我们需要考虑以下几个方面的问题。

一、在设计教学活动之前设计表现性任务

很多教师都认为课堂时间不够，认为实施表现性评价需要花很多时间，在课堂上可操作性不强。也正是由于这种思想，只有表现性评价才能检测的那些核心目标很难在课堂上落实，充斥课堂的是那些只需短时间就能记忆的事实或零碎的知识，与此相对应的，也就是教师控制的课堂。那么，如何才能既省时又有效地实施表现性评价，让批判思维、问题解决策略等高级认知思维能真正在课堂中得到落实，让学生在课堂中活动起来，成为课堂的主人？

我们先来看一个八年级数学课堂教学活动的例子：请仿照已经学过的如掷硬币等有输赢概率的游戏，创造一种能和同学一起玩的简单游戏，使赢得游戏的概率不超过50%；和同学玩几分钟，记录你输赢的比例；把这个游戏介绍给全班同学，并和老师一起玩一次，证明你的预测。这样的活动是用来教授深层理解，还是用来评价深层理解？"它是教学，还是评价？二者都是——它是评价和教学互相结合的极佳样例。"[1]正如鲍里奇等人认为的那样，理想的表现性评价同时也是一项有效的教学活动[2]，它可以嵌入在课堂活动中，更理想的是在课堂上与课堂活动同时进行，彼此并没有什么区别，两者合为一体。如此，对于学生来说，既是参与学习活动，也是在完成评价任务。在完成表现性任务的过程中，学生要积极地投入这项学习活动，同时他们也展示了知识、技能、体能、态度、方法以及与他人的关系。

要实现表现性评价与教和学的统整，教师需要在设计教学活动之前设计表现性任务，也即"逆向设计"。具体的做法是：(1)在设计和教学一个单元或主题开始之前，罗列这个单元或主题的学习目标，然后选出这个单元或主题最关键的目标。之所以要在

---

[1] [美]Arter, J. & McTighe, J., 国家基础教育课程改革"促进教师发展与学生成长的评价研究"项目组译.课堂教学评分规则[M].北京：中国轻工业出版社,2005：13.
[2] [美]Borich, G. D. & Tombari, M. L., 国家基础教育课程改革"促进教师发展与学生成长的评价研究"项目组译.中小学教育评价[M].北京：中国轻工业出版社,2003：180.

反思 5-4　图 5-2 展示了将活动任务调整为评价任务的过程，这也是将评价任务和教学活动任务统整在一起的一种方法。结合前文所说的"逆向设计"，你会选择哪一种，为什么？

图 5-2　将活动任务调整为评价任务的过程

```
始于一项活动，你欲将该活动用作测量某一成就目标的评价任务。
          │
          ▼
   ┌─────────────┐         ┌─────────────┐      ┌─────────────┐
   │这一活动以它目 │   否    │改换该活动，  │      │根据需要改变  │
   │前的形式能否有├────────→│确保能为该   ├─────→│内容和情境，  │
   │效可靠地用来  │         │成就目标提   │      │以使任务既真  │
   │评价该成就指标 │         │供合适、足   │      │实，又有效。  │
   └──────┬──────┘         │够的证据。   │      └──────┬──────┘
          │是               └─────────────┘             │
          ▼                                              ▼
   ┌─────────────┐                              ┌─────────────┐
   │推导该成就目标│                              │是否有适合每  │   否   ┌─────────────┐
   │暗含的标准和  │                              │一位学生的适  ├───────→│添加作业要求， │
   │预定的任务。  │                              │当证据？      │        │以便为每一个  │
   └──────┬──────┘                              └──────┬──────┘        │学生提供相应  │
          │                                             │是              │成就目标的充  │
          │                                             ▼                │足证据。      │
          │                              ┌─────────────┐                └──────┬──────┘
          │              ┌─────────────┐ │对于每位学生， │                       │
          │              │更改任务或   │否│是否都有足够  │←──────────────────────┘
          │              │补充含其他   │←─┤的证据？      │
          │              │证据的任务。 │  └──────┬──────┘
          │              └──────┬──────┘         │是
          │                     │                ▼
          ▼                     │         ┌─────────────┐
   ┌─────────────┐              │         │根据需要，结合│
   │与该项成就目  │     否       │         │任务和目标的  │
   │标的联系是否  ├─────────────→│         │要求修订任务。│
   │足够清晰？    │              │         └──────┬──────┘
   └──────┬──────┘              │                │
          │是                    │                │
          ▼                     ▼                │
   ┌─────────────┐◀─────────────────────────────┘
   │结合任务和目标│
   │标准制定评分  │
   │规则。        │
   └──────┬──────┘
          │
          ▼
   ┌─────────────┐         ┌─────────────┐
   │证实设计：比  │         │这一反复的过程│  否
   │照设计的具体  ├────────→│是否产生了一个├──────┐
   │标准开展自我  │         │能测量设计者  │      │
   │评价（和同伴  │         │预测目标的任务│      │
   │评价）。      │         │？            │      │
   └─────────────┘         └─────────────┘      │
                                   ▲                │
                                   └────────────────┘
```

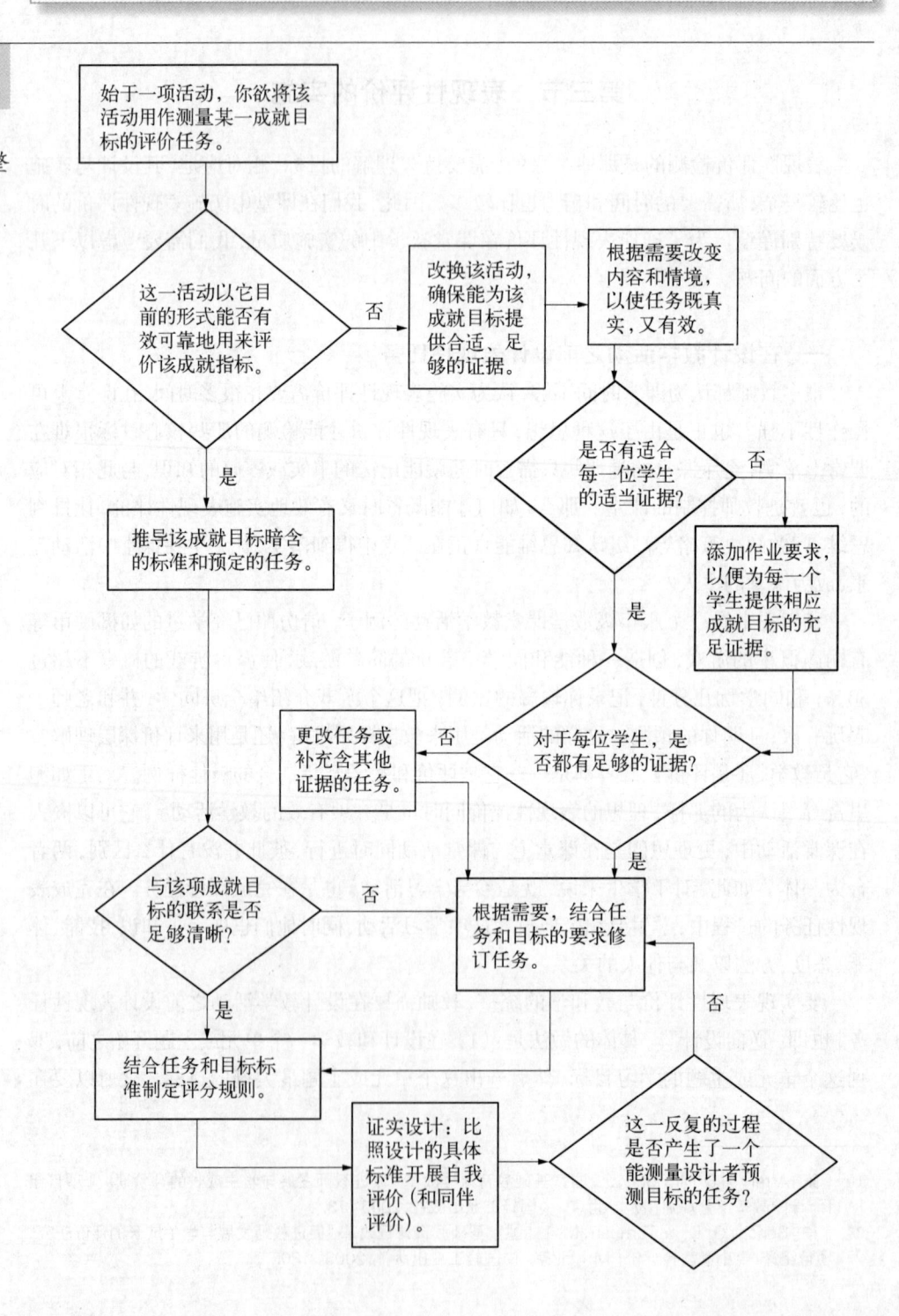

单元或主题开始设计之前就思考这个问题,是因为有些表现性任务是贯穿整个单元或主题的,是跨越很长时间的。(2)针对选定的关键目标设计表现性任务,开发评分规则。(3)将评价任务镶嵌在教学活动中,使其成为教学活动的一部分,这样就能确保表现性评价在课堂教学中的实施,同时也不占据额外的时间。

二、确信学生知道做什么、怎么做

和客观纸笔评价不同,表现性评价需要学生通过完成任务来展现自己的理解或技能。因此,我们要确信学生知道自己将要完成什么样的任务,任务有什么具体规定。

表现性任务比较复杂,尤其是具有挑战性的任务,需要学生经历实验、收集信息、形成假设、寻找策略和解决问题的过程。为了让学生能真正理解任务的要求,能表现出所要检测的目标的真实水平,还要给学生提供必要的指导。我们可以请学生用自己的话来表述他们所理解的任务是怎样的,来确定他们是否知道了要做什么。更进一步,我们向学生了解他们是否知道,为了完成任务需要具备什么样的基础知识和技能。只有学生理解了任务的要求,才可能有相应的表现。不然,我们就不能说我们评价了我们想要评价的东西。

三、帮助参与者理解评分规则

除了教师自己,学生是表现性评价的当然参与者。此外,根据评价的需要,有时候,我们还需要家长、社区成员或其他人参与。在实施表现性评价之前或过程之中,我们要帮助参与者理解评分规则。

帮助学生理解评分规则,一方面,是有助于他们理解任务。让学生事先知道多好才是足够好;将会从哪几个方面对自己的表现进行评价。理解这些内容,有助于把任务完成得更出色。另一方面,是为了更好地评价自己或同伴的表现。同伴互评的目的不仅是给被评价者提供建设性的反馈,而且能够使作为评价者的学生对任务的重要特征变得非常敏感。而自评和互评的前提,都是要透彻地理解评分规则。在这方面,教师可以做什么呢?(1)让学生有机会学习评分规则,在适当的时候给予解释和说明。如评分规则中定义所涉及的术语,尤其是要详细说明什么是合格的表现。(2)让学生参与评分规则的制订。如在作文课上,可以提供一篇写得好的文章和一篇写得不好的文章,请学生通过比较、讨论并确定优秀作文所具备的特征,再根据这些特征确定具体的评分规则。学生参与评分规则的制订,自然也就能更好地理解评分规则了。(3)尽可能地提供各个水平的表现样例。各个水平的表现样例,可以是教师模拟的,也可以是学生的作业,还可以是录像等形式。高水平的表现样例最好不止一个。(4)在教学中有意强调评分规则中的要求。

表现性评价具有真实情境性,与生活紧密相连,并且有的表现任务需要他人的帮助与合作来完成。有些时候,家长或社区就成了学生完成表现性任务的参与者。另一方面,家长本身具有了解孩子学业表现的强烈愿望,因此,教师需要帮助家长等参与者理解评分规则,确保他们能为学生的表现作出准确的判断,从而起到共同促进学生学习的作用。

四、观察并收集学生表现信息

表现性评价有的是评价任务的结果,有的是评价任务的过程,有的是兼而有之。如果要检测过程,那么就要对学生的表现进行细致的观察,并通过一定的手段尽量准确地收集学生的表现信息。

收集学生的表现信息,涉及以下几个方面的问题:谁参与收集,怎么收集,收集多少等。(1)收集信息的人员。表现性评价用作课堂中的形成性评价,一般由任课教师和(或)学生收集信息。根据时间等资源的可利用情况,一般将学生分成小组,由同一小组的同学进行表现信息的收集。教师可以观察一组学生或是抽取几个代表学生的表现。有些表现性评价需要学生自己收集和记录自己的表现,为自己的最佳表现提供证据。表现性评价如果用于终结性评价,那一般需要多个评价者对被测者进行表现信息的收集。事实上,这在平时许多学生的竞赛活动中也很常见,往往由多个评委来观察和收集学生的活动表现。(2)收集信息的手段。在平时的课堂教学中,我们一般都用肉眼去观察学生的活动表现,然后根据评分规则的要求,做好相应的记录。然而,在信息技术越来越发达的今天,我们应当考虑用信息技术来帮助我们收集和记录信息。即便是课堂中的形成性评价,反复观察记录下来的表现也常常能帮助学生改进行为。如用电子手段记录下来的表现在体育、演讲、音乐等学科领域有着非常大的应用潜力。而在终结性评价中,用电子手段来收集和记录评价信息就更加值得提倡了。如果做了电子记录,由多个评价者进行判断,所得出的结论就比较公正了。而且,由于评分比较方便,每个评分者可以在行为结束后继续进行评分工作。(3)收集信息的数量。教师实施表现性评价时,应考虑需要获得多少信息才能作出适切的决策。有些表现或作品仅需要观察一次就可收集到足够的信息,有些表现或作品则需较多次的观察。如即席演讲,可能因学生情绪或抽选的主题不同而导致很大的差异,因此,应尽可能评价两次及以上。通常情况下,学生单一表现较难提供真实成就的可信指标,如果要确定学生表现或作品是否精确,宜尽量用多重观察。如果不同观察产生相似表现,则教师会比较有信心以此来作决策。如果观察的表现呈现出不一致性,教师则应收集更多信息。

链接5-7

在教室中实施表现性评价的建议

一、提供真实的问题情境。包括仿真的情境,或者是实际操作的真实情境。其用意可以让教师了解学生在多元化的信息之中,是否具备处理实际问题的能力。也可以增加学生的学习兴趣,以提高其学习动机,减轻学习焦虑。

二、能力展现的过程。无论是操作观察,或行之于纸笔写作,学生的诸般解题能力必须于评量过程中展现,其中应尽可能强调高阶思考能力、合作省思能力与创造力的展现。学生可以根据问题的情境,透过正确的推理过程,设想自己认为有道理的答案,并以数学语言或科学化的论证方式(依观察所得的现象或实验的资料)将结果表达出来。教师可以尽量透过下列问题叙述随时评量学生的能力："请问你是怎么获得答案的？""请说明你获得答案的过程。""请问你认为可能的原因是什么？"或是"你认为哪一种说法是正确的？请解释你在每一步骤的想法。""请你提供几点建议，以供……"，以及"采用你观察的结果来支持你的解释"等诸如此类的语句。甚至，教师在课堂上可以问学生，或刺激学生问些类似下列的问题："有没有一样的答案，但是不同的解法？""你能不能说服其它人那个是有意义的？""你为什么这样想？""你能不能举个反例？""这个方法是否永远有效？""如果……，会如何？如果不是……，会如何？""对于解这个问题，以前有没有学过可以用得上的概念？"

三、分组合作学习。尽可能提供学生分组活动的机会，以使学生培养互助合作的精神以及与他人进行良好沟通的能力，适时表达自己的意见并尊重他人的意见，迅速搜集所需资料，训练个人在团体中的领导与被领导能力。此外，对教师而言，可以促进师生间的互动，利用同侪辅导减轻负担，培养班级各类人才，并进行各类情意目标的评量。

四、多元、弹性的评量方式。除了操作观察、提问之外，日记、档案历程记录等可以真实反映学生能力的方式，皆可交替使用。可以多种方法搜集学生的学习现象，帮助教师进行教学决策的工作。

五、让学生自行建构学科知识及解题结果的可能性。在评量作业中，学生可以自行建构答案的各种可能性。此外，也可以经由评量的过程建构学科知识。

六、完善的评分标准。实作评量作业的完整性取决于完善的评分标准，评分标准不仅可以提供学生一个能力的规范，也是结果诠释与运用的重要依据。由良好的评分标准所构成完善的评量，其实就等于一套好的教学。

资料来源：张敏雪. 教室内的实作评量[EB/OL]. awk. caes. tpc. edu. tw/sci_edu/sci_assessment/.

进一步阅读的文献：

1. [美]Borich, G. D. & Tombari, M. L.，国家基础教育课程改革"促进教师发展与学生成长的评价研究"项目组译. 中小学教育评价[M]. 北京：中国轻工业出版社，2003.

2. [美]Linn, R. L. & Gronlund, N. E.，国家基础教育课程改革"促进教师发展与学生成长的评价研究"项目组译. 教学中的测验与评价[M]. 北京：中国轻工业出版社，2003.

3. 李坤崇. 多元化教学评量[M]. 台北：心理出版社，1999.

4. Stiggins, R. J. *Student centered classroom assessment.* 2ed[M]. Upper Saddle River, NJ: Prentice Hall, 1997.

5. Winggins, G. *Assessing Student Performance: Exploring the Purpose and Limits of Testing*[M]. Jossey-Bass, 1993.

6. Marano, R. J., Pickering, D. & McTighe, J. Assessing Student Outcomes: Performance Assessment Using the Dimensions of Learning Model. 1993.

第六章

交流式评价

导读

　　作为学生，你是否有这样的经验：你的老师只是简单地通过与你的交谈而了解你的学习情况？作为教师，你一定有这样的经验：通过与学生的交谈，比较正式的如课堂中的提问，很不正式的如在走廊上随便聊几句，或者通过对学生之间的讨论交流的观察，而收集到关于学生学习的信息。

　　对了，收集信息不一定非得靠书面作业的方式，这种通过与学生交流或对学生交流进行观察，从而收集信息的方法，可称为交流式评价。

本章首先对作为评价方法的一个类别的交流式评价作一个整体的介绍，然后着重探讨课堂层面交流式评价的最重要的方式——课堂提问，以及在任何交流式评价中都不可或缺的课堂观察。当然，教师在课堂层面对学生的观察也可以作为一种评价方法独立存在。主要内容包括：

第一节　交流式评价概述；
第二节　课堂提问；
第三节　课堂观察。

通过本章的学习，您将能够：

1. 了解交流式评价及其适用情境；
2. 掌握作为一种评价方法的课堂提问技术，能够分析实践中提问所存在的问题；
3. 掌握多种系统化的课堂观察方法。

第一节　交流式评价概述

如果将评价视为信息收集，那你可能会认为：干嘛要搞得那么复杂？我在平常上课过程中甚至在课外与学生的交谈中就在收集信息。没错，这些收集学生学习信息的做法正是评价方法的一类。

一、什么是交流式评价

顾名思义，交流式评价是教师通过与学生的交流活动来收集关于学生学习信息的方法。交流总是涉及到信息的传递和交换，真正的交流必然基于信息的收集，因此，交流的参与者必然会收集到相应的信息，教师也必然会在与学生的交流过程中了解学生的一些学习情况。但是，在大多数情况下，教师可能没有很强的意识运用这种手段来收集信息，比如，很多课堂中教师给予学生的问题经常没有意义，很多教师在学生回答问题时经常在做自己的事而没有认真去倾听，很多教师将提问视为课堂活动的一个机械成分，未能有意识地根据学生的回答来调整自己的教学。同时，有些教师可能会运用这种方式来收集信息，但认为通过这种方式收集到的信息不可靠，至少比不上运用纸笔测验收集到的信息来得可靠。

其实，交流式评价可以成为收集学生学习信息的一种有效的方法，如果运用得当，所收集的信息也可以是相当可靠的。只要用于判断学生表现的学习目标和准则是准确的、清楚的，通过个人交流收集的信息就可以用于为学生提供描述性反馈，用于教学设计、学生反思以及目标制定。甚至，如果有很好的规划和系统的记录，从交流式评价中获得的信息也可以用作对学生正式评价的基础。

在交流式评价中有两个核心的成分。第一个是学生的表达。交流式评价实质上是从学生的表达中收集相关信息的。没有学生的表达，教师就不能收集信息；学生的表达越充分，教师所收集的信息就越充分。这里所说的表达主要是学生的口头表达，但也不限于口头语言，学生在交流中的表情、姿态，同样能够传递信息，至少能够为语言提供一些补充性的信息。有些表达是自然发生的，而有些表达则是教师有意识地引发的。无论在哪种表达中，教师都能够收集到信息，只是教师专门从为收集信息而引发的表达中收集到的信息更符合教师的特定需求。

> **链接6-1**
>
> 在所有的教学中，都进行着最广义的对话，不管哪一种教学方式占支配地位，相互作用的对话都是优秀教学的一种本质性标识。教学原本就是形形色色的对话，具有对话的性格。
>
> 资料来源：http://baike.baidu.com/view/6112553.htm.

交流式评价的第二个核心成分是教师的观察。学生在表达，如果教师没有去观察，那么教师就不可能从中获得什么信息；没有有意识、有目的的观察，就不能获得对自己的教学和学生的学习有用的信息。这里的"观察"是从其广义上来说的，即运用感官对刺激物进行有目的、有计划的感知，而不局限于"看"。事实上，交流式评价中教师的观察主要表现为"听"，当然也需要"看"。

相较于其他类型的评价方法，交流式评价至少有以下几个方面的好处：首先，交流式评价不需要安排专门的时间，能够直接镶嵌于日常教学过程之中，与日常教学活动的结合非常紧密。无论是提问之类的课堂交流活动，还是学生之间的讨论交流，或者是课余的交流，都可以在活动过程中实施。可以说，交流式评价是体现"教—学—评"一体化的典型。其次，交流式评价可以实施得相当正式，比如有些以表达能力为核心目标的科目中实施的口试。但大部分交流式评价都是在自然情境中实施的，比如学生参与交流活动，教师可以不着痕迹地进行观察，从而收集到更加真实的信息。第三，交流式评价的实施相对简单，教师只需要设计能够引发学生表达的任务即可，而不需要像纸笔测验那样设计众多试题，也不需要像表现性评价那样设计比较复杂的评价任务并设计完整的评分规则，且不必像档案袋评价那样需要学生花很多时间。最重要的是，交流式评价不仅可以即时实施、即时反馈，而且可以即时调整——教师可以运用交流式评价即时发现学生的问题，即时就所发现的问题提出新的问题，这使得评价直接成为教学决策的基础。

> **练习6-1**
>
> 请和同伴讨论：课堂中的观察或提问一定属于交流式评价吗？如果是，请给出你的理由；如果不是，也请给出你的理由。

二、交流式评价的适用情境

交流式评价是一种适用范围很广的评价方法，如果仅从评价目标或内容角度考察，几乎所有可以用纸笔测验方式来评价的内容，以及相当一部分以文字表达为主体的表现性任务,都可以借助于交流式评价来评价。从适用的目标类型或层级来讲,交流式评价也适用于各种类型、各个层级的目标的评价。但这种评价方法在评价学生的比较、推理、分析、评价等能力上更有优势,有经验的教师可以借助于这种方法,通过提问、追问等方式,深入了解学生思考和分析问题的思维过程。而这种了解的深入程度是其他评价方法所难以企及的。

尽管交流式评价适用的目标比较多,但并不是所有的目标都适合于运用交流式评价的。在考虑使用交流式评价时,如同我们在第三章中所了解的,首要的考虑还是评价方法与评价目标的匹配性,即所要评价的目标是否适用交流式评价。

链接6-2

交流式评价的适用目标

要评价的目标	交流式评价
知识和观点	可以提问,评估回答,然后推断掌握情况,但很耗时。
推理能力	可以让学生出声思考,或者提出后续问题。
表现性技能	是考察口头表达能力的有效方式,也可以评价对技能表现所需基础知识的掌握情况。
创建成果的能力	可以评价合格成果的程序性知识和特征知识,但不能评价成果本身的质量。
情感倾向	可以与学生交流他们的感受。

资料来源:[美]Stiggins, R. J.,国家基础教育课程改革"促进教师发展和学生成长的评价研究"项目组译.促进学习的学生参与式课堂评价[M].北京:中国轻工业出版社,2005:207.

另外,某种评价目标的确可以用交流式评价来评价,并不意味着我们一定要运用交流式评价,我们还必须考虑其它的一些相关的因素。比如,知识层面的目标,可以用纸笔测验,也可以用交流式评价,选择哪种方法就可能涉及其它一些情境性条件。比如,参与评价的学生数,如果参与评价的学生数不大,交流式评价是可以操作的,但如果学生数比较多,交流式评价恐怕就不适用了,因为对不同学生个体的交流式评价难以同时实施。尤其是当所要检测的知识是开放性程度比较低的事实性知识时,面对比较多的学生,在课堂中实施的交流式评价就没有意义。想想,要在课堂中让多个学生回答"中国的首都在哪里",有意义吗?

必须注意的是,课堂交流很普遍,似乎实施要求也不高,但交流式评价并不像想象的那么简单,尤其当教师想运用交流式评价获得关于学生学习的准确的信息时。若想运用交流式评价获得准确的信息,教师就应当注意:

首先,交流式评价通常是在公开情境中实施的,相比较于纸笔测验的情境,学生更易受公开情境的负面影响。因此,在交流式评价中,一个安全的氛围就非常重要了,要让学生清楚地意识到,以不同的速度来学习和进步是很正常的。在这样的一种氛围中,学生可以安全地犯错,不会因犯错而受到公开的羞辱。只有在这样的氛围中交流,学生才更可能充分且诚实地展示自己所学,不会去回避、掩饰自己的错误,也不会去猜测并迎合教师的意思，教师才能收集到准确的信息。

其次，学生在交流情境中的表现受到更多因素的制约。在纸笔测验中，除了评价所要检测的知识和能力外，学生表现的主要制约因素或许就是学生的书写能力和书面表达能力，但在交流中，除口头语言能力以外，学生的表现还很容易受到自己的个性因素以及环境因素的影响。比如，内向的、腼腆的、害羞的学生在这种评价中的表现通常会比在其他评价中的表现更差一些，这种表现显然与其实际的成就水平没有关系。因此，若运用交流式评价，教师还需要将直接观察到的与学生的个性特征联系起来才能确定学生真实的学习状况。又比如，教师微笑、皱眉等细微的表情动作，其他同学的插话，课堂中的声响等具有很强偶然性的因素都会影响到学生的表达，从而影响教师所收集的信息的准确性。

第三，交流式评价容易受到学生语言表达方式的影响。相对而言，教师与学生在口头表达方式上的差异一定比书面表达上的差异更大一些，因为学生的书面表达方式更多地受到教师的影响，而口头表达的影响因素则要复杂得多；学生的口头表达中也可能更多地运用日常概念、流行词汇等，教师就需要准确地理解学生的表达，才能收集到准确的信息。

第四，抽样在交流式评价中尤其重要。一方面，教师提什么问题，要求学生讨论什么话题，都涉及到抽样问题，即教师需要在众多问题中选择适当的问题或讨论主题。如果问题或讨论主题选择不当，那就可能引发不了教师期望看到的心理加工活动。课堂中能提的问题或可以安排的讨论话题总比一张试卷中能够容纳的问题少，因此，准确抽样的要求也就更高。另一方面，对回答问题的学生的选择也涉及到抽样问题，课堂中的交流式评价通常是个人化的，比如提问，教师若要了解学生总体的学习情况，就必须选择有代表性的样本，只选择举手的学生或印象中较好的学生来回答，就是抽样不当，教师无法从这些学生的回答中作出关于学生总体学习情况的准确推论。

第五，交流式评价所收集到的信息通常不会以有形结果的方式呈现。说过的经常即刻消散在空气之中，相应的信息通常只储存在教师的头脑中，而且储存的时间极为有限，课堂活动的高节奏也使得这些信息难以进入教师的长时记忆之中。如果这些信息只供即刻实施的决策所用，那么这些信息不需要专门的记录；但如果教师希望在更长的时间之后运用这些信息，那么适当的记录就非常必要了。

练习 6-2　请你用自己的话简要地向同伴解释交流式评价的适用情境，包括交流式评价适用于什么样的学习目标，交流式评价需要怎么样的情境支持等。

三、交流式评价的种类

从交流的宽泛意义来看，纸笔测验、档案袋评价，以及相当一部分表现性评价都可以归到交流式评价之中，因为在这些评价方法中都涉及到教师和学生之间的交流对话，当然主要的是书面文字的交流。但在本章中，我们将交流局限于面对面情境中以口头语言为主要方式的交流，所谓的交流式评价也特指运用口头语言形式的交流来收集信息的方法。而从课堂层面的交流来看,大致涉及到两种类型的交流,一是教师和学生之间的交流,二是学生与学生之间的交流。前者包括了课堂提问、口头测验、面谈等,后者主要是学生之间的讨论。交流式评价自然也包括了课堂提问、口头测验、面谈,以及课堂讨论等。不过,我们并不打算介绍交流式评价的所有具体种类,我们着重介绍的是课堂提问,以及在所有的交流式评价中都非常关键的观察行为。

第二节 课堂提问

提问是一种日常的教学行为,可以发挥多方面的功能。教师使用提问,可以帮助学生回顾知识、核查学生的理解情况、激发学生的批评性思维、鼓励创造性、强调要点、监控课堂活动和处理课堂问题行为、鼓励讨论等。其中的重要功能之一,是课堂提问的评价功能,即运用直接向学生提出问题的方式来引发学生的心理加工活动或反应,通过观察获得教师所期望获得的信息。课堂提问总是会涉及到问什么,怎么问的问题,教师若想运用提问收集准确的信息,就必须以正确的方式问正确的问题。

一、提什么问题?

关于问题的类型有很多分类,但很多系统都是基于布鲁姆在教育目标分类学中提出的认知层次:知道、理解、应用、分类、综合、评价。另外一个比较简单的分类,是把问题分为高层次认知的问题和低层次认知的问题。低层次认知的问题是那些只让学生对教师教过或自己阅读过的材料进行回忆的问题,可以是完全按照原文,也可以用自己的话。低层次认知的问题也叫作事实性问题、封闭性问题、直接的问题、回忆性问题,或知识性问题。高层次认知的问题要求学生对给出的信息能进行心智上的操作来形成一个答案,或使用有逻辑的证据来支持一个答案。高层次问题一般也叫作开放性问题、解释性问题、评价性问题、探究性问题或综合性问题。当然,这种分类和布鲁姆分类学也是有关的,一般来说,低层次认知的问题一般对应布鲁姆分类学中的知识、理解和简单应用;高层次认知的问题一般对应布鲁姆分类学中的复杂应用、分析、综合、评价。

问题分类的观点 链接6-3

提出者	分类观点
布鲁姆(Bloom, B., 1956)	知识性问题、理解性问题、应用性问题、分析性问题、综合性问题、评价性问题。
塞德勒(Sanders, N.M., 1966)	记忆性问题、转换性问题、解释性问题、应用性问题、分析性问题、综合性问题、评价性问题。
塔巴(Taba, H., 1967)	概念形式的问题、解释概念的问题、应用概念的问题。

赫伯(Herber, H.L., 1978)	字面性理解的问题、解释性理解的问题、应用性理解的问题。
凯瑟(Kaiser, A., 1979)	开放性的问题、封闭性的问题、提示性的问题、修饰性的问题
史密斯(Smith, R., 1969)	会聚性的问题、发散性的问题
海曼(Hyman, R.T., 1979)	定义性的问题、经验性的问题、评价性的问题、抽象的问题

资料来源：Blosser, P. E. (2000) *How to ask the right questions*. The National Science Teachers Association.

作为一种评价方法的课堂提问，应该问何种类型的问题？显然，这取决于教师想知道什么。而一个优秀的教师想知道的最重要的信息，必然是学生是否产生了期望的学习结果，也即是否达成了预期的学习目标。由此而言，提什么问题，应该取决于目标——注意到没有？上一链接中关于问题的分类大多数都是从目标角度来分的。这是我们在前面反复强调的选择评价方法的一条最重要的原则。

链接6-4 引发推理过程的问题

评价目标	可用的问题
分析	＿＿＿＿的各部分是如何共同起作用的？ 如何把＿＿＿＿分解成不同的部分？ ＿＿＿＿的成分有哪一些？ 在＿＿＿＿中，有效的成分包括了什么？
综合	根据你对＿＿＿＿和＿＿＿＿的了解，如果你＿＿＿＿，会怎么样？ 你需要把哪两种来源的知识结合起来才能解决这个问题？
比较	这些事物有何异同？ 确定＿＿＿＿和＿＿＿＿之间的相同点（不同点）。 这一点和那一点是如何对应的？
归类	下面这些事物应归入哪一类？ 对下列事物进行归类，并确定类别的名称。 把每一项与它对应的类别进行连线。
归纳和演绎	如果满足这些条件，结果会怎样？ 根据你对＿＿＿＿的认识，解决这个问题。 ＿＿＿＿的结果会是什么？ 这个故事的主要观点或主要线索是什么？
评估	陈述你对这一事件的看法，并说明理由。 你认为这是一件高质量的作品吗？为什么？ 证明或反驳＿＿＿＿。

要确定问什么问题,教师首先得明确自己的教学目标和学生的学习目标,然后就像在教学设计中要做的那样,将目标转化成基本问题(essential question),并进一步将基本问题转化成系列化的具体问题。这些问题就成为作为评价方法的课堂提问中要高度关注的问题。

> **练习 6-3**
> 确定一个具体的内容,就"分析"、"综合"、"比较"、"归类"、"演绎"等目标各设计一个问题。

> **反思 6-1**
> 我在一个新课题开始时就向学生提出问题了。显然我不是想了解学生达成预期目标的状况,而是想了解学生关于这一主题的知识背景和相关经验。此时的问题还要根据目标来确定吗?提供你的答案,并给自己一个理由。

二、怎么提问?

教师能否通过提问获得所要获得的信息,不仅与所提的问题高度相关,而且与教师的提问方式直接相关。比如,教师提问时指向不明,学生就可能无法了解教师的准确意思,也就无法产生教师所期望的反应;又比如,教师在提出问题之后没有给学生足够的思考时间,那么学生回答时呈现的信息很可能是不真实的。

一个完整的提问过程简单看似乎就是由"教师问"和"学生答"这两个环节构成的,其实不然。提问过程并非那么简单,通常它由发问、候答、叫答和理答四个环节构成。教师在这四个不同环节上的不同做法都会直接影响所收集的信息的可靠性。以下关于如何提问的要求就是针对这四个环节提出的。

(一) 发问

发问环节最重要的一个要求就是提出正确的问题,也即与目标相匹配的问题。这一点已在上面的内容中强调过,但我们还是要重复一下。除此之外,教师需要:

1. 多运用高层次的问题

尽管学习的目标是多层次的,因此低层次的问题在课堂提问中也是必要的,但低层次问题在旨在评价的课堂提问中并不合适。最重要的就是,低层次问题在课堂提问中无法对多个学生重复提问,因为在课堂提问中,学生的回答能为全班同学所听到,所以只有唯一答案的低层次问题,就无法重复提,除非前一个学生答错了。这样,提问过程中所抽取的学生样本就严重不足,就无法根据学生个体的回答确定学生总体的掌握情况。

运用高层次的问题,尤其是开放性的问题,能够有效避免这种抽样上的缺陷。开放性的问题可以重复提,能够保证一定的样本数,因而也能够更好地保证所收集的信息的准确性,以及从所收集的信息作出的推论的可靠性。

2. 问题要清楚明确

"对于这一点,你有什么想法?"许多教师可能会在课堂中提出类似的问题。如果这是一个需要你来回答的问题,你将如何回答?恐怕你会要求我来澄清这一问题:这一点?哪一点啊?想法?是认识,还是感受?要作判断,或者说明怎么作,还是要说明理由?如果教师提的问题模糊不清,没有明确的指向,学生就可能无所适从,而不会产生适当的反应。当学生要去猜测问题的含义时,就更可能保持沉默,而不会产生你所期望的思考。

清楚明确的问题首先需要有确定的指向,要让学生明白回答什么,至少要明白朝哪个方向回答。如果指向不明,那么就很可能得不到期望的回答,因此也收集不到所需的信息,也会浪费宝贵的课堂教学时间。比如,一个教师在黑板上呈现了本课所学的一个生字"已",然后提出一个问题,"这个字和哪个字不同啊?"你想学生可能会怎么回答?

问题清楚明确是指学生要清楚明确。教师也会关注自己问题的清晰性和明确性,但有时教师可能觉得自己的问题指向明确,表述清楚准确,而学生却依然一头雾水。问题就在于,教师自己明确并不意味着学生也很明确。比如,有时教师因为上下文的语境而对问题作了简略的表述,那些因为经验欠缺而未能理解上文语境的学生就很难理解问题了;或者教师在问题中运用了目标所要求掌握的一些新概念或者学生完全陌生的词汇,教师自己非常清楚,但学生则可能完全不理解。同样,如果教师用一个比较复杂的句子结构来表述问题,或者在提问之前用很长一段话来作铺垫,都可能导致学生难以理解问题。

链接6-5

教师提出问题能力的自我评价

我的问题:
√ 显得清晰且切中要害,使学生有能力去思考各种可能性吗?(清晰)
√ 提供了足够的细节以使得每位学生都明了我在问什么吗?(准确)
√ 是以有条理的方式出现的吗?论点与论点之间的联系正确吗?(逻辑性)
√ 是否一直针对主要目标并与其保持一致?(相关)
√ 是否鼓励学生对其准确性和正确性进行检查?(精准)
√ 是否引出了最重要的论点或概念?(意义)
√ 是否容许学生深思,鼓励他们对复杂的问题进行更加深入的思考?(深度)
√ 是否足够开放,没有显示出对某个或另外的观点有所偏见?(公平)

资料来源:[美]Andi Stix, A. & Hrbek, F., 屈书杰译.有效的课堂指导手册[M].北京:教育科学出版社,2008:21.

(二)候答

所谓候答,即教师在提出问题之后的等待时间。在候答环节,教师必须注意的主要就是要保证不在提出问题之后就要求学生即刻作答,或者自己马上作答。尤其是用一些高层次的问题检测高层次目标的达成情况时,候答特别重要。学生总是需要时间去进行高层次的心理加工活动的,在获得自己的答案之后还需要时间去组织自己的答案。如果教师提问没有候答,那学生就可能难以回答,或者难以很好地回答。此时教师所收集的信息完全可能是错误的,因为学生实际上能回答,实际上已经达成预期的目标,只是因为时间不足而无法表现而已。而且,候答时间的缺失还可能会影响学生作答的态度,当他们发现教师在某个同学不能作答时马上转向另一个学生,或者一发现没人作答时就马上自己回答,他们就可能会觉得,老师其实并不是真的想让我们回答,于是就不再尝试去思考了。想想,如果学生在考试时认为,教师并不关心他能否做这些题目,那么就可能对考试无所谓了,教师也就难以从考试中得到关于学生学习情况的真实信息了。

(三)叫答

叫答就是指定回答的学生。在大多数情况下,教师会在提出问题之后指定回答的学生。这种叫答从评价角度来讲就是一种抽样,因为教师不可能提问所有的学生,教师必须从个别或少数学生的回答中推断出班级总体的学习情况。如果抽样不当,那么教师获得的信息就可能发生偏差。比如,许多教师习惯于让举手的同学回答,甚至会在举手的同学中挑选那些一直表现得比较好的同学来作答,从评价抽样角度来讲这是明显不合适的,除非教师的目的就是需要有学生的回答来填补课堂时间,或者只是想了解那些学生的学习情况。

在一般情况下,提问叫答应当随机,因为很有规律性的叫答会给相当一部分学生不思考的机会。但从评价收集信息角度讲,叫答还不能完全随机,相反,应当有一定的选择性。这种选择应当根据抽样的原则来实施,教师要结合对学生的原有印象和课堂中的观察,借助于分层抽样来确定叫答的对象,即在叫答的对象中,好、中、差的学生比例应当基本符合班级学生的总体构成情况。

(四)理答

所谓理答,即教师对学生回答的回应。在很多时候,理答就表现为反馈。但理答不只是反馈,不只是所收集的信息的运用。如果理答用得好,还能获得一般的提问所难以获得的深层次的信息。

1. 认真倾听学生的回答

认真倾听学生的回答是良好理答的关键前提。有些教师在学生回答问题时处理其他的事,似乎要抓住这一不用自己讲的机会来处理一些事。比如正好忘了下面要讲什么了,就提个问题让学生回答,自己看看教案;有些教师在学生回答时心不在焉,似乎将学生回答的时间当作自己难得的休闲时刻。如果这样,教师就不可能从学生的回答中获取信息。更糟糕的是,在这种情况下,学生会逐渐失去回答问题的积极性,因此在必须回答时也就可能敷衍应付,不能完全展示自己所学,导致教师收集到不可靠的信息。

2. 避免急于判断学生的回答

对学生的回答作出判断之类的评价性反馈是理答的一种方式,但是理答不能简单地化为这种判断性的反馈。如果教师给出判断性的评论,即使是正面的回答,比如"很好",也会对学生的表现有负面影响。当教师给出"对"、"好的"、"差不多"的判断的时候，其他学生会自行推理："老师说这个答案是好的，但我要说的跟这个答案不一样，那证明我要说的是不好的，那我还是不说为好。"即使要作出评价性反馈，也不能太快。尽管许多研究都强调"及时反馈"，但必须注意，"及时反馈"不是"即时反馈"。实际上，同样有研究指出，在学生回答之后到教师给出回应之间还应当有等待时间——候答被称为"等待时间Ⅰ"，而这一等待时间被称为"等待时间Ⅱ"。太快给予回应，可能会使学生丧失自我调整的机会，这就好像考试时学生如果没有时间来检查、修正自己的答题，结果就不能反映真实的学习情况一样。

其实，作为课堂评价的一种方法的课堂提问不应强调对学生回答的判断，更重要的是从学生的回答中发现问题。就此而言，在课堂提问中对错误或不确切的回答的关注比对正确答案的关注更有价值，教师不能以获得正确回答为提问的目标。

链接6-6

罗（Rowe, M. B.）认为，提问中存在两类等待时间，一是等待时间Ⅰ，即教师提问后，学生回答前；二是等待时间Ⅱ，即学生回答后，教师回应前。当教师把两类等待时间都延长至3秒以上时，会有如下的现象发生：
- 学生的回答会变长；
- 没有提问到，但适当的答案数目会增多；
- 不回答问题的现象减少；
- 学生的自信会增强；
- 揣摩性的思考增多；
- 教师为中心的告诉减少，学生之间的答案对比增多；
- 推理以及基于证据的推理数目增多；
- 学生提出的问题增多；
- 学习较慢的学生的贡献增多；
- 纪律性的问题减少。

资料来源：Rowe, M. B.(1987) Using wait time to stimulate inquiry. In Wilen, W. W. (Ed.), Questions, questioning techniques, and effective teaching (pp.95–106). Washington, D. C.: National Education Association.

如何有效增加提问过程中的等待时间？托宾（Tobin, K.）建议：
1. 减少教师在课堂上说的时间；
2. 减少重复说话的情况；
3. 每堂课提出更少的问题；
4. 提更多需要不同学生回答的问题；
5. 减少低层次的问题；
6. 提出更多探索性的问题；
7. 减少对学生回答的重复；
8. 提出更多应用性的问题；
9. 克服尝试延长等待时间时面临的焦虑。

资料来源：Tobin, K.(1987) The role of wait time in higher cognitive level learning. *Review of Educational Research*, 57(1), 69–95.

3. 持续追踪学生的思考

交流式评价的一个最大的好处就是可以根据学生的回答，及时、持续地生成引发学生心理加工活动的问题，来持续地追踪学生的思考，深入地了解学生的学习状况。追问就是实现对学生思考的持续追踪的最有效的方式。追问，似乎是另一个提问过程的起始，但实质上却是一个理答环节，即教师针对学生的回答提出后续的问题。比如，借助于"请对这个方面再说得详细一点"的追问让学生进行详尽说明，这会鼓励学生形成更为复杂的回答；又比如，借助于"你的意思是？"来让学生澄清自己的思考和表达，这能鼓励更为深入和准确的回答；还比如，借助于"你能举一个例子来说明吗？"来促进学生进行拓展或深化的思考。在这一过程中，教师能够收集到关于学生学习的更全面、更深入的信息。

链接6-7

能促进学生思考的理答方式

理答方式	理答例子
让学生重复他们的介绍	你能再重复一下吗？
让学生进行拓展	你能不能再稍微多谈一些？
让学生给出原因	你能不能解释这是为什么？
暗示其它的答案	还有没有其它的方式？
通过一些非语言的动作支持	通过点头、伸手等动作提示学生继续说。
鼓励学生进行推测	如果……，会发生什么呢？
给出挑战性的陈述	这个小组的同学说……，他们说的对吗？
允许对回答的演习	请先和你的同伴说出你的答案。
允许学生提出问题	有没有同学想问这位同学问题？
让学生出声思维	你能一步步说出来吗？
鼓励学生进行联系	你能不能想起其它和这个很像的事情？
和学生一起出声思维	我们一起来想……

4. 让学生参与理答

上面关于提问过程的四个环节明显是从教师行为的角度来划分的，这可能会给我们一个印象：理答就是教师的事。这种理解大体不错，但并不意味着学生不能参与理答过程。其实学生完全可以提供对同伴回答的回应，而且学生参与回应还有明显的好处。教师与学生你问我答的"乒乓球提问模式"在课堂提问中非常普遍，但从评价角度而言，教师评价所能涉及的样本数就会受局限。如果让学生参与回应，"乒乓球提问模式"就会转变成"排球提问模式"——"教师—学生A—学生B—学生C—教师"，此时课堂提问就更接近于课堂讨论，教师能够从中收集到更多学生的学习信息。这明显有助于教师对学生总体学习情况作出更为准确的推断。

> **练习 6-4**
>
> **对有效提问过程的理解**
>
> 在讨论完课堂提问的过程后,请根据你对有效课堂提问过的理解来观照下面"温老师"的做法或观点,请在同意"温老师"的做法或观点的语句后面打"√",否则打"×",并说说为什么。
>
> 1. 温老师经常会叫那些自愿回答问题的学生起来回答——通常是那些最先举手,并且看起来很渴望回答问题的学生。(   )
>
> 2. 温老师说:"我经常说,问题越多越好!我们这节课要学习很多东西啊。"(   )
>
> 3. 温老师很注意时间,在叫答一个学生之后,她总是不肯多浪费一秒钟来等待学生作回答,然后会迅速地叫起另外一个学生。(   )
>
> 4. 温老师说:"我们用于浪费的时间并不多,我必须不断地推进课堂,不然就没有效率。而且,我也不想让任何学生觉得尴尬。"(   )
>
> 5. 如果一个学生给出的答案不正确或不完整,温老师经常会说"嗯"、"好的"、"谢谢",然后叫别的学生。(   )
>
> 6. "如果一个学生在试图回答问题,我会对他的尝试给予某些鼓励,但是我不能浪费宝贵的课堂时间来等待他把答案挖掘出来"。(   )

> **练习 6-5**
>
> 请与同伴一起评析搜集到的某一堂教学视频的提问质量。要同时关注到发问、候答、叫答和理答四个环节。

第三节 课堂观察

交流式评价离不开观察。倾听就是观察的一种,何况教师在与学生交流时还需要借助其他感官来收集信息。实际上,观察本身就是一种收集信息的重要手段,也是评价的一种重要方法——还记得吗?我们在本书第一章就讨论过英文中"assess"的本义,就是"坐在旁边看"。因此,在本节中,我们关于课堂观察的讨论不局限于交流式评价中的观察,而是将观察当作一种独立的收集信息的方法来讨论。

课堂观察可以是随机的、非正式的、非结构化的,也可以是比较正式的、结构化的。在交流式评价中,提问过程中的观察大致上属于前一种,而口头测验、讨论则就需要后一种观察了。

一、观察在交流式评价中的作用和局限

(一)作用

所有交流式评价都需要观察的支持,且观察能为很多非交流式的评价——只要与

作为被评价者的学生有面对面的机会——提供重要的支持。观察在评价中有多方面的作用：

（1）即时收集信息。观察确保教师在与学生交流时或在学生相互交流时收集到多方面的信息，不止是语言信息，而且包括面部表情、身体姿态、表情等非言语的信息。这种信息收集过程就是伴随着交流过程实施的。在其他非交流式的评价中，甚至就在非评价性的教学活动中，教师不需要为观察而专门设计任务，可以在学生完成相应的任务时实施观察。这可以保证教师在相对自然的情境中即时收集学生的表现信息。

（2）能够收集一些独特的信息。观察可以让教师发现其他方法所不能获得的知识和技能情况，并识别一些细微的、但可能很重要的问题。观察能够收集学生的一些稍纵即逝的表情、行为中所传递的信息，能够收集一些其它评价方法所不可能获得的信息。比如，有时，学生在一道选择题上选了一个正确的答案，教师就判定他已经掌握，至少不能断定他没有掌握。但如果这个选择题是以提问的方式要求学生回答，或者学生在做这个选择题时教师恰巧就在他身边，教师观察到的信息就能帮助他作出更准确的判断——如果学生在回答时犹犹豫豫，或者回答之后迫切期待并仔细观察教师的反应，你能认为学生已经掌握了吗？

（二）局限

无论是作为交流式评价的一个核心成分，还是作为一种独立的评价方法，观察都存在着一些明显的局限。

首先，观察获得的信息不可避免地更容易受到观察者主观因素的影响。即使在高度结构化的观察中，主观因素的影响依然不可避免。比如，在某个以学科内容为焦点的面试中，教师的评价就可能会受学生的语言表达、眼神体态，甚至穿着等的影响，这样有些教师的评价就可能因为这些观察而偏离本来应有的评价焦点。教师所观察到的东西可能是一样的，但经过解读储存下来的信息却可能大相径庭，而对教师后续行为影响更大的往往不是那些直接观察到的原始信息，而是经过教师解读的信息。

观察在师生面对面情境的评价中可以广泛运用，这是它的一个好处，但有时无法避免观察的影响，这似乎也是它的一个问题。

其次，观察能即时收集信息显然是一个好处，但是也带来问题，即信息的记录经常存在较大的困难，这是因为，一方面观察所可能获得的信息非常丰富，有听觉的，也有视觉的；另一方面则是信息的快速呈现，这就导致信息记录上存在较大的困难，教师难以即时记录相关的信息，更难借助于记忆来储存信息——即使能够记忆下来，也难以确保回忆的准确性。当然，借助于录音、录像等技术手段能够很好地记录，但重放就需要教师花更多的时间，这又使得观察的收集信息的即时性优势完全丧失。不过，如果事先准备了一些设计良好的观察表，交流过程中或运用其他方式评价时进行及时的良好的记录还是有可能的。

第三，观察经常会失之随意。尽管教师可以有目的、有意识地引发观察的学生行为，但由于学生可能展现出来的行为中经常包含着比教师所要观察的多得多的信息，教师的观察也就可能被这些无关的行为细节所牵引，导致收集到一些无关的信息，甚至完全偏离原来的观察目标。当然，对于教师来说，对课堂、对学生行为保持全方位的警觉和监控是必要的。但要保证观察获得的信息的可靠性和有效性，教师必须有清晰明确的观察目的。设计并运用良好的观察表有助于保证观察的目的性。

二、识别可观察的学生行为

毫无疑问，清楚要观察什么是有效观察的基础。教师需要清楚自己是要观察一个你希望增加的期望行为，还是要观察一个不适当或有害的非期望的行为。我们期望学生增加的行为包括学业性的技能和社会性的技能，这一般是和课程目标挂钩的，也是比较清楚的。而非期望的行为一般与具体的学生和情境有关，需要教师进行个体性的决策。

所有学科教学的目标都包括在学业性技能中：阅读、数学、科学、社会、艺术、外语等。每个要评价的认知技能都要通过可观察、可测量的术语陈述。而且，这些术语应包括每门学科中强调的知识、技能和概念，比如大声地读、记录数据、操作天平、使用技术性设备、使用外语交流、作出口头报告。一般来说，对学业技能的观察应该开发相应的工具。

社会性技能包括那些学生可以有效地和他人进行交流所需的技能，包括学生的信念、态度、感觉，以及立场。这些技能也要像学业性技能一样有目的地教给学生。我们经常把学生分在一个小组，然后告诉他们要"一起工作"，"合作"，"作为一个团队"。我们假设学生是知道如何合作的，当我们没有看到期望的行为发生，常常做的就是放弃合作小组的机制而重新转向个人学习，而不是教给学生如何合作，或发展学生的合作技能。我们应选择一些可以教的技能，从而可以观察并交流学生的问题，并提供相应的干预。

练习 6-6

结合具体的学科教学活动，尝试和同伴一起讨论，罗列出10种可以通过观察来进行评价的学生行为，并为其中一个行为提供3—5条行为指标。

三、课堂观察的系统化的方式

在日常教学中，教师会对学生进行大量的常规观察，也会基于观察结果作出大量的决策来决定如何回应学生、下一步如何教、需要鼓励或消除什么样的行为。这种即时性的观察是日常课堂生活的一部分。但这种观察因为情境化、个性化程度较高，我们这里不作专门的讨论，而主要进行系统化的课堂观察的讨论，即使用观察工具的课堂观察。观察工具是帮助教师来系统性地关注和记录有关学生学习情况的工具和技能。我们将讨论轶事记录、观察核查表、等级量表，它们会提供大量的评价数据。

（一）轶事记录

轶事记录是作为工具层面最为不正式的观察方法，可以用来记录学生一些重要的技能、事件、行为。轶事记录是一种比较快的、开放性的记录方式，用教师自己的语言描述发生了什么。一般是教师直接观察到的有意义事件的事实性描述，其目的是让教师迅速地把一些行为、考虑，或有意义的事件记录下来，从而可以在放学后进行反思和进一步的解释。

1. 即兴的轶事记录

即使你可以提前计划要使用这种方法,轶事记录也常常是在一些非预期的课堂情境中即时地发生。如果你把这种方法主要用在记录学生的不良行为上或者用在需要提供学习帮助的学生身上,你会发现比较有用。通常来说,我们习惯记录学生技能或行为的特别好或特别不好的情形,而不是记录任何学生的任何技能或行为。表6-1是一个即时性轶事记录的例子,描述了教师记录的一个行为事件,只是记录了事件的事实,而没有加入情感或判断。但除了这种即时性的记录,教师也可以设计一些一般化的记录表格适用于课堂中的任何时间和任何情境。你可以把表格印在卡片上,并放在便于使用的地方,比如教室的各个地方或者衣服口袋里。这种卡片可以有一些既定的空格,比如,学生姓名、时间、情境,然后是大块的空格,用于记录任何事情。即兴的轶事记录并没有统一的方法。有些教师会在笔记本上对所有学生做一个非正式的记录,也有的教师使用便签把轶事记录粘在每个学生的档案袋上,不一而足。

学生:加里 时间:××年××月××日 情境:小组海报活动 发生了什么:今天,在小组海报活动中,加里抱怨给他的水笔颜色。我提醒了他纪律问题,但他拿起一支水笔在海报板上乱划,把海报纸弄坏了。	表6-1 对加里的 轶事记录①

表6-2展现了在即兴的轶事记录中使用的一个较为详细的表格。因为它记录了事件刚刚发生前后的事情,所以可以让教师更为有效地推理如何进行干预。它也叫作A-B-C记录,因为它包含了前奏(antecedent)、行为(behavior)、结果(consequence)。

日期/时间	情境/活动	前奏	行为	结果	学生反应	
××年 ××月 ××日 10:35	学生以小组的形式为某学习单元做海报。	吉姆是加里小组的材料管理员,吉姆给了加里三支浅颜色的水笔。	加里说:"这些颜色真讨厌!"他抓起一支水笔在海报板上乱划。	我重申了纪律,让加里去教室里的暂停区。	加里从暂停区回来后拒绝参与小组活动。他坐在那里,脸转离他的小组。	表6-2 对不恰当行为的 A-B-C记录法②

A-B-C记录法可以让教师记录学生不当行为的确切情境。情境、前奏、行为、结果等一系列的记录可以让教师有机会理解学生行为的原因,并预测后续什么样的条件会激发学生的不当行为,从而可以开发有效的策略来减少不当行为的发生。

2. 计划的轶事记录

轶事记录也可以是有计划的、系统性的,一般需要设计针对具体技能的记录表,在

---

① Musial, D., Nieminen, G., Thomas, J. & Burke, K. (2009) *Foundations of meaningful educational assessment*. New York:McGraw-Hill Companies,Inc. p.174.

② Musial, D., Nieminen, G., Thomas, J. & Burke, K. (2009) *Foundations of meaningful educational assessment*. new York:McGraw-Hill Companies,Inc. p.175.

每个学科中都可以使用这样的表格。表6-3是一个案例,关注了学生参与测试的技能。在这个案例中,教师关注那些在课堂代数测验中表现不好的学生。这个学生似乎能够在当堂作业或课堂讨论中理解这个概念,但在测验中却表现不好。这和参与测验的技能有关吗?这样一个记录表可以显现相关的信息。

表6-3 具体技能的轶事记录——参与测验的技能[①]

学生:Sandor, L.　　　时间:××年××月××日
课时:第3节课　　　　学科:数学
参与测试的技能:
1. 倾听指导语:在我给出测试指导语的时候,他是望向窗外的;
2. 浏览或核查一下整张试卷:没看到他做这件事;
3. 尝试所有问题的解决:他没有完成所有问题,在试卷前面空了一题,试卷后面空了两题;
4. 检查答案的准确性:他先回到试卷最前面检查了几个题目,然后翻到试卷最后面进行检查,很快又跳到中间进行检查,然后,时间就到了;
5. 看表留意时间限制:他没做这个事情。

需要注意:在这种记录中,所观察的行为数目是限定的,这样可以避免教师分散精力,能够有效地利用时间,也可以让整个过程更深入和避免偏见。在任何一种轶事记录下,尽可能快地进行观察并作出记录都是很重要的。几天之后再进行回忆,是不可能准确的。

在对学生的表现进行信息记录和信息报告的所有方法中,轶事记录是最为详细的,但是,轶事记录也是最为费时的。从而需要注意的是:使用轶事记录这种方法,和其他的记录方法一样,应提前设计和确定需要观察的行为是什么,避免轶事记录成了学生行为的随意记录。只有在目标清晰的基础上,轶事记录所记录的信息才不会只是信息本身,而会成为根据制定的目标进行判断,进而进行相关决策的依据或证据。

(二)观察核查表

观察核查表是一个很清晰和简洁的用来评价学生技能的行为列表。教师用一种简单直接的方式观察学生这些方面的技能,只标示有或没有,正确或不正确。核查表教师可以用,学生也可以用。

核查表可以关注那些为了展示知识、能力或技能掌握情况的过程或任务。每个任务都必须以可观察、可测量的方式书面地呈现出来。核查表中,每个具体的要素都要罗列出来。这个过程需要两个步骤。第一步,识别某种技能的主要维度。比如,阅读中的流畅性是经常要进行评价的要素。但如何才算是一个流畅的阅读者?流畅是由一些要素体现的:准确性、解码、停顿和表达。比如,一个学生可能可以准确地阅读、解码新的词语、在正确的位置进行停顿,但语气平淡,没有感情,从而,教师就知道为了达到学生整体的流畅性需要在哪个方面进行加强。第二步,教师需要根据学生的年级水平制定和这些主要维度相关的标准。在每个维度上的具体行为是和学生的成熟情况相关的。比如,在口语表达的技能中,对于准确使用词汇这个要素,你对一年级学生的期望肯定

[①] Musial, D., Nieminen, G., Thomas, J. & Burke, K. (2009) *Foundations of meaningful educational assessment*. New York: McGraw-Hill Companies, Inc. p.176.

是和对六年级学生的期望不同的。应该关注两个方面的行为，一是与课程标准的要求相关的行为，二是学生一些常见的失误之处。通过搜集这些经过选择的行为数据，教师可以得到如何改进学生弱点的有针对性的洞见。表6-4呈现了一个关注学生口头表达能力的核查表。

表6-4 中学生口头表达能力的核查表[1]

姓名：×××　　　　　　日期：××年××月××日		
值得观察的行为	观察到	没有观察到
1. 肢体方面：学生是否		
（1）站直并面向观众？		
（2）根据语调的变化而变换面部表情？		
（3）保持与观众的视线交流？		
2. 声音方面：学生是否		
（1）声音清晰、稳定？		
（2）能根据内容的重点变换语调？		
（3）声音响亮，能够让所有听众听到？		
（4）语言流畅？		
（5）发音准确？		
3. 语言方面：学生是否		
（1）选择正确的词汇来表达意思？		
（2）避免不必要的重复？		
（3）语句表意清楚、完整？		
（4）有逻辑地组织信息？		
（5）在结尾处能进行概括？		

可以看出，核查表是诊断性的、可重复使用的工具，从而可以记录并追踪学生的进步。核查表提供了关于学生表现的详细的记录，当把结果呈现给学生后，学生会比较容易地理解自己哪些方面需要改进。首先，核查表提供了具体行为的详细指标，从而可以为学生的行为表现提供诊断性的信息。其次，核查表根据课程标准和教学目标预先设定表现要求，历时性地让同一个学生重复使用。而多次使用同一个工具，是获得学生进步信息的良好途径之一。

当然，核查表也会有一些缺点。核查表一个很明显的缺点就是只给教师提供了二选一的选择：是/否、有/无，即，使用核查表不能对学生的表现进行不同程度的区分。核查表的第二个缺点是较难把学生的表现整合到单一的分数中，即，虽然核查表提供了比较详细的关于学生表现的优点和缺点的诊断信息，但教师还必须思考如何整合多个分数到总体的判断中，单纯地提供总分并不足以说明学生的表现情况。其中的一个策略是把学生在各个指标上的得分情况转化成百分比。比如，如果有学生在上面的核查表中展现了10个指标的能力，如果假设每个指标的重要性都是一样的话，就可以让10除以13，得到一个百分比76%，我们就可以说这个学生达到了期望水平的76%。当然，如果每个指标的权重不一样，还需要进行相应的加权处理。第二个策略，我们认为也是比较好的一个策略，是教师可以预先提出一定的标准来衡量学生的表现，比如，规定表

---

[1] Airasian, P. W. & Russell, M. K. (2008) *Classroom assessment: Concepts and applications. Foundations of meaningful educational assessment*. New York: McGraw-Hill Higher Education, p.218.

6-4 13个指标中完成12—13个,属于"优秀"水平;完成9—11个,属于"良好"水平;完成5—8个,属于"合格"水平;完成5个以下,属于"不及格"水平。在这种基础上,当学生完成了10个指标后,教师就能比较容易地将其判断为"良好"水平了。

练习 6-7　　从"练习6-6"所罗列的十种可观察的行为中选择一个,尝试设计一个针对具体年级学生的观察核查表。

(三) 等级量表

等级量表是除了轶事记录和核查表之外观察学生技能和行为的另一个工具。等级量表其实本质上是核查表的一种。在这种情况下,对核查表进行的调整有:增加描述性的语言或者数字,或者二者都有,从而来评定学生表现的程度。一般来讲,等级量表也会包含一个指标列表,用来评价学生的表现程度。而等级量表和其它核查表最本质的区别是,每个指标都可以通过观察看到不同的程度,从而完成"较多"、"较好"的学生会得到较高的等级。我们介绍一下描述型的等级量表和数字型的等级量表。

1. 描述型的等级量表

最基本的等级量表是描述型的,是基于一套形容词或简要陈述。这些描述呈现了在达到理想的学习成果过程中不同的表现程度,教师可以使用这样的量表来评定学生的表现情况。在建构一个等级量表时,首先应该确定在特定的情境中可观察的行为,然后选择适当的词形容最好的和最差的情形,然后再选择一定的词语来描述中间水平,最后形成完整的量表。需要注意的是,这些描述都应该尽可能地准确。

表6-5是一个观察个体学生学习独立性的等级量表,教师选择了四个水平进行描述。使用这个等级量表对学生进行评价,将提供给教师如何帮助学生的具体信息。

表6-5 关于学习独立性的描述型等级量表

学生＿×××＿　　　日期＿××年××月××日＿　观察点:学习独立性

| 学生完全遵照教材的内容,不能根据教师的引导学习。 | 学生完全依赖教师的引导学习。 | 学生能在教师的提示下获得信息,并使用信息。 | 学生能独立地获得信息,并独立地开展学习。 |

2. 数字型的等级量表

数字型的等级量表中,使用数字来代替不同程度的描述。一般来说,数字越高,代表表现越好;数字越低,代表表现越差。数字型量表一般用于一段时间后的总结式观察。量表上的数字一般代表的是:1=从未;2=有时;3=经常;4=总是。有的教师一般也会避免只使用数字——即,没有和每个数字相关的描述性形容词——因为如果没有形容词,其实很难区分三四个及以上的表现。另外,一般应用偶数数字等级,从而可以避免集中在中间等级的现象的出现。

使用数字型等级量表需要注意的是,不同的数字之间并不一定是一样的距离。即学生等级1与等级2,等级2与等级3,以及等级3与等级4之间的表现差距并不是一样的。这些数字,只是代表不同的表现情况。表6-6是把表6-5的内容进行了转换,即把描述性的等级量表转换成了数字型的等级量表。

表6-6 关于学习独立性的数字型等级量表

学生＿×××＿＿＿＿＿ 日期＿××年××月××日 观察点:学习独立性
等级:1=学生不能根据教师的引导学习;2=学生完全依赖教师的引导学习;3=学生能在线索提示下自主获取信息;4=学生能独立获取信息和开展学习。
　　　　　　1　　　　　2　　　　　3　　　　　4
学生1
学生2
……

可以看出,和核查表不同的是,等级量表可以让观察者通过一个行为连续体而不是一分为二的方式来判断学生的表现。核查表和等级量表相同的地方是,二者都基于一套表现标准,而且在核查表和等级量表中可以使用同一套表现标准。表6-7提供了一个使用数字型等级量表对学生的口语表达进行判断的样例。可以注意到,使用的表现标准就是在表6-6中使用的,但二者用于判断学生表现的行为范围是不同的。

表6-7 中学生口头表达能力的等级量表[1]

姓名:＿×××＿＿＿＿＿ 日期:＿××年××月××日
指导语:当学生进行口头表达时,对其在如下指标上的表现频率情况勾选进行。在每个行为指标上,如果学生总是表现该行为,勾选4;如果经常表现该行为,勾选3;如果有时表现该行为,勾选2;如果从未表现该行为,勾选1。

1. 肢体方面
4	3	2	1	(1) 站直并面向观众?
4	3	2	1	(2) 根据语调的变化而变换面部表情?
4	3	2	1	(3) 保持与观众的视线交流?

2. 声音方面
4	3	2	1	(1) 声音清晰、稳定?
4	3	2	1	(2) 能根据内容的重点变换语调?
4	3	2	1	(3) 声音响亮,能够让所有听众听到?
4	3	2	1	(4) 语言流畅?
4	3	2	1	(5) 发音准确?

3. 语言方面
4	3	2	1	(1) 选择正确的词汇来表达意思?
4	3	2	1	(2) 避免不必要的重复?
4	3	2	1	(3) 语句表意清楚、完整?
4	3	2	1	(4) 有逻辑地组织信息?
4	3	2	1	(5) 在结尾处能进行概括?

等级量表使用了更为宽泛的行为表现的连续体来进行评价,从而可以提供更为详细的诊断性信息。但是,如果需要把学生的表现整合到一个分数,多种行为赋值会把这个整合的过程复杂化。核查表是按照有没有出现相应的行为进行赋分的,但等级量表

---

[1] Airasian, P. W. & Russell, M. K. (2008) *Classroom assessment:Concepts and applications. Foundations of meaningful educational assessment.* New York:McGraw-Hill Higher Education, p.222.

是按照行为出现的程度进行赋分的,二者之间是不同的。我们给使用数字型等级量表如何整合分数的问题提供了一个思路。比如,如果一个学生在表6-7的等级量表中各个行为指标上的得分分别为4、2、3、4、3、2、3、2、2、3、4、4、3,这意味着什么呢?如何给学生一个总体的判断呢?可以看出,在该等级量表中,最高的总分是$4×13=52$,即如果学生在所有行为指标上都得4分,总分是52分,而这位学生的总分是39分,二者相除,可以得到一个百分数75%,即作为对总体表现的一个把握。当然,百分数越大,表现越好。另外,也可以参照以上介绍核查表时提供的一种思路,即规定多少分值区间是什么等级,然后根据学生的得分判定等级。另外,需要提醒的是,无论是什么形式的总分,都不能展现学生的优势和劣势。所以,使用等级量表过程中非常重要的事情是,根据学生在各个行为指标上的具体得分情况确定学生的优势和劣势,并给予相应的反馈和建议,从而有针对性地促进学生的学习。

练习6-8

从"练习6-6"所罗列的十种可观察的行为中选择一个,尝试设计一个针对具体年级学生的数字型等级量表或文字型等级量表。

四、解释观察性数据时应注意的问题

最后,我们谈一下教师在解释观察性数据时应注意的问题。对学生进行观察的一个基本特征是依赖于个人观点,因此,教师作出的结论很难避免一些因个人判断而带来的错误。但请注意避免下列问题:

- 评分太宽或者评分太严;
- 总是评两级或中间的等级;
- 让一个特别好或者特别差的表现影响到其它方面的评价;
- 根据前面学生的情况赋分,即前面学生都很好时,就给这个学生打得较低,或者前面学生都很差时,就给这个学生打得较高;
- 根据个人的一些模式化的观点或态度判断学生;
- 根据对学生的第一印象而不是对学生的表现观察对学生进行判断;

反思6-2

通过本章的学习,你能否谈谈交流式评价和纸笔测验或者表现性评价之间的异同?请与同伴进行交流。

交流式评价比较独特,你认为在使用时应当特别注意哪些方面?请罗列在下面。

1.
2.
3.
……

- 因学生在背景、态度等方面和教师比较类似,而对学生评分较高;
- 没有对学生进行观察就进行评价。

进一步阅读的文献:

1. [美]Stiggins,R. J.,国家基础教育课程改革"促进教学发展和学生成长的评价研究"项目组译.促进学习的学生参与式课堂评价(第四版)[M].北京:中国轻工业出版社,2005.

2. Airasian, P. W. (1997) *Classroom assessment* (3rd ed.). McGraw-Hill Companies, Inc.

3. Taylor, C. S. & Nolen, S. B. (2005) *Classroom assessment:Supporting teaching and learning in real classrooms*. Pearson Education, Inc.

4. Musial, D., Nieminen, G., Thomas, J.& Burke, K. (2009) *Foundations of meaningful educational assessment*. New York:McGraw-Hill Companies, Inc.

5. Brown, G. & Yan, N. M. (2010) *Contemporary educational assessment:Practices, principles and policies*. Pearson Education South Asia Pte Ltd.

第七章

档案袋评价

导读

在第四、五、六章中,我们已经学习了在某个时间点上检测学生掌握特定学习结果的一系列评价方法。如果我们想知道学生在某一个时间段中关于特定学习结果的水平的增长情况、长时期的成就,以及在特定学业领域的重大成就,那么,我们该采用什么样的方法呢?

档案袋评价就是这样一种方法,它不仅能反映学生的努力过程和最终成就,而且在增进学生自我反思、自我管理、自我负责等方面有着独特的优势。更重要的是,它能很好地与教学融合,成为教学的一个有机组成部分。

本章首先对档案袋评价进行界定,明确档案袋评价的特征,以厘清档案袋评价与其他评价方法的区别,并探讨档案袋评价的优势和局限,然后用比较多的实例来说明不同类型的档案袋及其设计问题,最后从"促进学习的评价"理念出发,探讨档案袋评价的实施。主要内容包括:

第一节　档案袋评价的特征与类型;
第二节　档案袋评价的设计;
第三节　档案袋评价的实施。

通过本章的学习,您将能够:

1. 知道档案袋评价的涵义、特征和适用范围,理解档案袋评价在多维目标背景下的重要性;
2. 根据自己的任教学科,设计适合于评价目标的档案袋评价及相应的评分规则;
3. 学会在"促进学习的评价"理念指导下实施档案袋评价。

第一节　档案袋评价的特征与类型

档案袋评价是新课改以来被突出强调的一种评价方法,那么,它的什么特点使得人们这么青睐它呢? 在实践中,又有哪些主要的档案袋评价类型呢?

一、档案袋评价的界定

档案袋评价(portfolio assessment),也叫成长记录袋评价、卷宗评价、历程档案评价等,是近十几年来评价领域最受关注的评价方法之一。然而,正如美国课程评价专家约翰逊(Johnson)所说,如果要求五个不同的教师给档案袋评价下定义,很可能会得到五个不同的答案——其中每一个都没有"错"。以下就是常见的五个档案袋评价的定义:[①]

(1)档案袋评价着重学生的作品或学生对作品感想的学习记录;学生与学校人员所收集的资料,载满了学生重要学习结果的进展过程。

(2)档案袋评价是"有目的地收集一些能陈述学生的努力、进步或成就的作品"。档案袋评价须包含学生的参与。

(3)档案袋评价不能只是一些产品或由教师收集的东西。它应该包含有系统地收集一直被大部分或全体(跨越课程内容领域和跨越学区的)师生所使用的学习数据,这些数据是用于确认学生的成长与能力的。

(4)档案袋评价不是个无所不包的容器;档案袋评价是学生在特殊主题领域的知识、技巧、态度的成长证据的集合,既有系统,又有组织。

(5)当档案袋评价用来作为评量架构时,它是师生所做的系统化汇集;档案袋评价

[①] 参见李子建,梁振威,高慕莲.中国语文课程与教学:理论、实践和研究[M].人民教育出版社,2005:414.

可成为检验努力、进步、过程和成果,以及满足更正式的检测过程所能达到的责任或要求的基准。

从上述所描述的内容来看,档案袋评价的内涵主要包括:它是学生作品的有目的、有计划、有组织的汇集;它能反映学生学习的进程与成果;它要有详细的评价规则;它是一个反思和促进教与学的过程。也正是基于这些要素的考虑,斯蒂金斯说他所见到过的对档案袋评价所下的最好定义是:一份学生档案袋,就是"一个学生作业和表现的专业收容库,可以告诉你关于这个学生的努力、进步或学业成绩的经历",它涉及一个或者更多的学科领域。要想增强档案袋的交流潜力和对教学的益处,我们就要努力做到:让学生参与选择具体的内容;根据既定的要求来选择要使用的教材和资料;制定好判断学生作业和表现质量的评价准则;让学生在这个过程中进行定期思考。就像艺术家用他们的作品档案来展示艺术才华,记者用他们的作品集表现写作技能一样,我们的学生也是通过收集他们表现的样本来讲述自己的学校学习经历。[①]

> **反思7-1** 学生的学习档案袋与学生作品收藏夹有何相同和不同之处?档案袋评价与表现性评价又是什么关系?

为了更加清楚地理解档案袋评价,我们有必要来区别档案袋评价与档案袋、档案袋评价与表现性评价这两对概念的关系。

在平时的研究与讨论中,人们经常将档案袋与档案袋评价混为一谈,"作为评价媒体的档案袋(收集物),是经过长期有目的、有计划地收集关于学习信息的容器,它能够为档案袋评价提供信息源"。[②] 档案袋只是作为收集信息的一种工具或手段,而不具备评价的功能。只有在收集档案袋之前确定明确的评价目标、开发具体的评分规则,并对档案袋中的信息作出一定的分析处理,才会使得这个档案袋具备评价的功能。

另外,在目前有关学生评价的专业著作或文章中,档案袋或档案袋评价和表现性评价经常被放在一起讨论。有的学者认为档案袋评价是表现性评价的一种类型,有的学者认为档案袋评价是表现性评价的又一称呼。事实上,档案袋是有目的、有计划地收集学生学习信息的容器,它可以是需要进行表现性评价的学生的作品,也可以是选择性等客观纸笔测验信息的汇集,还可以是课堂观察所记录的学生轶事等信息。因此,用于档案袋评价的档案袋的内容不限于表现性评价的结果,也包括了其他形式的评价的结果。档案袋评价并不是表现性评价的又一称呼。档案袋评价是根据特定的目的,学生持续一段时间就特定的学习目标,系统地收集、组织和反思学习成果的档案,评价者依据评分规则对学生的努力、进步和成果表现进行评价的过程。

---

① [美]Stiggins R. J.,国家基础教育课程改革"促进教师发展和学生成长的评价研究"项目组译.促进学习的学生参与式课堂评价[M].北京:中国轻工业出版社,2005:358.
② 熊梅,马玉宾.试谈研究性学习的档案评价[J].教育发展研究,2002(7).

> 据你的理解，档案袋评价是指什么？它的核心特征又是什么？它为什么会在新课改背景下受到如此多的关注？

反思7-2

二、档案袋评价的特征

档案袋评价作为课堂评价的一种方法，有其巨大的生命力。它突出强调将学习者个体的学习经验作为评价的基本单位，请每一位学生设计并制作属于自己的学习档案，而不像客观纸笔测验那样以全班或更大范围人群为单位，施以统一的检测。它不仅能评价学生学习的过程和成果，同时能呈现学生学习的轨迹及其进步。它更加强调学生在评价过程中的自我评价与自我反思。具体而言，档案袋评价的特征可以概括为以下几点：

（一）目的性和组织性

档案袋评价是有明确的目标的，而非漫无目的地让学生随意搜集作品等数据。它是教师根据特定的评价目的，依据教学目标与计划，请学生依据明确界定的目标，收集有针对性和代表性的学习过程或成果，以展现其学习情况的过程。换句话说，也只有有了明确的目的性和组织性，档案袋评价才有可能顺利实施，才有可能有效进行。

（二）多元化

档案袋评价的多元包括以下几个方面的内容：评价目标的多元化、评价数据呈现方式的多元化、评价人员的多元化和评价功能的多元化等。档案袋评价既可以评价过程性目标，也可以评价结果性目标；既可以评价认知领域的目标，也可以评价情感领域的目标。根据所确定的评价目标，所要收集的评价数据的呈现方式也可以多样化，可以是简报、绘画、照片、实验报告、作文等能反应特定目标的表现或成果。在档案袋评价的过程中，评价人员可以也应该多元化，不仅是教师对学生学业表现进行评价，还包括学生本人、家长和同伴，甚至还可能包括社区等相关人员。此外，档案袋评价既可以用于形成性评价，也可以用于总结性评价。

（三）重视个体反思

运用恰当的档案袋评价的真正价值是学生自我评价能力的增强。档案袋评价强调以学生为中心，让学生更自主、更主动地掌握学习过程，希望学生能自我管理档案袋制作全过程，自我选择档案袋的内容，自我评价所选择的作品或成果的质量，自我反思学习的进步情况和成就水平。可见，档案袋评价不仅可以让学生更深入地了解学习的内涵，而且培养他们的元认知能力，并促使他们成为主动的学习者。这样，学生的自我评价能力不仅在教师与学生交流的时候，或与同学互评的时候得到发展，而且在整个教学的过程中都处于不断发展之中，并且还能不断地发展自己的自我监控能力。

（四）与教和学的统整

档案袋评价的过程，也就是学生学习的过程，过程性档案袋评价的这一特点就尤其明显。同时，档案袋评价的过程也是教师教学的过程。教师明确目的和目标、指导学生完成任务、收集评价数据、进行评价的过程，也就是教师指导学生学习的过程。从这种意义上来说,档案袋评价的真正价值存在于每位教师的课堂中。师生就某一个或某几个教学目标确定档案袋应当收集的内容,学生适时地往档案袋中添加自己的作品,并及时地给予反馈,这个过程的本身就强化了教学与评价之间的联系。

链接7-1

档案袋评价与标准化测验的区别

档案袋评价	标准化测验
较全面地反映学生参与的多种读写活动。	依据有限的读写任务来评价学生的读写能力,而这样的评价可能与学生所做的一切根本不匹配。
让学生参与评价自己的进步或成就,从而确定下一步的学习目标。	由教师根据学生的答题情况评分。
在尊重学生个体差异的基础上评价每一个学生的成就。	用同样的标准评价所有的学生。
是一种合作性的评价方式。	评价过程是非合作性的。
学生的自我评价是一个重要的目标。	缺少学生的自我评价。
关注学生的进步、努力与成就。	只关注学生的成就。
将评价与教、学结合起来。	教、学与评价是分离的。

资料来源:Tierney, R. J., Mark, A., Carter, M. A. & Desai, E. *Portfolio assessment in the reading-writing classroom*, Christopher – Gordon.1991.

三、档案袋评价的类型

对档案袋评价类型的看法,不同的学者也持不同的观点。有的将之分为过程档案袋评价和成果档案袋评价。有的分为展示型档案袋评价、文件型档案袋评价和评价型档案袋评价。有的分为展示型档案袋评价、记录型档案袋评价、评价型档案袋评价、过程型档案袋评价和综合型档案袋评价。还有的分为理想型档案袋评价、展示型档案袋评价、文件型档案袋评价、评价型档案袋评价和课堂型档案袋评价,等等。

在我们看来,用于课堂层面的档案袋评价由于使用目的的不同,可以分为过程型档案袋评价、展示型档案袋评价和结果型档案袋评价。

顾名思义,过程型档案袋评价是呈现学生学习过程的情况。过程型档案袋评价又可以分为两类,一类是历程档案袋评价,一类是进步档案袋评价。历程档案袋评价指的是评价完成一个成果或作品所经历的整个过程。比如完成一篇作文的过程档案袋评价,就包括作文提纲、初稿、改稿、终稿等内容,显示了作品不断发展和完善的证据。进步档案袋评价是呈现学生在某个方面进步的过程,它是比较不同时期学生在同一个目标项上的成长情况的档案袋。前者是师生依据特定的目标或商定的某个主题，有计划、有系统地收集学生完成作品的整个过程的资料，只要是师生讨论后认为与学习过程有关的内容均可纳入。后者所要收集的内容是学生在不同时间点所表现出的进步情况。过程型档案袋评价可以是某一个主题的档案、某一个单元的档案，也可以是一个学期的或学年的学习档案，或是定期学习状况的档案。

链接7-2

档案袋评价的类型

类型	构成	目的
理想	作品产生和入选说明，系列产品，以及代表学生分析和评价自己作品能力的反思记录。	提高学习质量；通过一段时间的成长，帮助学习者成为关于自己学习历史的思索者和非正式的评价者。
展示	主要由学生选择出学生最好和最喜欢的作品集。突出了自我反思和自我选择的重要性。	在其他人参加的展览上提供学生作品的范本作为展示。
文件	根据学生的反应和教师的评价、观察、考察、轶事、成绩测验等得出的学生进步的系统性和持续性的记录。	以学生的作品、量化和执行评价的方式，提供一种系统的记录。
评价	主要由教师、管理者、学区收集学生作品，评价的标准是预定的。	向家长和管理者提供学生在作品方面所取得成绩的标准化报告。
课堂	由三个部分组成：(1) 根据课程目标描述所有学生取得的成绩的总结；(2) 教师的详细说明和对每一个学生的观察；(3) 教师的年度课程、教学计划及修订说明。	在一定情境中与家长、管理者及他人交流教师对学生成绩的判断。

资料来源：Gredler, M. E. Implications of portfolio assessment for program evaluation. *Studies in Education Evaluation*, 1995.

展示型档案袋评价，也叫作成果型档案袋评价，或最佳作品档案袋评价。展示型档案袋评价用于课堂教学情境时主要是展示学生汇总的最优秀作品或成果。教师根据教学目标，确定学生要完成的任务，再由学生自行决定优秀或满意的，或自己最感兴趣的作品成为档案袋的内容，以此证明自己在这个学习任务上完成的程度。展示型档案袋评价展现学生个人独特特质的、富有创意的，或在学习目标上达成精熟程度的作品。此种档案袋一般在家长开放日，或学校展示活动中使用，藉以达到相互观察与学习的效果。

结果型档案袋评价，也有人称之为评价型档案袋评价。它一般用于对学生的一个阶段、一个学期、一个学年的学习情况，或是学生在毕业的时候，作出总结性评价。结果型档案袋评价的目的就是描绘学生在学校提供的课程中到底学会了什么，因此，学校课程的目标和内容决定了要选择哪些东西进入结果型档案袋。结果型档案袋的评价者主要是教师,其评价结果主要是向家长和管理者提供学生在学校课程上所取得的学业成就。

练习 7-1

请思考,并完成下表:

档案袋评价类型	优点	弱点	适用范围
过程型			
展示型			
结果型			

三种类型的档案袋评价并非孰优孰劣,而是由于目的和用途的不同而不同。过程型档案袋评价有助于深入了解学生的学习状况,因为它能提供丰富的、动态的过程情况。与展示型档案袋评价相比,过程型档案袋评价的内容多,评价时更费时费力,所以要设法开发学生能充分理解的评分规则或核查表,更多地让学生进行自评或互评。展示型档案袋评价以呈现最优秀作品为主,使得评价者不能看到学生学习的过程。另外,由于展示型档案袋评价的作品鼓励创意,因此,评分规则的开发变得很困难,由此带来的评价信度较难保证。结果型档案袋评价要对学生的学习作出总结性评价,因此,它在评价的效度和信度上有着更高的要求。从档案袋内容的挑选上看,展示型档案袋评价和结果型档案袋评价可以从进步型档案袋中挑选作品,进行必要的修饰。学生从过程型档案袋中挑选出最好的作品,收集起来就形成了展示型档案袋。学生在创建展示型档案袋的过程中,可以学会批判性地评价自己的作品,同时,也在鉴赏别人作品的过程中学习他们的优点。

反思 7-3

根据上述介绍的三种不同使用目的的档案袋评价类型,请你思考:一个档案袋能否实现所有功能?

四、档案袋评价的优点与不足

和任何评价方式一样,档案袋评价既有自己的优势,也有不可避免的不足。

档案袋评价的优点主要有以下几点:(1)兼顾过程和结果评价。档案袋评价收集的不仅是学生的学习成果,它更加注重对形成成果的过程的评价。尤其是过程型档案袋,可以展示整个任务完成的过程,并给予阶段性、分项任务的评价和整体性评价,以展现学生进步的过程。(2)给予学生更多的自主权。档案袋评价允许学生以各种各样的形式来呈现学习成果,让学生有充分的自主权,可以充分发挥学生的创造力,也更能激发学生的兴趣。传统评价中,学生更多的是被动地去考教师出的题目,按照指示完成一道道题目,而档案袋评价中,教师仅强调评价目标、程序或截止日期,其余均可由学生主动创建,学生成为评价的主导者。(3)为学生提供自我反思的机会。提供学生展示其作品的机会,学生自己思考档案袋的作品选择和修改完善过程,增进了学生的反思能力,同时也培养了学生负责的态度。教师向学生明确了评价的目标及相关要求,整个过程都必须由学生自己负起责任,直至将满意的任务放进档案袋。(4)与教学紧密结合。档案袋的评价目标就是教学的目标,档案袋的内容由课堂教学的产品组成,很容易与教学紧密结合。(5)成为与家长沟通的有效方式。档案袋的创建一般都有一个比较长的过程,并且有的档案袋还需家长参与,是一种与家长有效沟通的工具。

和优点一样,档案袋评价的缺点也同样明显:(1)增加教师评阅时间,增加工作负担。特别是过程型档案袋,装载了整个任务各个阶段的学生表现信息,这给教师评阅带来了很大的压力。(2)比起其他评价方法,需要学生更多的精力投入。(3)易流于形式,且给学生造成负担。(4)效度易受影响。如,易受学生语言表达能力和组织能力的影响。(5)信度比较难令人满意。(6)对家长参与的依赖性比较强。尤其是在低年级实施档案袋评价时,很多学生档案袋都是由家长完成的。

第二节 档案袋评价的设计

一般来说,教师在课堂中采用档案袋评价,可以使学生作品的不断收集与评价成为教学过程的焦点。并且,恰当使用档案袋的真正受益是学生自我评价能力和自我监管能力的增强,学生成为学习的主人。而要真正使档案袋评价能发挥它的潜在作用,首先需要合理地设计档案袋评价。

一、档案袋评价设计步骤

在课堂中创建档案袋的方式有很多,但一般的步骤如下:

(一)明确使用目的及档案袋类型

评价目的决定档案袋评价的类型、所要收集的内容和数量等,因此,这一点必须要首先明确。教师在设计档案袋评价之前要思考清楚:让学生创建档案袋是为了监控他们的学习进步,还是为了展示学生的成就,从而与利益相关者如家长交流学生学到了些什么,还是为了评定学业等级、评价教学好坏,给下一任教师提供信息等。如果是为了监控学生学习进步情况,采用的就是过程型档案袋,则档案袋必须保留早期作品以观察其成长。如果是为了展示学生的成就,采用的就应当是展示型档案袋,那么档案袋将要收集的内容将随着最佳表现的作品数而改变。如果是给学生评定学业成就等级,相对应的就是结果型档案袋,重在检测学生是否达到了预期的学习目标。课堂教学中的档案袋评价更多地运用于记录学生学习过程的努力和成长,以增进学生自我反思、自我管理的能力,同时也便于教师诊断学生的学习情况,以便提供决策信息。

(二)确定评价目标

档案袋评价所要收集的表现或作品和其他评价一样,旨在反映学生达成学习目标的程度。因此,教师应当将学习目标具体化为明晰的评价目标。缺乏明确的、清晰的评价目标,教师和学生都不清楚需要什么样的表现,收集什么样的作品或成果。在确定评价目标时,教师要注意以下几点:(1)分解后的评价目标应当与所要评价的学习目标一致。(2)评价目标应尽量顾及认知、情感与动作技能等不同领域。(3)认知领域的目标应着重高层次的目标。因为,如果评价记忆、了解等低层次的目标,可以采取纸笔测验,不需要花那么多的时间和精力通过档案袋来评价。(4)每一点评价目标应当相互独立,不至于造成档案袋评价相互混淆。另外,作为一种教学策略和评价工具,要和学生一起讨论打算通过档案袋来反映的评价目标。当然,如果档案袋评价用于总结性评价,则应由全体有关教师共同参与制定。

(三)决定收集内容及样本的数量

对于什么东西应该放进档案袋,依据的就是看他是否能提供反映学生真实情况的有效证据。如果有些评价目标无法用档案数据方式呈现,则应采用表现活动的形式,来取代书面的档案,或将表现活动通过录像、拍照等形式呈现于档案袋中。同时,还要决定在档案袋中每一类内容要包含多少个样本。比如,要收集一篇自传、两篇记叙文、三篇议论文,这个数量是依据什么来确定的?一方面要看是否能覆盖你要评价的目标,另一方面要考虑评价的信度。选择合适的样本数量,对教师的重要性往往大于学生和家长。当然,作品数量也应顾及学生程度、能力,以及所需时间等因素。

链接7-3

L·保尔森为某一学区制定的成长记录袋使用指导方针,为教师提供了如何创建和使用小学数学成长记录袋的新思路(Paulson,1994),这一指导方针可从网上查到,网址为Http://www.nwrel.org/eval/toolkit/primary.html。保尔森在指导方针中提倡教师让学生将以下东西放进成长记录袋:

- 操作技能——可用绘图或照片记录下来,放在成长记录袋中。
- 技术的运用——用书面或口头形式报告使用计算机、计算器的结果。
- 小组合作以解决问题——可能包括教师的、学生互动的记录及个体贡献的陈述。
- 所学知识应用于实践——以书面或口头形式报告在课堂以外数学应用的实例。
- 跨学科应用——在其他学科领域中应用数学、图表和表格的样例。
- 期刊和班刊的运用——在成长记录袋中保留一份数学期刊。

资料来源:Linn, R. L. & Gronlund, N. E.,国家基础教育课程改革"促进教师发展与学生成长的评价研究"项目组译.教学中的测验与评价[M].北京:中国轻工业出版社,2003:216.

(四)确定评价标准

档案袋评价由两类标准组成,一是用于对档案袋整体的评价,包括整个档案袋的设计、呈现、完整性等;一是用于评价档案袋内容领域中所要反映的每一个评价目标及其作品,每一个作品的评价标准根据评价目标的不同而不同。缺乏明确的标准,学生将没有明确的方向来完成表现并进行作品或成果的选择,因此,明确档案袋评价标准是档案袋评价成功与否的关键。在确定好档案袋评价的目的、目标和所要收集的内容类型之后,教师要自行设定或是组织学生及有关人员一起来开发评价标准。如果档案袋评价是用于班级与班级或年级与年级间的比较,那么档案袋的评分规则应当由全体教师共同制定。如果是创建过程型档案袋或展示型档案袋，那么，档案袋评价标准的制订最好能提供机会让学生参与，教师与学生一起确定评价档案袋内容质量的标准，因为，这些标准是今后学生进行自评、互评和他评的依据，也是教师作出反馈的依据。

> **练习7-2**
>
> 　　选择一个档案袋，为其设计两个评价标准，一个用于评价档案袋中的作品，一个用于评价档案袋整体。你可以：(1) 选择使用评分规则、核查表，或者两者的结合；(2) 确定在评分过程中使用几个等级；(3) 给每个标准都取个名字，并进行必要的说明，以表明各个等级的行为要求。
>
> 　　1. 档案袋中作品的评分规则
>
> 　　2. 档案袋整体的评分规则

　　创建和实施不同类型的档案袋评价，在开发评价标准的过程中，除了参与者情况不同外，更要考虑评价表的内容组成和形式的针对性。如，创建过程型档案袋评价时，我们不仅要开发在整个过程中对学生某个时间点上的表现进行评价的标准，还要开发整个过程中具有代表性作品的评价结果的汇总表。这样，我们才能既看到学生在不同时间上的具体表现，又能看到学生在整个过程中的进步过程与进步的具体内容及进步程度。例如，我们要就学生的论文写作创建过程型档案袋，那么我们就要开发如表7-1这样的评价表，对学生不同时间的论文稿进行评价，如第一稿、第二稿和终稿。对每一稿的评价分不同维度、按等级进行描述，描述语言应具体、易理解，并且给出意见和建议。这样的评分规则，就潜在地包含了形成性的功能。除了对各稿进行详细的评价外，还要开发表7-2这样的形成性评价汇总表，来展现学生形成性评价的过程及结果，让参与者一目了然地看到学生在论文方面的整体努力过程。①

表7-1 论文档案袋评价表

学生姓名：
从中选择一个：　　　　　　　　　　第一稿
　　　　　　　　　　　　　　　　　　第二稿
　　　　　　　　　　　　　　　　　　终稿

以下由学生填写：
1. 交论文的日期：
2. 简要地写一写你在论文中说了些什么。

3. 你认为这篇论文最成功的地方是什么？

---

① 参见［美］Borich G. D. & Tombari M. L.，国家基础教育课程改革"促进教师发展与学生成长的评价研究"项目组译.中小学教育评价[M].北京：中国轻工业出版社，2003：222-224.

续表

4. 你认为这篇文章有哪些需要改进的地方?

5. 如果这是你的论文终稿,你会不会把它放进档案袋? 为什么?

以下由教师完成(在合适的等级上画圈):
1. 反省质量
  5 非常清楚地说明自己论文的优点和不足。提出了十分具体的修改意见。
  4 比较清楚地说明自己论文的优点和不足。提出了比较具体的修改意见。
  3 明白自己论文的优点和不足,但说得不够清楚。提出了一些修改意见。
  2 对自己论文的优点和不足的认识比较模糊。修改的意见很少。
  1 没有对自己论文进行任何反省。
2. 常规要求
  5 写作常规要求完成得十分好。在拼写、标点、语法、句子结构等方面没有出现什么错误。
  4 写作常规要求完成得较好。在拼写、标点、语法、句子结构等方面只出现了个别小错误。
  3 基本上符合写作常规要求。虽然在拼写、标点、语法、句子结构等方面出现了一些错误,但不影响意义的表达。
  2 在拼写、标点、语法、句子结构等方面出现了不少错误,且影响了意义的表达。
  1 多数常规要求方面的错误使要表达的意义很模糊。缺乏对拼写、标点、语法、句子结构等方面基本要求的了解。
3. 表达
  5 十分清楚。
  4 比较清楚。
  3 大部分比较清楚。
  2 努力了,但还是不清楚。
  1 不清楚。
4. 计划(只适用于第一稿)
  5 十分清楚受众是谁。目标十分明确。有整体的论文构思。
  4 考虑到了受众的问题。文章经过构思,写作目标比较清楚。
  3 整个论文的构思基本上清楚。受众基本明确。有写作目标,但有些模糊。
  2 不清楚论文是写给谁看的。写作目标不清楚。
  1 没有经过构思。
5. 修改质量(只适用于修改稿和终稿)
  5 考虑各方提出的修改意见,比上一稿有明显的进步。
  4 采用了很多修改意见,比上一稿有一些进步。
  3 采用了一些修改意见,比上一稿有点进步。
  2 多数修改意见都未采纳,与上一稿相比,没有什么进步。
  1 没有认真修改。
评价等级总分: 平均评价等级:
意见和建议:

表 7-2 形成性论文评价表

学生姓名:

	第一稿		第二稿		第三稿	
标准	等级	标准	等级	标准	等级
反省质量		反省质量		反省质量	
常规要求		常规要求		常规要求	

续表

	第一稿		第二稿		第三稿	
	标准	等级	标准	等级	标准	等级
	表达		表达		表达	
	计划		计划		计划	
	平均等级		平均等级		平均等级	

教师对论文写作的意见：

学生对论文写作的意见：

家长对论文写作的意见：

（五）发展清晰明确的评价说明和使用指南

在确定好所要收集的内容和评价标准之后，为提高档案袋评价的效度，教师需要开发和撰写档案袋评价说明和使用指南，以帮助学生、家长及相关人员清晰地了解档案袋制作过程与评价方式、评价标准及注意事项等。档案袋使用说明包括给教师的档案袋使用说明和给学生或有关人员的档案袋评价说明。前者的内容应包括：评价目标、评价方法、评价标准、计分方式、补救教学和注意事项等。后者的内容应包括：档案内容、评价标准、注意事项或完成期限等。

> 练习 7-3
> 选择一门自己最熟悉的学科，选定一个主题及其相关评价目标，依据上述步骤，设计一个档案袋。

二、档案袋评价设计实例及说明

为了更形象地呈现档案袋评价设计的相关因素及其步骤，下面我们介绍我国台湾地区小学三年级语文课程"我的家庭、感谢老师"档案袋设计，[①]并加以适当的说明，为大家设计档案袋评价提供参考。

"我的家庭、感谢老师"档案袋所要达成的目标是：(1) 语文学习领域能力指标："能经由观摩、分享与欣赏，培养良好的写作态度与兴趣"，"能概略知道写作的步骤，逐步丰富内容，进行写作"。(2) 艺术与人文学习领域能力指标："尝试以视觉、听觉及动觉的艺术创作形式，表达丰富的想象力与创作力"。

结合主题内容和学生经验，将上述两条目标具体化为以下七条学习目标：(1) 能自行设计、整理学习档案。(2) 能运用所学新词撰写"我的家庭故事"。(3) 能写一封信给家人。(4) 能运用适当句子来描写"教师上课或生活情形"。(5) 能制作贺卡表达对老

---

① 李坤崇.教学评估：多种评价工具的设计及应用[M].上海：华东师范大学出版社,2011: 207-219.

师的感谢。(6) 能善用美术于卡片设计中。(7) 能自省档案作品。

针对七条学习目标设置了需要学生完成的针对性任务：(1) 整理与呈现学习档案。(2) 用新词撰写"我的家庭故事"。(3) 写一封信给家人。(4) 用句子描写"教师上课或生活情形"。(5) 制作教师贺卡。(6) 善用美术设计。(7) 反省档案。最后，将这七项任务设计为六份任务学习单："我的家庭、感谢老师档案目录"、"我的家庭故事"、"给家人的一封信"、"我的老师"、"教师节贺卡"、"档案的反省和感想"。通过这六份任务学习单，来完成所有任务。由于篇幅原因，我们在这里只呈现"我的家庭、感谢老师档案：我的家庭故事"任务学习单。

表7-3　"我的家庭、感谢老师档案：我的家庭故事"学习单

小朋友，请你运用最近三课所学到的"新词"，发挥你的创意，编一个生动有趣的家庭故事，让我们一饱眼福。

评价项目（小朋友不必填写等级）	评价	评价项目	评价
1. 故事题目生动、富有吸引力		4. 每课至少正确使用一个新词	
2. 内容切合主题、富有创意		5. 注意用字、标点符号正确	
3. 段落分明，善用佳句、佳词			

第　　课新词	第　　课新词	第　　课新词

故事题目：

在上述这份学习单中,我们同时看到了内置的评价重点项目。这些分维度的评价项目描述,较之传统的一张学习单评一个整体向度而言,更为具体、明确,也更具有引导的功能。当然,这还不是对学生完成的作品进行评价的评价规则。"我的家庭故事"评分规则的开发,是将确定好的评价项目根据学生的经验水平,分为不同的等级,进行分别描述,见表7-4。

表7-4 "我的家庭故事"评分规则

学习单名称与评价重点	目标层次	很好(〇)	不错(✓)	加油(△)	改进(?)	补做(×)
1. 故事题目生动、富有吸引力	产生	题目生动有趣,富有吸引力。	题目适切,但不够生动有趣。	题目生动,但不适切或有错字。	题目很不明确。	未做
2. 内容切合主题、富有创意	产生	内容主题鲜明,主题发展顺畅、富有创意。	切合主题、内容顺畅,为一般水平。	主题发展虽顺畅,但流于平常,支持立论较弱。	内容不合主题或无重点。	未做
3. 段落分明,善用佳句、佳词	组织	组织段落有条不紊,转折流畅;能善用成语、俗语或优美句子;词汇丰富优美,甚少重复。	组织段落分明;适切运用成语、俗语或佳句;词汇丰富,出现较多重复。	整体组织较不完整或僵化,段落转折不太流畅;词汇不多、平淡。	组织凌乱无序,缺乏方向,只将观念、论点、事件凑在一起;词汇极少,重复甚多。	未做
4. 每课至少正确使用一个新词	组织	正确使用三课新词。	正确使用两课新词。	正确使用一课新词。	均未正确运用。	未做
5. 注意用字、标点符号正确	区辨	用字、标点符号完全正确,毫无错别字。	错别字、无用标点符号共在两个以下。	错别字、无用标点符号共在五个以下。	错别字、无用标点符号共在六个以下。	未做

练习7-4

> 如果学生的任务是说明文写作,或者复杂的数学问题解决,或者其它适用于档案袋评价的任务,评分规则肯定有所不同。请你在你的任教学科课程目标中选择一个适合于档案袋评价的目标,设计相应的评分规则。

最后,撰写"我的家庭、感谢老师"档案袋使用与评价说明,包括:(1)学生和家长版使用说明;(2)教师版使用说明。

链接7-4 "我的家庭、感谢老师"档案袋使用与评价说明(学生版)

小朋友,教师节快到了,请设计一份有关家庭、学校的语文学习档案,作为祝贺老师教师节快乐的礼物。请你依据下列的"学习档案内容",制作一份精美的档案。开始前,先给自己一个爱的鼓励。

一、学习档案内容包括下列几项重点
(一)档案目录。
(二)我的家庭故事。
(三)给家人的一封信。
(四)我的老师(写出描写"教师上课或生活情形"的至少六个句子)。
(五)教师节贺卡。
(六)档案的反省与感想。

二、注意事项
(一)请自己制作具有创意、美观大方、符合主题档案的封面。
(二)事先决定档案的大小(如A4或B5格式)。
(三)可自己制作一本档案簿,也可购买文件夹、数据簿。
(四)档案的形状、样子可自己决定,但尽量多点变化,和别人不同。
(五)档案内容的美化可自行发挥,但力求美观,有创意。

链接7-5 "我的家庭、感谢老师"档案袋使用与评价说明(教师版)

一、达成能力指标(上文已说明,略)
二、学习目标(上文已说明,略)
三、使用与评价方法
1. 本使用与评价说明用的达成"上述语文学习领域能力指标"与学习目标的教学内涵。
2. 教师先讲解学习档案制作重点、过程与注意事项,若学生无制作档案的经验,宜详细说明,适时提供必要协助,或提供范例供学生参考。
3. 本学习档案于单元教学中实施的形成性评价,作为单元教学后的总结性评价,或诊断学生错误的依据,教师宜视教学目标与需要衡量。
4. 教师直接在学习单的"评价"部分评定等级或打分数,本说明中的评价项目、标准、计分方式仅提供参考,教师可依教学需要作调整。
5. 教师评价后写下"教师的话",再由学生携回让家长写下"家长的话",最后由学生送交教师。优秀作品建议展示供同学观摩,并予制作者奖励。

四、评价标准(每个任务都开发了分析型评分规则,具体呈现方式见上文"我的家庭故事"评分规则)
1. 教师从"能力"、"努力"两个向度在学习单的"评价"栏内进行评价,

"能力"以符号表示:很好(○)、不错(√)、加油(△)、改进(?)、补做(×)。"努力"以符号"+、-"表示"进步、退步"。

2. 若评价等级,亦可运用其他符号或评语,但仍需要事先与学生沟通,且力求符号的一致性。

3. 很好(○)、不错(√)、加油(△)、改进(?)、补做(×)等各项符号的评价标准见评分规则表,评价前必须告知学生符号所代表的意义。

五、计分方式

1. 教师可依教学目标、工作负担、学生或家长需要,采取"评定等级"或"核算等级评分"的方式。

2. 教师评定等级后,宜视需要辅以文字深入说明,并予学生适切增强。

3. 若采用"核算等级计分"方式,可依"学习档案"的六项学习单逐一计分,每项学习单均以100分计。

4. 每个评价项目之能力向度计分,如下表:

评价计分表

学习单名称	评价项目	很好(○)	不错(√)	加油(△)	改进(?)	补做(×)	基本分
档案目录	3	10	9.5	6	2	0	70
我的家庭故事	5	6	5.5	2	1	0	70
给家人的一封信	5	6	5.5	2	1	0	70
我的老师	20	4	3.5	2	1	0	20
教师节贺卡	6	6	5.5	2	1	0	64
档案的反省与感想	3	10	9.5	6	2	0	70

5. 努力向度:"+"出现一次加1分,"-"出现一次减1分。

6. 若学习单未交,则以零分计算,补交则给基本分,补交时间由教师规定。

7. 教师评价上述6个项目后,加总除以6,可以求得总平分数。

六、补救教学

1. 对某学习单表现欠佳或未达其应有水平者,施予必要的补救教学。

2. 先呈现优秀作品供需补救教学者参考,再请小组长或义工家长协助指导,最后由教师教导。

七、补充说明

1. 本档案为求简化,乃将"使用方法"、"评价单"纳入"学习档案或学习单"中,若为求完整,可将三者区分。

2. 若拟将一系列相类似的说明置于一手册,可将"使用与评价方法(一般性)"、"评价标准(一般性)"、"评等或计分方式(一般性)"、"补充说明"置于手册前言,如纳入"给家长的话"或"给小朋友的话"中。

3. 本说明可配合相关资料,仅呈现5个部分:(1) 学习目标。(2) 使用与评价方法(特殊性)。(3) 评价标准(特殊性)。(4) 评等或计分方式(特殊性)。(5) 参考答案。

　　4. 为将评价单纳入学习单,评价项目特予精简。若为详细评价,可参考有关较详细评价项目的文献数据。如下列简化模式,可予以更详细地呈现。
　　A. 将"段落分明,善用佳句、佳词"改为四项评价项目:
(1) 组织段落分明,清晰易解;
(2) 善用佳句,句型富有变化;
(3) 词汇丰富、优美,衔接顺畅;
(4) 善用语气、语调强化主题。
　　B. 将"用字、标点符号正确"改为三项评价项目:
(1) 用字有趣、准确、自然,表达主题;
(2) 用字正确,很少错别字;
(3) 标点符号运用合理。
　　5. 本档案各学习单版面可力求活泼化、生活化,低年级则必须加注音。
　　6. 本学习档案采用结构式档案袋评价,若学生初期无此经验,建议待学生具有此经验后逐渐采用半结构式档案袋评价、非结构式档案袋评价,以激发学生自我规划、自主学习能力。

练习 7-5

　　现在你已经知道如何设计一个档案袋了。如果你要评价自己在"课堂评价"这门课中的学习,你也可以设计一个档案袋来记录自己的学习。
　　请你设计一个"课堂评价"学习的档案袋。

第三节　档案袋评价的实施

　　档案袋评价的实施是一件复杂的事情,费时费力,且不是很容易能达到所期望的目的的。因此,教师在实施档案袋评价前,一定要考虑好实施档案袋评价的必要性。如果其它方式能解决,就先选择其它方式,而不是档案袋评价。如评价学生学习掌握情况,可用纸笔测验、表现性评价等一次性能收集到可用于决策的信息的,那就不必为制作档案袋而制作档案袋了。如果必须选择实施档案袋评价,那么我们就要了解确保档案袋评价质量的实施程序及注意事项。

一、档案袋评价实施步骤
(一) 为学生创建档案袋做准备
　　在实施档案袋评价一开始,教师就要分析学生所需的先备知识与技巧,并予以必要的说明和指导,以确保学生明白他们将要创建一个怎样的档案袋,以及怎样创建一个档案袋。(1) 向学生说明创建档案袋的目的与意义,提高他们的积极性。(2) 通过各种可能的方式,让学生理解档案袋将要评价的目标,以及档案袋的评分规则。(3) 帮助学生理解评价和使用说明。(4) 帮助学生准备档案袋评价所需的资料、物品等。(5) 最好给学生提供档案袋样本,帮助学生理解他们最后完成的档案袋应当是怎样的。

(二) 调动家长参与

很多时候,学生档案袋的创建需要家长的参与和支持,在创建伊始,教师先要帮助家长理解档案袋评价的性质和过程,还要鼓励家长参与评价,以取得他们的积极合作与支持。一方面,有了家长的参与,学生会更重视档案袋评价。另一方面,如果家长在一个单元开始时对这个单元的内容有所了解,他们就有机会以他们所选择的方式来促进学生的学习。家长对某个单元有了充分的认识,当然他们就会期待着看到这个单元和档案袋的最终完成情况,同时他们也会积极地参与到整个过程中来。

> 练习7-6
> 给家长写一封信,介绍你的档案袋计划,并请求家长给予支持。在信中,要清楚地说明你对学生的期望,以及希望家长提供怎样的支持。

(三) 学生收集和存放信息

学生知道了该怎么做之后,接下来就是付诸实际行动了——将确定要收集的内容放进一个合适的容器(档案袋、文件袋、文件夹等),然后将其存放在合适的地方。教师要确保每个学生都拥有自己的档案袋。在这个过程中,教师要提供必要的指导,能够使学生知道什么内容是所要求收集的,而且不会感到过分的束缚。档案袋的吸引力之一在于它的灵活性,过多的规定将会抑制学生的创造性,并会阻碍学生自我反思以及为自己学习负责的态度。同时,还应当让学生明确档案袋内容收集的时间期限、最低限度、最高限度(必要时)、内容的具体数量、档案袋的最终形式(如,装入装订的小册子还是计算机的磁盘)等。所收集的项目从形式(如信件、叙事性短文、书评、说理性短文)和内容(如报告、历史研究)上看,是多种多样的,教师也要在指导中予以详细说明,对于必做和选做的内容进行明确的区分。

> 反思7-4
> 档案袋应该长时间保存,并在新学年开始时转交学生的新老师吗? 如果答案是肯定的,那么又该如何保存呢? 如果是否定的,原因是什么?

(四) 实施评价

能进行形成性评价和自我评价,是档案袋评价的两大突出特点。因此,在收集完档案袋的内容或在收集档案袋内容的过程中,要作出及时的评价。档案袋评价的主体主要有以下几类。一是自评。学生要能根据事先确定的评价标准对自己的档案袋内容进行评价,这也是建立档案袋的主要意图之一,并且要将自我评价习惯成为自己的日常工作。必要时,教师请学生写下自我评价的结果,包括优点和缺点,以及如何改进的设想。

让学生在自我评价单上写上日期。二是教师评。如果是过程型档案袋，那么教师要在学生完成一个阶段的任务后给予及时的评价；如果是展示型或结果型档案袋，教师要组织多个评价员对学生的作品作出比较客观的评价。教师的评价不能只给出一个分数，尤其是过程型档案袋，而要给出描述性的、具体的反馈意见。三是家长评。教师要帮助家长理解评分规则，并对学生的档案袋作品进行适时的评价。

表7-5 自我评价表

学生姓名：　　　　　　日期：

关于所选作品的描述：

对作品的自我评价：

努力实现的目标：

实际上做到了：

下次需要改进的是：

链接7-6　一个有反馈意见的档案袋评分规则样例

维度	等级	为改进你的表现，你可以
设计和实施调查	4 高级 3 正确 2 不完全 1 不正确 0 拖欠	想一想你在调查中有哪些局限。 找出另外一种方法。 找出一组新的数据。 对没有预期到的结果作出解释。 想想你还可以做什么其他调查。
证据和交易	4 高级 3 正确 2 不完全 1 不争取 0 拖欠	一定要说明你作出这种选择的所有理由。 确保你发现了所有的重要证据。 确保你已经表述了至少两个完整且准确的观点。
概念的理解	4 高级 3 正确 2 不完全 1 不正确 0 拖欠	想出你使用科学信息的其他方式。 找找其他一些有用的科学信息。 想想这些科学信息有什么可能的局限性。
交流科学信息	4 高级 3 正确 2 不完全 1 不正确 0 拖欠	想出一些创造性的做法，使你的工作与众不同，比如加一个说明图表或图片，使用彩色的图像或特别的标签，等等。

Wilson. M., Draney, K. & Kennedy, C. GradeMap[computer program]. Berkeley. CA: BEAR Cecter, University of California, 转引自[美]Borich, G. D. & Tombari, M. L., 国家基础教育课程改革"促进教师发展与学生成长的评价研究"项目组译. 中小学教育评价[M]. 北京：中国轻工业出版社, 2003：232.

（五）举行讨论会

档案袋讨论对发挥档案袋评价的潜在功能具有重要的意义。在讨论中要充分发挥学生的互评能力，并且在这个过程中互相学习，取长补短。同时，在讨论的过程中，教师在适当的时候要作出适当的评价，来纠正或确证学生之间的评价，并进行适时的引导。有时候，档案袋讨论会也即档案袋评价总结会，对学生一段时间以来的学习与表现进行一个小结，它很好地将评价与教和学结合在一起。必要的时候，教师还可以邀请家长参加讨论会。在讨论会上，学生档案袋里的内容就成了教师在分析学生的表现时"摆事实、讲道理"的重要依据。

链接7-7

塔利莎（8岁）在课堂成长记录袋讨论会上和鲍勃的谈话

这是我的成长记录袋，里面的一切都是我自己完成的。我完成了所有的书写，我很自豪，也特别喜欢它。我用了电脑，并把材料装订了起来，做成了现在这个样子。我亲手干的。贾森（Jason）是我的同伴，他给了我一些好的建议，但我自己做了所有的修改。瞧，我的绿房子模型！你想知道这是怎么做成的吗？这可是我自己干的！看见小水珠了吗？这叫凝结。知道那是什么吗？我知道。我画了一幅图在上面，所有的都是我完成的！你想先看什么呢？

资料来源：[美]Montgonmery, K.，国家基础教育课程改革"促进教师发展与学生成长的评价研究"项目组译.真实性评价——小学教师实践指南[M].北京：中国轻工业出版社，2004：131.

可见，档案袋评价的实施过程并非只是让学生把一些作品放入一个容器就了事了，它需要教师从始至终地给予指导，并及时地作出反馈。它也需要教师的专业智慧，将档案袋评价的实施与教学的过程很好地整合在一起，不然，档案袋实施所要花费的时间，会成为我们阻碍教学顺利进行的一大因素。

二、实施档案袋评价应注意的事项

为了更有效地实施档案袋评价，在实施的过程中，我们还要注意以下事项：

（一）应实施多次、持续的反思和反馈

在实施档案袋评价时，应当充分发挥学生自我反思的作用和教师及时反馈的作用。档案袋评价是教师依据学习目标，请学生持续一段时间主动收集、组织与反思学习成果的档案，以评价其努力、进步和成长情形。学生经过一段时间的资料收集过程之后，如果教师能分成几个阶段来讨论、检视学生的进度与状况，阶段性地呈现作品展示或交换同学心得，并给予及时的反馈，可更精确地掌握学生的学习过程，诊断学习问题，提高档案袋评价实施的质量，增进学生的成长，并增强其反思能力。

（二）应与其它评价方法并行

虽然档案袋评价具有很多优点，可很好地发挥兼顾过程与结果的评价的作用，并且

在学生的自我反思与自我管理能力上尤其占有突出的优势,但档案袋评价同时也具有增加教师批阅时间、增加工作负担等缺点。因此,档案袋评价不应作为评价学习结果的唯一评价工具,能通过其他方式评价的,尽量通过其他方式。

(三)应顾及可使用的资源与学生家庭背景的差异

教师实施档案袋评价应了解学校、小区或网络等可用资源,学生必须花费的人力、物力、经费与时间,家长、学生、学校对档案的接受度或支持度。另外,档案袋制作与学生父母的受教育程度、对子女教育关心与投入程度息息相关。如果父母教育程度比较高,且重视子女教育,其通常会引导、协助档案袋制作,甚至代子女完成;而父母受教育程度较低或不关心子女教育的,则通常不会给予子女协助。因此,教师在实施评价时,应顾及学生家庭背景的差异。

> **反思7-5**　在制作与形成档案袋的过程中,如果出现很多事情由家长代办,而不是由学生自己完成的情况,该怎么办?如何杜绝这种事情的发生?

(四)应渐进式地实施

教师应当根据学生的年龄和已有经验考虑档案袋的结构化程度,渐进式地实施档案袋评价,以避免学生茫然摸索,或一开始就遭受严重挫折。即应由结构式档案袋到半结构式档案袋,再到非结构式档案袋。结构式档案袋评价,指教师为学生提供主题和档案重点,并给予学生明确的指导。半结构式档案袋评价,指教师仅提供学生档案主题和档案重点,学生自行规划和呈现学习重点与形式。非结构式档案袋评价,指教师仅告诉学生档案主题,未告知其他内容,学生依据重点自由发挥,完全根据自己的理解和创意呈现学习成果。在本章第二节中向大家介绍的"我的家庭、我的老师"档案袋评价就是结构式档案袋评价。在学生还没有制作档案袋经验的情况下,采用此方式为宜。教师如果将此结构式档案袋评价删除六张任务学习单,仅呈现六项学习档案重点,则成为半结构式档案袋评价;若再将学习档案重点删除,仅告知学生学习主题为"我的家庭、感谢老师"语文学习档案及注意事项,则成为非结构式档案袋评价。

(五)应与教学紧密结合

教师实施档案袋评价应将其与教学紧密结合起来。如果档案袋评价离开教学,仅是学生个人兴趣的收集,对教学的意义就很低。如果档案袋评价纯粹是教学结束后的事情,那么就失去了档案袋评价的本真意义。因此,教师实施档案袋评价时,必须明确指出档案袋评价与教学目标、教学内容的关系,定期地给予学生指导与反馈,以达成预先设定的教学目标。要将档案袋评价实施的过程和教学的过程合二为一。

(六)应充分利用现代信息技术

现代信息技术的迅猛发展及其普及,为我们实施档案袋评价提供了很多便利。电子档案袋就是现代信息技术应用于教育领域的产物,它很好地解决了档案袋的存放和携带问题。与纸本的档案袋相比,它具有以下几大优点:(1)内容和形式更加丰富多彩。可以是静态的文字、图片,也可以是动态的音、像、动漫等。(2) 具有更大的开放性。任何人都能够经过简单的操作进入访问。(3) 具有交互性。访问者和档案袋主人可以在通过在线或留言的方式交流评价意见。(4) 具有动态性。除了可以动态地展示作品外,档案袋的内容也可以随时根据学习的进展而有所增补。因此,如果有条件,我们就应当引导更多的学生使用电子档案袋,或者档案袋中的部分内容用电子版的形式来处理和保存。

> **反思7-6**
> 在使用档案袋评价的过程中,教师经常需要花费一些额外的时间。有些教师会认为,与其在这些花样上花时间,不如把时间用在教学和练习上。你怎么看?

> **练习7-7**
> 请列举使用档案袋评价过程中一些高效利用时间或有效节省时间的方法。

进一步阅读的文献:

1. 李坤崇. 教学评估:多种评价工具的设计及应用[M]. 上海:华东师范大学出版社,2011.

2. [美]Borich, G. D. & Tombari, M. L., 国家基础教育课程改革"促进教师发展与学生成长的评价研究项目组"译. 中小学教育评价[M]. 北京:中国轻工业出版社,2003.

3. [美]Linn, R. L. & Gronlund, N. E., 国家基础教育课程改革"促进教师发展与学生成长的评价研究项目组"译. 教学中的测验与评价[M]. 北京:中国轻工业出版社,2003.

4. [美]Stiggins, R. J., 国家基础教育课程改革"促进教师发展与学生成长的评价研究项目组"译. 促进学习的学生参与式课堂评价[M]. 北京:中国轻工业出版社,2005.

5. Oosterhof, A. *Developing and using classroom assessments*. Merrill Prentice Hall, Inc, 1999.

第八章

评价结果的运用（上）

导读

在运用各种评价方法收集到学生的学习信息之后，就会涉及到这些信息，也即评价结果的解释和运用问题。如果你是学生，也许你难以想象评价结果还有一个运用的问题，印象中似乎教师没怎么运用评价结果啊，如果有运用，也通常只是把以分数、等级为表征的结果告诉我们吧。如果你是教师，那你应该能够列举评价结果的一些用途吧？

评价结果的运用是评价能否有效促进学生学习的关键所在。但并非用了评价结果，学生的学习就能得到改善。评价结果的正确运用体现在两个方面：一是向学生提供反馈，以改善学习；二是为自己提供反馈，以调整教学。本章主要关注前一方面，即如何将评价结果反馈给学生，以改善学生的学习。

本章从介绍评价结果的多重用途入手,明确课堂评价的结果应用以促进学习,然后关注旨在促进学习的评价结果运用的一种方式——给学生反馈,并探讨了反馈的含义、种类,以及反馈的作用,最后提出了有效反馈,也即促进学习的反馈,应当遵循的原则。主要内容包括:

第一节　评价结果的多重用途;
第二节　给学生反馈;
第三节　有效反馈的原则。

通过本章的学习,您将能够:

1. 认识评价结果的多重用途,知道评价促进学习的关键在于评价结果的运用;
2. 掌握反馈的含义、类别,认识反馈在改进学生学习中的重要作用;
3. 掌握有效反馈的原则,能分析实践中教师在理答、作业或试卷批改时运用反馈所存在的问题,能够运用有效的反馈技术。

第一节　评价结果的多重用途

以评价目标为依据,运用多种评价方法,评价者会收集到各种评价信息,我们可以将这些信息称为评价结果。但评价者通常不会只为获得评价结果而实施评价,而总是将评价结果当作实现某些目的的依据,所以,评价过程必然会涉及到评价结果的运用。评价结果如何用,是由评价的目的决定的。其实,当我们讨论评价的不同目的时,就是从评价结果的用途来区分的。正因为评价结果有多方面的用途,评价才能达成多重目的。概括而言,评价的两种最重要的用途就是用于"价值判断"和用于为改进提供支持。

一、价值判断

评价,就其字面而言,隐含着"评定价值"的意思,也即对所评对象的价值作出判断。英文中与评价对应的最常用的词——evaluation——也是"引出价值"、"价值判断"或"价值评定"的意思。中英文中"评价"一词的字面意思似乎都清晰地告诉我们,评价与价值判断存在紧密的关联。

不过,评价并不必然总与价值判断相关。其实价值判断并非评价的本意,而只是评价结果的一种用途。评价过程会收集到众多的信息,这些信息可以成为价值判断的证据或基础。当评价结果用于为价值判断提供证据时,评价看起来很像价值判断。而且,由于实践中运用评价时经常有一个趋向,即重在作价值判断,而忽略作为价值判断基础的事实判断,以至于人们经常会产生一种错觉,认为评价就是价值判断,而不是运用评价结果的一种方式。

用评价结果来作价值判断,关键就是运用评价结果来证明评价对象是否符合某种质量标准,是否达到某种水平,是否具备某种能力,是否胜任某种工作或学习机会……

总体而言，就是要运用评价结果来对评价对象本身进行推论。试想，一位教师对学生实施了多次考试，然后根据学生的考试成绩对学生这门课程的学习状况下一个结论："优"或"96分"，或者在心里想，"这个孩子数学不行的"，这就是运用评价结果来作判断。或者甚至在一次小测验后，认为某个学生没有学好相应的学习内容，也是运用评价结果来作判断。如果你是一位师范生，你将必然遭遇两道入职门槛：首先是通过教师资格考试，然后通过当地的教师招聘考试。在这两种考试中，你都会获得相应的结果，这种结果将决定你能否获得教师资格证书，或者决定你能否正式受聘成为一名教师。这两种评价都是与价值判断直接相关的。

就本质而言，用于价值判断的评价，就是基于所收集的信息作出与某种价值标准相关的推论，比如从教师资格考试的成绩推论出你是否具备成为教师的基本素质，从学生考试中的表现推断出他们是否达成期望达成的学习目标，或是否具备学习相关内容的能力。这种推论首先取决于评价背后的价值取向，也就是所谓的"好"到底是什么。如果我们认为学生"学习好"就是记住我们所教的内容，或者是能够灵活运用所学知识来解决问题，我们对同一学生的判断是否会有所不同？如果我们认为"学者即良师"，或者"学者未必是良师"，我们对同一教师的判断是否会有所不同？答案是一定的。这种推论也取决于评价中所收集到的信息，也就是所收集到的信息能否足以推出与特定价值观相关的结论。比如，从一张基本上要求学生回忆所学知识的试卷中收集的信息中能否推出学生在"高层次思考"价值标准下是否"好"？或者是否能从一张测试教师学科知识的卷子中收集到的信息中推出某位教师是否"学者未必是良师"价值标准下的"良师"？更明确地说，这种推论取决于第三章所讲到的评价方法与评价目标的匹配，更取决于评价目标背后所隐含的价值观，即评价目标一定得反映或体现相应的价值观念。

> **反思8-1**
>
> 我们希望教学能有效"促进学生的发展"，但具体怎么看"发展"，却受到不同价值观的影响。教育历史上的"实质教育"与"形式教育"之争，就是教育价值观的冲突。当前素质教育与应试教育争论中的强调"知识"抑或"学力"，同样是教育价值观的冲突。如果我们坚持教育要发展学生的学力，那么我们的评价目标（也就是教学的目标）是否应该更多地定位于知识的掌握上？

二、支持改进

如前所述，评价并不必然总与价值判断相关，价值判断也不必然是评价题中的应有之义。在英文中，另一个与评价对应的词"assessment"明确告诉我们，评价就是收集信息，所收集的信息既可用于价值判断，也能用于其他用途，如支持改进。

其实，对于评价结果在支持改进方面的用途，我们并不陌生。大部分教师在被问及实施评价的理由时，都不会忽略这一方面的作用。比如，告诉学生结果，就会让学生知道差距；拿不同学生的结果来作比较，就会使学生产生进步的动力……大多数时候，课堂评价的结果难以作为重大的价值判断的依据，但很可能成为教师对学生"印象形成"的依据，给学生"下结论"、"贴标签"的依据。可只要了解教师的职责，我们就知道这种做法的错误——教师的职责在于促进学生的发展,而不是对学生的发展情况作鉴定、下结论,甚至给学生贴上"差生"之类的标签。即使要做鉴定,这种鉴定也应是为促进发展服务的。

课堂评价的结果更应用来支持学生学习的改进。美国教育评价专家斯塔弗尔比姆就曾明确指出,"评价最重要的意图不是为了证明,而是为了改进"。[①] 斯克里文首先倡导的"形成性评价"就是强调运用评价来支持改进,威金斯提出的"教育性评价"同样如此;斯蒂金斯提出的"促进学习的评价"直接强调运用评价来促进学习,国内在新一轮基础教育课程改革中倡导的"发展性评价"亦如此。

这些评价观念尽管名称各不相同,但本质却高度一致,都强调运用评价来支持改进。评价对改进的支持会体现在很多方面,比如,评价目标会起到强大的引导作用,如果让被评价者事先了解评价目标,那就能让被评价者明确改进的方向;评价本身有可能提供学习机会,如让学习者在新的情境中应用所学;评价也能给被评价者带来动力或压力,从而推动他们的改进,等等。但评价支持改进的一个最重要的方面却是评价结果的适当运用,即将评价所收集到的信息用以支持改进。可是,并不是信息得到运用就能够支持改进。这些信息能否有效地支持改进,要看谁来用、怎么用,还要看信息本身的性质。

学生的学习改进受多方面因素的影响。就人的因素而言,学生本人、教师、学生家长、学生同伴都是影响学习改进的重要因素。因此,这些人也就应该是评价结果的重要用户,尤其是学生本人和教师。教师是评价信息的当然用户,学生也必须成为这些评价信息的重要用户,如果学生不能获得评价信息,改善即使是可能的,也是受到极大限制的——如果学生只是因为评价带来的压力而更努力地学习,却不知道自己的问题所在,也不知道自己当前状态与目标状态之间的差距,学习的改进必然受到限制。

通过评价获得的信息怎么用,是影响信息能否有效支持改进的另一因素。从课堂评价而言,教师天然地拥有评价信息,可如果他只以这些信息为依据形成对学生的印象,对学生的学习作出"好"或"差"的判断,甚至用于给学生贴标签,那么这种信息运用是无助于学生学习的改进的;学生也可能获得评价信息,但如果学生只把这些信息当作成功或失败的证据,那么这些信息对学习的改进作用是有限的,甚至可能是有阻碍作用的。对评价信息的正确运用应该是:对于教师,能以这些评价信息为依据来调整教学,作出有益于学生学习的改变或改善;对于学生,能运用这些信息来主动管理和调节自己的学习。

不过还得指出,信息本身的性质也会极大地影响这些信息对学习改进的支持作用。本章的标题"评价结果的运用",涉及到的"评价结果"这一概念极易让人产生一种印象,以为这就是评价的最终结果,比如一个等级、一个分数、一个名次,或者一本证书、一份录取通知书等。其实本章所指的"评价结果",就是指通过评价所获得的信息,是具体的信息,而不是概括化的结论性的信息。如果只是一种概括化的结论性信息,即使学

---

① [美]斯塔弗尔比姆.方案评价的CIPP模式[A].载:瞿葆奎主编.《教育学文集·教育评价》[C].人民教育出版社,1989:298.

生掌握了，学习也不会因此而有明显的改进；如果学生能够获得具体的描述性的信息，那就更可能知道自己当前的学习状况，知道当前状况与目标状况之间的差距，因而更有可能改进学习。

总体而言，运用评价结果支持学习改进主要通过两条路径：学生以评价结果为依据来调整自己的学习；教师以评价结果为依据来作出教学决策，对教学作出有利于学生学习的调整。前者即为给学生反馈，后者可以称为自我反馈。本章后面的内容将关注给学生反馈，自我反馈将在第九章讨论。

第二节　给学生反馈

学习总是基于原有的知识经验基础之上的，学习的改进就是从当前的状态达到目标所要求的状态。学习或学习的改进都需要学生充分了解自己当前的学习状况。评价能够收集到关于学生学习状况的信息，如果学生能够获得这些信息，那么就有可能判断自己与目标要求之间的差距，从而能够更好地达成目标。

一、什么是反馈

我们对作为一个日常概念的反馈并不陌生，事实上，我们在日常生活中经常经历着反馈：与人交谈，发现某些内容对方没听清，我们会重复一遍，那是因为我们从对方那里得到反馈；手碰到火，手就会缩回，那是因为我们收到"疼痛"的信号，这也是反馈；你上完课，你的同事或指导教师与你交流你上课的情况，其中也有很多反馈……

反馈（feedback）是控制论的基本概念，指将系统的输出返回到输入端，并以某种方式改变输入，进而影响系统功能的过程。最初源于无线电工程技术，后来应用于生物、社会和生产技术等领域，是解释自动调节现象的重要原理，现已成为现代科学技术的基本概念之一。扩展来讲，凡是从作用对象那里得到信息，均可视为反馈。如此而言，在教育领域，反馈作为一种现象的存在十分普遍。如教师看到学生的表现，可能会采取某种相应的行动；教师把学生的学习情况写进家校联系单交给家长；教师把收集到的关于学生的学习情况告诉学生；学生相互检查作业，然后了解自己的作业情况；学生自己看书，发现了自己作业中的错误；学生自己检查作业或试卷，发现了其中的问题，等等。所有这些，都是我们平常理解的反馈。

练习 8-1

下表罗列了教师的一些日常行为，你认为其中哪些行为属于反馈？哪些不是？

你还能够增加哪些你认为属于反馈的行为？

1. 讲授新内容。
2. 提问。
3. 对学生提问的回应。
4. 发现学生学习上的问题，并因此调整自己的教学。

> 5. 实施课堂小测验。
> 6. 批改作业。
> 7. 批改试卷。
> 8. 与家长交流。
> 9. 准备成绩报告单。
> 10. 在学生练习或作业时进行课堂巡视。
> 11. _____。
> 12. _____。

如今反馈已成为教育研究的一个重要领域,相关的研究日渐丰富。不过,许多相关文献似乎都将反馈当作一个内涵边界非常清晰的概念,因而未作任何界定。作为一个学术概念,反馈到底是什么?在反馈研究领域一个非常重要的学者约翰·哈替(John Hattie)——他长达几十年的研究揭示了反馈对成就有最为强大的影响——就承认自己曾经"为理解这个概念而努力"。他在其极具影响力的《反馈的力量》一文中将反馈界定为"一个主体(教师、同伴、书本、父母、自己、经验)提供的,关于个人表现或理解的信息"。[1]威金斯等评价专家也曾经对反馈这一概念作过深入的辨析,认为反馈就是"关于我们在达成目标的努力中做得怎样的信息"。[2]具体来说,反馈是一种信息,但并非所有的信息都是反馈。反馈一定是关于某些主体(如学生)"表现"的信息,而且一定是与目标相关的信息。换言之,这种信息是关于实际水平与目标或参照水平之间的差距的信息。之所以要与目标相联系,就是因为反馈目的指向于缩小实际水平与目标或参照水平的差距。

如此而言,一些描述性事实或对于实际水平的评论,比如教师在课堂中对学生回答问题之后给予的赞扬,就不是反馈,因为它不包含关于学生所做的事的信息;给予学生的忠告或建议也不是反馈,因为它同样不包含这类信息。按照威金斯的观点,作为一种反馈的信息,"是关于我的行动与目标相联系的效果,信息不包括价值判断和关于如何改善的建议"。[3]威金斯给出了两个反馈的实例:

例1:一个朋友告诉我:你知道吗?当你用更柔和的音调那样说时,我感觉好多了。

例2:一个读者评论我的故事:最初的几段完全吸引了我的注意,所描述的情景生动而有趣。但后面的对话难以跟上。作为一个读者,我搞不清谁在说,行动的顺序让人迷惑,因此我就不大投入了。

威金斯对上述两个例子作了如下评述:"所接收到的信息不是忠告,也不是被评

---

[1] Hattie, J. & Timperley, H. (2007). The power of feedback. *Review of Educational Research*. Vol.77, No.1, pp.81–112.
[2] Wiggins, G. (2012), Seven keys to effective feedback, *Educational leadership*, Vol.70, No.1. pp.10–16.
[3] Wiggins, G. (2012), Seven keys to effective feedback, *Educational leadership*, Vol.70, No.1. pp.10–16.

价的表现。没有人告诉作为一个表演者的我做什么会不同,或者我的结果有多好或多差(你可能认为那个读者在判断我的作品,但他只是在叙述我的作品对作为读者的他的感受)。他们也没有告诉我做什么(这是忠告,许多人错误地把它当成反馈)。指导是有些过早,我首先需要接收的是关于我所做的事情的反馈——它能够证明这种忠告是有依据的。"

链接8-1

威金斯关于"反馈"与"忠告"、"评价"的区分

反馈 vs. 忠告

> 你的报告需要更多的例子。
> 你应该用一支更轻的球棒。
> 你应该在你的单元计划中包含一些基本问题。

这些陈述都不是反馈,而是忠告。这些突如其来的忠告往好的说是离题的,往最差的说是无助的、令人讨厌的。除非前面加上了描述性反馈,否则表现者的自然反应会是"你为什么这样建议?"

我们经常直接给予忠告而没有首先保证学习者看到、掌握、尝试性地接受忠告所基于的反馈。这样做会不知不觉地终结紧张不安的学习者,学生逐渐不信任自己的判断,越来越依赖于专家的忠告,因此,在有来自于不同的人的多种忠告或者没有忠告时,就会惊慌失措。

如果你反馈中忠告的比率较高,可以试着问学习者:"有了这反馈,你知道如何改善了吗?"这种做法从长远看有助于建立自主和信心,一旦他们不再是新手,他们就会在必要的时候自我忠告。

反馈 vs. 评价和等级

> 太棒了!
> 这篇文章很糟糕。
> 你的演讲只能得C。
> 我很喜欢你的手抄报!

这些评论作出了价值判断,是对所做事情的评价、打分、赞扬或批评。其中很少,甚至没有反馈——没有关于所发生的事的可操作的信息。作为行动者,我们只知道某人给予我们所做的高或低的赋值。

如何将这些评论转化成有用的反馈?一种技巧就是在每一价值陈述之后加上一个冒号,例如:

- "太棒了:你在这篇作文中的用词比上一篇准确多了,我好像看到了你描述的景色。"
- "这篇文章很糟糕:几乎从第一句开始,我就迷惑了;第二段的主题与第一段没有关系;第三段没有提供证据,只有信念。"

这样你会发现评价性的语言减少了——这种评价性语言对改进不会有用。

评价、评定的最常见的形式在学校中非常普遍,以至于我们很容易忽视其无法有效地成为可操作的反馈这一点。等级无疑是不可避免的,但这不意味着我们应当依赖它们作为反馈的主要来源。

资料来源:Wiggins, G. (2012), Seven keys to effective feedback, *Educational leadership*, Vol.70, No.1: 10–16.

从表面上看,与我们平常经常将反馈理解为一种行为不同,这些学者都将反馈界定为信息本身,而不是将之看作一种活动,但实际上,这些学者同样将反馈看作一个行为,即给予反馈信息的行为。当我们考虑"有效反馈"时,我们所关注的显然不只是所传递的信息本身,同样也关注信息传递的方式,比如,我们在讨论有效反馈时,经常会提到一条基本原则:"及时反馈",这里的反馈就是指将反馈信息传递给学生的行为。

> **反思8-2**
>
> 现在你对反馈是否有了新的认识?请回顾"练习8-1",看看对那些行为是否有不同的界定。

二、反馈的类别

反馈从所传递的信息内容和具体的实施来看,有多种不同的方式,因而可以分成不同的类别。有些分类中不同类别的反馈只是由于不同的适用情境,在效果上尚无明显的优劣;有些分类中不同类别的反馈则存在着明显的效果差异。

(一)个体反馈和群体反馈

根据反馈的接收者的情况来分,反馈可以分成个体反馈和群体反馈。所谓个体反馈,就是针对特定个体的反馈,它需要在一对一的情境中实施,可以针对特定个体的特定表现给予反馈,接受者很清楚所传递的信息适用于自己,因而能够更专门化,更清晰,更适应个别差异,也能够更好地服务于学生。所谓群体反馈,则是以一群个体——通常是一群有相同问题或错误的个体——作为对象同时实施的反馈。相对于个体反馈,群体反馈能够有比较高的效率,能够节省时间,但未必有更好的效果,因为反馈的接收者必须判断特定的反馈信息是否适用于自己,这依赖于反馈接收者的自我评价能力。如果某些反馈接收者缺乏自我评价的能力,那就可能并不明确某些特定的反馈信息是否针对自己,因而反馈也就可能无法真正地发挥作用。

需要注意的还有一种介于两者之间的反馈,即在群体中对个体的反馈。这种情况在课堂中相当普遍,典型的就是理答,也就是在课堂提问过程中对学生回答的回应。这种回应面向全体学生,但针对的却是某个学生个体对教师提问的回答。学生在群体中和在一对一情境中对相同反馈信息的情绪反应可能会不同,这进而会影响到对所接收信息的运用,因此,在群体中给予个体反馈需要特别小心,要避免让学生感到尴尬和丢脸。

> **练习8-2**
>
> 教师经常在作业或试卷讲评时采用群体反馈的方式,如面向全班同学进行反馈。你认为这种做法有何问题?怎样才能让这种做法得到更好的效果?请列举几个"问题",并提出几条"改进措施"。
>
> 问题一:_____
>
> 改进措施:_____

> 问题二：_____
> 改进措施：_____
> _____

（二）正面反馈和负面反馈

从反馈信息主要关注学生所做的事中做得好还是做得不够的来分，可以将反馈分成正面反馈和负面反馈。所谓正面反馈，是指所提供的信息更多地关注学生已经做的事中做得好的方面，更多地关注学生的成功。这能对学生产生激励作用，能够使学生产生更大的学习动力。所谓负面反馈，则是提供关注学生未做或做得不够好的方面的信息，更多地关注学生与目标之间的差距。相对于正面反馈，负面反馈更有助于学生看到自己的问题所在。

前者是激励性评价所要求的，但问题是，激励能够带来信心和动力，却很难保证这种信心和动力一定能转化成好的学习成效，因为学生很可能不知道自己的问题在哪里，不知道朝哪个方向去努力。而负面评价尽管可能会挫伤学生的积极性，但更有助于学生明确自己的问题所在和努力的方向。因此，在反馈中不应一味强调激励和正面评价，也应当有负面的评价。不过，如果传递的信息只涉及表现中的错误或不足，如果学习者只有在犯了错误时才能得到反馈，可能会挫伤学生的积极性。

反思8-3

> 有人说，中国教师和美国教师评价观的差异可以用以下类比加以说明：看一杯水，中国教师更多地关注水有没有装满杯子，关注已有的水与满杯的差距；而美国教师更多地关注杯中已有多少水。
> 你认为哪种评价观更好？

（三）共时反馈和终点反馈

根据提供反馈信息的时间分，反馈可以分成共时反馈和终点反馈。所谓共时反馈（concurrent feedback），就是尚在学生表现或完成任务的过程中给予反馈信息。学生在做课堂作业时教师巡视，随时给予反馈，就是一种共时反馈。共时反馈需要及时关注学生的表现，及时收集相关的信息，并及时将信息传递给学生。共时反馈对学生，尤其是低年级学生的表现改善有明显的效果，但也可能打断学生的思路，给学生带来一些干扰。特别是当学生在完成一些需要深入思考的任务时，太快给予反馈可能会妨碍学生的思考，会使学生过度依赖教师的反馈，从而妨碍他们自我监控、自我调节能力的发展。

所谓终点反馈（terminal feedback），是指完成任务之后甚至间隔一段时间再给予反馈，在任务完成过程中以及任务完成之后，到给予反馈之前，没有进行任何的教学干预。终点反馈可以分为两种情况：一种是任务完成之后即实施反馈——这依然可以看成及时反馈；另一种是任务完成之后到给予反馈之间有一个时间间隔。在这两种情况下，终点反馈的效果存在差异：如果间隔一段时间再给反馈，那么教师收集到的准备反馈给学生的信息可能会在储存过程中发生失真，或遗漏，或歪曲，甚至可能发生错误。即使教师记录了这些信息，但如果这些信息不是一些非常具体的描述性信息，那么教师完全可能忘记这些信息所指向的学生的具体表现。即使教师刚刚完成对学生表现的评价或者记得很清楚，当反馈给学生时，学生却可能因为间隔了一段时间而难以回忆起自己当时的表现了，因此反馈也就难以发挥其应有的作用了。

> 请你在下表中列出共时反馈和终点反馈的优缺点。
>
> 　　　　　　　　　　优势　　　　　　　　　缺陷
>
> 共时反馈
>
> 终点反馈

练习 8-3

（四）评价性反馈和描述性反馈

依据所提供的信息的性质，反馈可以分成评价性反馈（evaluative feedback）和描述性反馈（descriptive feedback）。评价性反馈提供的信息是结论性或判断性的，如告知学习者与他人比较的情况，或好与差的判断，或者等级、分数。评价性反馈通常在学习结束时发生，能够让学习者知道自己是否需要改善，但未能提供足够的信息让学习者知道要改善需要做什么。描述性反馈提供的信息是关于表现的具体的、特定的信息，不作简单的结论或价值判断。本质上就是教师将收集到的具体信息与学生分享。与评价性反馈不同，描述性反馈不是在学习结束之后才实施，而是在学习过程中循环往复，就像师生之间就某个具体的作业的对话；它指向于学习目标的达成，依据来自于学生表现的具体例子来指出表现良好和需要改善的领域，不作赞扬或批评，让学生在自己控制之下来改进学习，同时向学生示范良好的思考方式。大量的证据表明，提供关于特定任务的书面评语比只提供等级更有效。关于这一点，佩奇（Page, E. B.）在其有影响力的研究中已经发现，以简短的书面评语的方式提供反馈比起只提供等级，明显地改善了 74 个班级的学生的考试表现。[①] 因此，相对于评价性反馈，描述性反馈能够更好地支持学习的改善。

评价性反馈	描述性反馈
等级：A、B、C、D、E，或优、良、中、差 数字：85 分、72%、16/20 等 符号：+、-、√ 评语："很好！"、"真棒！"、"需要改进"等 贴纸：☺ ……	学生共同参与设定和运用评分规则（rubrics）。 学生对自己的作业进行自我评价。 运用关注具体技能的评语。 圈出错误的地方并给出关于这种错误的评语。 ……

表 8-1

评价性反馈与描述性反馈

[①] Page, E. B. (1958). Teacher comments and student performance: A seventy-four classroom experiment in school motivation. *Journal of Educational Psychology*, 49, pp.173-181.

不过,有些教师可能会认为描述性反馈需要提供关于学生表现的具体的细节,因而会更费时间,实施不便。其实,描述性反馈只需要描述与学习目标相关的具体信息,因为只有与目标相关的信息才能帮助学生更好地达成目标。而且,描述性反馈有多种做法,教师提供具体的信息说明哪些指标达到、哪些指标尚未达到,只是描述性反馈的一种方式,学生将自己的作业与样例或详细的指标作比较,就是在给自己描述性反馈;当其他同学运用指标来描述某一特定的事情时,他们也得到了描述性反馈。

练习 8-4

下列评语中哪些是评价性反馈,哪些是描述性反馈?请在第三列中分别用 E 和 D 来表示评价性反馈和描述性反馈,并与同伴交流你的观点和理由。

1. 下次要更努力。
2. 在整个演讲过程中,你都与听众保持目光接触。
3. 准备工作做得很好。
4. 第三桌的同学已为上课做好准备。他们的桌子很干净,他们坐下了,而且很安静。
5. ☺
6. B+
7. 你的作文在观点和内容上可得 5 分,但在语法规范上只能得 2 分。
8. 你的成绩总在平均分之上。
9. 你的解释说明你已经掌握了主要观点。我要提醒你一点,想想第三句话,看看能否更好地表述来支持你的论点。
10. 因粗心犯的错误太多了,把作业拿回去好好修改。
11. 第 3、7、10 题主语和谓语的搭配错了,拿回去,订正后再交给我。
12. 我觉得自己已经清晰地讲解了要求,我尽了我的责任。现在你能明白为什么没有达到要求了吗?
13. 你的文章中语意不明的句子太多了。
14. 你这次的读书报告非常好,我很喜欢!
15. 你今天没有好好听。我希望你下次能改正。
16. 好极了!你正在成为一名优秀的学生。
17. 你运用公式正确地解决了问题。但在第二步犯了些小错误。
18. 你已经很接近标准了,只要再稍稍努力,你就能达到标准了。
19. 回去对照下评分规则。我给你的整体评分是 3 分,我希望你通过修改能得到 4 分。
20. 某些细节材料安排的地方似乎不很合适。

(五)反馈的四个层面

根据反馈所提供的信息的具体内容,反馈可以分成四个不同的层面。反馈就是传递信息,而信息可能会涉及到不同的内容,有些涉及到所做的事情本身,有些涉及到做事时背后的思考,有些涉及到做事时的态度和习惯,有些可能指向于人本身。反馈领域的重要研究者约翰·哈替(Hattie, J.)和海伦·蒂姆博雷(Timperley, H.)依据反馈所提供的信息的焦点内容将反馈分成了任务层面、信息加工层面、自我管理层面和个人层面。①

反馈的焦点十分重要,会直接影响其效能。首先,反馈可以是关于任务或产品的,如作业做得对还是错。它可以包括获得更多的、正确的信息的指导。其次,反馈可以指向于完成任务或创造产品时所进行的信息加工,或者获得理解、完成任务时的学习过程,比如,如果你能够运用我们前面讨论过的策略,你的发言会更有说服力。第三,反馈也可以关注自我管理层面,包括自我评价技能和完成任务的态度、信心等,例如,好好检查一下是否遗漏了什么重要的信息。这种反馈对学生作为学习者的自我效能感、自我管理能力和自我信念有重要影响,学生能受鼓励或被告知如何更好、更轻松地继续学习。第四,反馈也可能直接指向于"人",比如"你真棒","这是一个聪明的回答!"这种反馈与学生在任务上的表现没有什么相关。

任务层面的反馈关注任务完成得有多好,也被称为矫正性反馈,通常关注正确性、整洁性、行为,以及其他与任务完成相关的指标。这种反馈对于错误的回答更有效,但如果学生缺少必要的知识,则根本不能回答,那么进一步的教学比反馈本身更有效。当与自我层面的信息混合时,任务层面反馈的功效会减弱,如"真聪明!你是对的!"任务层面反馈的问题之一,就是不能迁移到其他任务上。如果能让学生从任务走向加工,然后再走向自我管理,反馈会更有效。局限于任务层面的表现可能会使学生过度关注不必要的细节的正确性而忽略对于完成任务更重要的信息加工,更多关注直接的目标而不是实现目标的策略。

信息加工层面的反馈关注任务背后的信息加工,关注关于环境中的关系、人所感知的关系,以及环境和人的感知的关系的信息。如果表面化地理解学习,学习就是知识的获得、储存、再生产和运用,因而与任务层面的反馈关系更紧密。但如果深入地理解学习,学习就是意义的建构,与关系、认知加工、迁移的联系更紧密。信息加工层面的反馈的一种主要类型与学生的错误检查策略相关。这种反馈也能充当一种提示机制,导致更有效的信息搜寻和任务策略的运用。对于加强深层次的学习,这一层面的反馈比任务层面的反馈更有效,但这两者之间存在着强有力的交互影响,后者有助于改善完成任务的信心和自我效能感,而这反过来会为更有效的信息和策略搜寻提供资源。

自我管理涉及到承诺、控制和信心之间的互动,体现为学生监控、引导和管理达成目标的行动,与自我监控、自我引导、自我规制接近,能导致对反馈信息的寻找、接受和调节。按照哈替等的看法,自我管理层面的反馈至少会从六个方面影响反馈的效能:自我反馈和自我评价的能力,为寻求和运用反馈信息而努力的意愿,信心或对自己答案正确性的确信,自我效能感,对成功和失败的归因,寻求帮助的能力。比如,信心强或对答案的确信程度高,就不会给予反馈很多注意;当希望自己的答案正确而结果证明是错误时,反馈有最大的效果;当信心程度低且答案被证明错时,反馈也会被忽略,因为在这种情况下,学生需要的不是反馈,而是进一步的指导和信息。学生对成败归因对学习的影响通常比成败本身更大,如果学生不能将反馈与其糟糕的表现的原因联系起来,

---

① Hattie, J. & Timperley, H. (2007) The power of feedback. *Review of Educational Research*. Vol.77, No.1, pp.81–112.

那就可能对其自我效能感和表现产生极其负面的影响。不清楚的评价性反馈可能加剧消极的后果,导致不确定的自我印象,导致更为糟糕的表现。不应得的成功反馈提高了结果的不确定性,导致自我设阻(self-handicapping,也可译为自我妨碍)。这种自我设阻不是反复失败的结果,而是源于反复无常的、混乱无序的反馈强化史——学生经常被奖励,却经常对因什么而被奖励有深深的不确定感。

个人层面的反馈表达的是对学生正面的(有时是负面的)评价,通常很少包含与任务相关的信息,通常不能转化成对学习更大的投入和承诺、更强的自我效能感,或对任务更好的理解。这种反馈只有在导致学生与学习目标及完成任务的策略相关的努力、投入和自我效能感发生变化时,才可能对学习产生影响。笼统的赞扬是无效的,但需要区分将注意从任务引向自我的赞扬和指向于努力、自我管理、投入或信息加工的赞扬,后一种赞扬有助于提高自我效能,因而会有效果,但伴随着关于加工或表现等信息的赞扬的效果依然是有限的。

链接8-2

> Sharp(1985)报告说,在他的研究样本中,有26%的青少年学生喜欢在完成任务后得到大声的、公开的赞扬,64%喜欢低声的、私下的赞扬,有10%没有回答。Burnett(2002)、Elwell和Tiberio(1994)发现,小学生的情况也类似,他们更喜欢因为努力,而不是因为能力而获得赞扬(尤其是当这种赞扬是公开实施时),更喜欢因为成绩,而不是因为行为而获得赞扬。
>
> 可是,教师给的赞扬有时会被一些学生当作惩罚,如果这种赞扬当着一个不看重学校成就的同伴群体的面时(Brophy, 1981; Carroll et al., 2001; Carroll, Durkin, Hattie & Houghton, 1997; White & Jones, 2000)。赞扬也可能会给学生对自己能力的自我评价带来负面的影响,Meyer, Bachman, Hempelmann, Ploger, Spiller(1979)和Meyer(1982)等发现,年龄稍大的学生将成功后的赞扬和失败后的中性的反馈视为教师认为其能力较低的指标;而失败后进行批评、成功后给予中性的反馈,他们会认为教师对自己的能力评价较高,但努力不足。这种情况在年龄稍小的学生那里并不明显,但他们将成功后的赞扬视为高能力的标志,而将失败后的批评视为低能力的信号。
>
> 资料来源:Hattie, J. & Timperley, H. (2007) The power of feedback. *Review of Educational Research*. Vol.77, No.1, pp.81–112.

三、反馈的力量

为什么需要把评价所收集的信息反馈给学生?首先这是课堂评价的功能指向所要求的。课堂评价不同于外部评价,课堂评价是教学的有机组成部分之一,目的在于改善学生的学习。而学生要改善自己的学习,就必须知道自己当前的学习状态及其与目标要求之间的差距——反馈正好能够提供这样的信息。当然,学生也可以通过自我评价获得这类信息,但对于自我评价能力发展水平较低的年轻学生,来自于教师的反馈必不可少,即使对那些有较强自我评价能力的年龄稍大的学生而言,来自于教师的反馈至少能够成为一个有效的补充。但之所以要强调反馈,更重要的原因在于反馈本身的作用,或者反馈的力量。

关于反馈的作用或者反馈对行为改进的效果的研究在早期其实属于心理学研究范畴。被称为"教育心理学鼻祖"的著名心理学家桑代克(Thorndike, E. L.)提出的"学习三定律"——准备律、练习律、效果律——就涉及到相当丰富的反馈的内容。在桑代克早期的学习理论中,学习被看作一个"试误"而产生或加强"联结"的过程,所以练习被当作一个影响学习的最重要的因素。可是,后来桑代克经过严格的实验,发现单纯的重复练习并不能加强联结,因此在1930年后放弃了练习律。

桑代克的实验要求一位被试蒙上双眼,画一条四英寸长的线段,每天反复画几百次,但每次都得不到主试关于线段长短的任何反馈信息。连续画了十几天,到第12天,该被试所画线段长度的概率分布与第一天没有明显差别。这一实验结果表明,单纯地重复某一行为,却不知道行为的后果,那么行为的相对频率就不会有什么变化,甚至根本不会发生变化。这一实验反证了练习律,同时证明了效果律——行为主体看到行为的效果对行为改善有非常重要的作用,也证明了反馈的重要性。后来另一位心理学家赫洛克(Hurlook, E. B.)把被试分成四个等组,在四个不同诱因的情况下完成任务。第一组为激励组,每次工作后予以鼓励和表扬;第二组为受训组,每次工作后对存在的每一点问题都要严加批评和训斥;第三组为被忽视组,每次工作后不给予任何评价,只让其静静地听其它两组受表扬和挨批评;第四组为控制组,让他们与前三组隔离,且每次工作后也不给予任何评价。实验结果表明:成绩最差者为第四组(控制组),激励组和受训组的成绩则明显优于被忽视组,而激励组的成绩不断上升,学习积极性高于受训组,受训组的成绩有一定波动。总体而言,关于反馈的研究告诉我们:有压倒性的证据表明,如果做得好,反馈可以是教学者拥有的最有效的工具。[①]

反馈至少可以通过以下途径影响学生的学习:首先,反馈能够让学生知道自己当前的学习结果或水平,就像要去哪里首先得知道自己现在在哪里,学生的学习改善一定得明确自己当前的学习状况;当学生得到的反馈信息是当前学习状况与目标要求之间比较的结果时,这种反馈还能够让学生明确自己的目标,知道自己要去哪里,也即明确自己的努力方向。其次,反馈能够让学生知道自己是怎么学的,了解自己的学习策略、学习方法、学习习惯、学习态度等,从而有可能为改善学习作出调整。第三,反馈能够影响学生在学习上的自我效能感及其他情绪动力因素,这些情绪动力因素反过来会极大地影响学习成效。第四,反馈也能够给学生一种示范,让他们学会自我反馈。这种自我反馈对当前的学习改善以及未来的终身学习会产生持续的积极影响。

不过,如果反馈对学习改善有影响,但与其他影响学习的因素的影响力没有明显差别,甚至更小的话,那也就没有必要特别强调反馈了。反馈的作用有多大?哈替的研究可以说明。

哈替曾经对500多个有关影响学生成绩的因素的元分析进行了分析。这些元分析中涉及到180 000个研究和两到三千万名学生,也涉及到影响学生成绩的100多个因素,其中包括学校、家庭、学生、教师、课程等重要因素。哈替的分析发现,学校教育的平

[①] Scherer, M. (2012). Finessing feedback. *Educational leadership*, Vol.70. No.1: p.7.

均效果是0.40。以此为基准,可以判断包括反馈在内的其他多种影响因素的效果。分析发现一些常规因素的影响效果如下:直接教学——0.93;交互性教学——0.86;学生先前的认知能力——0.71;家庭的社会经济条件——0.44;家庭作业——0.41;缩小班级规模——0.12;留级一年——-0.12。在这500多个元分析中,至少有12个研究涉及到课堂中的反馈,其中包括了196个研究。对这12个元分析的研究表明,反馈的平均效果达到0.79,几乎是学校教育平均效果的两倍,可以位列哈蒂所研究的那些影响最大的前5—10位。也许正因为如此,威金斯甚至认为"更多的反馈等于更好的结果"。[1]

可是,研究同样表明,不同类型的反馈在效果上存在巨大的差异,有些反馈的效果明显比另一些反馈更好。这些研究表明,当学生接收了关于任务以及如何做得更好的信息反馈时,效果值最高,而与赞扬、奖励、惩罚相关的效果值较低。哈蒂的另一个研究对74个元分析(其中包括了7 000多个研究)作了总结,证明最有效的反馈是为学习者提供了线索或强化,以基于视频、音频或计算机的方式实施的,与目标相联系的反馈。而程序教学、赞扬、惩罚和外部奖励的效果最差。[2]

表8-2 不同类型反馈的效果

反馈的类型	元分析数量	研究数量	效果范围(effect size)
线索	3	89	1.10
反馈	74	4 175	0.95
强化	1	19	0.94
视频或音频反馈	1	91	0.64
计算机辅助反馈	4	161	0.52
目标与反馈	8	640	0.46
集体反馈	25	1 149	0.37
延时与即时反馈	5	178	0.34
奖励	3	223	0.31
惩罚	1	89	0.20
赞扬	11	388	0.14
程序教学	1	40	-0.04

克鲁格和德尼斯(Kluger, A. N. & DeNisi, A.)的研究则告诉我们,以不同方式实施反馈,同样会对学习效果产生不同的影响;不同条件实施的反馈也会有不同的效果。比如,提供关于正确的反馈信息要比告知错误的反馈效果好,告知学生与先前表现相比较的变化的反馈比未告知这种变化的反馈效果好,目标越具体,任务的复杂性越低,反

---

[1] Wiggins, G. (2012). Seven keys to effective feedback. *Educational leadership*, Vol.70. No.1: 10–16.
[2] Hattie, J. (1999, June.). Influences on student learning (Inaugural professorial address, University of Auckland, New Zealand). Retrieved from http://www.arts.auckland.ac.nz/staff/index.cfm? p.8650.

馈的效果也就越好，对任务表现的赞扬基本上是无效的，低威胁的气氛中反馈的效果更好，因为学生可以将注意集中于反馈信息。见表8-3。

表8-3 不同反馈的效果值[1]

	中介	效果值
正确性反馈	这是正确的	0.43
	这是错的	0.25
与先前表现相比较的任务反馈	是	0.55
	否	0.28
用以鼓励学生的任务反馈	是	−0.14
	否	0.33
关于任务的赞扬	是	0.09
	否	0.34
计算机提供的反馈	是	0.41
	否	0.23
提供反馈的次数	多	0.32
	少	0.39
任务的复杂性	非常复杂	0.03
	不复杂	0.55
目标	难	0.51
	易	0.30
对自尊的威胁	高威胁	0.08
	低威胁	0.47

另一个研究也证明了不同的反馈会带来不同的效果。这个实验研究将48个参与者随机安排到四个组中。第一组接受矫正线索和正面反馈，第二组执行错误线索，第三组接受正面反馈、矫正线索和错误线索，第四组为控制组。全部有矫正性反馈的组都提高了他们在简单技能上的结果分数，但只有第一组和第三组提高了高难度技能的分数。在延时测试中，第一组和第二组的简单技能明显好于后两组。可是在高难度技能的掌握上，第三组优于其余三组。第一、三组在简单技能上的自信心分数提高了，但另两组没有；在困难任务上，只有第三组提高了。[2]

---

[1] Kluger, A. N. & DeNisi, A. (1996) The effects of feedback interventions on performance: A historical review, a meta-analysis, and a preliminary feedback intervention theory. *Psychological Bulletin*, 119 (2), 254–284.

[2] Tzetzis, G., Votsis, E. & Kourtessis, T. (2008), The effect of different corrective feedback methods on the outcome and self confidence of young athletes. *Journal of Sports Science and Medicine*.7, 371–378. http://www.jssm.org.

这告诉我们，并非所有我们称之为"反馈"的行为都能够对学生的学习产生积极的影响——事实上，表8-2"反馈的类型"中所罗列的，有些在许多学者看来根本就不是反馈。只是我们的关于反馈的日常概念中包含了这些活动，而且这些活动在我们的日常教学实践中非常普遍。比如"奖励"，尤其是有形的奖励，德西（Deci, E. L.）等就认为不是反馈，因为其中包括的关于任务的信息如此有限。他们的研究发现，外部奖励与任务表现存在着负相关（-0.34），有形的奖励明显削弱了内部动机，在那些有趣的任务上尤其明显。

第三节　有效反馈的原则

既然不是所有的反馈都能起到改善学习的效果，那么我们就得明确什么样的反馈才能有效地改善学习。下面将会涉及有效反馈对反馈信息本身、传递反馈信息的方式和条件的要求。

一、与目标相关

并非教师所提供的所有信息都是反馈，教学中大部分时间教师都在提供信息，但不一定是在反馈，只有当所提供的信息涉及到学生所做的事时，这种信息才可能是反馈。换言之，反馈信息一定关乎学生已经发生了的行为的过程和结果，涉及到对学生做了什么、怎么做、做得怎么样的描述。如果行为尚未发生，相关的描述就不是反馈，而是教学或者指导。

可是，有时提供了这样的描述性信息却可能无助于学生表现的改善。试想，一个小学语文教师要求他的学生完成一个片段的写作，该片段必须采用总—分—总的结构。学生完成作业后教师批改作业，在作业本上将所有的"好词好句"划出来，将所有的错别字、语法错误或标点错误圈出来。教师的确就学生的作业本身向学生提供了描述性的信息，无疑向学生提供了反馈信息。可是，这些反馈会帮助学生在下一次写作同样的片段时做得更好吗？也许学生们在下一次会避免写同样的错别字、犯同样的语法错误或标点错误，但不可能保证他下一次一定能够写出一个好的"总—分—总"结构。关键的问题在于，教师没有向学生提供与目标要求相关的信息，即总起句是否很好地概括并引导了分述的几个方面；分述的几个方面是否是对总起句的很好的展开；总结句是否很好地总结了几个分述的方面，并很好地呼应了总起句。只有这样的信息才是与目标相关的信息，只有与目标相关的信息才能有效地帮助学生达成目标。威金斯说，"当且仅当我试图做些什么，而信息告诉我是在正确的轨道上还是需要改变时，信息才变成反馈"，而要判断是否"在正确的轨道上"，最重要的依据也许就是目标。看到一个人南辕北辙，你会告诉驾车的人错了（这是一种反馈），可是如果你不知道他要去哪里，你会告诉他错了吗？看到一个人缘木求鱼，你会告诉他错了（这是一种反馈），可是如果你不知道他是因"求鱼"而"缘木"，你会告诉他错了吗？有效的反馈信息其实就是学生当前作业情况与目标要求相比较的结果。

> 反思8-4
>
> 下面是一篇小学生的作文：
>
> 今天，我和爸爸一起去参观了中山陵，看到了三个孙中山，一个站着的，一个坐着的，一个躺着的。最后，我还在马路边撒了一泡尿，然后我们就回家了。
>
> 如果我要求各位给这篇作文评分，你怎么评？
>
> 给学生提供反馈，你是否需要一些额外的信息？如果需要，你需要的最重要的信息是什么？

但目标存在多种情况，不同的参照系中有不同的目标。有些目标可能是相对的目标，比如与他人相比较——学校教育中经常采用这样的目标，即对学生进行排名，给学生设定班级中或年级中名次的目标；或者与自己原有的水平作比较。有些目标则是绝对的目标，比如小学五年级的特定主体的习作就有基本确定的标准和具体的指标。这些不同类型的目标会影响到解释评价结果时的参照系：如果强调与他人比较，就是一种常模参照；如果强调与自己比较，强调进步，那就是一种个体内差参照；如果强调与某个确定的标准和指标比较，那就是一种标准参照。通常而言，告诉学生第20名（当前水平），实际上也就告诉他与目标（比如第12名）的差距，这是一种反馈，可这种反馈对学生改进学习不会有明显的功效。也许该学生会更努力，但很可能不知道实际的差距在哪里，因而也就不知道朝哪个方向去努力；更重要的是，学生也知道，单靠自己努力是不足以保证这一差距的缩小的，还得看他人的情况。所以目标不该是与他人相比较的目标。

> 链接8-3
>
> 有个例子能够很好地说明常模参照和标准参照之间的区别：
>
> 你的班级去爬山，你没去，但你想知道某个同学到哪里了，就打电话问，结果你得到两个不同的回答："他在队伍中间"和"他爬到半山腰了"。这两个回答的差别就在于参照系的不同，前者为常模参照，后者为标准参照。

常模参照就是与其他学生或"学生的平均水平"作比较。这是当前大多数学生及其家长经历过且熟悉的比较方式。常模参照能够应答家长想知道其孩子与同学相比较表现如何的需要。课堂中的常模参照告诉我们一个学生是否比其他学生表现得更好，但不能告诉我们该学生事实上所做的事情。其提供的信息是比较性的，因此只适用于竞争性的目的。常模参照的评估不能提供关于学生所知、所做的任何信息，也不能告诉我们某一学生个体的特定困难和适当的下一步骤。常模的概念导致将学生分成高于或低于常模，这与固定的智力观是紧密相关的。运用另两种参照来解释结果，会给学生更有用的反馈信息。标准参照是拿学生的实际表现与某个确定的标准及与这一标准相关的具体指标作比较，一定关注学生当前的表现，而且是那些与指标相关的表现，因而能够让学生明确与目标的实际差距，也就能让学生明确学习的方向。个体内差参照是将学生当前的表现与过去相比较,也许这种参照难以让学生看到与目标的差距,但如果我们想让学生看到自己的进步,那么这种参照会是非常有效的。

严格地说,每个学生的学习都是个别化的。但在一个班级中,实际需要有特别高或特别低目标的学生还是少数,教师也没有能力对所有学生实施完全个别化的教学,因而更适合于大多数学生的目标还是源于课程标准的学习目标,规定了学生学什么、学到何种程度的目标。教师要给予有效的反馈,就必须时时记得自己的教学目标,也即学生的学习目标,然后将学生的表现与目标相比较,并将相关信息传递给学生。

二、清晰具体

反馈应当提供关于表现状况的、清晰的、具体的信息,越是具体清晰,反馈信息对学生的可利用性就越强。笼统的、模糊的反馈信息缺乏明确的指向性,让学生难以理解其确切的含义。如果信息不具体,比较笼统,学生就可能不清楚自己的问题在哪里,不知道自己的表现与教师要求的差距在哪里。空泛的赞扬或批评、高度概括化的评语、笼统的成绩或等级,都是不具体的。比如,教师说,"你上课没有认真听",学生就可能不清楚到底是哪些行为让教师推断出自己上课时没有认真听,因此也就无法有意识地去避免这类行为。如果教师提供一些具体的细节而不是一个概括化的结论,"我注意到你这节课中有三次做小动作,一次看窗外,老师提问时你都没听清老师问什么",情况就可能完全不同。学生会知道,教师所提及的这些行为是需要避免的。甚至看起来非常具体的涉及到具体题目的批改符号也都可能是不具体的。教师经常给学生做错的题一个符号"×",可是学生不一定知道错在什么地方。如果信息不具体,也就可能缺乏清晰性,学生就需要去猜测信息的含义,因而也就难以保证所接受的信息就是教师所传递的信息。因为信息的模糊,信息在传递的过程中就难免会失真,那么这种信息也就无法为学生所用,难以起到促进学习的作用。英国著名评价学者威廉(Wiliam, D.)在一个对六年级学生的研究中发现,以书面评语的方式向学生提供反馈,比起只向学生提供分数之类非特定化的反馈,导致了显著更高的成绩。[1]

> **练习 8-5**
>
> 一个语文试题
> 阅读以下问答,填写完成下列对话。
> 小明:＿＿＿＿＿＿＿＿＿＿＿＿＿＿＿＿＿＿＿＿＿＿＿＿＿＿＿＿＿＿＿。
> 小龙:我要去踢足球,你呢?
> 小明:＿＿＿＿＿＿＿＿＿＿＿＿＿＿＿＿＿＿＿＿＿＿＿＿＿＿＿＿＿＿＿。
> 小龙:我们不能下午做这件事吗?
> 小明:＿＿＿＿＿＿＿＿＿＿＿＿＿＿＿＿＿＿＿＿＿＿＿＿＿＿＿＿＿＿＿。
> 以下是四个学生的答案:

---

[1] Wiliam, D. (2011) *Embedded formative assessment.* Bloomington, IN: Solution Tree Press.

学生甲
小明：我要和你一起去踢足球。
小龙：我要去踢足球,你呢?
小明：那你也去操场。
小龙：我们不能下午做这件事吗?
小明：你不愿意下午做这件事吗?

学生乙
小明：你想去做什么?
小龙：我要去踢足球,你呢?
小明：我想和你一起去打栏球。
小龙：我们不能下午做这件事吗?
小明：那好。下五见。

学生丙
小明：你做什么今天上午?
小龙：我要去踢足球,你呢?
小明：我你想看电影去。
小龙：我们不能下午做这件事吗?
小明：那好。统一。

学生丁
小明：_____。
小龙：我要去踢足球,你呢?
小明：_____。
小龙：我们不能下午做这件事吗?
小明：_____。
小龙上午应该去操场踢足球,而小明更想去看电影。小明同意上午去踢足球。

当教师给反馈时,这四个答案通常会得到一个符号,一个钩上加一个点,含义倒是挺清楚,表示有对的地方,但有问题。但问题何在,学生是否一定清楚? 有时教师也会给这些答案确定的分数,如果学生甲得到65分,学生乙得到82分,他们会知道自己的问题在哪里吗?

请你分别给这四个答案具体的、清晰的描述性反馈。

学生甲_____

学生乙_____

学生丙_____

学生丁_____

资料来源:[比]易克萨维耶·罗日叶,汪凌,周振平译.学校与评估:为了评估学生能力的情境[M].上海:华东师范大学出版社,2011:155.引用时经过改编。

要保证信息的具体、清晰,首先需要向学生提供一些具体的细节,而不是概括化的结论。如果提供结论,至少也应当同时提供推出结论的证据——即具体的细节。许多所谓的"反馈"导致了争议,因为反馈给予者没有进行充分的描述,不是呈现具体的信息,而是直接从具体信息跳到了推论。例如教师可能会犯一个常见的错误,说"同学们都没有好好听课",这是一个判断,而不是观察。如果换个说法,"我数了下,25个学生中有12个出现了持续的开小差行为,包括在桌子下发短信、不做笔记、与其他学生交头接耳。可是当小组活动开始后,我注意到只有一个学生还有这种行为",那么会更有用,更少争议。其次，要运用学生熟悉的词汇和符号。反馈信息应当是"用户友好"的，反馈信息的用户是学生，信息的清晰性不是对教师而言的，而是对学生而言信息的含义是否清晰。一个教师对一个小学二年级的学生说，"你这篇文章的逻辑不清楚"，从教师角度而言，传递的信息非常清晰，但学生很可能一头雾水，因为他不理解什么是"逻辑"。如果反馈时要运用一些符号，那么得事先让学生明了不同符号的确切含义。第三，只关注最重要的方面。如果反馈时面面俱到，那么教师没有时间提供具体清晰的描述性信息。要抓住与学习目标相关的最重要、最主要的问题，给出具体清晰的反馈。而且一次反馈关注的点也不要太多，关注表现中一两个关键元素的反馈比涉及所有方面的大量反馈效果更好。第四，要让具体、清晰的信息发挥充分的功效，就别附加分数。有时清晰易懂的反馈也不能为学生所接收，可能的原因包括学生不知道寻求这样的反馈，或者忙于表现而没有关注结果，但一个重要的原因，就是已经形成了关注教师评价的习惯，容易忽略具体的描述性信息。当这样的描述性信息与分数一起出现时，学生往往只关注分数，这时，具体信息的积极效果丧失殆尽，因为"得到高分的学生不需要看评语，而得到低分的学生不想看"。[1] 第五，要保证学生接收了信息并检查学生对反馈信息的理解，确保其正确理解了教师所传递的信息。要让学生形成主动寻求描述性信息而不是评价性信息的意向和习惯，并在反馈之后询问学生是否明白，或者要求学生重复反馈信息的内容，说明接下来怎么做。

> **链接8-4**
>
> 一个学生学期结束时跟老师说："老师，我整学期的英语试卷上你都写了同样的一个词，我不知道它是什么意思。""哪个词？"学生回答说，"Vag-oo"（其实这个词是 vague，意为"模糊的"）。
>
> 参见：Wiggins, G.（2012）Seven keys to effective feedback. *Educational Leadership*, Vol.70. No.1.
>
> 当我的女儿克莱尔上三年级时，有一天她把一张数学试卷带回家，顶端有教师给的一张笑脸，还有一个"M"。我们一起看了试卷后，我问，"你知道这是什么意思吗？"她看起来有些迷惑，说，"数学"。我接着问："你知道这告诉你要学习什么吗？"她更迷惑了，说："数学？"克莱尔不知道试卷上的符号对于她学习数学意味着什么，这些符号没有告诉她哪里做得好，哪里需要进一步努力——显然，这些符号不是有效的反馈。
>
> 资料来源：Chappuis, J.（2012）How am I doing？ *Educational Leadership*, Vol.70. No.1.

反馈信息的具体、清晰，意在保证信息对学生的可用性，因此如果能够让学生学会运用这些信息，至少与提供具体、清晰的信息同样重要。但学生，尤其是年龄较小的学生并不能自然地就会运用反馈信息，因此，教师的指导甚至示范就显得非常重要。请看以下案例：

---

[1] Wiliam, D.（2011）*Embedded formative assessment*. Bloomington, IN: Solution Tree Press. p.109.

如果老师能，那我也能[①]

我的三年级学生不能运用口头和书面反馈来改善他们的学习。我决定来示范这一过程。我让学生对我的教学提供反馈。有机会对自己的老师进行评价对他们都是第一次，起初都犹犹豫豫，然后马上就知道自己可以残忍地诚实，他们编制了问卷，并回答一系列关于他们如何学习以及他们在班级中喜欢或不喜欢做的事。

第二天，我依据他们的建议改变了我的课，并明白地告诉他们我所做的事。他们看起来很震惊，因为我不仅认真倾听他们，而且还按照他们的建议作了改变。从此，他们对反馈的运用有了一个生动的、印象深刻的实例。

三、分享信息

反馈的本质就是提供信息，也就是教师将自己通过评价获得的信息与学生分享或共享。正如前面所指出，反馈要向学生提供具体的、清晰的、描述性的信息，这些信息源于他所做的事，以及所做的事与目标之间的比较，而不包括忠告——"你应该……"，或者建议——"你可以……"之类关于下一步行动的信息，同样不包括只反映教师对学生所做的事的感受的信息，或者教师对学生的想法、动机之类的缺乏完整证据的推论。提供关于自己感受的信息当然是反馈，但诸如"我很失望"或者"我很满意"之类的信息实际上没有向学生提供对于他们改进学习有用的信息，尽管这种表述能够影响学生的情绪，但这种情绪能否转变成学习的动力，或者更强的动机能否一定带来更好的效果，都是不确定的。而诸如"你一定很努力"或者"你太懒惰了"之类未经求证的推论很可能是不符合实际的，很可能引起学生的抵触，同样无法提供有助于改进的信息。

链接8-5

对十年级学生社会实践论文片段的三个反馈实例

过度反馈

[①] 国际著名期刊《教育领导》2012年9月号的全部内容都与反馈相关，其中有一部分，A Time When Feedback Made a Difference，专门辑录了中小学教师的反馈实践案例。所引内容就来自其中，一位来自北卡罗来纳州希勒市弗吉尼亚十字小学的第二语言教师 Wendi Pillars 提供的案例。

有指导的反馈

S	Along with military technice of
SPCPS	ther mn the persian's apted the
PPSP	Assyrian's state-of-the art warfar
SSS	wich increased ther secrity. as
CP	an Empire

标注了需要关注内容的反馈

如果教师提供了超过学生需求的指导，那么反馈就不能促进学习，因为学生不需要思考了。上表展示了一个教师可以给予十年级学生有典型错误的社会实践论文片段反馈的三种方式。第一个例子就是过度反馈，它替代学生作思考，相当于说"打扫你的房间"，然后自己动手打扫；第二个例子通过标出每一行中错误的类型来提供指导（C: capitalization，大写；P: punctuation，标点；S: spelling，拼写），但没有替代学生全部的思考；第三个例子只用小圆点指出每一行中需要改进的地方，但没有指出具体的错误，要求学生自己确定错误在哪里，如何改正。这需要学生更多的思考，因而也增加了让学生从经验中学习的机会。

资料来源：Chappuis, J. (2012), How am I doing？*Educational Leadership*, Vol.70. No.1.

至于直接给出忠告或者建议，或者直接改正错误之处，一个好处就是让学生明白接下来怎么做。但这种好处也是有局限的，因为学生可能只知道接下来做的一种方式，或者知道在这种情境下怎么做，却不知道做得正确的其他方式，或者将这种方式迁移到其他问题情境之中。更糟糕的是，这种做法剥夺了学生在反馈中学习的机会，丧失了根据现有学习状况决定下一步怎么做的自由，结果会使学生逐渐丧失自己生成解决方案的能力，产生对外部力量的高度的依赖性。这对学生未来的学习和发展是非常不利的。有效的反馈只为学生的思考提供信息，而不替代学生自己的思考。

链接8-5中的案例告诉我们，有时反馈不一定要将信息非常明确地告诉学生，可以给予学生一些提示或线索，让学生自己去发现。提示（prompts）是一种能够引发学生认知或元认知活动的陈述或问题；线索（cues）则是用以引起学生注意的符号、身体姿态、语音语调的变化等。

所分享的信息应当是关于学生所做的事以及做事的过程的信息，既包括结果信息（或产品信息），也包括过程信息；既可以是关于做得好的方面的信息，也可以是关于做得不够好的方面的信息，或者同时包括了这两个方面的信息。

> 链接8-6
>
> 查普伊斯将反馈按信息内容分成成功反馈和介入式反馈。前者指出优点，确定学生做得对的，描述了作业的高质量的特征，或者指出了策略或加工的有效运用，例如"你的解决方案中最好的部分是……"；后者通常描述需要工作的方面，指出策略或加工上的问题，提供暗示，提出具体的建议，或者提出问题，如"你作的图似乎无助于问题的解决，试试运用我们昨天学的树形图"。
>
> **适用于低年级学生的"星星和阶梯"（Stars and Stairs）**
> 星表示学生做得好的，阶梯表示学生改善要走的步骤。
> 姓名 _____ 日期 _____
>
> ☆ _____
> _____
>
> 📶 _____
> _____
>
> 对于年纪较大的学生，我们可以运用类似的表格，用"That's Good"进行成功反馈，用"Now This"进行介入性反馈。如果我们希望监控学生的行动，我们可以在表格上补充一个部分，让他们写上依据反馈所做的以及一两个真正得到改善的方面。他们的评论有助于我们知道他们是否理解了我们的反馈。
>
> 如果反馈信息来源于成功指标，学生就能在得到反馈之前完成下表，然后我们能认可、提供额外信息或提供不同的信息。要求学生在接受反馈之前思考自己的工作，在头脑中堆积"土壤"，以让反馈的种子能够扎根并生长。此外，这种做法为学生成为胜任的自我评价者提供了有指导的实践。
>
> **评价对话表**
> 学生在接受反馈之前完成第一部分，然后教师在表上提供反馈，学生用下一步的计划来作回应。
> 姓名：_____ 日期：_____
> 任务：_____ 反馈焦点：_____
> **我的观点**
> 我的优点是：_____
> _____。

> 我认为需要改善的是：_____
> _____。
> **反馈**
> 优点：_____
> _____。
>
> 需要改善：_____
> _____。
>
> **我的计划**
> 我现在要做的是：_____
> _____
> _____。
>
> 资料来源：Chappuis, J.（2012），How am I doing？ *Educational Leadership*, Vol.70. No.1.

提供关于错误的信息同样重要。如果学生不了解自己的错误所在，那么即使借助于教师的反馈改正了错误，也依然无法保证下一次在类似的作业中避免同样的错误。比如学生某一道作业的答案是错误的，他根据教师所报的正确答案作了订正，那么，他能否在下一次做到类似题目时避免以前所犯的错误呢？而如果学生了解了错误所在，那么就可能自己找到改正错误的方法，自己去改正错误。要提供关于错误的信息，就不能简单地告诉学生"你错了"，更重要的是要确定错误的类型和模式，也即犯的是什么错误。

链接8-7

> 费舍尔和弗莱（Fisher, D. & Frey, N.）对两种错误作了区分：一种错误是因为不小心造成的，我们能够自己发现，自己纠正，一经他人指出，我们就能认识到，并且能够采取正确的行动来纠正，即mistakes；另一种错误是因为缺乏知识和技能造成的，即使非常小心也无法避免，即errors。他们认为反馈应当关注后一种错误。只是纠正前一种错误而未关注后一种错误，是教学时间的浪费。
>
> 后一种错误可以分成四种类型，对错误类型的分析有助于更好地提供反馈。
>
> 事实性错误：未能掌握事实性知识，妨碍了准确执行的能力；
> 程序性错误：导致事实性知识应用的困难；
> 迁移性错误：妨碍学生将信息应用于新的情境；
> 错误观念：包括一些前概念等。
>
> 教师在作反馈时需要知道每个学生犯了什么错误，这有助于他们将教学或干预指向于学生所需的特定领域，而不是将所有内容重教一遍。如世界历史教师安吉·格拉罕姆在她的学生合作阅读第一手文献时留心观察学生在三个领域的特定错误：浏览、提供资源、得出结论。她通过倾听学生的交流和阅读学生上交的笔记和小结收集数据，形成了下面的表格。

学生错误类型检核表
主题：阅读、理解第一手文献所需的技能

错误	课时1	课时2	课时3	课时4	课时5
预习文本的浏览	JC				
提供资源（信息出处、作者信息、文献类型、引文）	JC,JT,DL,MM,SL,ST,ND	RT,VE,VD,CC		AA,MG,SC,PM,LG	DP,DE
得出结论	JC,JT,MM	EC,SJ		AA,MG,BA,GL,PT,DO,DE,LR,SK,EM,TS,LG,PM,DP,RT,HA,KJ,DE,RC,DW,DL,KS,IP,SN,MW,JG,KE,JV	DE,MR,DC,AT

然后在每一课时中将犯错的学生名字首字母按错误的类型填写在表格之中。除了一个学生，其他学生都掌握了浏览技能。有一些学生没有掌握"提供资源"的技能。因为她已示范过且学生已尝试过这种技能，她期望学生较少犯程序性错误。看到表格中的结果，格拉罕姆知道自己需要再次教一些学生练习这种技能。表中也显示，在"得出结论"方面，四个课时都有问题，相当一部分学生未能正确运用这一技能。她知道得在全班重教一技能。她说："在我开始对错误进行分类之前，如果发现有很多学生犯了一种特定的错误，我就可能需要在全班重教这一概念。"

格拉罕姆女士没有在学生作业本上写很多，因为她直接与学生交流这些错误。这可帮助她将节约下来的批改时间用于对错误进行分析。而且，她的教学大纲中还有向学生和他们的家长解释这个过程的说明：在大部分作业中，教师不会确定学生的每一个错误。学生会在形成性和总结性评价中得到关于他们作业或表现的反馈，但不会标出我们注意到的每一个错误。相反，我们进行错误分析，确定需要知道的领域；我们寻找错误的模型（pattern of errors），而不是孤立的或异常的错误个例。在此基础上，我们为全班学生或学生小组设计额外的课程来说明我们所发现的错误。

资料来源：Fisher, D. & Frey, N. (2012), Making time for feedback. *Educational Leadership*, Vol.70. No.1.

当然，反馈中并不完全排斥关于下步怎么做的建议，实际上也有众多的学者认为反馈中应该有关于下一步怎么做的提示、暗示，或者提供相关的线索（查普伊斯甚至将指导看作一种介入式反馈），只是这种建议一定不能完全替代学生自己的思考，尤其是对年级较高的学生，和需要较高层次思考的作业。其实，有效的反馈一定是通过学生自己的认知和思考来起作用的。如果学生不能认同或者不能理解教师给予的反馈，那么就不可能去运用这种反馈信息，即使去运用，也不可能对学习的改进带来真正的改善。学生理解反馈和思考反馈的过程很可能会成为学生自我反馈的过程，给予学生思考的机会也能够有效培养学生自我评价、自我反馈、自我调整的能力，而这种能力正是教师的一个重要的、长期的教学目标。

四、及时

在教师的日常实践中，给予反馈的时间可能是在学生完成任务的过程中，比如在学生课堂练习时，教师在课堂中巡视，发现问题，即刻进行反馈，也可以在学生完成任务之后。如果在完成任务之后，可能是在任务完成之后不久，比如当天批改学生的课堂作业，然后返还给学生，也可能是间隔比较长的时间，比如间隔了三天甚至更长的时间批改完学生的作业或试卷，然后发还给学生。

给予反馈的时间是影响反馈有效性的一个重要变量。要使反馈有更好的效果，反馈就应该及时。你可能玩过俄罗斯方块或者扫雷等电子游戏，这些游戏之所以能够让你玩下去，一个非常重要的原因就是你能够马上在屏幕上看到你每一次操作的结果。其实，关于及时反馈的重要性，心理学研究中已有经典的实验来证明。

> **链接8-8**
>
> 美国心理学家罗斯和亨利把一个班级的学生分为三组，每天都接受测验。第一组每天都有学习结果的反馈；第二组每周有一次学习结果的反馈；第三组没有学习结果的反馈。进行八周后，改变做法，除第二组仍每周一次反馈外，第一组与第三组的做法互换，进行八周。实验结果表明，前八周第一组的测验分数很高，第三组很低，第二组居中；后八周，第一组与第三组的测验分数刚好相反。这一实验结果充分地说明，相对于延时反馈，及时反馈对学习的改进有更明显的促进作用。

我们经常用GPS（Global Positioning System，全球定位系统）来导航。GPS之所以能够导航，就是因为它向我们提供了我们当前所处位置与目的地之间的相对位置的信息，也就是说，GPS的导航功能其实就是通过反馈来实现的。可是，试想一下，如果一台GPS必须在半个小时之后才能反映出我们当前所在的位置，你要不要用它？间隔较长时间实施反馈经常可能使反馈失去其应有的作用。在完成任务之后间隔太长时间给予反馈，最大的问题在于两个方面：首先，反馈接收者对自己当时表现的记忆已不再清晰，尽管可能有作业本或试卷为依据，但他们很可能看到自己是这样做的，但已记不清当时是怎么想的了。这使得反馈信息不易为学生所理解，所接受。如果学生不理解、不接受反馈信息，那么反馈信息对于学生就没有任何意义。其次，作为反馈给予者的教师，也很可能想不起当时批改作业、给出反馈信息时的想法了。这使得反馈缺乏针对性，从而使反馈的效果降低。

不过，需要特别指出的是，及时反馈不等于即时反馈。即时反馈强调的是绝对时间，即一旦有了评价结果，马上向学生反馈。这种即时反馈有时会起到很好的作用，但有时则会有很大的风险：它会剥夺学生自我评价、自我反馈、自我改进的机会，产生对外在的反馈提供者的依赖性；会给学生的思考带来干扰，比如学生在按自己的思路解决问题，而且在发现这种思路不可行时有可能自己调整时，教师太早给予反馈就是一种干扰。而及时反馈则是依据需要来确定的，并非一定得在获得评价结果之后马上反馈。及时包含着"恰逢其时"的意味，不能太早，也不能太晚。而是否恰逢其时，要根据实际情况来判断。有时，即时反馈是及时的，比如当学习内容是一些事实性知识时；但并非所有的即时反馈都是及时的，有时，把给予反馈的时间稍稍延后也是及时的，比如当一个教师相信学生能够自己发现问题、自我改进，并且特别希望学生自己去发现问题、改进学习时，不即时给予反馈，而将反馈延后（有时，当反馈稍稍延后，甚至会让给予反馈变得不再必要，因为学生已经给出自我反馈），这种反馈同样是及时的。在这种情况下，即时给出的反馈就会是太早。就此而言，及时反馈并不与延缓反馈对立，相反，及时反馈包含了某些必要的延缓反馈。

> **反思 8-5**
>
> 在何种情况下，延缓反馈是必要的？下边列举了几种情况。你能否说明为何在这些情况下反馈需要延缓？你是否还能列举其他一些需要延缓反馈的情况？
>
> 学生当前要处理的事情很多；
>
> 学生需要时间冷静；
>
> 学生有其他反馈要处理；
>
> 反馈所针对的作业涉及深入的思考、理解。

学生的学习过程是持续的，所以及时反馈同样需要持续反馈，需要在学生达成目标的旅程中持续地追踪学生学习的进步，就好像GPS持续不断地提供反馈信息一样。试想，如果你车上的GPS要间隔半个小时或一个小时才能提供一次反馈，情况会怎样？很可能是，在上一次反馈时，你还在正确的道路上，就在这之后，你走错了，等到下一个反馈时，GPS告诉你，你错了，可你已经在错误的道路上走了半个或一个小时了。

> **链接 8-9**
>
> 学生学习事实性知识或简单概念时，他们需要关于答案对错的即时反馈，比如大屏幕显示的反馈；对于那些需要时间的学习目标，如写作、问题解决，要等到观察到学生作业中反映出来的工作模型（patterns）之后才给予反馈，这有助于为他们下一步的工作提供建议。决定反馈时间一般原则是将自己放在学生的位置上。何时学生需要反馈？何时他还在思考问题？
>
> 资料来源：Brookhart, S. M. Feedback that fits, *Educational Leadership*, Vol.70. No.1：54-59.

五、促使反馈信息的运用

为何强调要将评价中收集的信息反馈给学生？当一种行为成为我们日常实践中的惯例时，我们可能经常会忽略这种行为本来的目的，就像批改作业成为教师日常实践的一种惯例时，教师们很可能就是为了完成任务去批改作业，而忽略了批改作业本来的目的。其实，之所以要批改作业，并且要将批改过的作业发还给学生，就是期望通过反馈来改进学生的学习。反馈具有巨大的促进学习的潜力，但并非所有的反馈都能够将这种潜力充分地发挥出来。如果教师给予很好的反馈，学生却不能运用，那么这种反馈还是不能有效地促进学生的学习。

在课堂教学实践中，学生不能很好地运用反馈信息的情况并不少见：有些学生拿到教师发还的作业本，只有在下一次做作业的时候才打开；有些学生可能好一些，会根据教师的反馈订正作业，实际上也就是把错了的改过来；有时学生倒真觉得教师给的反馈是正确的，但是就是不想根据反馈对自己的学习作出调整，因为教师作反馈时给他带来了一种负面的情绪，比如羞辱、抵触，或者无助；有些学生想根据反馈去弥补前面的不足，可是后面的内容又跟上来了，没有时间去运用反馈；有时学生也想运用反馈信息去调整自己的学习，可是却无从下手，因为教师给的反馈太多了。这些情况的存在，既有学生学习态度上的原因，也有教师反馈本身存在问题的原因。实际上，除了第一种情况，后面几种情况基本上都与教师反馈的实施相关。当然，教师承担着指导学生有效应对反馈的责任，需要教会学生一些接收、应对、运用反馈信息的策略，更要管理自己的反馈行为，促使学生有效运用反馈信息。

链接 8-10

处理反馈的10个简单技巧

美国第31位总统富兰克林·罗斯福的夫人埃莉诺·罗斯福（Eleanor Roosevelt）曾有一句名言，"没有你的认同，就没有人能够让你感到低人一等"。

接受真诚的、建设性的反馈就像接收礼物，不管你当时怎么认为。挑战在于以开放的心态接收反馈并从中学习，放弃自我辩护的自然倾向。

以下是应对反馈的10个简单技巧：

1. 应对反馈的态度应当是愉悦的、想从中得到启发的。
2. 反馈是他人的看法，但其中可能包含着一些真相，哪怕只是一点点。
3. 考虑给予反馈的人的经验水平。
4. 允许他人说完，在提出反对意见前至少等待3秒钟。
5. 在反馈讨论开始之前，借助缓慢的深呼吸来平衡自己。
6. 不要带个人情绪。
7. 将之当作一种学习经历。
8. 完全在当下的时刻，这是集中注意最好的地方。
9. 记住你需要这个反馈的理由。
10. 感谢给予反馈的人（即使你心中并不认可）。他们给予了反馈，这给你不同的选项：采用、考虑，或者直接忽略。

资料来源：http://www.streetdirectory.com/etoday/10-straightforward-tips-on-receiving-constructive-feedback-wufoee.html。

以下几个方面非常重要：

（一）反馈应在信任、安全的氛围中实施

学生在接收反馈时的心理状态会直接影响他们对反馈信息的接收，以及接收后的运用。如果学生处于一种负面的情绪中，那么对信息的接收就会产生障碍，甚至对教师本身产生抵触，因而在心里排斥教师给予的反馈信息，即使接收了反馈信息，也不会去有效运用。试想，一个学生觉得自己在回答教师问题的时候，教师在看自己的备课本，或者在处理其他同学的问题，他会如何看待教师对自己回答的回应？一个学生成绩不好，很害怕考试，在试卷发还的时刻尤其害怕，或者一个学生考得很差，被教师狠狠批评了一顿，他们在接下来的试卷讲评中会有怎样的表现？

要使学生能准确地接收到并去尝试运用教师给予的反馈，反馈信息本身的清晰性、易于理解性非常重要，但学生对教师的信任以及当时心理上的安全感甚至更重要。我们对自己所信任的人会保持开放，比如，相对于来自你觉得没有教学专业知识的人的建议，你无疑会更容易接受来自你所信任的同事或者教学法老师的教学建议。学生对教师的信任感需要教师长期的努力，涉及到专业知识水平等多个方面，但在学生表现时教师的认真程度会极大地影响学生对教师的信任感。如果教师在学生表现时或者面对学生的作业时让学生觉得教师心不在焉，那么即使反馈是正确的、准确的，学生也可能对教师所给予的反馈产生不信任感。你会更容易接受认真倾听你说话的人给你的建议，还是更容易接受一个你觉得根本没听你说话的人的建议呢？

> **链接8-11**
>
> 最近，我陪我的母亲去医院预约一个外科手术，我发现她在不同的场合与他人交流有时很积极，有时很消极。事后我问她为什么有这样的区别，她说她信任认真听她说话的医生和护士，不信任那些不听她说话的医生和护士。不管何种治疗方案对她有益，她只想听取她所信任的人的建议，因为他们在采取行动之前收集了信息。
>
> 这给了教育者一个启示。反馈要有效，学生就必须按照它来行动。我们能够让学生产生按我们的反馈行动的意愿。我们认真倾听学生，认真检查学生作业，以理解他们理解了什么，哪里需要帮助。若我们的反馈能让他们知道我们在倾听他们，那么他们就更可能信任我们，从而遵循我们的建议。
>
> 资料来源：Chappuis, J. (2012) How am I doing？ *Educational Leadership*, Vol.70. No.1.

而当我们在有心理压力，或者觉得遭受某种威胁时，我们就不易接受他人传递的信息。如果教师给予反馈的方式给学生带来了一种压迫感，或者一种自尊上的威胁，那么学生就很可能对这些信息产生抵触，而根本不顾及这些信息是否正确，更不会去运用这些信息。有时教师在传递负面的反馈信息时未能关注学生的感受，只关注自己的需求，甚至带着负面的情绪传递反馈，对学生进行批评指责，这样的反馈是不会产生效果的。教师应当相信课堂就是一个可以让学生安全地犯错误的地方，要去努力创造一种安全的、非威胁的课堂氛围，尤其在传递负面的反馈信息时要注意自己的表达方式，

如珍妮·爱德华兹(Edwards, J.)在其《邀请学生学习》(*Inviting students to learn*, ASCD 2010)一书中建议的那样，将批评换成一系列充满改变的可能性的问题，如"在什么地方你可以补充更多的细节？""你可以用以完成项目的其他资源有哪些？""如果你有更多的时间，你会如何回答第二个问题？"[①]有时，甚至一两个词汇的运用就能够给学生完全不同的感受，会使学生更容易接受教师的反馈。

链接 8-12

两个有效(powerful)的词

德维克的研究为我的反馈引入了两个新的词。第一个词——"还"(yet)——提供了希望。我现在不再对学生说"你没有解答这道方程题"，而是说"你还没有解答这道方程题"。学生更可能说，"我还没有理解这个问题"。这个词能够对学生的学习观产生深远的影响，他们知道，如果得到更多的支持，他们就能理解这个问题。让我知道他们不理解是他们的事，帮助他们理解则是我的事。

当学生向我求助时，我问："关于这个问题，你已经知道了什么？"借助于"已经"(already)这个词，我承认他们对这个问题已经有所理解——这很重要。

珍妮弗，一个二年级学生，在做"47+4"时得到"41"的结果。看了自己的作业，她不能找到问题。于是我问："你已经知道了什么？"

"嗯，我知道7加4等于11，所以我在个位数上写1。"

"11代表什么？"我问。

"一个10和一个1……"说完这句话之前，珍妮弗就意识到她的错误所在了。

资料来源：Dermody, J. H. (2012). Going for the growth. *Educational Leadership*, Vol.70. No.1.

（二）反馈应当关注表现而不是关注人

当我们讨论反馈必须"与目标相关"时，我们已经隐含地表达了一个观念，即反馈一定是关注学生所做的事。有效的反馈描述了学生做的事（产品）以及学生做这事的过程（表现），而不是对学生作为一个人的判断。现实中太多的反馈关注人本身，而不是表现，比如，当前强调激励性评价的背景下，很多课堂中充斥着"你真聪明"、"你真棒"之类的评价，这些评价实际上就是哈替和蒂姆伯雷所说的"个人层面的反馈"，也就是各种层面反馈中最无效的反馈。一个学生得到"你真聪明"这样的反馈，一定会开心，也可能表现出更高的积极性，但与此同时，他也会形成一种观念：我之所以能够做好，那是因为我聪明，而聪明是不会变的，因此我相信我下一次还能做好，既然如此，我干嘛要努力？反之，一个学生得到"你真笨"这样的反馈，一定很沮丧，与此同时，他也会形成一种观念：我之所以做不好，那是因为我笨，而笨是不会变的，因此我相信我下一次还是做不好的，既然如此，我干嘛要努力？

---

① Edwards, J. (2010). *Inviting students to learn: 100 tips for talking effectively with your students*, ASCD.

反馈应当关注学生的那些可以改变的方面。"聪明"或"笨"之类的实际上与先天的素质关系非常紧密,即使不是无法改变的,至少改变起来会非常困难,无法看到即时的效果,因此就这些方面给予反馈是没有意义的。反馈应当针对学生所做的事,或者他的行为,而且是学生可以控制、可以改变的行为。在几个学生朗读之后,教师对其中一个学生说:"读得很流利,但没有把情感读出来",这一反馈是针对学生可以改变的行为的;而他对另一个本来说话就有些结巴的学生说:"其他都挺好,就是有些结巴",这一反馈所针对的就是学生无法控制的行为,因此学生无法按照教师给予的反馈来行动,这种反馈对于改进也就没有意义。

> **链接8-13**
>
> 2010年1月12日的《华东师范大学校报》报道,华东师范大学心理与认知科学学院的潘晓红教授利用功能性核磁共振成像技术,对22名学生进行了实验观察。相关研究表明:大脑皮层中线区域与"自我"相关,如果这部分区域的脑皮层比较活跃,就说明人正在思考和自身相关的东西,反之,则是正在忘我于其他事情。当听到个人层面的评价性反馈的时候,中线区域非常活跃,这说明,人们在听到正面评价时,非常关注自我。大脑的前扣带皮层和内侧前额皮层,更多参与绩效相关的认知加工过程,诸如监测、错误觉察、目标设定、类型转换,以及决策等,因此被叫作任务监控或者错误觉察区域。获得任务层面的反馈时,大脑皮层的任务监控区相对于其他区域异常活跃,而且在接收到负面的反馈信息时,活动更明显。该研究成果《评价性反馈选择性激活自我相关脑区:来自fMRI的证据》发表在国际知名刊物《神经科学快讯》(*Neuroscience Letters*)上。

(三)一次反馈给予的信息不能太多

负责任的教师批改作业总是很认真,一些学生的作业本上被教师用红笔批改得密密麻麻。教师似乎想把在作业中所发现的所有的问题都提出来,反馈给学生。可是,即使这些反馈每一条都是具体、清晰的,每一条都是学生有能力去改进的,却依然可能不能起到促进学生改进学习的作用。学生处理信息、应用信息的能力有一个发展过程,年龄越小,相关的能力就越弱,但即使是高年级的学生,在面对一次性给予的太多的反馈时,依然会觉得无从下手,甚至有时会对这些反馈根本不予理会。超出学生可以合理运用范围的反馈不大可能被运用。所以一次给予的反馈不应太多,这可确保学生能够运用,进而确保有限的几个方面得到改善。

有些教师担心,如果没有将所发现的问题都反馈给学生,学生就不会关注那些没有反馈的问题。给予较少的反馈,确保有限的几个方面得到改善,或者给予很多反馈,结果学生根本不理会这些反馈,你愿意选择哪种做法? 其实,有研究表明,反馈的数量少,效果并不差。希洛克(Hillocks, G.)在一个关于作文的研究综述中发现,把所发现的每一个错误都标出来,并不比只标出与当前教学焦点相关的错误更能有效提高学生作文的质量。[①] 如果每一次反馈都关注与教学目标相关的那几个方面,保证学生能够按反馈信息行动,从而达成

[①] Hillocks, G. (1986). Research on written composition: New directions for teaching. Fairfax, VA: National Council of Teachers of English. (ERIC Document Retrieval Service No.ED265552)

每一课的教学目标，那么这些目标累积起来，学生的问题就会越来越少，教师所需要的矫正性反馈也就会越来越少，学生的学习也就会越来越顺利，学习成效的提高也就更可期待。

（四）保证学生有运用反馈的时间

反馈的有效性最终是通过学生对反馈信息的运用或根据反馈信息的行动来实现的。如果学生没有记住或者不理解反馈信息，或者没有运用这些反馈信息的意愿，那么反馈信息对于学生后续的学习就没有任何意义。可是，反馈信息具体、清晰、与学习目标相关，易于为学生理解，且学生有意愿，反馈却可能依然无法发挥作用。其中一个很关键的原因就是，学生没有时间运用反馈信息。比如，教师只在一个相对完整的教学阶段（单元、学期）结束时才给予反馈，此时学生虽然得到了反馈信息，却已经没有补救的机会了。即使反馈持续在学习的过程中，学生同样可能没有时间运用反馈信息，一种情况是，教学进度压力很大，前一内容刚一结束，后续的内容就跟上来了；另一种情况是作业量太大，因此反馈的信息的量也很大。

要保证学生有时间运用反馈信息，首先必须保证在学习过程中持续地实施反馈，而不能等到相对完整的学习阶段结束之后。其次，不能随意加快教学进程，要保持适当的教学节奏。第三，需要精心设计作业、试题等评价任务，选择与学习目标相关的典型的任务，压缩作业的数量。

练习8-6

很多教师有一种习惯的做法，即在考试之前安排专门的复习时间，而且有些安排的复习时间还很长，比如九年级因为有中考任务，高三因为有高考任务，因此复习的时间经常占到一半甚至更多。为此，需要把本来需要完成的教学任务压缩到前面的两年半时间内。这种做法是否真有好的效果？

如果你是初中或高中教师，你能否设计一个行动研究的方案，来验证这种做法的成效？

在本章的最后，我们一起来看一个案例：[①]

一个四年级教师给学生布置了一个片段写作任务，主题是，"养宠物，小狗好还是小猫好？"要求有一个清楚的主题句，一个清楚的结论句，以及至少三个具体的理由。一个叫安娜的学生作业以及教师无效的反馈显示如下：

> This is why I like dogs better than cats. I think dogs are really playful. They can also be strong to pull you or something. They can come in different sizes like a Great Dane or a Wener dog. They can also be in different colors. Some are just muts. Others are pedigree. Best of all, dogs are cute and cuddly. That is why I like dogs a lot better than cats.

---

① Brookhart, S. (2007), Feedback that fits. *Educational Leadership*. Vol.65. No.4. pp.54–59.

教师为学生所写的每一个片段提供了书面的反馈，并在学生上交作业的当天就返还给学生。到这里为止，教师做得都很好。可是，从上图可以看到，教师的反馈与作业指向的学习目标是不相匹配的，教师所给的信息可能会让安娜觉得接下来只需要改正这些错误就行了。可教师已经把这些错误都改过来了，安娜所要做的只是将这个片段重抄一遍，而且这还不能保证让她知道为什么将这些单词和标点符号改过来。这种机械的重抄导致了没有学习参与的"完美"的片段。

这一反馈最糟糕的部分在于它没有告诉安娜她是否展示了学习目标所要求的写作技能。安娜成功地提供了一个主题句、一个结论句，以及具体的支持性细节，她需要知道自己完成了这一作业，但关于如何完善她的作业的建议却更有效。

下面呈现的是教师可以写在安娜作业本上，或者与安娜面谈时可以用的有效的评语（教师说的可能比写的或四年级学生能够读的会更多）。教师可以依据实际情况提供这些评语中的一些，而不是全部。

教师可用的评语	这些评语好在何处
你的主题句和总结句很清楚，且相互呼应。	这些评语按照作业的评价指标描述了学生所做的事。这告诉学生你注意到这些具体的表现并将之与优秀作业的指标联系起来了。
你运用了很多具体的细节。我数了下，你提到喜欢小狗的七个理由。	
你的片段让我想知道你是否有一条顽皮的、强壮的、聪明的、逗人喜爱的小狗。你是根据你的小狗来写这个片段的吗？如果你写你所知道的东西，写出来的就经常像真的那样。	这个评语对以前写得不好的学生尤其有用，它指出了学生所运用的写作策略并肯定这是一种好方法。
你的理由都是关于小狗的。也许读者们已经知道小猫怎么样，但他们不能从你的习作中了解小猫是否顽皮、聪明。如果你要对两个东西作比较，就要两个东西都写到。	这个建设性反馈指出了习作中的一个具体问题，解释了理由，并就如何做提出了建议。
你检查过拼写吗？看看能不能找出两个拼错的单词。	这些评语没有直接反映学习目标，但涉及到重要的写作技能。它们的适当性取决于长期的学习目标中是否包括了拼写、用法和词汇选择之类的目标。
关于如何让主题句更好地反馈最好以展示的方式来进行。在面谈中，让学生比较有和没有"This is why"的主题句，要求判断哪个句子读起来更顺畅，并说明为什么。询问学生"This is why"是否增加了句子所需要的意思。可以指出这种表述如在总结句中运用会更合适。	

这些评语首先将学生的作业与任务的评价指标相比较，表明安娜的习作显示了她已经理解了如何写作主题句、支持性细节，以及总结句。其他的反馈可以根据情况来选择。有多少时间可以用于讨论这篇文章？哪一些反馈与以前已经强调过的目标相匹配？哪一种可能的后续行动最有益于这个学生？

好了，我们已经完成了本章的学习。反馈是否很难？教师们经常抱怨，按照现有方式批改作业已是沉重的负担了，因此，很可能在看到这里对反馈的要求的时候会产生一种反应："可是，我哪里有时间啊？"

教师们的担心是可以理解的,但是,威金斯说,"没有时间给予和运用反馈",实际上就意味着"没有时间引起学习",因为太多的研究表明,更少的教学、更多的反馈(less teaching, more feedback)是实现更大的学习成就的关键。其实,我们可以在不增加太多的时间和太大的负担的情况下实现良好的反馈。你可以找到很多方法!

> **练习 8-7**
>
> 请你尝试为解决有限的时间和有效的反馈之间的矛盾提供几种思路。
> 思路一:让学生对照评分规则进行自我反馈。
> 思路二:_____。
> 思路三:_____。
> 思路四:_____。

进一步阅读的文献:

1. [美] Wiggins, G., 国家基础教育课程改革"促进教学发展和学生成长的评价研究"项目组译. 教育性评价[M]. 北京:中国轻工业出版社, 2005.

2. Hattie, J. & Timperley, H. (2007) The power of feedback. *Review of Educational Research*, Vol.77, No.1, pp.81–112.

3. *Educational Leadership*, Vol.70. No.1.2012.

第九章

评价结果的运用（下）

导读

我们把评价结果反馈给学生，如果做得好，这种反馈能够成为一种强有力的促进学习的手段。教师们大概都知道这一点，所以会经常批改作业、讲评试卷、给学生学习报告单。可是，评价结果的用户是否就是学生？其实，课堂评价结果的用户不只是学生，至少还包括教师自己。

评价结果对于教师的教学改善具有非常重要的影响。作为一名教师，你一定经历过课堂教学过程中对原先设计的方案的调整。有没有想过，你调整的依据是什么？如果你是一名学生，问问你的老师，是否做过调整？为何调整？其实教师调整教学最重要的依据就是从学生那里获得的信息。本章着重关注教师对评价结果的运用，即以评价结果为依据的教学决策，或者数据驱动的教学决策（data-driven instructional decision-making）。

本章借用了"教学即决策"的观念，分析了教学决策的基础，明确了评价结果是教学决策的重要依据，进而探讨了以评价结果为基础可以作出的决策的类别，最后分析了基于评价结果的教学决策的过程。主要内容包括：

第一节 教学决策的基础；
第二节 基于评价结果的决策类别；
第三节 基于评价结果的教学决策。

通过本章的学习，您将能够：

1. 理解"教学即决策"的观念，知道影响教师教学决策的因素；
2. 知道评价结果在教师多方面决策中的作用；
3. 理解基于评价结果的教学决策过程，能够从评价结果中寻找教学决策的依据，并能基于评价结果作出有益于学生学习的决策。

第一节 教学决策的基础

如果我们关注教师在教学过程中的思考过程，那么得出"教学即决策"的结论就再自然不过了。教师在日常教学活动中所有有意识的行为背后都存在着决策，尽管很多时候教师们都没有清晰地意识到这一决策过程的发生。决策的依据是什么？也许有很多，但最根本的决策依据一定是关于学生学习的信息。

一、教学即决策

尽管实践中出现过不考虑教学的具体情境而只关注教学问题的情况，但从未有人宣称过要找到一套适合于所有教学情境的教学方法或教学策略。历史上曾经出现过的诸多的教学理论，乍看起来似乎存在着明显的矛盾冲突，比如源于行为主义和建构主义的教学策略，比如形式教育和实质教育，又比如接受学习和发现学习，其实对于特定的学习情境，都是合理的、有价值的。

教学具有明显的情境化特征，教什么、教谁、谁来教、在何时教、希望达成什么结果，凡此种种，都构成教学的具体情境，这些情境会极大地影响特定教学安排的有效性。对于具有明显情境化特征的教学，我们无法找到一套适用于所有情境的"放之四海而皆准"的教学方法、模式、策略或技术。

从教学背后的认知或思维角度看，教学的本质之一就是决策——面对特定情境的决策。或许有些教师认为，教师的决策只发生在教学准备，也即计划阶段，教学的具体实施就是一个执行决策的过程，其实决策发生在教学的全过程中：计划、实施、评价每一环节都需要教师的决策。在计划阶段，教师需要确定并准确陈述教学目标，确定教学内容并开发运用相应的教学资源，需要选择使用适当的教学方法并安排适当的学习活动,需要明确评价学习结果的方法和具体指标,所有这些都涉及到教师的决策。你可能认为,有了课程标准,还需要就教学目标作出决策吗?其实课程标准只规定了课程目标是一个相对完整的学段完成之后学生应达成的目标,并未对课时、单元,甚至学期的教学目标作出规定,这些目标需要教师依据课程标准规定的课程目标,结合教材、学生的情况来制定——这就是一个决策的过程。你也可能会认为,有教材了,还需要就教学内容作出决策吗?其实教材只是用以达成教学目标的一种工具,并非"圣经",教师们经常谈到的"教材文本解读"、"教材处理"实际上已经表明,我们是可以就教学内容作出增、删、调、改等决策的。

教学准备阶段的决策可以让教师形成一个教学计划,教学实施阶段就可以依据教学计划来展开。那么教学实施阶段,也就是平常说的上课,是否就是执行决策的过程,而本身并不涉及决策?如果你是教师,你只需要想一想,你上过几次完全按照计划来展开的课,你也就能够回答这一问题了。其实,教学还有一个重要的特性,那就是不确定性,尤其是因为教学的参与者是具有主观能动性的人,这种不确定性变得尤其明显。所有教师的几乎所有的课都不会与之前计划的完全相同——实际的上课过程总是有些变化,这种变化就是上课过程中即时决策的结果。比如,在某一个问题上花多少时间,恐怕没有一个教师会在计划中有准确的设计,课堂中实际所花的时间可能会取决于教师的决策;对学生回答如何进行回应,教师在上课前最多会有一个大致的设想,至于实际上如何回应,一定是课堂情境中决策的结果;对于课堂中要提的核心问题,教师会有设计,但一些一般性的问题,基本上都是课堂中生成的,提还是不提、何时提、怎么提,都是教师决策的结果。正因如此,谢弗尔森(Shavelson, R. J.)才说,优秀教师和一般教师的区别不在于提问和讲述的能力,而在于知道何时去问一个问题的决策能力。[①] 其实,"教师作为决策者"(teacher as decision-maker)这一观念的最早提出者比约斯泰德(Bjerstedt, A.)就是因为教师在持续的社会互动中扮演决策者的角色而认为教师就是决策者的。

教师的决策也不限于课前和课中,课后同样需要决策。当教师对已完成的课进行反思时,必定有相应的决策过程相伴:目标是否还需要这样陈述?内容是否还应该这样处理?过程是否还应该这样来实施?能否安排其他的学习活动?安排什么活动?怎么安排?哪些学生需要进一步的教学?怎么教?

教师的决策贯穿于教学的全过程,也涉及到教学活动的方方面面。面对特定的教学情境,教师需要采取多方面的行动,这些行动不只涉及怎么教,也涉及教什么;不仅涉及自己教的行动,同样涉及对学生学习活动的组织和安排;不仅涉及针对学生全体的行动,也涉及针对学生个体的行动。这些行动通常不会只有唯一的选项,相反,教师可以在多个选项中加以选择——即使是关于教什么,尽管有课程标准关于目标的规范和教材对教学内容的限定,教师依然有多个选项可以选择;即使是有有经验的教师已经形成的那些自动化的程序性行为,教师同样有多个选项可以选择,至少可以选择遵循惯例还是打破惯例——在这些可能的选项中教师选择什么,就是决策

[①] Shavelson, R. J. What is the basic teaching skill? *Journal of Teacher Education*, 1973.14.144–151.

的结果。

因此，如果从教学这种行为背后的认知和思维来看，教学即决策，教师即决策者。

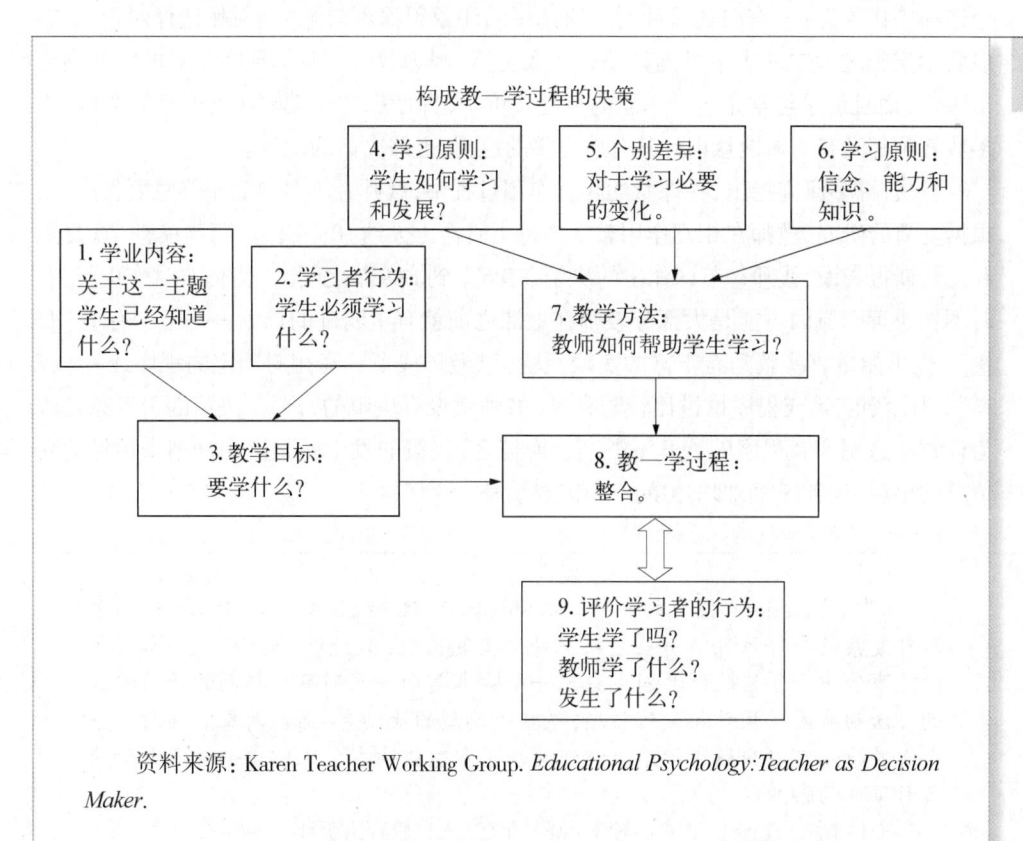

链接9-1

构成教—学过程的决策

```
1. 学业内容：        2. 学习者行为：    4. 学习原则：      5. 个别差异：     6. 学习原则：
关于这一主题         学生必须学习      学生如何学习       对于学习必要     信念、能力和
学生已经知道         什么？            和发展？           的变化。         知识。
什么？

                                      7. 教学方法：
                                      教师如何帮助学生学习？

3. 教学目标：                         8. 教—学过程：
要学什么？                            整合。

                                      9. 评价学习者的行为：
                                      学生学了吗？
                                      教师学了什么？
                                      发生了什么？
```

资料来源：Karen Teacher Working Group. *Educational Psychology: Teacher as Decision Maker*.

练习9-1

你一定明白，诸如目标定在哪个层面上、希望学生达成什么样的结果、是否运用补充性的课程资源、运用什么样的课程资源、运用什么样的教学方法、组织什么样的学习活动等较大的教学行为肯定涉及到决策，可别忘了，你在课堂上许多细微的行为也是决策的结果哦。比如一句话的表达——苏联著名教育家马卡连柯曾说，要学会用15种至20种声调说"到这里来"，才能成为一个真正有技巧的教师。你能否列举一些可能涉及到决策的细微的课堂行为？

你也许更能明白为什么说教学即决策。

1. 一句话的表达。
2. 提问时让哪个学生来回答。
3. 对学生的课堂行为如何回应。
4.
5.
6.
7.

二、教学决策的发生

教师们可能清楚自己在教学准备阶段时的思考过程，可能清晰地意识到自己在几个选项中作了选择，有时还可能对当时选择的印象很深刻，因为当时作选择时很纠结。但教学实施过程中的决策可能就没有那么明显，因为教师经常需要在很短的时间内作出决定，而且似乎经常是未经深思的直觉。可是，即使那些让教师纠结不已的选择，大多数教师都没有清晰地意识到其背后完整的过程，也即决策的过程。

可是，许多研究指出，在课堂的相互作用过程中，教师并不是自始至终总要作决策。根据麦凯的研究，教师在相互作用教学中每小时作出大约10个决策，而莫赖恩-德夏默和瓦兰斯报告说，教师每节课作出的决策在9.6个到13.9个之间。[①] 为何有时作决策，有时不作决策？原因可能是大部分教师在上课之前就有了明确的计划——至少有了"腹稿"，也可能是有些教师有丰富的实践经验，已经形成了一套相对固定的程序或者"脚本"，当计划实施或程序推进比较顺利时，教师就没有决策的必要。决策的引发总是因为计划不适用或者程序的展开不顺利。换言之，决策的发生就是因为计划未预见的新情况的出现，或者程序、脚本中的空白需要填补。

链接9-2

"脚本"（script），图式的一种。由Shenk, R. C.和Abelson, R. P.提出，用于解释复杂的事件系列。有些复杂事件会重复出现，如进餐、购物等，脚本表征的是事件中重复经验的共同成分。一个脚本是由一系列目标指向的活动构成的。活动有因果联系和先后顺序，包括了典型的活动者、活动对象和场所。一个大的脚本可以分解成按层次组织的场景和次级脚本。人脑中储存了大量的各种事件的脚本。

资料来源：皮连生. 智育心理学[M]. 北京：人民教育出版社，1996：52.

如果对教师的决策过程进行细致考察，教学决策的过程其实并不简单，可能是由多个环节构成的。人只有在特定情境中或遭遇问题时才可能有决策的意向，从某种意义上讲，决策就是人在特定情境中的一种反应。教师之所以需要决策，就是发现自己处于问题情境之中，因此决策的第一个环节就是确定问题或情境。

反思9-1

"好，现在我们尝试做一个决策，来体会一下作决策的过程。"

我也许会要求你做这样一个练习来加强这一部分内容的学习。听到上面这句话之后，你的第一反应是什么？是期待我提供一个情境，还是自己创设一个情境，或者就是想，让我作什么决策啊？要作决策，总是要"就什么"来作决策吧？

从你的反应中，你认识到什么？

---

① 中央教育科学研究所比较教育研究室编译. 简明国际教育百科全书——教学（下）[M]. 北京：教育科学出版社，1985：99.

如果没有情境或问题,就不会有决策。在教学过程中,决策行为总是特定情境的产物:计划阶段,教师要确定目标、内容、方法,就是因为接下来的教学任务;教学实施过程中,是否重复某个内容,是要求小明回答还是小红回答,是否跳过某个原本打算详述的部分,或者增加或减少学生的某种活动,这些决策都是在特定情境下作出的。在教学反思阶段,确定维持什么,调整什么,那一定是依据已经完成的那一堂课的。更确切地说,教师的决策实际上针对的是情境所包含的问题,教师总在情境中,但情境并不足以引发教师的决策,只有教师想在情境中引起一些变化时或者发现了情境中的问题时,才可能产生决策的意向。而且,如果问题不明确,那么决策就不会发生,因为从某个角度讲,决策就是在多种可能的方案中选择最合理的问题解决方案的过程。

这一环节是决策过程中最重要的环节之一。这不仅仅是因为没有情境或问题,决策就不会发生,也因为对情境或问题的界定将会直接影响后续的整个决策过程,如可能解决方案的确定,对可能的解决方案的评估。

从这一决策过程来分析,我们可以明确,决策过程离不开对决策情境或问题的认识。从某一角度讲,这种情境或问题正是决策的击发器,同样是决策的关键依据。

三、教学决策的依据

教学决策是教师在教学过程中的思维过程之一,在很多情况下这一过程是内隐的、快速的,甚至表现为直觉的、不假思索的,或者即兴的,似乎某个时候灵机一动,就作出某种决策了。尤其是在教学实施过程中,很多教师甚至没有意识到自己作出决策了,当然就没有想到这种决策的依据。其实教师在教学活动中,会这样做而不是那样做,总有一个"为什么"的问题。事实上,教师在作教学决策时总是有一定依据的,可能的依据是多方面的。

(一)课程文本

教师进行教学决策的一个重要依据就是课程相关的文本。教师的教学总是关乎课程的,是课程实施的一种最重要的方式,教学决策经常以课程文本作为重要依据。在教师教学决策所依据的课程文本中,传统上对于教师最为重要的是教材或教科书。在相当长的一段时间中,对于一些教师,教学决策依据的就是教学大纲、教材、教学参考书"三大件",教材甚至就是"圣经"。在新课程背景下,教材尽管不再是唯一的教学资源,但依据国家课程标准编写的经过国家审定的教材依然是教师运用的最重要的教学资源之一,提供了重要的教学内容,因此当然是教学决策的重要依据。除教材之外,在新课程背景下,对于教学决策更为重要的课程文本是课程标准。课程标准规定了各门课程的性质、目标、内容框架,提出了教学和评价建议,其中课程目标是对学生在经过一段时间的学习后应该知道什么和能做什么的界定和表述,包括了几种具有内在关联的标准,主要有内容标准(划定学习领域)和表现标准(规定学生在某领域应达到的水平),实际上反映了国家对学生学习结果的期望。课程标准是国家课程的基本纲领性文件,是国家对基础教育课程的基本规范和质量要求,是教材编写、教学、评估和考试命题的依据,是国家管理和评价课程的基础,当然也是教师教学决策的最重要的依据之一。无论是教学目标的确定、课程资源的开发和利用,还是教学活动的组织和实施、评价的设计,都需要以课程标准为依据。

链接9-3

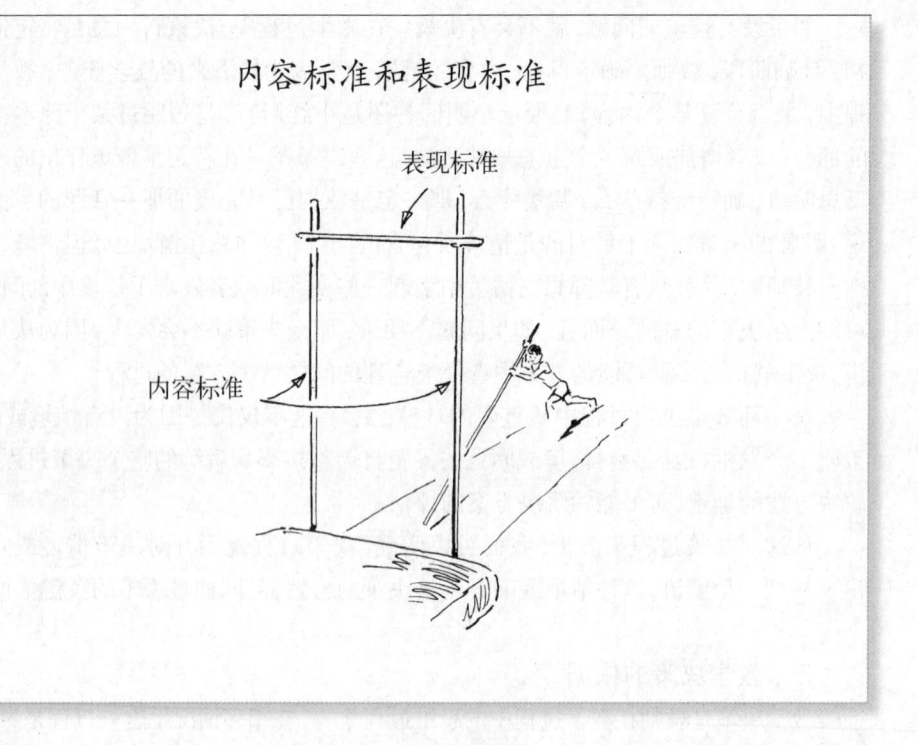

内容标准和表现标准

表现标准

内容标准

但课程文本作为教学决策的依据一定是基于教师自己的认知和理解的。按照著名课程专家约翰·I·古德莱德的课程形态理论,课程有五种不同的形态:理想的课程(ideological curriculum)、正式的课程(formal curriculum)、领悟或理解的课程(perceived curriculum)、运作的课程(operational curriculum)、经验的课程(experiential curriculum)。课程文本呈现的只是第二种形态的课程,教师实际实施和学生真正经验到的课程是以教师对课程的领悟或理解为基础的。从这一角度看,其实教师运用课程文本作为教学决策的依据时,对于教材,教师需要进行解读,确定教学的核心内容、重点和难点;对于课程标准,教师需要分解课程目标,确定与教学内容相联系的内容标准以及表现标准。这本身就是一个决策过程,因此,古德莱德的后三种课程形态其实就是教师决策的结果。

(二)信念价值观系统

可是,即使依据相同的课程文本,教师所作的教学决策依然可能大相径庭:两个任教同一学科的教师就相同的教材内容所产生的教学设计成果可能完全不同,具体的教学实施过程也可能截然不同。因为教师的决策并不是由外在的课程文本机械地决定的,实际上,课程文本对教师决策的影响其实是通过教师对这些课程文本的认知来实现的,而这种认知不是一个机械接受的简单复制过程,而是一个主动建构的过程。这种主动建构受到教师内在因素的影响,比如教师所持的信念价值观就会影响到这种建构。面对同样的教材内容,一个坚信"文以载道"的语文老师就可能会看到课文中"道"的因素,而另一个坚信语文就是语言文字的教师就可能更容易注意到语言文字本身,而不是其背后的微言大义。

教师所持的信念价值观不仅影响他们对课程文本的认知,同样会影响他们选择的方向。还是以这两个语文教师为例,前者可能会着重挖掘课文中"道"的因素,高度重视语言文字背后的"道",并以此为教学的一个重要目标,在选择方法、策略时就会考虑这一目标;而后者就可能在教学设计和实施过程中着重关注语言文字本身,更看重语言文字方面的目标。而目标将会影响后续的众多教学决策,冯加迪(Fogarty, J. L.)等的研究发现,专家教师会在教学决策中经常提取教学目标,提取频次要显著高于新教师。[①] 又比如,两个数学教师教乘法"8×7",一个教师要求学生背熟乘法口诀表,然后回顾乘法口诀表得出结果,另一个教师让学生将8个7相加,来得出结果。前者更看重结果的"正确性",后者更关注让学生理解乘法的本来意义,但本质上是教学价值观的差异,是对斯宾塞著名的"什么知识最有价值"的追问的不同回答的结果。

可能许多教师都会觉得在决策时并没有把这些信念价值观作为决策的"依据",但事实上,信念价值观的影响总是在发生,只是以隐含的方式进行影响。这种隐含的方式正是信念价值观系统影响行为的关键特征。当然,在一种新的价值观开始起作用时,人们会有意识地运用它来指导自己的决策,但当它达到信念层面时,它就会自动发生作用了,就好像一张滤网,会自动地将那些不符合自己信念的选项过滤掉。

(三)知识经验

影响教师主动建构的不仅仅是信念价值观,教师已有的知识经验同样是影响教师主动建构的重要因素。按照建构主义的观点,认知作为一个主动建构过程,就是认知主体运用已有知识经验与新的知识进行相互作用的结果。教师在决策过程中对课程文本以及其他影响决策的因素的认识都受到他过去已有的知识经验的影响,比如对某一教学内容的理解会受到其个体知识经验的局限,对某一学生行为的理解可能源于以往对这一学生的了解。

而且,教师的知识经验实际上也反映在教师所拥有的教学策略库上。一些教师拥有大量的教学策略储备,因而面对特定情境能够提取出来的可能的选项就比较多;而一些教师教学策略库储备不足,所能提取的可能的选项就很有限。知识经验丰富的教师通常有更多的关于情境和策略之间联结的知识经验,因此在面对特定情境产生选项并在选项中作出选择所需的时间就比较短,而缺乏经验的教师要作出决策就需要比较长的时间。

说到底,关于决策本身的知识经验也会影响决策。按照美国著名教育心理学家加涅的观点,教学决策是教师知识的一种,只不过不是一种陈述性知识,而是属于程序性知识的范畴。程序性知识是通过产生式(if-then)来表征的,"如果"(if)由各种概念性知识组成,如学科内容知识、教学法知识、学生知识,"那么"(then)是决策结果。因此,教师所拥有的程序性知识甚至能够决定教师的教学决策。而几十年来教育领域关于专家—新手的比较研究表明,专家和新手教师在教学决策上表现出明显的差异,造成这种差异的最重要、最关键的原因是知识经验。胡森等《国际教育百科全书》中关于

[①] Fogarty, J. L., Wang, M. C. & Creek, R. (1983) A descriptive study of experienced and novice teachers' interactive instructional thoughts and actions, *The Journal of Educational Research*, Vol.77, No.1, pp.22-32.

"teaching, expertise"的研究综述同样揭示了知识经验对教师教学决策的制约性。相关的研究表明,专家在某一领域优秀是因为他们在这一领域有着比其他领域多得多的经验,专家型放射科医生看了十万次X光片,而专家型的国际象棋选手花了1—2万小时在注视棋局,而教师只有在获得至少五年的工作经验时才可能达到顶峰,具有十年教学经历的专家型教师作为教师,至少在课堂中花了一万个小时,而作为学生,还在课堂中花了15 000个小时。而伯利纳(Berliner, 1994)发现的专家教师在陌生的领域或情境中与新手一样要付出更多的时间进行思考,同样证明知识经验对教学决策的影响。

> **链接9-4**
>
> 20世纪80年代,许多研究者运用专家—新手的研究范式研究教学决策,发现专家教师和新手教师在教学决策上存在以下差异。
>
> (1) 教学线索注意上的差异。专家教师更多地关注学生学习的线索,而新教师更为关注学生学习的课堂环境。
>
> (2) 教学线索理解上的差异。专家教师能对教学线索进行有意义的解释,说明其与学习的关系,而新教师只能表层地描述教学线索,不能对其进行解释。
>
> (3) 教学线索应对上的差异。专家教师能有效应对、灵活解决教学线索,更好地促进学生的学习;而新教师只是表现出有限的几种策略,且多集中在课堂管理与集中注意上。
>
> 杨翠蓉、吴庆麟等也从专家—新手比较的角度对教学决策进行研究,发现:
>
> 1. 专家教师的无效教学决策显著少于新教师,有效教学决策的数量无显著差异,只不过他们更多地表现为促进学习的有效教学决策。
>
> 2. 与新教师相比,专家教师促进学习的决策之所以有效,在于他们往往进行有目的的决策。专家教师的教学决策是有目的的,尤其是在面临学生正确回答、教学材料等线索时更能体现出他们有意识的决策。而新教师的教学决策更多的是应付意外出现的教学事件,如学生错误、学生注意分散、课堂纪律等,而对决策目的的提取则比较少。
>
> 3. 与新教师相比,专家教师促进学习的决策之所以有效,在于他们有着更多的相互联系的教师知识。从知识量的分析结果来看,无论是知识的提取总量,还是一次教学决策所提取的各类知识的量,专家教师都要显著多于新教师。从知识质的分析,以及从教学决策的表征分析来看,专家教师更多地提取与学生学习有关的知识,且一次教学决策会提取两种以上的与学生学习有关的知识。而新教师更为关注学科知识,其他知识提取较少,且一次教学决策提取知识甚少。
>
> 资料来源:杨翠蓉,吴庆麟,周成军. 教学决策的专家—新手比较研究[J]. 中国特殊教育, 2012(9).

对于专家教师,在作决策时可能也没有清晰地意识到自己的知识经验是决策的依据,这些知识经验通常也是隐蔽地、自动化地发挥作用的,已经成为教师决策能力的一个重要组成部分。但当遭遇一个新的情境时,专家教师或许能够更清晰地意识到决策对知识经验的依赖性,因为已有的知识经验无法支撑问题的解决,他需要为解决所面临的问题寻找新的知识基础。

（四）学生

如果教学决策只基于比较客观的课程文本，以及虽然主观但具有稳定性的信念价值观和知识经验，那么教学很难体现它的动态性性质。教学具有不确定性、无边界性等特征。之所以会有这样一些特征，最为关键的原因在于，教学面对的是活生生的、具有主观能动性的、不断发展的、有个别差异的学生，学生是教学过程的重要主体。"学"能够独立于"教"而存在，但"教"绝不可能离开"学"，至少不能离开"学"的一方。学生已有的知识经验、认知水平、认知方式、情感态度都会对教学产生重要影响。就此而言，学是教的依据。

不关注学生的教学决策是不可能有效的，因为"有效教学"中的"效"，只能体现在学生的发展上。而且，教师的教学决策唯有通过学生的主动建构才能真正对学生发生效果，借用古德莱德的课程形态框架，我们也可以将教学分成"运作的教学"和"经验的教学"，运作的教学是教师教学决策的结果，但只有学生经验到的教学才可能是有效的。如果运作的教学未能考虑学生方面的因素，那么学生所经验的教学将会受到极大的局限。比如，我们要向小学生介绍莫言的"魔幻现实主义"，或者向初中生介绍2012年诺贝尔物理学奖法国科学家沙吉·哈罗彻与美国科学家大卫·温兰德测量和操纵单个量子系统的方法，我们的教学设计能否不用考虑教学对象的特征？

学是教的依据，学生的情况是教学决策的重要依据，这似乎是不证自明的。实际上，这一观念一点都不新鲜。"因材施教"所强调的就是"以学为教的依据"，《论语·述而》说的"不愤不启，不悱不发"同样强调以学为教的依据。及至近代，所有心理学研究都几乎无一例外地为以学为教的依据提供了证据，行为主义如此——基于行为主义心理学的程序教学就是基于学生表现提供教学，认知心理学如此——学生原有的认知结构被当作教学设计的最重要的考量之一，建构主义心理学同样如此——学习被看作主动建构意义的过程，而主动建构则是新旧知识相互作用的结果。也正因为如此，当前"以学定教"成了中小学教学改革实践的一个潮流。

实际上，教师也能够从自身的实践中发现，回应学生学习状况的教学会有更好的效果，而且当他们变得更有经验时，他们也就更可能在教学决策时关注学生的学习情况，对自己所处的情境更为敏感。胡森等的《国际教育百科全书》引用了霍斯纳和格里菲（Housner & Griffey）的一个研究结果，该结果表明，有经验的教师和新手教师在进行教学计划时所要求的信息在数量上大致相当，都希望知道要教的学生数量、性别、年龄等方面的信息。但有经验的教师在两个方面提出了比新手教师更多的要求，一个方面是学生的能力、经历和背景，另一个方面是教学设施。有经验的教师运用对学生表现的判断作为改变教学线索的频率比新手教师高出24%。

> **链接9-5**
>
> 美国著名教育心理学家奥苏伯尔是基于认知主义的教育心理学的代表人物之一，其代表著作之一是《教育心理学——认知观》（*Educational Psychology: A Cognitive View*, 2nd ed., 1968）。他在该书的扉页上写道：

> "如果我不得把全部教育心理学还原为一条原理的话，我将会说，影响学习的唯一最重要因素是学习者已经知道了什么。要探明这一点，并据此进行教学。"
>
> 　　陶行知先生曾说："教什么和怎么教，绝不是凭空可以规定的，他们都包含'人'的问题，人不同，则教的东西、教的方法、教的分量、教的次序都跟着不同了。"

不过，尽管教必须以学为依据是不证自明的道理，但教学实践中相反的实践却并不缺乏普遍性。这些实践也许可以被称为"目中无人的教学"，有很多表现：

一位初中数学教师已进入教学生涯的第五年，已经第二次上八年级数学课了，他上课用的是三年前的教案。

一位小学特级教师上个月在某地某名校上了展示课，本月又在另一地的乡镇中心校上同一内容的课。他用的还是上个月在那所名校用的教案。

一位教师所在的学校要求同年段同学科教师集体备课，而且要求做到"五统一"——教学目标统一、教学重点统一、教学难点统一、教学方法统一、教学过程统一。教师们严格地执行了"五统一"。

一位教师上课前非常认真地备了课，写了非常详尽的教案，上课时就严格地执行教案。

一位教师给学生布置作业，最经常的做法就是告诉学生"今天的作业是，练习册第×页到第×页"。第二天上课前将作业本发还给学生，接着上新课。

……

反思9-2

> 　　19世纪80年代，世界范围内兴起了一场规模浩大的儿童研究运动。1880年，英国心理学家苏里（Sully, J.）发表了关于儿童想象和语言研究的论文，随后，德国心理学家普累叶（Preyer, W.）和美国心理学家霍尔（Hall, G.S.）先后出版了专著《儿童思维》（1882）与《儿童研究》（1883），开启了一个"发现儿童"的时代。其实，早在18世纪，法国杰出启蒙思想家卢梭就已发出"发现儿童"的呼声，到20世纪初，杜威更提出"儿童中心论"，强调"儿童是起点，是中心，而且是目的。"时至今日，教育实践领域仍需"发现"儿童。"发现儿童"对当今教育实践有何启示？
>
> 　　苏联著名心理学家维果茨基有一个广为人知的理论，叫作"最近发展区"理论。在维果茨基看来，儿童自己实力所能达到的水平，与经别人给予协助后所可能达到的水平之间存在的差距，即为该儿童的最近发展区。你从最近发展区理论中能够获得关于教学的哪些启示？

> 练习 9-2
>
> 　　运用隐喻是理解教育的一种有效方式,你能不能从成语中找到一些证明"学是教的依据"的隐喻?如"揠苗助长"、"对牛弹琴"等。

　　"目中无人"的教学是不可能有效的。按照加拿大学者马克斯·范梅南的观点,有效的教育需要教师有一种"教育学理解"(pedagogical understanding),这种教育学理解是通过"一种敏感的聆听和观察"来实现的。[①] 当教师询问,"你有什么想法?""你为什么这么做?"或者给学生布置了作业、实施了测验,却没有兴趣真正去聆听、观察时,那么这种教育学理解是不可能达成的。教师需要有一种"被呼唤感"(feeling called upon)[②],随时对学生的表现保持敏感,随时应答学生的表现,这样才能真正实施有效教学。

> 练习 9-3
>
> 　　应该知道"教学反思"吧?教学反思要反思什么?自己的教学行为及其背后的依据就是反思的重要对象。以自己的某个教学经历为内容撰写一个案例,注意描述自己采取行动背后的决策过程;或者选择一个案例,推断案例中教师行动背后的决策过程。

第二节　基于评价结果的决策类别

　　长久以来,课堂测验结果都用以帮助教师确定学生的等级。给予学生等级,或者对学生的学习能力作出某种判断,从广义来说,也是教师决策的一部分。但如果教师将评价结果只用于为学生确定高分或低分,那么他的课堂评价本身就只能得最低分。

　　这种判断可能与教学相关,但也可能与教学无关。实际上,这种判断经常与教学无关。学生的表现不是教学的结果——为什么我同样那么教,其他学生都学得挺好?学生的表现也与接下来的教学无关——如果我每次都去关注那些学得慢的学生,我怎么能够保证教学进度?教师可以运用评价结果作出哪些与教学相关的决策?或者反过来说,教学中的哪些决策可能受到学生评价结果的影响?首先来看看波帕姆的框架。

一、波帕姆的基于评价结果的教学决策框架

　　波帕姆认为能够基于评价结果实施的教学决策主要有三种类型。见表9-1。

---

① [加]马克斯·范梅南,李树英译.教学机智——教育智慧的意蕴[M].北京:教育科学出版社,2001:111.
② [加]马克斯·范梅南,李树英译.教学机智——教育智慧的意蕴[M].北京:教育科学出版社,2001:129.

表 9-1 基于学生评价结果的决策种类[①]

决策种类	典型的评价策略	决策选择
先教什么？	在教学开始之前进行评价。	是否为特定的教学目标提供教学？
达到特定的教学目标需要多长时间？	在学生学习过程中评价。	是否需要调整预期的教学目标？
教学安排的实际效果如何？	比较教学前后学生在评价中的表现。	第二次使用这种教学安排时是否需要调整？

（一）先教什么

如果教师对学生现有的学习水平有更准确的认识，那么一般都能作出更有效的课堂决策。而且，如果依据学生评价结果作出关于"先教什么"的决策，这种决策几乎可以肯定是比较好的。要决定教什么，最好的方式便是在一学年或一学期开始时先对学生进行评价，清楚地了解学生在进入课堂时已有哪些知识技能，据此，教师可以确定哪些方面的教学是真正需要的，哪些方面的教学将会是多余的，然后专注于适合于特定学生的教学目标。

链接 9-6

> 课堂测验总是要占用教学时间。如果课堂测验做得好，这种占用是有价值的。不过，我们一定欢迎能够用更少的时间得到同样效果的做法。
>
> 波帕姆就建议了一种节省前测时间的有效方法。假定一个前测包含了 20 道题目，需要学生用 20 分钟来完成。教师可以运用题目抽样策略将题目分成 4 个部分，每个部分各 5 道题。班级中的学生也可以分成 4 组，每个小组各完成一部分题目。这样前测就只需要花 5 分钟，而教师可以通过计算 20 个题目的平均正确率而了解全班学生的情况。
>
> 不过，如果测验定位于准确评定学生的等级，那么这种方法就不适用。
>
> 资料来源：[美] Popham, W. J., 国家基础教育课程改革"促进教师发展与学生成长的评价研究"项目组译. 促进教学的课堂评价[M]. 北京：中国轻工业出版社，2003: 206.

（二）教多长时间

完成某一特定教学目标的教学显然需要时间，有时教师可能会依据评价结果来调整特定主题的教学时间。有时这种调整决策针对全班教学，比如评价显示学生已经掌握了某一主题的细节知识，那么就可以将原定三周的教学时间缩短为两周。有时这种决策可以针对个别同学，比如过程中的评价显示部分学生已经达成教学目标的要求，那么教师就可以决定终止对这一部分学生的教学，让他们转而学习其它更丰富的内容。

（三）实际教学效果如何

对某种特定教学安排的效果的判断会影响教师在后面的教学中是否继续采用相同

[①] [美] Popham, W. J., 国家基础教育课程改革"促进教师发展与学生成长的评价研究"项目组译. 促进教学的课堂评价[M]. 北京：中国轻工业出版社，2003: 206.

的教学安排。如果效果好，表明教学过程成功，那么教师可能会认为同样的安排能够保证后续目标的实现，会继续采用类似的教学安排；如果评价证据表明该教学过程的效果一般，甚至很糟糕，彻底令人失望，那么教师在再次设计教学时要作出重大改变。不过，波帕姆将第三类基于评价结果的教学决策表述为"教学安排的实际效果如何"似有不妥，因为"确定教学效果如何"本身的确不是教学决策，而是某类教学决策的前提，这类教学决策是确定某种教学安排在后续教学设计中如何取舍。

波帕姆的框架的确涉及到基于评价结果可以作出的重要的教学决策，可是并没有涉及到给予评价结果可以作出的教学决策的全部，而且有些方面也有值得商榷之处。比如，要确定教什么，是否只能借助于教学开始时的评价——有时这种评价被称为"前测"？"教什么"似乎只涉及到教学的内容，有没有比内容方面的决策更重要的决策，比如关于目标的决策？

二、课程决策、教学决策和评价决策

基于评价结果的教学决策本质上是以从评价结果所做的推论为依据的教学决策。波帕姆提供了一个涉及"评价、推论、决策"构成的决策链。

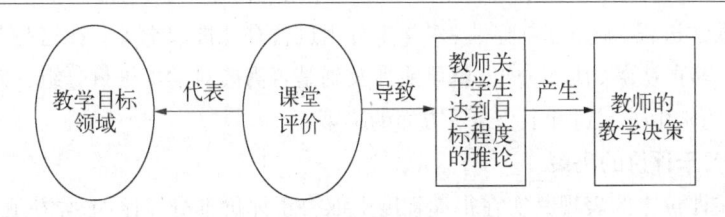

图9-1

对教师有指导意义的评价——推论——决策链[①]

课堂评价必须代表教学目标领域，也即课堂评价的目标应该对教学目标具有代表性；如果课堂评价能够有效地代表教学目标领域，那么教师从课堂评价结果中就能获得关于学生是否达成教学目标或者达成教学目标的程度的推论。波帕姆关于教学目标、课堂评价，以及从课堂评价中获得的关于学生达成目标的状况的推论这三者之间的关系的阐述没有任何问题，但推论"产生"决策，恐怕就没有那么直接了。在从"推论"到"决策"的过程中，实际上总是有其他一些推论的存在，即关于达标与否或者何种程度上达标的原因的推论。这种推论并不直接源于评价结果，而是需要与其他方面的观察和评价直接相关：目标达成与否或者达成程度如何与学生、课程还是教学有关？这种推论将直接影响到后续的决策。依据与决策所基于的原因来分，基于评价结果的决策大致上可以分成关于课程的决策、关于教学的决策，以及关于评价的决策。

（一）关于课程的决策

课程是影响评价结果的一个重要因素。课程目标是否适当？课程内容是否适合于课程目标？课程内容的量是否适当？课程材料是否适当？课程内容的序列是否适当？诸如此类的因素都可能影响学生在评价中的表现。如果学生特定的评价结果与课程因

[①] ［美］Popham, W. J., 国家基础教育课程改革"促进教师发展与学生成长的评价研究"项目组译. 促进教学的课堂评价[M]. 北京：中国轻工业出版社, 2003: 204.

素相关，教师就需要作出课程方面的决策，比如课程目标的调整、课程内容的增删、课程资源的选择、课程"组织者"的选择和调整等。这方面的决策也可以被看成关于"教什么"的决策。

也许有些教师会认为，课程是外部规定的，教师没有决策权，但实际上，当前教师所享有的课程决策权并不小。课程目标的确由国家课程标准加以规定，但国家课程标准规定的课程目标都是学段目标，通常涉及到两三年甚至更长的时间段内要达成的目标。国家也只要求在规定的学段结束时达成相应的目标，至于这些目标如何分解去逐步达成，教师享有充分的决策权。原本规定教学内容的教材也不再是"圣经"，教师有权删改调整，而且有权补充多种多样的课程资源。至于实际课堂教学过程中教学内容的处理和安排，本来就是教师职责范围内的事。

（二）关于教学的决策

教师的教学甚至比课程更为直接地影响着学生在评价中的表现。教师设定的教学目标是否适当？是否清晰明确？所用的教学方法以及所安排的教学活动是否适合于教学目标和内容？教学时间是否充足？节奏、进程是否适当？教学重点安排适当吗？这些方面都可能影响学生的评价结果。如果教师发现学生在评价中的表现源于自己的教学活动，那么就需要作出关于"怎么教"的决策，比如调整教学目标、改变教学方法、加快或放慢教学进程、调整课外作业、对学生分组进行补充性教学等。在这些方面，可能还需要进一步的决策，比如分组，就可能涉及到是否需要对学生进行分组、按什么标准分组、特定的学生进入到哪个小组等方面的决策。

（三）关于评价的决策

学生在评价中的表现其实在很大程度上取决于评价本身。比如，学生在评价中的表现与评价或测验的难度系数直接相关，这谁都知道，但影响学生在评价中的表现的评价因素远不止评价的难度系数，评价目标是否与教学目标、学习目标匹配，所用的评价方法是否适合于评价目标的要求，评价中是否包含了偏见，评价时间是否适当，甚至评价要求表述的清晰度等都会影响学生在评价中的表现。虽然对评价本身的审查、调整通常应该在评价实施之前进行，以确保评价本身的质量、从评价中作出的推论的质量，以及评价的预期后果，但评价结果也能够为评价本身的改善提供重要的依据。比如，在一次考试后教师发现，有一道选择题，高分组15位学生中选择正确答案"B"的学生只有5位，却有8位选择了干扰项"D"；相反，低分组15名学生中却有10位选择了正确答案，而没有人选择干扰项"D"。这表明，在这道题目中，选项"D"需要仔细地检查。此时，教师可能需要决定这道题目是否还应该被保留下来，作为以后相关测验的题目。

> **链接9—7**
>
> 难度系数是衡量题目质量的一个重要指标。最常见的难度系数是 p 值，它可以通过下面的公式来计算：
>
> $p = R/T$
>
> R指正确回答该题目的学生人数，T指回答该题目的学生总人数。p 值通常在0—1.00之间变动。一般而言，高 p 值意味着题目容易，低 p 值意味着题目

较难。但这并不绝对,因为实际的难度水平与学生水平和教学方案联系非常紧密,显然如果学生学得很好,同样可以在一个被认为低 p 值的题目上表现得非常出色。

练习9-4

广义的教学决策可能会涉及到很多具体的方面。你能否在下表中补充一些你的想法?

课程维度	教学维度	评价维度
○ 课程目标是否合理? ○ 课程目标与课程标准的要求匹配吗?适合学生的认知水平吗? ○ 课程内容与先学内容之间存在什么样的关系?是否建立在已有知识基础之上?能否为后续的内容提供基础? ○ 所选的课程资源适合于目标吗? ○ 与学生的经验相关吗?如果不直接相关,运用了什么样的组织者来建立新旧知识之间的联系? ○ ○	○ 教学目标清晰吗?目标与学生已有认知结构和认知水平相适应吗?是否给学生提出了清晰明确的应知和能做的要求? ○ 教学的进程安排适当吗? ○ 教学节奏安排适当吗? ○ 要求学生参与的学习活动安排适当吗? ○ 教学过程中是否帮助学生学习建立了一个最近发展区?是否给学生提供了适当的支架? ○ 所用的方法和策略适合于教学内容和学生的认知水平吗?有助于目标达成吗? ○ ○	○ 设定的评价目标准确反映了学习目标的要求吗? ○ 所用的评价方法能够真正检测目标的达成状况吗? ○ 题目中存在偏见吗? ○ 每道题目要求都很清楚吗? ○ ○

三、显性决策与隐性决策

决策过程本质上是一个思维过程,通常隐含地发生。决策者有时可能会有意识地启动决策过程,有时则没有这样明确的意识,但能够清楚地觉察到这个决策过程。不过,还有很多时候,决策者甚至都没有觉察到决策过程,旁人更加看不到决策过程的发生,除非决策者的后续行动证明他作出了某种决策。

有时,决策会带来明显的行为改变,这种决策可以被称为显性的决策。但是,有时决策并不直接带来行为的改变,这并不意味着决策没有发生。这种没有导致后续跟随着行为变化的决策或许可以称为隐性的决策。

作出了决策,可后续跟随行为却没有发生变化,或者在后续跟随行为上看不出来,这可能有几方面的原因。首先,可能这种决策所指向的并不是具体的行为,而可能是一种看法、观念或信念,而这种看法、观念、信念又没有直接表现的机会。比如,教师因为评价结果而获得关于某个学生的新印象，或者改变了对某个学生的印象，这种印象可能会改变他以后所采取的涉及到该学生的行为，但当前他可能并不需要对该学生采取某种行为，所以这种印象改变就似乎没有直接导致外显行为的变化。不过，尽管这种指向于看法、观念、信念的决策似乎无法在直接跟随的后续行为变化中找到发生的证据，但一定会影响后续的行为，甚至这种影响会更持久，影响的范围更广——如果没有通过评价获得的新证据，上述那位教师对该学生的印象就可能持续下去，并影响他对该学生所可能采取的各种行动。其次，这种决策还是指向于行为的，只不过这种行为不需要直接实施，所以在直接跟随着的行为中看不出来。这种决策可能指向于将来某个时候会产生的行为，比如，教师通过对评价结果的分析以及其他方面的自我反思，发现某种教学安排并不奏效，所以他就可能将这种教学策略从自己的教学策略库中剔除，或者将之放在一个不那么重要的位置上。可是，这部分的教学内容已经完成，所以很可能只有在下一次涉及到类似内容的教学时，他的行为改变才可能体现出来。

| 练习 9-5 | 尝试从自己的教学中撷取一个片段，分析一下自己活动背后的决策。 |

四、基于评价结果的决策：超越教学

基于评价结果的决策在教学实践中有广泛的用途，最常见的就是制定课时计划，也就是上课之前对课的设计。大家都知道，教学设计中第一个重要的环节就是"学情分析"，而基于"学情分析"的教学设计通常就是基于评价结果的教学决策——如果所谓的"学情分析"是借助于评价所获得的结果，而不是想象或臆断的学情的话。同样常见，甚至数量更多的基于评价的决策发生在教学过程之中，只不过这种教学决策所基于的往往不是考试、测验之类的正式评价的结果，而是基于口头交流、观察等相对非正式的评价结果。

| 反思 9-3 | 评价结果能用于支持作业设计吗？能用于作业布置吗？还能用在什么活动上？ |

基于评价结果的教学决策会体现在教什么、怎么教、何时教、教谁等诸多方面，比如哪些内容需要重教？运用什么样的方法来教？将学生分成哪些小组？将哪些学生放在同一小组中？需要对他们做什么或让他们做什么？何时给予指导？给予什么样的指导？甚至可能会涉及用什么样的词、语气来表达？运用什么样的板书？但是，基于评价结果的决策远不止表现在"教"的维度，实际上，基于评价结果的决策能够用于全部的课堂实践，甚至用于学校全部的教育实践。如果教师在一所具有"评价驱动的教育"文化的学校中能够运用评价结果作出所有关于课堂实践方面的决策，那么，学生学习的改善是必然的。

数据驱动的最佳课堂实践

链接9-8

1. 在头脑中将目标与评估联结起来
   —— 将目标与如何评联系起来。
   —— 写出"知/做"目标：学生通过做_____，知道_____。
   —— 事先看考试题以保证测验中要评估的技能能在课中体现。
   —— 在课时计划的顶部，目标之后马上就写技能评估。
   —— 首先写与目标匹配的评估题，然后将目标分成较小的组块，以保证正确回答问题所需的技能的掌握。
   —— 运用布鲁姆分类学中的动词来保证目标的严格性。

2. "现在做"（Do Now，课开始时5—10分钟的简短的个体练习）
   —— 运用Do Now作为一种再教学工具，将学生难以掌握的问题编入最后的临时评估。
   —— 运用混合形式的题目评估技能：选择、简答、开放题等。
   —— 按难易程度排列问题。
   —— 螺旋式安排目标、技能、问题。
   —— 开发Do Now追踪表，展示学生在每一个Do Now上的表现。
   —— 使Do Now看起来像试题，保证它在课堂上被复习。
   —— 在Do Now过程中观察学生的回答，注意回答错误的学生，并在口头检查中关注他们。
   —— 将选择题纳入Do Now以允许实时评估。
   —— 将如何、为何问题纳入，以适应学习者的不同层次，推动思考。
   —— 在Do Now中回顾昨天的目标。

3. 检查理解和促进参与的提问
   —— 开发对学生回答的全班应答，以保证100%的参与（如，如果同意，拍手；如果不同意，跺脚）。
   —— 运用"冷叫答"（cold call）：避免只叫举手的学生。
   —— 从乒乓到排球：不是教师回应每一问题，而是让学生相互回应："你同意吗？""为什么他的回答不正确？""你有什么补充吗？"
   —— 课前设计好问题。
   —— 让观察者记录教师的问题。
   （以下是帮助学生获得正确答案的技术。）
   —— 让最初有困难的学生重复全班提供的正确答案。
   —— 运用白板让每个学生写下答案，教师能即刻检查，了解有多少学生做对。
   —— 为有困难的学生设计问题，并记下他们的回答。
   —— 记下学生答错的问题，在随后回顾时重温它们。
   —— 不能让学生在有困难时退出。
   —— 在得到正确答案后，让学生准确陈述他们原来的错误和如何避免犯同样的错误。
   （以下是减少教师说话、迫使学生思考的技术。）
   —— 要求学生用来自于课文的证据支持答案。

——假装不懂(让学生自己发现错误,假装不知道答案有错)。
——要求学生用自己的话来陈述定义、概念。
——重述问题,迫使学生思考同一问题。
——运用等待时间,给予学生更多的思考机会。
——保证得到100%的正确回答。
——检查学生策略的运用,而不只是答案的正确性。
——提出"如果……,会怎样"的问题:如果我把这一信息从题目中拿掉,你能做出这道题目吗?

4. 差异化教学:教处于不同层次的学生
——为评估编制层次性的问题。
——加上由挑战性问题构成的单元作为奖励。
——运用不同的Do Now、作业单等。
——运用数据确定每个学生所需的支架、额外支持的程度。
——将学生按其需要发展的技能分组。
——为特殊需求学生开发适当的支架。
——建立工作站。
——创建个体的"工作合同",让学生清楚自己的工作路径。
——运用Do Now、出口门票和评估数据驱动小组重教。
——编制有水平差(易、中、难)的作业供选择。
——规划座位,以保证教师在教学过程中易于为困难学生提供支持。
——让观察者在观察过程中靠近低成就者,以提供额外的支持。

5. 同伴支持策略
——在独立作业中仔细观察学生作业,让强的学生帮助弱的学生。
——让学生在小组中教部分内容。
——让学生在工作站中轮转。
——寻来同伴辅导,教辅导者如何提出问题,而不是给予答案。
——思考、配对、分享,让学生思考答案,与同伴交流,在大组中分享。
——学生转向同伴,解释自己的答案。
——从同伴到小组:学生示范出声思考。
——实施同伴编辑和修改。
——开发jigsaw活动和内容的学习小组(Jigsaw是一种合作学习策略,它让小组中的每一位学生都只专门学习一个学习单元的一个方面,学生与学习同一内容的其他小组成员掌握了材料之后,回到自己的小组,将所学的教给小组成员)。
——建立监控关系,如12年级对10年级,11年级对9年级。
——分享良好的样例,让学生引导其他学生确定错误。

6. 学生自我评价
——运用追踪表每周检查:学生自己追踪每项技能上的进步。
——重温测验——"为何选项A是错的"等。
——让学生给予评分规则,学生自己评价。
——给予学生背面有答案的独立作业单,让他们在完成后能自己检查。

——让学生运用评分规则，定期进行自我评价。
7. 出口门票（Exit Tickets，课结束时用以检查学生当堂课的理解的简短活动）
　　——编制一份与出口门票相匹配的追踪表。
　　——用不同的方法评价同一技能。
　　——格式与中期评估相同。
　　——即时评定。
　　——即时跟进。
　　——回答出口门票上的基本问题。
　　——在第二天的 Do Now 中回应来自出口门票的数据。
　　——运用出口门票确定需要重教的小组。
　　——推动教学领导者为新教师设计有效的出口门票。
　　——监控出口门票是否反映了内容范围和序列。
8. 家庭作业
　　——开发指向于中期评估所确定的特定技能的家庭作业。
　　——即时审查家庭作业中的问题领域。
　　——让学生确定作业中的错误，教他们如何检查错误。
　　——编制技能追踪表。
　　——在作业中整合螺旋式检查：作业中包含先前学习过的问题和任务。
　　——编制分层作业（学生特定的）。
　　——设计与中期评估、州考试和 SAT 一致的作业。
　　——运用开卷作业。
　　——借助于竞争机制鼓励作业的完成。
　　——纳入高于年级水平的挑战性问题。
　　——基于出口门票的结果实施差异化作业。
　　资料来源：Increasing rigor throughout the lesson:Data-driven classroom best practices.
http://engageny.org/resource/driven-by-data-increasing-rigor-throughout-the-lesson.

第三节　基于评价结果的教学决策

　　当我们将"学"当作教的依据时，我们就必须关注"学"的构成。作为教的依据的"学"，一定是教师所面对的特定学生的学，这种"学"与学生的本质特点相关，遵循学习的普遍规律，也有明显的个体特点和群体差异。因此，要将"学"作为"教"的依据，教师就必须拥有关于学生及其学习发展过程的一般知识，也必须获得关于特定学生在特定情境中学习的信息。前者包括关于学生的一般知识、关于学生学习和发展的一般知识、关于学生在特定学科中学习的知识，这些知识可以通过教师职前和在职阶段持续的学习来获得；后者既包括对特定学生群体学习情况的了解，也包括对学生个体学习情况的了解，这些信息通常借助于评价来获得。课堂评价就是获取这些信息的最重要的途径。

　　教学和评价本来可以是没有关系的，就像当前的许多实践，教学归教学，评价归评价，所评的经常无关于所教的；而且尽管经常评，经常考，但评价或考试的结果对接下来的教学没有影响。教学与评价的关系是通过两条路径来实现的：一是只评价所教的，也就是第二章所强调的评价与教学的匹配；二是基于评价结果进行教学决策。

练习9-6

为什么要基于评价结果进行教学决策？我们强调将评价结果作为教学决策的依据可不是想为评价结果找条出路哦。从某一角度讲，基于评价结果的教学决策并不是一个全新的观念，相反，它能够从教育历史众多的观点中——有些似乎是老生常谈，比如因材施教；有些则非常时髦——找到依据。你能否从下面一些理论观点中为"基于评价结果的教学决策"找到依据？

理论	主要观点	与"基于评价结果的教学决策"的联系
学生中心论		
有意义地接受学习		
建构主义学习理论		
反思性教学		
行动研究		

一、基于评价结果的决策方式

基于评价结果的教学决策是决策的一种具体形式，有着与一般决策相同的本质和基本方式。如前所说，决策本质上可被视为一种程序性知识。作为一种程序性知识，决策是一套活动的操作步骤，是关于"怎么办"的知识。

链接9-9

陈述性知识和程序性知识

1976年，认知心理学家安德森（Anderson, J. R.）将知识分成陈述性知识和程序性知识。前者是指个人具有有意识的提取线索，因而能够直接陈述的知识；后者是指个人无有意识的提取线索，因而其存在只能借助于某种作业简介加以推测的知识。

1987年，梅耶（Mayer, R. E.）将知识分成语义知识——个人关于世界的知识；程序性知识——用于具体情境的算法或一套步骤；策略性知识——关于如何学习、记忆或解决问题的一般方法。

其实，1949年，教育哲学家赖尔（Ryle, G.）已经对知识作了类似的分类：命题式知识（know-what）和行为性知识（know-how）。

程序性知识是相对于陈述性知识而言的。按照现代认知心理学的理解，所谓陈述性知识，是一种关于事实、概念、定义的知识，通常借助于命题、命题网络、表象和图式来表征。程序性知识则不同，是关于怎么做的知识，通常借助于"产生式"来表征。

产生式这一术语来自于计算机科学。信息加工心理学的创始人 H·A·西蒙和 A·纽厄尔认为，人脑与计算机类似，都是"物理符号系统"。计算机之所以能够完成各种运算和问题的解决，是因为它储存了一系列以"如果—那么"（If-Then）来编码的规则，人的头脑中也储存了这类规则，因此能够计算、推理和解决问题。这类以"如果—那么"来编码的规则就是所谓的"产生式"。决策本质上是问题解决，是一种程序性知识，也是以产生式来加以表征的。这种产生式也可视为一个条件—行动（condition-action）规则（简称为C-A规则），其中的"条件"是保持在短时记忆中的信息，"行动"既可以是外显的反应，也可以是内隐的信息活动或运算。比如：

实施强化的产生式[①]：

如果　目标是增加学生的注意行为，

且儿童注意的时间比以前稍微延长，

那么　对儿童进行表扬。

就这个产生式而言，条件是"增加学生的注意行为"，行动是"对学生进行表扬"。这无疑是一个教学决策，因为行动是选择的结果。要增加学生的注意行为，教师可用的方法很多，比如，突然提高或降低声音，也是一种可能的行动。在这个例子中，教师从可能增加学生注意行为的多种做法中选择了"表扬"这个策略。但这是一个基于评价结果的教学决策的产生式吗？在基于评价结果的教学决策中，要达成的目标是"条件"的一个重要组成部分，但从学生表现中获得的信息也应当是"条件"的关键组成部分。

从决策角度看，这样的简单产生式能够保证单一活动的启动和完成，可是，有些任务需要完成一连串的活动，这时，多个简单产生式通过控制流而相互形成联系，组合成复杂的产生式系统，就能引发这种复杂的活动：当一个产生式的活动为另一个产生式的运行创造了所需要的条件时，则控制流从一个产生式流入另一个产生式。教学是一项相当复杂的活动，就教学展开的决策经常需要借助于产生式系统。以下来自于教学决策的重要研究者谢弗尔森和斯特恩提供的教师决策模式就能说明这个问题。[②] 这一模式表明，当教师在课堂中观察到一些迹象（或者通过评价获得一些信息）时，就会出现产生式系统（见图9-2）。

教学决策虽然是一种程序性知识，但它所涉及到的却不限于程序性知识，相反，教学决策中经常会涉及众多的陈述性知识。教师从中作选择的教学策略库可能有很多策略是以"产生式"表征的，但也可能有不少是来源于理论或研究的策略，在教师的策略库中以陈述性知识的方式储存的。来自学生评价的数据或信息，在经教师转化为可操

---

① 皮连生.智育心理学[M].北京：人民教育出版社,1996：49.
② 中央教育科学研究所比较教育研究室编译.简明国际教育百科全书——教学(下)[M].北京：教育科学出版社,1985：97.

作的知识之后，成为教学决策的依据，这些可操作的知识经常也是陈述性的。就此而言，整个教学决策更像认知心理学中的"图式"（schema）。

图 9-2 相互作用的教学过程中教师决策模式

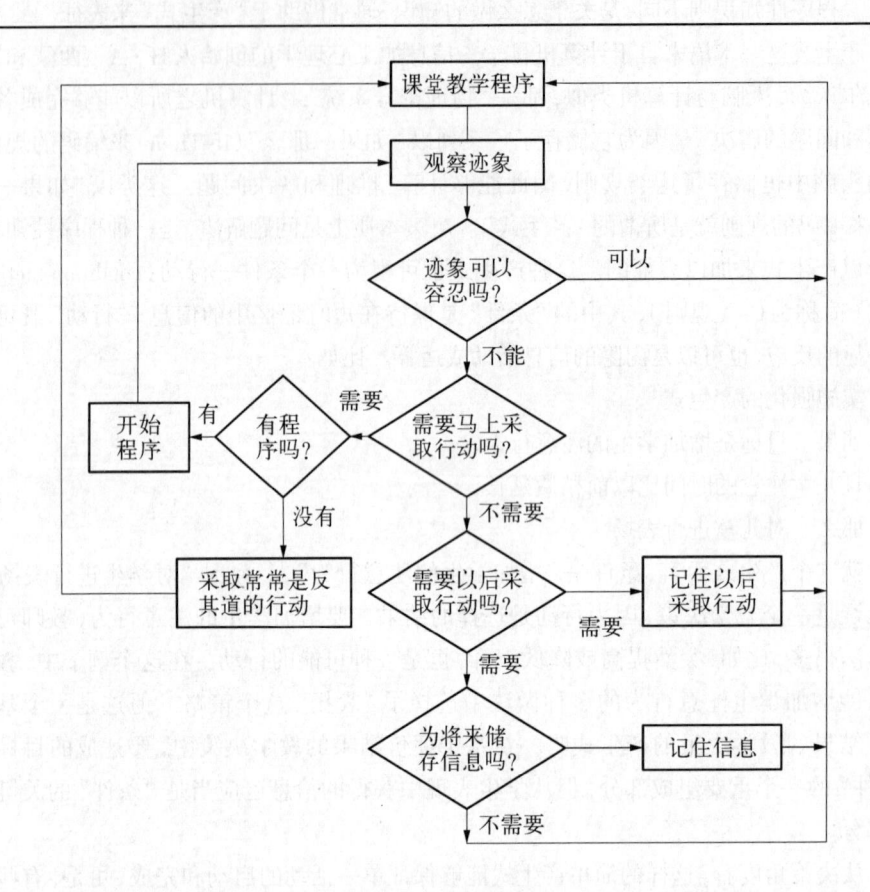

```
                          ┌──────────────┐
                  ┌──────→│ 课堂教学程序 │←──────────────┐
                  │       └──────┬───────┘                │
                  │              ↓                        │
                  │       ┌──────────────┐                │
                  │    ┌─→│   观察迹象   │                │
                  │    │  └──────┬───────┘                │
                  │    │         ↓                        │
                  │    │    ╱迹象可以╲   可以             │
                  │    │  ╱  容忍吗？  ╲──────────────────┤
                  │    │    ╲          ╱                  │
                  │    │      ╲不能╱                      │
                  │    │         ↓                        │
                  │    │    ╱需要马上采╲   需要           │
                  │    │  ╱  取行动吗？  ╲────────┐       │
                  │    │    ╲          ╱          │       │
                  │    │      ╲不需要╱            │       │
                  │  ╱有程╲有    ↓            ┌───┴───┐   │
         ┌──────┐╱ 序吗？ ╲ ╱需要以后采╲需要  │开始   │   │
         │ 开始 │←─────────  取行动吗？  ─────│程序   │   │
         │ 程序 │  ╲      ╱  ╲          ╱    └───────┘   │
         └──────┘    ╲没有╱     ╲不需要╱                  │
                       ↓            ↓                     │
                  ┌──────────┐  ╱为将来储╲需要┌────────┐  │
                  │采取常常是│╱  存信息吗？╲──│记住信息│──┤
                  │反其道的行│  ╲          ╱  └────────┘  │
                  │动        │    ╲不需要╱                │
                  └─────┬────┘         ↓                  │
                        └─────────────────────────────────┘
```

二、基于评价结果进行教学决策的过程

在很多时候，尤其在课堂教学过程中，教师会作出许多似乎源于直觉的决策，有经验的教师甚至意识不到决策的发生。其实决策总是有一个过程的，这一过程就类似于问题解决过程。以下尝试对基于评价结果的教学决策过程进行分析。

（一）界定问题

决策的发生总是因问题而起的，如果课堂教学按预先设计的方案顺利展开，那么教师就可能不会有作出决策的压力，就不需要作决策，也就不会有用作决策来调整教学的行动。从这一点来看，决策就是问题解决。既然决策因问题而起，就是为了解决问题，那么决策的第一步就是确定问题。基于评价结果的教学决策首先就是需要基于评价结果来确定问题。教师需要明确：是什么问题？哪个方面的问题？是学生中普遍存在的问题，或是部分学生的问题，还是个别学生的问题？是学生先前知识基础上存在的问题，还是当前学习的问题？是知识掌握的问题，还是学习方式的问题，或者学习习惯的问题？是认知问题，还是情绪动力问题？

可是，教师从课堂评价中获得的信息经常只是关于学生学习状况的一些原始信息，他们经常缺乏意义——如果教师对这些原始信息不加分析和解释的话。在国外流行的数据驱动的教学决策(data-driven decision making, DDDM)中,这些信息就是数据。原始的信息或数据是没有意义的,比如,我告诉你一个学生在一次测验中得到78分,这个原始分数就没有任何意义;我告诉你,某个学生的某一道题错了,这一信息也没有任何意义。要使结果有意义,需要特别关注以下几个方面:

1. 合理组织信息或数据

对于决策有意义的数据应当能够让教师明确学生群体和个体在学习上的具体状况:哪些目标达成了?哪些目标没有达成?笼统呈现评价结果无法让教师清楚地了解学生学习的具体状况。运用一些技术手段来组织评价结果能够帮助教师清楚地了解具体的状况,尤其有效的是将数据与期望的目标整合起来呈现,这能够让教师对学生的学习情况一目了然。

以下就是一个实例。[①] 实例中所评价的是学生的片段写作,期望学生达成的目标包括了四个方面:运用主题句;至少运用三个支持性的事实;有逻辑顺序;运用总结句。学生的情况可以记录如下:

	评价内容:片段写作		日期:	
学生姓名	目标1:主题句	目标2:三个事实	目标3:逻辑	目标4:总结句
学生1	好	三个事实	好	好
学生2	没有	一个事实	缺乏逻辑	句子不清晰
学生3	好	两个事实	好	没有
学生4	句子不清晰	三个事实,其中一个无关	缺乏逻辑	句子不清晰

对学生个体的记录同样可以让教师把握整个班级群体的学习情况,明确哪些目标是全班同学基本达成的,哪些目标只有少数同学达成。通过计算每个目标达成的百分比,教师可以确定学生学习中存在的主要问题,从而为下一步的问题分析确定核心问题。

2. 整合多次评价的结果

单一的评价可能难以揭示真正的问题,有时,单一评价中表现的结果可能并不能反映学生学习的真实情况,多次评价的结果会反映更真实、更值得关注的问题。来自于不同来源的数据相互印证能够保证所获得数据的可靠性。更重要的是,如果教师能够将先后实施的多次评价的结果整合起来呈现,可能还能够看到学生表现变化的过程和趋势,这对于教学决策十分重要。

还是以上面的"片段写作"为例,如果先后三次对学生的片段写作进行评价,教师就可以将每一次的评价结果以表格的方式呈现出来。这种做法也是监控学生进步的一种有效方式。

[①] Tuckman, B. W. *Testing for teachers*. Boston: Allyn and Bacon. 1988, p.211.

目标	主题句			三个事实			逻辑性			总结句		
日期												
学生1												
学生2												
学生3												
学生4												
学生5												

3. 综合考虑其他数据

在很多时候，要让数据变得有意义，教师就可能需要其它的一些信息，比如关于"78分"这个分数，教师可能需要知道：这个学生是谁？他原先的学习水平怎么样？这是一次什么样的测验？考查的内容是什么？难度如何？事先确定的目标水平或基准水平如何？同年级或同层次的学生的测验分数怎么样？这些信息对于结果的解释十分重要。

还是以"78分"为例，你可能觉得这是一个问题，因为"78分"表明了跟100分的差距，说明学生还有"22分"的内容没有掌握。但确定这样的一个问题就一定是正确的吗？你甚至可能不知道这次考试的总分是多少，怎么能够断定差距就是22分？确定这样一个问题有用吗？你根本不知道这失去的"22分"是在哪些学习内容上失去的。其实，这"78分"是否是一个需要引发教学决策的有价值的问题，是不确定的。这取决于你为本次考试设定的基准水平——也即几分是达标，也取决于这个学生常态的水平。如果你为本次考试设定的基准水平是80分，且"78分"出现在一个经常徘徊在基准水平上下的学生身上，那就不是一个问题；但如果这个分数出现在一个经常远高于或低于基准水平的学生身上，那就可能是一个问题。但即使如此，这还不是能够引发教学决策的真正的问题，真正的问题在于学生表现中存在的问题：哪些应知的未知？哪些该做的未能做？这些"应知"和"能做"既需要依据目标来确定，也需要依据学生本身原有的学习水平来确定。如果评价结果是笼统的、模糊的，就不易为问题的确定提供信息；相反，如果评价结果就是一些描述性的信息，那么就能很好地为问题的确定提供支持。

链接9-10

数据驱动的教学决策中的数据类别

佚 名	表现的基准水平、学生的表现水平、同伴的表现水平。
福克斯（2001）	结果数据、人口学数据、过程数据（或"变化的数据"）。

（续表）

莫克塔里 （2007）	专业发展、课堂数据、阅读表现数据（前两方面的数据能够丰富对福克斯所说的"过程数据"的理解；之所以提"阅读表现数据"，是因为其以阅读教学为例研究数据驱动的教学决策问题，相当于福克斯框架中的"结果数据"）。
本哈特 （2004）	人口学数据、观念数据（学生、家长、教师等对学习环境的认识）、学生学习数据、学校数据（学校和课堂中的教育和心理事件以及学校做事的方式）。

根据 Problem-solving and response to instruction/intervention: Data-driven decision making. http://www.tats.ucf.edu/docs/MeetingSummary/May_2010/Problem-solving_and_Response_to_Inst.pptx.. Fox, D.（2001）. Three kinds of data for decisions about reading. In Simons, L. O.（Ed.）, *The newsletter of the comprehensive center*, Region VI, 6（1）, 11-13. Madison, WI: Wisconsin Center for Education Research. Bernhardt, V.（2004）. *Data analysis for continuous school improvement*. Larchmont, NY: Eye on Education. 以及 Mokhtari, K., Rosemary, C. A., Edwards, P. A.（2007）. Making instructional decisions based on data: What, how, and why. *The Reading Teacher*, 61（4）, pp.354-359. 整理。

练习 9-7

如果你想让"某个学生的某一道题做错了"这一信息变得有意义，你期望得到哪些额外的信息？请以问题的方式说明你还想知道什么。至少提出三个问题。

4. 按优先权对问题进行排序

理论上讲，确定问题之后即可启动分析问题的行动，可是，教学是复杂的，学生的学习也是复杂的，评价结果同样也可能是复杂的，教师可能从中确定不止一个的问题。比如，以第八章提及的片段写作为例，教师从评价结果中发现了学生在字词句运用上的问题，也发现了标点符号运用的问题，还发现了学生不会用一个总起句表达主要观点，或者不能用一些论据来证明自己的观点，或者不能用一个总结句来归纳所提供论据的问题。教师是否需要就所发现的所有问题都启动决策程序？即使需要，指向于不同问题的决策依然会有先有后。如果从评价结果中发现的问题有很多个，教师就需要对所发现的问题按其重要性、紧迫性等加以排列，确定需要优先解决的问题，比如与目标直接相关的问题、直接影响当前或后续教学和学习的问题、学习序列中的使能目标或先决知能上的问题，等等。尽管教师被要求具有在课堂中同时处理多方面事情的能力，而且的确会在复杂的课堂中面对同时发生的众多问题，但教师仍然需要敏锐地审视问题的重要性，确定需要解决的根本问题、关键问题、核心问题，或具有时间紧迫性的问题。

反思9-4 在第八章呈现的写作片段例子中,教师最重要的教学决策应该针对哪些问题?

(二)分析问题

在问题确定之后,就需要对问题进行分析。问题分析的着重点在于生成关于问题发生原因的假定:是什么导致了这个(些)问题?

既然是从学生表现中发现的问题,教师自然会从学生方面去寻找问题发生的原因。的确,学生是问题原因的重要来源,学生的认知结构、思维方式、学习的投入程度、学习习惯等都会影响学生的表现。有时,如果评价任务设计得好,教师可以比较直观地了解问题的原因所在,可以让教师节省大量的问题分析时间。即使用选择题之类高度结构化的题型,同样能够获得有关学生在解决问题背后所进行的思考的信息,从而确定"错误"背后隐含的模式,也即明确学生发生的错误到底是什么错误?是自己可以改正、可以避免的简单错误,还是因为缺乏知识技能造成的错误?如果是后者,那么,是事实性错误?是程序性错误?还是迁移性错误?或者就是错误观念?譬如下面一道来自于PISA(Programme for International Student Assessment,国际学生评估项目)的试题:

小明想把自己房间的墙壁和天花板刷一遍。房间的地板是长方形的,4m宽,5m长,天花板有2.5m高。房间有一扇门和一扇窗,总共有6 m^2,当然不需要刷。请问小明要刷的面积有多大?

A. 22.5 m^2 B. 36.5 m^2 C. 39 m^2 D. 44 m^2 E. 50 m^2 F. 59 m^2

六个选项都不是随意确定的,所有干扰项的确定都是有依据的,都隐含着学生可能发生的思考偏差。如选项A,学生的反应模式可能是"$4×5+2.5$";选项C,学生可能的反应模式是"$(4+4+5+5)×2.5-6$";又如选项D,学生的反应模式可能是"$4×5×2.5-6$",每一种错误后边都存在着一种知识错误或思考模式的错误。教师看到学生选择的结果,也就能够即刻发现学生错误的原因。

你看的是一道题目,但实际上看的是学生在某一概念或技能样例上的表现。分析学生对答案的选择,能够得到学生如何思考的信息。学生选择了某一干扰项,是因为它代表了某种普遍的错误,如果很多学生选了某个错误的选项,那么这就意味着存在普遍持有的误解。如果试题中有同类的题目,你将学生在这些题目中的表现联系起来,就能从学生的错误中发现错误的"模式",这能够告诉教师先前的教学是否有效,哪里需要更多的教学。

可是,在很多情况下,问题背后的原因的发现可能并不那么简单。教师看到的是学生的表现,至于学生这样表现的原因,却是隐含在表现的背后的。教师经常需要依据表现去推断其背后的原因,而这种推断可能是有风险的,因为导致同样表现的原因可能是多样的,这就需要教师运用多种来源的信息,而不是依据一次评价的结果。教师要运用来自于多方面的信息，如通过测验、作业、提问、课堂表现观察等途径获得信息，进行相互印证，必要时还需要在分析问题的过程中收集额外的信息。

对于基于评价结果的教学决策，在问题分析阶段，需要教师在思维方式上有一个重大改变。教师在寻找问题的原因时有一个相当普遍的倾向，即从学生方面寻找原因，分析问题时首先的思考方向就是："学生的什么导致了表现上的问题或差距？"如果局限于这样的思路，那么评价结果或从评价结果中发现的问题就会导致相当有限的教学决策，即局限于那些与学生活动直接相关的教学决策。比如，发现有错别字就要求将错别字抄写20遍，发现某题做错了就要求反复练个十几遍，等等。基于评价结果的教学决策需要教师摆脱这种倾向，不要局限于追问"学生的什么导致了问题"，而是要追问"课程、教学、学生、学习环境的何种互动导致了问题"。换言之，教师除了要在学生身上找原因外，也应当从课程、教学、学习环境等方面来寻找原因。实际上，学生学习上的问题很多都是来源于课程、教学和学习环境上的问题。

需要明确的是，在这一阶段，寻找问题的原因，其实就是形成一些关于可能的问题成因的假定，然后验证假定。如果能够认识到相同的表现有多个可能的原因，那么教师在面对问题时也就可能会形成多个关于问题成因的假定——考虑到教学和学习的复杂性，教师也必须形成多个假定。当这些假定形成之后，教师就需要依据所收集的信息——同样需要在必要时收集额外的信息——对所形成的假定进行评估，确定最有可能的假定和最不可能的假定。

（三）形成解决方案

在明确界定问题、澄清问题发生的原因之后，教师可以形成解决问题的方案。所谓解决问题的方案，那一定是针对所要解决的问题的。所以，教师在寻找解决方案时一定得有非常清晰的目标，那就是解决所要解决的问题。一种重要的策略就是，将第一阶段所建构的问题陈述转化成目标陈述，然后从目标出发寻找问题解决的方案。

解决方案可能会涉及多个方面的安排，如做什么、怎么做、谁来做、何时做、做后如何评价，等等。一个问题的解决可能既涉及到课程方面的安排，也涉及到教学方面的安排，还可能会涉及到学生活动、学习环境等多方面的安排。而在某个大的方面，其中也可能会涉及很多相对小的方面。在大多数情况下，某一方面单一的改变可能难以导致问题的解决，所以解决方案需要整合各个方面。一个需要改变的思考方式是，要从"我让学生做什么才能够解决问题"，转向"怎样改变课程、教学、学习者、学习环境之间的互动，以促进学生学习"。

相对于问题分析阶段，解决方案的形成需要教师更高的创造性。解决方案的生成可能是个人化的，比如教师在课堂教学过程中针对课堂中出现的意料之外的问题所作的决策；也可能是集体性的，比如教研组教师集体备课时可能借助头脑风暴法和共同的协商生成来确定解决方案。从生成的过程看，也大致上可以分成两大类：一类是检索已有的可能解决方案，并从中进行选择；另一类是借助于审慎的研究或创造性生成的解决方案。理想的做法是不局限于那些明显的或者以前已经使用过的解决方案。对于教师而言，头脑中储存的方案库非常重要，一些专家教师通常能够针对情境提出多种可能的解决方案，而新手教师在这一方面要弱得多，可能难以发现多种解决方案。

前一类生成过程似乎更简单，教师只需要回忆、检索，然后作出选择。但实际上这并不容易。这种做法需要教师拥有由比较多的选项构成的比较大的教学策略库，而且里边的选项应当是以研究为基础的，且有实证依据的，可以是经自己实践证明的，也可以是经他人的实践证明的，还可以是经研究证明的。教师的经验、见识，以及是否有积累的习惯，将会影响其在生成解决方案中的表现。经验越丰富、见识越广，且有积累的习惯，那么就可能在解决方案生成的过程中表现得更好，能够生成更多的解决方案，选择更适当的解决方案。比如，很多教师都曾经碰到过学生交作业时出现的混乱。假定你现在碰到这种情况，你也许能够生成许多解决方案，但研究或许能够为你提供一个备择的选项：让学生按横排来传递作业。

链接9-11

传递作业的程序

美国学者Wong, H. K.认为常规的按竖排传递作业的方式存在着一些问题：

1. 你得站在教室前面等着收作业，你就不可能看到每个学生背后发生的情况。
2. 有些学生会触碰、推搡前面的同学，甚至跑到前排学生前面挥舞作业，通知作业已经传递到该排，这样会惹恼前排的同学。他们可能会大声嚷嚷，使课堂更加混乱。
3. 传递作业时要经过的学生越多，落在地上的可能性也就越大，因而会耽误时间。
4. 竖排比横排有更多的学生，因此后面的学生要处理的作业本就越多。
5. 竖排传递作业会花更长的时间，会让一些学生不耐烦。

Wong认为横排传递作业效果更好，并为横排传递作业建立了一个程序：

1. 从每一横排最边上的学生开始，让他们把作业本放在桌子上。
2. 旁边的学生将自己的作业本放在一起，然后其继续传递。
3. 学生传递作业时，教师要监督整个过程，必要时进行调整纠正，寻找适当的时机表扬学生。
4. 最好在教室的一侧进行监督，这样能够看到作业传递的全过程。
5. 如果学生不是成排坐，而是围坐成一圈，你可以自己或让一位学生收作业。

资料来源：[美] 黄绍裘，黄·露丝玛丽.如何成为高效能教师[M].中国青年出版社,2011.

但从现成的策略中选择也是需要教师有灵活性和创造性的，因为方案必然要针对具体的问题。比如，一个研究告诉我们，如果发现在一个班级中有超过25%的学生未能达到预期的目标，那么教师就需要开发群体干预策略；如果有5%到20%的学生未达成目标，那么就要实施小组干预。但从哪些方面进行干预，具体的干预措施如何，就可能需要教师自己去开发。不过，在大部分情况下，教师会碰到一些问题，而这些问题可能没有现成的解决方案，教师就需要生成自己的解决方案。这时生成的解决方案基本上可归结为尝试性的解决方案，或者只是一种关于问题解决的假设："如果我……，那么问题可能会解决。"这需要教师有更高的创造性。

在形成解决方案之后，教师还需要在众多可能的解决方案中作出选择——至少要按解决问题可能性的大小对这些可能的方案进行排序，确定优先尝试的解决方案。在进行排序时，需要考虑的一个关键因素是：它能解决问题吗？在多种可能的方案中选择哪一个，当然是基于对这些可能性的评估，明确各种方案的优势，以及可能的问题。但评估不只针对方案本身，既然是解决问题的方案，那么对这些方案的评估一定要考虑它所应对的情境或问题。正如有经验的教师所知道的，一种方法在一种情境中是最佳的，却并不意味着它在另一个高度类似的情境中同样是最佳的，甚至不意味着它在另一种情境中同样有效。但是，同时必不可少的一个考虑是，这样解决问题会带来什么后果？教学并不是一种纯粹的认知活动，它同时也是一种"德性"的活动——用范梅南的话来说，是"非常规范性的"。正如医生在确定是否要对产生坏疽的腿进行截肢时还需要考虑会产生什么后果、有什么潜在的危险、截肢后的生活是否还有意义等一样，教师在选择解决方案时，同样得考虑这样做的后果，尤其是对学生发展的影响。比如，一个学生在课堂中吵闹，让他出去是能够让教室安静下来的；一个学生未能正确解答某个问题，教师直接将问题解答过程甚至答案告知学生，也是能够"消除"学生的错误的。但这些解决方案是对学生发展有益的解决方案吗？

我们会选出最佳的或者有最多优点最少缺点的选项。同样，最佳是相对于特定的目标、情境或问题而言的。有时，"最好的行动就是不采取行动"。

链接9-12

几个月前，科妮丽娅有一次没有来上我的英语文法课……一次课间休息时，我碰巧在走廊上见到科妮丽娅和她的好友咪纳妮在一起，我问她为什么那天早上没来上课。她说："咪纳妮感到不舒服，于是我决定陪陪她。"我很恼火，但没有训斥她，而是转向咪纳妮，问道："你没事吧？"咪纳妮回答，是的，但很显然，她心中在为什么事苦恼着。于是，我伸出手搭在她肩上，并问她是否需要帮助。咪纳妮再次说她会没事的，可是我看见她都快哭了。就在这时，下一节课的铃声响了。

过了一会儿，我几乎都忘了这事。第四节课的学生走进我的课堂，咪纳妮也在这一组。当她走过我身旁时，我的第一反应就是想问她怎么了。但是她的神态使我欲言又止，于是我不再追究下去。打那之后，咪纳妮在我班上就好像变了一个人，以前她常常有些别扭、不合作，而现在我们之间好像多了一份无言的理解。这种新态度对她的学习起到了积极的作用。因此，机智包含着一种这样的敏感性：知道什么该顺其自然，什么该保持沉默，何时不介入，何时"不注意"。

……

何时克制自己，何时忽略什么事，何时该等待，何时"不去注意"某件事，何时后退几步，大人对机智的这些领会对孩子的发展是十分珍贵的礼物。

资料来源：[加]马克斯·范梅南，李树英译. 教学机智——教育智慧的意蕴[M]. 北京：教育科学出版社，2001：197-199.

（四）实施与评价

形成解决方案并从中选择了最佳的解决方案之后，教师就进入实际行动阶段，执行解决方案，或将行动方案付诸实施。这个实施过程也是一个验证解决方案的效能的过程，在这一过程中，需要收集行动效能的信息，以评价解决方案的有效性。这是对行动结果进行评价和反思的过程。它不是决策过程的后续环节，而是决策本身的一个有机组成部分，因为在大多数时候，前一环节对可能的解决方案的评价、选择很可能不是完美的，所谓"最佳"很可能只是一种基于经验或理论的推演甚至假设。某种方案是否最佳、是否有效，在很多情况下需要实践的检验，需要一个"试误"的过程，这个试误过程也可以看作第三个环节的一部分。而且，即使我们将其只看成一个决策过程的最终环节，我们也不能忽略它同样是下一个决策过程的起始环节这一点——它让我们明确了下一步行动的目标、所遭遇的情境和问题。至此，一个相对完整的决策过程基本结束，同时进入下一个决策循环——如果通过评价发现问题还没有得到解决，就有可能需要重复上面的几个环节。

练习9-8

以下是来自于马克斯·范梅南《教学机智——教育智慧的意蕴》一书中的一个片段。

我向我的家庭医生解释了我的病痛：我感到右手有种瘫痪的感觉。尽管几周后我的右手康复了，我仍感觉到一种奇怪的、让人焦虑的症状——肌肉的关节虚弱、僵硬；手指感到刺痛。我仍然不能很好地运用我的手指，当我想写作时，这真有点令人讨厌。医生在仔细地听着，并写下了一些什么。他询问了我更多的问题，并对我的手臂做了检查。然后他坐下来。当我默默地等待他的建议时，我发现医生正在纸上画着表格。他迅速地画了几道垂直的线，然后在那些一栏一栏的表格中填写着技术术语。我向后挪了一些。显然，医生在反思我的病痛是什么情况，该采取什么样的可能的治疗措施。我又等了一会儿，然后清了清嗓子。我问医生他在那个小小的笔记本上画什么。医生指着告诉我说，在第一栏中，他列出了我所诉说的各种症状。在下一栏中，他将不同的症状与可能的疾病列了出来。在第三栏中，他又列出了可以检查不同诊断的可能性的测试。在第四栏中，他列出了四种建议性的治疗，所做的测试哪一个符合，就采取哪一种治疗措施。医生向我解释说，他在试图决定哪一种诊断更加合理，因而可以首先采用哪一种测试。

——马克斯·范梅南.教学机智——教育智慧的意蕴[M].北京：教育科学出版社,2001:141.

范梅南是从反思性实践的角度看待这一事例的，认为"这位医生已经向我展示了反思性实践者在工作时具体生动的图像"，不过这也是一个明显的决策过程。请用"决策过程"的知识对范梅南描述的这一事例进行分析。

反思9-5

本章的最后，我们引入一个新的术语，叫"应答性教学"（responsive instruction）。研究表明，应答性教学能够促进所有学生的学业进步。按你的理解，应答性教学到底是什么意思？这种教学要"应答"的是什么？

进一步阅读的文献：

1. [加] 马克斯·范梅南,李树英译.教学机智——教育智慧的意蕴[M].北京：教育科学出版社,2001：141.

2. [美] Popham, W. J.,国家基础教育课程改革"促进教师发展与学生成长的评价研究"项目组译.促进教学的课堂评价[M].北京：中国轻工业出版社,2003.

3. 以"差异化教学"、"个性化教学"、"应答性教学"、"基于证据的教学"等为主题的相关文献。

第十章

学生参与评价

导读

正如我们所知,学生是学习的主体。没有学生的参与,任何外部措施都不能促进学生的学习。教学如此,评价亦如此。

前面我们讨论了良好的课堂评价该怎样怎样,可问题是,即使前面关于课堂评价的要求我们都做到了,学生的学习可能依然没有改善,或者虽有所改善,却没有达到我们期望的程度,那么原因何在?一个关键的原因在于,良好的课堂评价还有一个关键特征,即向学生示范良好的评价,让学生参与到评价之中,发展自我评价的能力。

本章认为学生在课堂评价中扮演着非常重要的角色，相信学生参与课堂评价对于学生发展具有极大的价值，进而提供了一些让学生参与课堂评价的有效策略。主要内容包括：

第一节　学生在课堂评价中的角色；

第二节　促进学生参与课堂评价。

通过本章的学习，您将能够：

1. 明确学生是课堂评价的主体，不仅以主体和客体身份参与到课堂评价之中，而且还会直接影响评价的效果，更要在评价过程中学习评价；

2. 掌握让学生参与课堂评价的多种方法，致力于使学生成为自我评价者。

第一节　学生在课堂评价中的角色

也许你会认为，课堂评价似乎只是教师的事，学生似乎只是课堂评价的对象。通常而言，这种印象没错，因为我们在学生时代几乎无一例外地都被当作评价的对象，我们在做教师的时候也经常以学生的评价者自居。但学生在课堂评价中不应该只是评价的对象，更应该是评价的主体。

学生是课堂评价的主体？只要你将课堂评价当作教学的一个有机组成部分，你就不会怀疑这种说法，因为你该记得，我们所学的"教育学"告诉我们，在教学过程中，学生是主体。

> **练习 10-1**
> 你是否以学生的身份参与过对你自己或同伴的评价中？如果有，请描述你是以什么样的方式参与的，有什么感想。如果没有，请说出你能够参与评价的几种可能的方式，以及你可能需要什么样的支持。

一、学生是评价的参与者

在关于学生学习的评价中，学生总是评价的参与者，即使这种评价是外部评价——在考试中，他们要准时来到考场，完成试题；在课堂提问中，他们要回答教师提出的问题；在表现性评价中，他们需要表现出教师要求的行为；甚至在教师的日常观察中，也只有他们到场了并有所表现时，教师才能收集到相关的信息。如果今天的考试某个学生没来，或者未上交昨天的作业，教师就无法评价。当然，大部分教师在这种情况下会在成绩册上给这个学生记个"零分"，但这并不是我们所期望的课堂评价。

当然，上面所列举的情况只是说明学生作为对象对评价过程的被动参与。其实学生对评价过程的参与有多个层次，即使在外部评价中，学生都是作为对象参与其中的，但参与的程度也可能有所不同。比如一个学生会很认真地对待考试，事先做了充分的准备,在考试中高度集中注意,高度投入;而另一个学生可能根本就不在乎考试,所以在考试中随便应付。这就是参与程度的不同。在课堂评价中,学生当然更是评价的参与者了,而且在课堂评价中,学生的参与程度可能更深,也有条件参与得更深,因此参与的层次也就越多。

链接10-1

在基于心理测量学的教育评价理论中,特别强调要注意避免测验过程中发生的误差。测验误差的来源很多,其中就包括了学生的测验动机。因此,标准化测验特别强调要能够激发起学生的测验动机,避免某些学生因为缺乏动机而导致不能充分地表现出自己水平的现象的发生。

美国著名教育评价专家斯克里文区分了学生在课堂评价中不同的参与程度:[1]
- 参加测验,得分。
- 在教师要求下提出改进测验的建议。
- 建议改进测验的方法。
- 实际制定评价方案。
- 帮助教师修订评分规则。
- 创建自己的评分规则。
- 应用评分规则来评估自己的表现。
- 理解评价如何影响自己的学业成就。
- 理解自我评价、教师评价与自己的学业成就之间的关系。

在这些评价活动中,学生的参与程度各不相同,从"参加测验"这种被动的、非常表面化的参与,到"理解自我评价、教师评价与自己的学业成就之间的关系"中的深度介入,参与程度不断提升。如果继续加以考察,学生在课堂评价中的参与大致上可以分成以下五个层次,参与程度从低到高依次是:

以对象的身份被动参与。如缺乏考试动机但不得不接受考试;未举手而被要求回答问题;自己在做事,不知道老师在观察,等等。

以对象的身份主动参与:以积极的心态参与考试;举手回答问题;知道老师在观察,所以积极表现,等等。

以主体的身份表层参与:应老师要求自我检查试卷和作业;参加同伴互评;根据老师提供的评分标准自我评价;依据老师提供的反馈订正作业,等等。

以主体的身份深度参与:参与设定评价目标;共同讨论评价标准(评分规则);运用评分规则进行自评;主动寻求教师和同伴的反馈信息;依据自己的学习情况,为自己设定学习目标,确定下一步的学习行动,等等。

自我评价:完全自主的自我评价。

---

[1] [美] Stiggins, R. J., 国家基础教育课程改革"促进教师发展和学生成长的评价研究"项目组译. 促进学习的学生参与式课堂评价(第四版)[M]. 北京:中国轻工业出版社,2005:34.

作为对象被动地参与也是参与。但你一定知道，主动积极地参与评价过程之中，一定能够更好地促进学习。积极主动地参与了评价过程，其结果也一定能够更准确地反映学习情况，教师的教和学生的学也就会更有方向。你也一定知道，那些能够认真检查作业、主动地用目标对照自己的作业、主动地探究"错误"的原因的学生，通常会有更好的学习成绩。如果学生能够积极主动地参与评价过程，他们就有可能发展良好的自我评价能力，而这种能力对于一个人终身的学习和发展是至关重要的。

链接10-2

学生如何参与评价

1. 让学生检查良好和糟糕的样例，以确定良好的表现或产品的特征。
2. 在与教师、同伴讨论之前，学生要明确理解自己在某一特定方面的长处和不足。
3. 学生练习运用指标来评价匿名的作业（包括质量高的和不高的）。
4. 学生结对修改刚刚评价过的匿名的差作业。
5. 学生撰写过程报告，详细说明他们完成作业的过程，以此来反思所碰到的问题，以及如何解决问题。
6. 学生基于对学习目标和所学材料中的基本概念的理解来开发实际的测验规划。
7. 学生基于自己对所学习的内容、过程、技能的理解来生成自己认为可能出现在考试中的问题并加以回答。
8. 在考试前几天，学生讨论或写出关于"我为什么参加这个考试？谁会运用结果？如何用？""会考什么？""我需要怎么做？""我需要学什么？"等问题的答案。
9. 教师在考试中按照具体的学习目标安排试题，然后为学生准备好"考试分析表"（包括"我的长处"、"快速检查"和"进一步的学习"三个栏目）。在上交订正的试卷后，学生首先确定自己已经掌握的学习目标，并将之写到"我的长处"栏目中。接下来，学生将自己的错误答案分到"简单错误"和"进一步的学习"两类之中，然后将简单错误填到"快速检查"栏目中。最后，将那些因不理解造成的错误填到"进一步的学习"栏目中。
10. 学生检查在一段时间内的作业本，并反思自己的进步："本学期我已成为一个更好的阅读者了。以前我……，但现在我……"
11. 学生运用他们的自我评价集来总结自己的学习，并为下一步的学习设定目标："我已经学会的是……，我还需要学习的是……"
12. 学生为建立档案袋而选择并解释成就证据。

资料来源：Stiggins, R. & Chappuis, J.(2004) Using student-involved classroom assessment to close achievement gaps. *Theory into Practice*, Vol.44. No.1, pp.11-18.

二、学生是评价效果的中介者

许多教师都有这样的经验：同样的评价，对不同的学生却有完全不同的效果。原因何在？你一定不难得出结论：当然是因为学生不同。在这里我们可以得出一个结论,那就是,学生是影响评价效果的重要因素,或者说,在从评价到评价效果发生的过程中,学生是非常重要,甚至关键的中介变量。

学生之间当然存在着广泛的个别差异,这种差异存在于智能类型、认知结构、认知发展水平、认知方式、学习动机等诸多方面。在这些差异中,既有先天因素作用的结果,也有后天因素作用的结果。不过,我们在这里主要关注的是学生对评价的认知和信念上的差异,这种差异会直接导致学生对评价的看法、从评价中产生的感受、评价之后产生的行动等诸多方面的差异。这些差异正是导致评价对不同学生产生不同效果的关键因素。

与其他有先天因素影响的个别差异不同,学生在对评价的认知、信念上的差异却完全是后天影响的结果。按照斯蒂金斯的看法,学生对评价的不同认知和信念,正来源于他们不同的评价经历或体验(assessment experience),也就是说,不同学生在以往的评价中是经常取得成功,还是经常遭受失败,极大地影响了评价所可能产生的效果。

表 10-1 不同评价经历产生的影响[①]

评价经历	
对于处于成功轨道的学生	对于处于失败轨道的学生
评价结果提供了	
持续的成功证据。	持续的失败证据。
学生会感到	
满怀希望、乐观。 能够采取富有成效的行动。	没有希望。 最初恐慌,然后放弃。
学生会认为	
一切都好。我干得不错。 看到这势头了吧?我又成功了,像往常一样。 我希望更大的成功。 学校关注我做得好的事。 我知道下一步要做什么。 反馈对我有帮助。 成功被公开的感觉真好。	伤不起。我没有安全感。 我确实不会做……,就像以前一样。 我很困惑,我不喜欢这样——救我! 为什么总要盯着我不会做的事? 我试过的好像都没效果。 反馈就是批评。太受伤了。 失败被公开,太没面子了。
学生更可能	
寻求挑战。 追求令人兴奋的新观点。 充满热情地实践。 积极主动。 面对挫折坚持不懈。 冒险、拓展——加油!	挑容易的做。 避开新概念和新方法。 不知道要做什么。 避免主动。 任务有难度就放弃。 退缩、逃避——尝试太危险了!

---

① Stiggins, R. J. (2007). Assessment through the student's eyes. *Educational Leadership*.

这些行动导致了	
自我提高。	自我挫败,自我毁灭。
积极的自我实现预言。	消极的自我实现预言。
承担责任。	拒绝承担责任。
可控的压力。	高度的压力。
感到成功本身就是奖励。	没有成功感,没有奖励。
充满好奇,充满热情。	厌倦、挫折、恐惧。
不断去适应。	没有能力去适应。
易于从失败中恢复(resilience)。	很快就屈服于失败。
为未来的成功奠定坚实的基础。	没有获得未来成功的前提条件。

续 表

斯蒂金斯描述了一个如何以学生的评价信念为中介影响评价成效的过程。首先,以往的评价经历会影响学生对评价的认知和信念,不同经历的学生对评价提供的信息有不同的选择性,有些学生倾向于看到优点或积极的方面,有些学生则倾向于看到缺点或不足之处。前者更可能认为评价能够提供成功的证据,后者则可能倾向于认为评价提供了失败的证据。其次,对评价的不同看法会影响到学生在评价中产生的感受,有些学生会很乐观,感到有希望,而有些学生则可能感到悲观、无助。再次,这种不同的感受会进一步影响学生对评价、对学习的认识、态度、信心和期望,有些学生认为评价是好事,喜欢评价,对自己在评价中获得成功有信心,而且会对自己的学习产生更高的期望。有些学生则相反,对评价和学习产生恐惧,逐渐丧失了信心,对成功不抱期望,形成"习得性无助"。第四,对评价和学习的不同态度、信心和期望会导致不同的行动,有些学生会积极投入,坚持不懈,而有些学生则可能退缩、放弃学习。最后,不同的行动导致不同的结果。

不过,斯蒂金斯对这一过程的分析主要考察的是评价经历的情绪动力(emotional dynamics)维度。学生情绪动力维度的确是影响评价作用发挥的重要因素,但不是唯一因素,更不是决定性因素。实际上,评价对学生的学习发生作用,更为重要的是以学生的认知为中介的。可以肯定,有些学生有更强的动机,但不能有效运用学习策略,其学习效果未必比另一些动机不那么强,但能有效运用学习策略的学生好。如果两个学生有同等强度的学习动机,而其中之一相对于另一个对学习目标有更加清晰、准确的认识,他就更可能发现自己当前表现与目标状态之间的差距;相反,如果一个学生缺乏对目标清晰的认识,也缺乏对自己当前学习状况的认知,那么他很可能在教师提供具体的描述性反馈之时,依然不能觉察自己当前状况与目标状况之间的差距——如果学生不能理解反馈信息,那么这种反馈信息对于学生的学习改善就不会有任何帮助。

> 请与同伴分享你自己在面临考试时,以及考试结果公布后的感受,然后对比自己和同伴在这两种情境下的感受有什么不同。

练习 10-2

我们所知道的学习策略中就包括了被认知心理学家称为"元认知策略"的策略,涉及到对自己学习的认识、监控和调节。

链接10-3

　　元认知（meta-cognitive）是现代认知心理学中的一个重要概念，是由弗拉维尔（Flavel）于20世纪70年代提出的，也有人将它翻译为反审认知、反省认知、后设认知等。元认知是个体对自己认知活动的认知。元认知由三种心理成分组成：一是元认知知识，主要包括个体对自己或他人认知活动的过程、结果等方面的知识；二是元认知体验，指伴随认知活动而产生的认知体验和情感体验；三是元认知监控，指认知主体在认知过程中，以自己的认知活动为对象进行的自觉的监督、控制和调节。元认知监控主要包括确定认知目标、选择认知策略、控制认知操作、评价认知活动并据此调整认知目标、认知策略和认知操作等环节。元认知监控是元认知最重要的心理成分。

　　元认知策略（meta-cognitive strategies）是指学生对自己整个学习过程的有效监视及控制的策略。有效的学习者会使用一些策略去评估自己的理解、预计学习时间、选择有效的计划来学习解决问题等。

　　请回顾一下我们在第一章第三节提到的要发挥课堂评价的认知功能学生必须要回答的三个问题吧。我要去哪里？我当前在哪里？我如何才能去我将要去的地方？再次明确一下，这三个问题的主语"我"是指学生！这里隐含的一个重要的观点就是，任何来自于外部的评价都必须通过学生的自我评价来起作用。如果学生不知道目标是什么，不了解自己当前的学习状况，那么教师的评价和反馈都不能真正对学生的学习产生促进作用。

反思10-1

　　你认为学生在评价中还扮演着什么角色？请回顾第八章，说明学生在评价中的另一个重要角色。

三、学生是评价的学习者

　　我们已经从前面的相关内容中明确，良好的课堂评价具有巨大的促进学习的潜力，这种潜力是通过学生运用评价信息来调整学习以及教师运用评价信息来调整自己的教学来实现的。不过，需要指出的是，这里所指的"学习"，是与学习目标直接相关的学习。教师设定教学目标，也就是提出关于学生在学习之后应知和能做的期望；基于这种期望，学生能够设定自己的学习目标。评价就是要回答学生实际的学习状况与目标状况之间的差距在哪里，进而让学生通过自己的调整改进学习，更好地实现目标。良好的课堂评价甚至还能直接促进学习，有可能成为学生的学习过程。如果学生积极地投入评价过程，且评价本身设计良好，学生就有可能在评价中去探索、解决以前从未解决过的问题。此时，学习就在评价过程中发生了。当然，这种学习也是直接与学习目标相关的学习。

　　我们必须同时要注意到的是，学生在评价过程中的学习还不只是学习直接与目标相关的东西。当学生参与评价时，一种学习隐含地发生了，那就是对评价本身的学习。教师的评价实际上会对学生产生不明显，但可能影响巨大的示范作用。实际上，相当一部分教师在日常教学实践中在课堂评价上的做法可以追溯到他们在学生时代的教师的评价行为对他们的影响。按照班杜拉的社会学习理论，这种学习就是一种观察学习、模仿学习。

> 你可能从未接受过关于课堂评价的专门培训，可你却一直在实施课堂评价。你关于课堂评价的看法、知识、行为模式从何而来？

反思10-2

> 观察学习（observational learning），又称为"模仿学习"，是指因观察他人行为而发生的行为或态度学习。这是由美国心理学家阿尔波特·班杜拉提出的。班杜拉认为，人的一切社会性行为都可以在社会环境中通过对他人行为及其结果的观察而形成，不一定需要练习，也不一定需要强化。
>
> 通过观察学习所习得的可能是行为的改变，但也包括了没有任何行为变化的学习。后者相当于"潜在学习"，即有时学习并未带来明显的行为变化，但的确发生了。按照心理学家托尔曼的观点，发生的学习并没有立即转化为行为表现，而是保持潜伏的状态，直到有某种原因需要用它时，才转化为行为。

链接10-4

教师展现出来的评价行为，甚至隐含在行为背后的评价理念，都会对学生的评价行为发生影响。学生可能会通过教师的评价产生对自己学习的关注，形成反思自己学习的意识；可能会将教师所用的评价方法策略移植过来，作为自我评价和同伴评价的方法；会用教师的评价标准当作自己的评价标准；也可能会像教师提供反馈那样为自己提供反馈。可以说，在教师评价过程中，学生一定会产生关于评价的学习，无论教师是否将评价本身当作学生的学习目标。可是，学生在评价中学到什么，学到多少，可能会受学生本人认知发展水平的影响，更受教师评价行为本身的影响。教师实施糟糕的课堂评价，学生就可能习得糟糕的评价行为，比如教师用评价来对学生下结论、贴标签，学生也就可能依据评价的结果得出关于自己未来学习的结论；如果教师实施良好的课堂评价，那么学生也就可能习得良好的评价行为，比如，教师运用评价告诉学生关于他们的具体的描述性信息，并将学生的表现与确定的标准作比较，那么学生也就更可能在自我检查时致力于发现自己的表现与目标之间的差距，而不是简单地判断对错、简单地订正。

学生在评价中学习评价，不仅受教师展现的课堂评价行为的性质的影响，同样受教师所展现的评价行为的数量的影响。如果教师的课堂评价也像外部评价那样只将学生当作评价的对象，为"防学生"而将评价神秘化，那么展现给学生的评价行为就非常有限，学生能够从中学习的自然也就非常有限了。如果学生不知道教师如何设定评价目标，不知道教师如何设计评价方法，也不知道教师如何评分，不知道教师依据什么样的结果对自己下一步的学习提出建议以及为什么会提这样的建议，那么学生就无法习得这些与评价直接相关的行为,评价能力的发展也就会受到极大的局限。就此而言,如果要让学生更好地学习评价,那么教师就应该将课堂评价"去神秘化",将整个评价过程展现给学生。在这一方面,课堂评价完全有条件做到,而且以促进学习为指向的课堂评价必须做到。

当学生从课堂评价中学会评价,发展了评价的能力,学生就可能成为一个有能力的自我评价者。教师实施的良好课堂评价具有促进学生当前学习的巨大潜力,但只有学生自我评价能力得以发展,才能对学生未来学习和终生发展产生更巨大的促进作用,且这种促进作用更为持久。

> **练习 10-3**
>
> 从多年的被评价经历中,关于评价,你学到了什么?你从经验中所学到的与在本书中所学到的有什么不同吗?请罗列至少三点你原有的关于评价的观念和认识,并说明哪些观念和认识因本课程的学习而受到挑战。

第二节 促进学生参与课堂评价

在许多教师眼中,评价不是一件容易的事。这不奇怪,传统的基于心理测量学的评价呈现出来的就是这样一种面目:数量化、技术化、精细、复杂、难以掌握也难以操作、让人敬而远之。而另一方面,课堂评价的研究严重不足,加上应试教育理念的盛行,适用于大规模评价的评价理论非常强势,甚至主导了课堂评价领域。教师们可能认为,这样的评价我们自己都难以掌握,学生,尤其是那些年龄较小的学生能吗?其实,即使年龄较小的学生,也能够参与完全不同于外部大规模评价的课堂评价的全过程。

> **反思 10-3**
>
> 请回顾本书第二章第三节"运用样例"来让学生知道目标中提供的案例。仔细阅读,看看学生如何参与到评价过程之中。试想,如果对象是小学生,这种做法适用吗?

可是,如果教师在课堂评价中将学生放在对立面,那就可能剥夺学生参与评价过程的机会。如果教师不给学生参与评价的机会,那么一个影响最为深远的后果就是,学生产生对外来评价的高度依赖,逐渐丧失自我评价的能力。就此而言,要让学生更好地参与课堂评价并能从这种参与中获益,教师就需要作出更大的努力。

一、让学生明确学习目标

目标是评价的关键要素。尽管在有些评价中目标可能并不很具体,但完全没有目标的评价是不存在的。即使有些学者如斯克里文,在倡导目标游离的评价,但也没有否认评价目标的必要性，只是因为关注到了过于拘泥于评价目标所可能带来的负面的影响。实际上，目标游离的评价依然是从目标开始的，只不过这种目标不是非常具体、非常清晰的目标，而是比较笼统的目标。

课堂评价通常需要清晰的目标，因为课堂教学需要清晰的目标，同时也会对学生的学习提出具体的期望，期望学生在完成学习之后能够达到某种结果。课堂评价就是要确定学生是否达成这些结果，确定学生学习相对于目标的具体状况。因此，学生要参与评价，首先就必须要明确自己的学习目标。

在任何情况下，教师都需要让学生知道目标。至于如何让学生知道目标，我们在第二章第三节中已经比较充分地进行了讨论，这里不再赘述。但对于学生来说，目标不应总是被告知的，学生也完全可以参与到目标的确定中来。当然，在不同的活动中，学生参与的程度各不相同，最低程度的参与就是理解教师所陈述的教学目标。教师的教学目标是学生学习目标的重要来源，当学生运用自己过去已有的知识经验去理解教师所陈述的教学目标并将之转化为自己的学习目标时，他们也就在参与目标的确定了。当然，教学目标并非学生学习目标的唯一来源，所以如果学生能够依据自己的具体学习状况来调适教师的教学目标，形成适合于自己的学习目标，他们也就实现了稍高程度的参与。中等程度的参与就是从教师所提供的样例中发现自己的学习目标。当学生对教师所提供的良好或糟糕的样例进行分析，并找到良好作业的特征时，也就发现了教师期望他们所要达成的目标。最高程度的参与，就是学生依据自己的学习情况和教师期望他们达成的目标自主设定学习目标。

> **练习 10-4**
>
> 根据自己所教课程，在课程标准中选择一个目标，然后以适当的方式陈述，保证特定年级的学生能够理解。
> 来源于课程标准的目标：＿＿＿＿＿＿＿＿＿＿＿＿＿＿＿＿＿＿。
> 目标陈述：＿＿＿＿＿＿＿＿＿＿＿＿＿＿＿＿＿＿＿＿＿＿＿
> ＿＿＿＿＿＿＿＿＿＿＿＿＿＿＿＿＿＿＿＿＿＿＿＿＿＿＿。

教师也可以运用多种方法让学生在学习过程中始终保持对目标的关切。让学生自己编制问题或试题就是一种很好的做法。实际上，大部分教师都很清楚，要编制好的试题，一个最重要的前提就是在明确目标的基础上深入理解所教的材料。当被要求编制试题时，学生就必须确定在所学内容中最重要的是什么，因此也就必须回顾学习目标，运用学习目标来衡量所学内容的重要性。

二、让学生反思自己的学习

课堂评价促进学习的关键之一，就是提醒学生关注自己的学习，为学生提供审视自己学习的机会，并且提供关于学生学习的具体信息。但很多时候，教师提供了相关的信息，可学生的学习却没有改善，原因就在于这些信息还得经过学生自己的转化才能使用，才能发挥作用。就此而言，学生自己运用这些信息来审视自己的学习，也即对自己学习的反思,这才是评价促进学习关键中的关键。

良好的实践一定是一种反思性实践,良好的学习也一定是反思性学习。学生需要随时审视、监控自己的学习过程,需要对自己的学习过程及结果保持警觉,需要在必要时随时调整自己的学习。在这方面,学生完全有可能做到,事实上有相当一部分学生已经做到。

对于反思性学习,学生最低程度的参与就是接受教师所提供的信息,依据教师提供的关于下一步学习的指导来调整自己的学习。稍高程度的参与就是依据教师提供的反馈信息自己生成下一步的行动计划。更高程度的参与就是不再被动地等待外来的评价信息,而是主动地去寻求来自于教师或同伴的评价信息。最高程度的参与就是不再依赖于外来的评价信息,而是通过对自己学习过程保持随时的警觉,生成自己的评价信息,并运用这些信息来调整自己的学习。此时,学生已经成为一个真正的反思性学习者。可以肯定的是,随着学生对反思性学习的参与或介入程度的增高,学习的效果会越来越好,而且未来的学习成功也就越来越可预期。

可是,学生不会自动成为一个反思性的学习者。如果教师不要求学生自我反思、自我评价,也不给自我反思、自我评价的实践机会,那么学生就不可能学会自我反思、自我评价,从而成为反思性的学习者。所以,要让学生对自己的学习进行反思,首先,得让学生形成关注自己学习的意识,尤其是关注自己学习过程的意识。对结果的关注并非不必要,因为学生看到自己的成功或失败,都可能产生重要的学习动力。但更为重要的则是对学习过程的关注,因为只关注结果很可能导致学习过程中修正机会的丧失。为此,教师也必须改变自己的关注焦点,将关注焦点从学生的学习结果转向学习过程,对学生的学习过程保持一种敏感,及时应答学生学习过程中的问题。如果教师只关注学习结果,那么就会对学生产生一种示范效应,让学生也只关注结果。当教师只关注结果时,学生也就得不到在过程中反思的示范。同时,教师也必须真正关注学习本身,而不应关注学习之外的其他因素,比如聪明与否之类学生个人层面的特征。如果教师关注个人层面的特征,并且只给予这一方面的反馈,那么学生的注意就会指向自己本身,而不是指向于学习。长此以往,学生就可能逐渐丧失关注自己学习的意识。此外,还必须建立相应的教学常规,比如要求学生在上交作业之前必须经过检查,以此来保证学生对自己学习的关注。

链接10-5

叙事性自我评价(narrative student-self assessment)能够提供丰富的信息,也能鼓励学生在学习中更加投入。阅读学生用自己语言写的自我评价,能够提供关于课程目标之外的认知和情感发展的洞察,学生自己的描述能让教师更好地理解那种不易测量的学习。以下是一个叙事性自我评价的例子。

本学期我学会了如何作推断。推断就是要确定文章中有的,但没有直接说的东西。我过去只是猜测,现在会在故事中找线索。下学期我要学习写总结,要学会只将最重要的信息放到总结中。我的总结中有太多额外的、杂乱的东西了。

同时，教师也必须为学生提供自我反思的机会和实践。有自我反思的意识并不能保证能够进行有效的自我反思，有效的自我反思还需要良好的自我反思能力，而这种能力的发展取决于有没有自我反思的机会和实践。要给学生提供反思的机会，给予学生充分的思考时间十分重要。过于紧张的教学节奏、过快的反馈，以及数量过大的作业负担都会使学生丧失思考自己学习的时间和机会。有时，慢一点就会有留心的时间，不会失去什么，反而可能会得到更多。正如印第安古谚所说，"别走得太快，让灵魂跟上你的脚步"，教学中也不能走得太快，要让学生的思考跟上来。教师需要直接给予学生自我反思的任务，比如经常让学生在教师的指导下自己批改作业甚至试卷，就是一种很好的做法；将"附录一"所罗列的"最难理解点"、"一分钟试卷"等易于操作的课堂评价技术纳入教学过程，让学生去实践对自己学习的反思，同样能够起到很好的作用。但如果能够将自我评价活动无缝地镶嵌于学习过程中，应该能够起到更好的效果，比如将自我反思当作作业之一，要求学生去完成。

> **链接10-6**
>
> 许多学生在遇到困难的、难以解决的问题时，经常解释不了自己是如何、为何、在何处陷入困境的。教师经常通过直接讲解或示范来帮助学生。可是，这并不能保证学生在下一次碰到类似问题时一定能够作出正确的解答。
>
> 一位数学教师本来要布置5道家庭作业题，要求学生当晚完成，第二天在课堂上进行讨论。可是，他决定去掉其中一道最简单的题，换成另一道特别的题，作为最后一道题目：
>
> 完成上面4道题后，选择其中之一逐步写出你的解题思路。在纸中间划一道线，左边写出每一个计算步骤，右边解释自己在这一步做了什么。解释要详细。明天上课时要讲述你的解题思路，请做好准备。
>
> 开始时，学生对这类题目有明显的抵触，原因之一是这类题目不计分。后来教师将这类题目也纳入计算成绩的范围，学生逐渐接受了这类题目。这一做法用过几回之后，所有学生都从关注解题策略中得到了好处，差生的提高尤为明显。
>
> 资料来源：[美]托马斯·安吉洛, 帕特里夏·克罗斯, 唐艳芳译. 课堂评价技巧[M]. 杭州：浙江大学出版社, 2006: 61-63.

> **反思10-4**
>
> 为学生提供自我反思的机会和实践，你觉得还有哪些好的做法？请至少列举三种做法。
> 1. _____。
> 2. _____。
> 3. _____。

另外，教师也必须指导学生进行自我反思的方法和策略。实践机会能够提供反思能力发展的机会，但无指导的实践很可能就是让学生自生自灭——有些学生会从实践中学会自我反思,当从自我反思中获益时,他们会强化自我反思;有些学生可能也应教师要求去完成自评之类的任务,但没法从这些实践中学会有效的自我反思。因此,教师对自我反思方法策略的指导就显得十分重要了。一方面,教师应该示范良好的课堂评价,将课堂评价的过程展现给学生,特别重要的是要将如何依据目标来确定学生当前表现的过程展示出来,说明指导学生开展下一步行动的理由。比如,在作业讲评、试卷分析时不是仅仅对答案,而是提供关于好在哪、错在哪、为何对、为何错的具体分析。另一方面,要对学生的自我评价过程进行直接的指导,比如提示学生思考的方向、在学生需要时提供相应的思考支架,或者教给学生自我监控的方法和策略。

> **链接 10-7**
>
> 教师可用的提示实例:
> 1. 你在本课(作业、活动)中学到最有用的是什么?
> 2. 你在本课(作业、活动)的学习上能够给予其他同学什么建议?
> 3. 在哪个方面你改善得最多?
> 4. 列举你认为在本课(作业、活动)中有收获的三个方面。
> 5. 你在本课(作业、活动)中关于写作、研究(或其他技能)方面你学到了什么?
> 6. 在本课(作业、活动)中你碰到了什么问题?
> 7. 本课(作业、活动)中你做得最好的是什么?为什么?
>
> 资料来源:Linda suskie's assessing student learning:a common sense guide.

三、让学生记录自己的学习过程

课堂评价就是收集关于学习的信息或证据,这些信息或证据就是学生接下来进行学习决策的重要依据。通常情况下,信息收集是教师的事,学生只是被当作信息源。教师可能会以某种方式将所收集到的信息记录下来,但在大多数情况下,这些记录也没有有效地被保存下来;保留下来的经常是用于评定学生最终成绩的那些信息,通常比较简单。以前的那些信息可能依然发挥作用,但基本上已成为对学生的概括化印象的一部分,不再清晰,也不再具体。这会局限评价信息在作为教学决策依据上的作用。

学生既能作为信息源,也能成为信息的收集者。且不说学生在完成学习或评价任务的过程中能够获得关于自己活动的信息反馈,当他们作为主体来审视自己活动的过程和结果时,他们同样能够收集到很多信息。问题是,学生所收集到的这些信息有时根本没有发挥作用,有时在当时发挥作用了,但没有很好地积累下来,以至于在一段时间过去以后,难以看到自己的进步,也没法对自己的进步或变化过程进行反思,这极大地局限了评价信息在促进学生学习上的作用。

学生参与到信息记录过程中也有多个层次。最低层次或许就是将教师发还的作业本、试卷或其他作业保留下来,这能够为后续的自我反思提供重要的材料,但如果仅仅局限于"保留"本身,而没有后续的审视、反思,那么这一层次的参与对学生的学习不会产生什么积极的影响。较高层次的参与是主动记录自我评价的结果,在这一过程中,学生会关注自己在每一次评价中的表现,会选择自己认为重要的信息加以记录,因此,记录本身就有促进学生反思学习的作用,能够对学习的改进产生明显的积极影响。最高层次是,根据需要对所积累和记录下的评价信息进行选择、整理,并按一定的方式进行组织,形成自己的学习档案袋。这一层次的参与已经不是简单的记录了,而是在充分记录的基础上进行审慎的思考。进入档案袋的信息需要按照一定的目的(比如要反映自己在某一学习领域的进步)认真选择,运用一定的框架加以组织,并以适合于交流的方式加以呈现。这一过程实际上就是一个对自己的学习进行再评价的过程,学生从档案袋建构活动本身就能获益良多。

不过,如果学生只去记录一些简化的或高度概括化的信息,如分数、等级,那么这种记录是没有意义的,因为如果没有具体的描述性信息的支撑,分数等级之类信息所包含的意义就是不清晰的。一个五年级学生在本学期的多次数学测验中所得分数分别为79、82、83、90、90、95,我们一定能够得出他在不断进步的结论吗?就算能,这些数据能否告诉学生:哪些方面进步了,哪些方面还需要继续改进?如果不能告诉学生这些具体的信息,那么学生的学习改进就可能受到局限。因此,学生要记录的信息不应该只是分数、等级之类简单的、概括化的信息,而应当包括具体的描述性信息,甚至还可以包括一些非常具体的,且很有典型性、代表性的轶事记录。

学生可以采用多种方法来记录自己的学习过程,以下介绍几种简便的做法。

1. 反思记录表

学生在课(活动、单元、学期)开始和结束时就某个内容(主题、领域)进行反思,记录相应的表现,并对最初的理解和结束时的理解进行比较,以评估进步或改善的程度。以一堂主要学习小数的数学课为例,学生就可以填写下表,进行记录。

表 10-2 反思记录表样例

最初对小数的理解	学习后对小数的理解

2. 学习日志

学生记录每堂课或每次作业的内容。如果是关于课堂教学的内容,学生首先列出已经理解的学习内容要点,再列出尚未理解的内容要点。如果是关于家庭作业的,则要列出良好的、高质量的回答,并记下所遇到的问题和所犯的错误。

表 10-3 学习日志样例

课程日期	
本表记录的是	课堂内容、家庭作业、考试内容。
课堂内容记录	列出你在本课中学到的主要知识点。 列出你所不理解的知识点。 写出几个你需要得到帮助的问题。
家庭作业或考试内容记录	简要描述作业或考试的内容。 列举一两个回答良好的例子,尽量说明答题成功的原因。 举出一两个出错或回答不理想的例子,说明错在哪里,为何不理想。 下次遇到类似情境,你会采取怎样的不同方法来改进学习?

3. 档案袋

学生收集自己的作业和表现，形成自己的作品档案。档案袋有多种，不同的档案袋有不同的目的和结构形式。

珍品档案袋（The celebration portfolio）：学生收集自己最喜爱、最为之骄傲的作品和学业纪念品。让学生从收集自己觉得最特别、最欣赏的作品开始建立档案袋，是令人愉快的开端。但慢慢地，要让学生选择真正优秀的作品纳入档案袋。

成长档案袋（The growth portfolio）：学生收集自己在一段时间内的作业样例，用以表明某种能力发生的变化。用以评价作业的标准应该是一致的。

项目档案袋（The project portfolio）：描述自己在一段时间内完成一个项目的各个步骤，提供合格完成所有必要步骤的证据。

现状报告档案袋（The status report portfolio）：为证明是否达到某种特定的能力水平收集相应的证据。要按照既定的学业目标来选择记录袋的内容。

四、让学生参与评价结果的交流

评价结果的交流似乎是评价的后续环节，而且主导权通常在教师手中：教师在评价获得相应的结果之后，将结果反馈给学生，或者告知家长。当教师将评价结果反馈给学生时，如果反馈得好，那么这种反馈将能够有效地促进学生的学习，尽管此时学生只是作为评价结果的接收者。但反馈要有效，学生就必须超越单纯的反馈接收者的角色，必须主动地参与到反馈过程之中，至少需要去理解教师或其他人所提供的反馈。在这一过程中，有时就需要学生与反馈提供者进行交流。比如当学生并不清楚反馈信息的含义时，可能会提出问题，要求教师加以澄清；或者为了明确反馈信息的含义，会复述反馈信息，期望教师加以确认。这时的交流就是学生充分理解反馈信息并保证反馈信息有效运用的重要保障。

当然，学生在作为被评价者时对评价结果交流的参与过程可能取决于学生的自觉性以及特定的情境。但当学生作为评价者时，交流评价结果就不是他们可做可不做的事，而是他们必须承担的责任了。比如，在进行同伴互评时，学生就必须将自己在评价过程中收集的信息反馈给同伴；在教师要求进行自我检查时，学生也必须将自我检查的结果向教师报告。在这些情况下，学生扮演的不再是评价结果的接收者的角色，而是评价结果的生产者和提供者。对学生参与评价结果交流更高的要求是，让学生基于自觉的、持续的自我评价，主动地与他人分享自己的学习经历、自己的成功和进步。

学生深度参与评价结果的交流至少有几个方面的好处。首先，学生要交流评价结果，就必须更准确、更清楚地认识评价结果。为此，他们需要更准确地把握自己的学习状况以及所要达到的目标，需要用目标来审慎地对照自己的学习状况。这既会促进他们对目标的掌握，也能促使他们反思能力的发展，而无论是前者还是后者，都会对学习产生巨大的促进作用。其次，当学生要与他人分享评价结果时，准备分享内容的过程会使他们体验到对学习的责任感，会更好地意识到学习的成功和失败更多是自己的责任。当他们知道需要向他人讲述自己在某些方面的不足时，可能会体验到一种压力，也就可能会为避免这种交流可能带来的令人不快的负面情绪而努力避免这种可能性——这会推动他们的学习。再次，如果他们有成功的故事与他人分享，那么与之相伴而产生的自豪感会成为进一步学习的强大动力。

为学生更深入地参与评价结果的交流，教师应当充分提供交流评价结果的机会，让学生能够经常与教师、同伴、家长交流评价结果。让学生自评、将自评结果报告教师，并解释自评的依据，就是一种保证学生与教师交流的重要途径。但即使在教师作为评价者和反馈提供者时，教师同样能够让学生参与到评价结果的交流过程之中，比如，教师不直接提供反馈，而是让学生自己生成反馈，并与教师交流；或者要求学生复述反馈信息；或者故意提供含糊的反馈信息，让学生主动寻求教师的澄清。教师也可以要求学生自评，然后将自评的结果和依据与同伴进行交流，还可以要求学生互评，然后向对方提供反馈信息，并解释评价结果以及得出评价结果的过程。教师也可以让学生向自己的父母报告自己的学习情况，或者在提供学习报告单的同时，要求学生向父母解释报告单上所涉及的内容。教师甚至还可以让学生参加家长会，并在家长会上扮演主角，向家长们讲述自己成功的故事。

链接10-8

在一次学校董事会会议上，英语组教师要报告一项新的教学方案的实施效果。英语组组长韦女士首先展示了一份匿名的学生作文，大家都觉得这篇作文很糟糕。接着，韦女士又向大家展示了另一份学生作文，大家都认为这一篇显然好多了。然后韦女士宣布，这两篇作文的作者是同一个学生，而这正是新的教学方案提高了学生写作能力的有力证明。

这两篇作文的作者——爱米丽——就在会议现场。接着该她上场了，她要向董事会报告自己的学习经历和体会。爱米丽讲述了她是怎样慢慢理解好、差作文的差别的，而以前她并不清楚这两者的区别。她告诉大家她已经学会评价自己的文章了，能找出不完善的地方，还能试着与老师交流、与同学们讨论那些与写作有关的内容。

资料来源：Stiggins, R. J., 国家基础教育课程改革"促进教师发展与学生成长的评价研究"项目组译.促进学习的学生参与式课堂评价(第四版)[M].北京：中国轻工业出版社, 2005：8-10.

五、让学生自己作出学习决策

评价促进学习最终是通过学生基于评价结果作出的学习决策以及决策的实施来实现的。如果学生获得了评价结果，而学生不能运用这些结果来作出下一步学习的决策，那么学习的改进是不可能的。设想一下，如果教师提供关于学生作业的具体的描述性反馈，而学生根本不看，或者浏览一下然后把它扔到一边，结果会怎样？显然，学生无法从教师的反馈中获益。或者，学生在得到来自于教师的反馈之后，不能自己寻找解决问题的方法，而是等待教师给予具体的指导，然后按照教师提供的方法一步一步地去解决问题，结果又会怎样？也许比前一种情况稍好，但学生可能会产生对外部指导的高度依赖，一旦失去外部指导，就可能无法改善学习。

作为评价结果的用户,学生在评价中的最重要的任务是基于评价结果(包括教师的反馈和自我评价的结果)作出学习决策。依据教师提供的反馈自己订正错误的作业是运用评价结果作出学习决策的低层次的表现,高层次的表现就应该是自己为下一步的学习设定目标,并制定相应的行动方案。为此,学生就必须学会分析自己学习中所存在的问题,根据问题来确定下一步行动的目标,并采取适当的策略来实现目标。

学生学习上的问题大致来源于知识、思考、自我管理等方面,而每个方面的具体问题有可能各不相同。以知识方面的问题为例:学生没有完成作业,原因可能是没有掌握所学习的新知识,但具体的原因可能各不相同:有可能是学习当时已经掌握,在完成作业时忘了;也可能是当时就没有理解。前一种情况可能是当时学习的方法问题,比如死记硬背,也可能是学习之后没有及时复习巩固的原因,而这两种原因又涉及到知识之外的其他原因,如学习方法和自我管理方面的原因。后一种情况可能是原有知识结构中缺乏与新知识相关的知识经验,也可能是有这样的知识经验,但没有将之与新知识相联系,或者受到先存的日常概念或错误知识经验的影响。当然,还有一种情况是,学生无法将所学应用到做作业时碰到的新的问题情境之中,这可能是因为孤立地记忆新知识,却不知道新知识的应用情境,也可能是因为发现不了新的问题情境与学习实例情境之间的相似性。

图 10-1 出错的可能原因

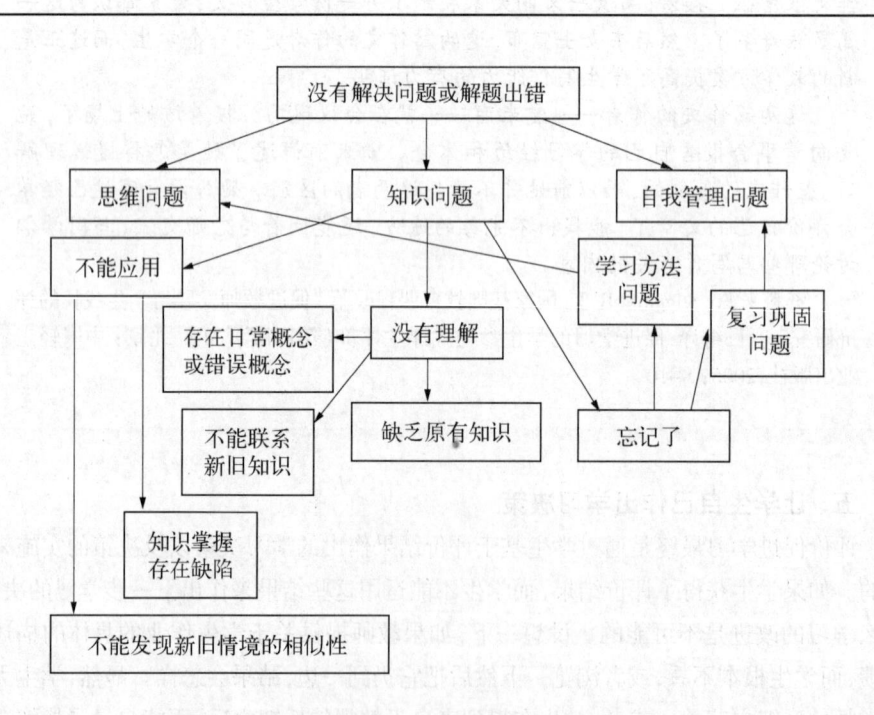

不同的问题需要学生明确不同的行动,作出不同的决策。显然,因为忘记造成错误跟因为没有理解造成错误有很大的不同。目标取决于问题,而行动策略则取决于要达成的目标,因此,不同的问题需要学生采取不同的行动。

表10-4 存在的问题、目标与行动策略

	目标		问题	行动
知识	记住	忘记	死记硬背	在理解基础上记忆
			未复习巩固	及时复习巩固
	理解	未理解	缺乏原有知识	补充学习,获得知识基础
			不能联系新旧知识	寻找新旧知识的联系
			存在日常概念	辨析、澄清日常概念
			存在错误概念	纠正错误概念
	应用	不能应用	不了解应用情境	运用"应用卡片"
			不能发现新旧情境的相似性	仔细阅读问题,比较新旧情境

表10-4呈现的是存在的问题,以及目标与行动策略之间的匹配关系,这种匹配在作出学习决策时是必须考虑的。但需要指出的是,这种匹配,尤其是目标与行动策略之间的匹配,并非像表10-4所呈现的那样,完全是一对一的、固定僵死的关系。实际上,实现目标的行动策略很可能是多样的,而且对于不同的学生,不同的行为策略因为学生的认知方式、原有知识基础等方面的差异而有所不同,因此,学习决策还必须从学生自身的特点出发,在多种可行的行动策略中选择适合自己认知方式的行动策略。

反思10-5

假定一个学生因为没能理解以文字方式呈现的当前问题情境,以至于无法应用所学知识,那么,他可以采用什么样的策略呢?请阅读德文(Devine, 1987)建议的领会策略,并思考这些领会策略对该学生审题有用否。

(1)变化阅读的速度,以适应对不同课文领会能力的差异。对于比较容易的章节可以读快点,以抓住作者的整体观点;对于较难的章节,则要放慢速度。

(2)中止判断。如果某些事不太明白,就继续读下去。作者可能会在后面填补这一空隙,增加更多的信息,或在后文中会有明确说明。

(3)猜测。当所读的某些事不明白时,要养成猜测的习惯。猜测不清楚段落的含义,就继续读下去,看看自己的猜测是否正确。

(4)重读较难的段落。重新阅读较难的段落,尤其是当信息仿佛自相矛盾或模棱两可时。最简单的策略往往是最有效的。

当然,基于评价结果确定目标,基于目标确定下一步的行动策略,也是一个需要不断实践的过程。这一过程也需要教师的指导,尤其对于年龄相对较小的学生而言。要让学生学会自己基于评价结果作决策,教师就需要经常向学生提出问题:你的主要问题在哪里?你接下来的目标是什么?要达成你的目标,你要做什么?怎么做?要坚持什么？要改变什么？学生尝试回答这些问题的过程就可能成为尝试决策的过程。当学生不再需要教师提问题，而能够主动向自己提问，并有效回答这些问题时，他们就会成为一个有效的学习决策者，一个自主的学习者。

练习 10-5

学生在思考和自我管理方面可能存在哪些问题？针对这样的问题，学生能够设定什么样的目标，采取什么样的行动？请参照表10-4，填写下表。

	目标	问题	行动
思考			
自我管理			

进一步阅读的文献：

1. ［美］Stiggins, R. J., 国家基础教育课程改革"促进教师发展与学生成长的评价研究"项目组译. 促进学习的学生参与式评价［M］. 北京：中国轻工业出版社，2005.

2. ［美］Wiggins, G., 国家基础教育课程改革"促进教学发展和学生成长的评价研究"项目组译. 教育性评价［M］. 北京：中国轻工业出版社，2005.

3. ［美］Weber, E., 国家基础教育课程改革"促进教学发展和学生成长的评价研究"项目组译. 有效的学生评价［M］. 北京：中国轻工业出版社，2003.

附录一

课堂评价技术

也许你在阅读本书之前会觉得课堂评价很简单，只不过是如何对学生的课堂表现进行回应而已。在阅读了本书之后，你是否确认，课堂评价是一项技术活？的确，课堂评价不那么简单，涉及到很多技术问题，比如，如何分解课程目标从而形成教学目标，如何将教学目标转化成评价目标，如何设计适当的评价方法，如何将结果反馈给学生，如何运用评价结果支持教学决策，这些活动中无不包含着技术因素。

不过，本附录中讨论的课堂评价技术却是一个专有名词，有特定的含义。课堂评价技术(classroom assessment techniques, CAT)，是指教师可以在教学过程中使用的快速简便的收集信息的技术。相比较于纸笔测验、表现性评价、档案袋评价等评价方法，课堂评价技术能够镶嵌于教学过程之中加以使用，信息的收集、分析快速简便，能够更快地发现学习上存在的问题，更及时地为教师的教学决策和学生的学习决策提供支持；而相比较于自然情境中的参与性交流、观察，课堂评价技术更具结构性，更正式，能够收集到关于学生学习的更准确的信息。

课堂评价技术领域最著名的研究者是美国学者安吉洛(Angelo, T. A.)和克罗丝(Cross, K. P.)。两人于1988年出版了《课堂评价技术：教师手册》，并在1993年进行了修订，以《课堂评价技术：大学教师手册》(*Classroom assessment techniques: a handbook for college teachers*)为名再度出版。书中收录了来自于高等教育课堂教学实践的大量课堂评价技术，且定位于为大学教师的课堂评价实践提供支持。但书中涉及的技术并非只能为大学课堂中所用，某些评价技术同样能为基础教育的课堂所用。更重要的是，这些课堂评价技术背后的思想能够为基础教育课堂评价提供有益的启发。本附录首先介绍一些常用的课堂评价技术，[①]然后探讨课堂评价技术应用的一般策略。

一、常用的课堂评价技术

（一）一分钟试卷(minute paper)

在课中留出1—3分钟的时间，让学生书面回答写在半页纸上的两个问题：你在本课中学到的最重要的是什么？你未能解决的最重要的又是什么？教师可以根据自己的需要，对这两个问题进行适当的改编，比如"本课"就可以根据需要换成本次作业、本次实验、本次活动，等等。如果教师想知道学生对这堂课的理解，那么可以在最后几分钟实施；如果教师关注上一次的家庭作业情况，那么最初几分钟是适当的。

教师可以对学生的回答进行简单归类，并记下特别有用的回答，运用这些信息确定学生是否理解了学习内容。如果没有，那就需要进一步地分析原因。如果是学生的问题，下一次课要留出几分钟的时间进行反馈；如果是教师的教学问题，那么就要考虑对所呈现的内容和呈现方式作出调整。

这种技术比较适合于在呈现较多新信息的课中运用。

[①] 这些课堂评价技术基本上都来源于安吉洛和克罗丝。他们的著作已有中译本：由唐艳芳翻译、浙江大学出版社2006年出版的《课堂评价技巧——大学教师手册》。本书关于这些课堂评价技术的描述和讨论也参考了其他一些相关材料。

（二）最难理解点（muddiest point）

与一分钟试卷的程序相同，但主要关注学生没有理解的。通常在活动临近结束时让学生将自己对"在本课（或家庭作业、讨论、阅读、电影等）中你最难理解（最不清楚）的内容是什么"的回答写下来，然后将学生的回答收上来。有时也可以跟随两个后续的问题：这一课题你已经清楚了吗？你有更好的方法来呈现这些材料吗？当然，教师也可以根据自己的需要，将"最难理解的"换成"最有启发的"、"最有说服力的"、"印象最深刻的"、"最感困扰的"等。

教师在收集到学生的回答之后，先简单浏览部分学生的回答，找出被普遍提及的难点类型，然后通读所有学生的回答，并对答案进行归类。可以对学生的回答作简单归类。教师借此了解了学生普遍存在的问题，并据此进行教学决策，比如确定在接下来的教学或给学生的作业中，将重点放在什么地方，各花多少时间。同时也要针对学生存在的问题，在下一次课开始的时候给予学生反馈。

这种技术适合于在介绍大量新信息的，以及需要整合、评价和应用信息的课中运用。

（三）一句话总结（one-sentence summary）

教师要求学生就给定主题回答："谁对谁做了什么？何时？何地？如何？为何？"然后将答案整合成一个有意义的符合语法的较长句子。这句话有固定的模板，即：谁在何时何地如何对谁做了什么？为什么？主要用于了解学生对一个给定主题的大量信息的理解情况，了解学生对信息的总结有多准确、完整和有创造性。通常在活动结束时实施。

教师可以对学生的回答按七个问题分别进行评定，按不适当、适当、很适当三档来评价每一答案。要使评价快速简易，可边阅读，边评价，并同时在计数表上将答案归类。每一质量档次的答案数量表明了回答中优势和弱点的总体模型。例如，总数会告诉你，你的学生对"谁"和"什么"的回答可能要比对"如何"、"为何"的回答更好。然后基于这些信息在下一次课中进行反馈。

用一句话来总结，可以帮助教师快速浏览并比较学生的回答，同时也为学生提供了一个让学生练习将信息形成"组块"——压缩成更易加工和回忆的较小的、相互联系的单位——的机会。这种技术适合于需要以陈述性的方式总结信息的课中。

示例：
谁——教师。
做何事——评价。
对象——学生的学习。
何时——教学过程中。
何地——自己的课堂中。
如何——采用课堂评价技术及一切适合的调查工具与方法。
为何——理解并提高学生学习质量，提高教学效果。
一句话总结——教师在教学过程中，定期地在自己的课堂中采用课堂评价技术及一切适当的调查工具与方法对学生的学习进行评价，以便理解和提高学生的学习质量，提高教学效果。

（四）应用卡片

学生学习了原理、理论或程序后，教师要求学生在卡片上写出所学的东西在真实生活中的应用，至少一种。这可以帮助教师快速了解学生对所学知识的潜在应用的理解，也能促使学生去关注和思考如何应用。

教师对学生的答案进行分析、评定，期间要特别关注学生所提出的用途是否适合于所讨论的理论、原理、方法，也即这些应用方案是否确实是该原理或方法的应用；同时要关注所提出的应用实例的合理性、可操作性和创造性。然后在下一次课中公布几个最佳的应用方案实例，以及几个比较糟糕的答案。有时可以就答案进行讨论。

这种技术有几种变式：如果某种原理或方法的应用方案难以找到，可以不让学生个别作答，而是让学生以小组讨论的方式开展探究；或者将应用卡片当作家庭作业的一种。

这种技术几乎适合于所有课程，因为与应用无关的课程即使有，也是极少的。尤其适合于在包含了较多可应用的材料的课中。

（五）RSQC2（回忆，总结，问题，联结，评论；recall, summarize, question, connect and comment）

这是一种指导学生思考先前所学材料的五步方案，让教师可以将学生的回忆、理解和评价与自己的相比较，让教师了解学生需要教师及时回应的问题。这种技术对缺乏相应学科准备的学生以及缺乏综合学习技能的学生尤为有用。

教师首先要为RSQC2活动焦点选择适当的主题，并选择适合于该主题的RSQC2技术元素，而且需要在让学生回答之前自己先写出答案。

然后要求学生：

回忆——在课开始时，要求学生写出关于前一课的能回忆起的最重要、最有用和最有意义的内容，用词汇或短语形成一个列表。

总结——指导学生用一两句话来概括那些重要的内容，要求能够抓住前一课的本质。

问题——要求学生花一两分钟记下在上一次课后还不能回答的一两个问题。

联结——要求学生再花一两分钟的时间用一两句话来解释各重点与课程的主要目标之间的关系。

评论——让学生写出关于上一课的一两个评语。以下是几个可用以作为出发点的评论主题：在这一课中什么有助于你学习？要改善这一课需要作哪些改变？

当然，并不是每次使用时都需要让学生回答所有五个问题，教师可以根据需要选择其中的部分问题让学生作答。在学生回答之后，教师将学生的回答收集上来，将学生的回答与教师自己的回答作比较，注意学生答案中的遗漏、添加和错误。评估你的回答与学生回答之间的契合度，寻找他们问题和评论中的一般特点，找出那些频繁出现的主题，并与学生讨论。

（六）问题辨析（problem recognition tasks）

向学生提供一系列问题，每个问题都阐明不同类型的问题。不是要求解决问题，而是要求学生通过对问题的分析，找到问题之间的区别，确定问题的类型。这种技术用以诊断学生分析问题、识别不同类型问题的能力。通常有两种不同的做法。

一种做法是同时提供问题的类型和具体问题的实例，要求学生在两者之间进行匹配。比如，要求学生将教师提供的具体问题按所属类别填入下表右边的空格中（一种变式是让学生就不同问题类型自己提出具体的问题）：

问题类型	具体问题
类型A	
类型B	
类型C	

另一种做法是只提供具体的问题实例,要求学生给具体的问题实例确定所属的类型。比如,要求学生在下表右边的空格中填写具体问题所对应的问题类型名称。

具体问题	问题类型
问题1	
问题2	
问题3	
问题4	

教师通过对学生答案的分析,可以了解学生在哪些类型问题的识别上存在困难,以及困难所在,以能为下一步的补充教学提供依据。

这种技术比较适合于问题性比较强的课程内容。

(七) 问题解决记录(documented problem solutions)

就一两个来自于学生作业的问题,要求学生记录并解释得到结果的每一步骤。如将一张纸分成两半,左半部分呈现解决问题的过程,右半部分用文字写出解决问题的每一步骤。这种技术不仅能够了解学生解决问题的情况,还能了解学生是如何描述并解决问题的。对于学生而言,他能够在这种技术的应用中学会对自己解决问题过程的监控,学会对自己解题过程的反思。

解题过程	对解题过程的描述和说明

教师在收集到相应的信息后,要对正确和错误的解题思路进行比较,找出容易出错的解题步骤或环节,然后与学生进行交流,提出相应的建议。也可以展示一两种特别漂亮的解题方案实例。

这种技术也有几种可行的变式:找一两个解题特别出色的学生板演解题过程,然后一步一步地解释自己的解题过程,或者就在板演过程中进行"出声思考",说明自己的解题思路;另一种是在课外作业中安排"问题解决记录"作业,让学生在所做的作业中选择一两题来记录解题过程。

这种技术适合于需要学生经常解决问题的课程，比如数学、物理、化学等理科课程，但也适合于写作等需要学生表现的课程。

（八）背景知识调查（background knowledge probe）

教师在新学期、新单元或新课开始之时，运用选择反应题或简单建构反应题来收集学生关于本课程、本主题的重要的先前知识和相关经验。这能够帮助教师了解学生在相应学习内容上的知识准备情况，有助于教师确定接下来教学的最佳切入点和最适当的教学水平，也能够为学生提供温习先前所学的机会。如果在教学过程中及之后再次使用背景知识调查，还能发现学生在学习过程中的进步和变化。

教师要明确接下来的教学主题。事先准备能够反映该主题的"使能目标"的一些简答题或10—20道选择题，让学生作答。教师收集到相关信息后，将学生的答案归入"错误的背景知识"、"无关的背景知识"、"有一定关联的背景知识"和"重要的背景知识"四类，或者简单地将学生分为"有准备"和"无准备"两类，然后在下一次课中让学生知道结果，告知学生自己将如何根据结果调整教学，并指导学生依据自己的准备状况调整自己的学习。

这种技术适用于几乎所有课程，即使那些学生未接触过相应的前设课程内容的课程，也因为学生可能存在相应的经验而适用于这种技术。而且，研究表明，学生学习的最佳预测器是学生进入课堂之前已知的东西，这种调查对于教学质量的提高非常重要。

（九）概念地图（concept mapping）

教师要求学生运用图画或图表的方式画出某个重要概念和与其相关的其他概念之间的联系。教师首先需要选择一个本主题重要的、有核心意义的，且有较强的概念联系性的概念作为中心概念，要求学生寻找与此概念相关的其他概念，并用一定的方式将相关的概念联系起来，表明相互之间的关系。学生画概念地图，实际上是整理所学知识、组织知识的一种有效方法。作为一种评价技术，教师收集到学生的答案之后，可以从概念地图层级的丰富性和关系类型的正确性等维度加以分析，从中发现学生头脑中的概念框架，以及学生头脑中可能存在的错误的先入之见。知识树是概念地图的一种变式，能够提供学生头脑中关于某一主题的知识框架。

这种技术适用于任何需要概念学习的课程，尤其适用于需要学生掌握大量事实性知识和概念、原理的课程。在讲授关键概念的课之前、之中及之后，均可运用。

（十）定义性特征（characteristic features）

定义性特征是指能将某个主题或概念与其他区分开来的那些重要特征。这种评价技术要求学生确定某个概念或观点是否具备某种重要的特征。教师首先需要确定学生容易混淆的至少两个重要概念，然后确定这些概念中至关重要的特征，进而编制一个如附表1-1所示的表格，要求学生根据是否有某种特征在空格中填写"+"或"-"。比如在附表1-1中，如果你觉得"课堂评价"具有而"评定等级"不具有"定义性特征"中的第1项，那么就在"课堂评价"一栏下的第一个空格填写"+"，在"评定等级"一栏下的第一个空格填写"-"。在收集到学生的答案后，对错误答案进行简单计数，根据学生错误的情况找到重要的疑点，并针对疑点作出阐释和说明。

附表1-1	定义性特征	评定等级	课堂评价
	1. 更关注教和学的改善，而不是记录结果。		
	2. 主要用于课程结束之时。		
	3. 通常匿名地收集材料。		
	4. 主要是定量的，适合于统计分析。		
	5. 直接反映学生对课程材料的理解。		
	6. 强调判断和总结性评价。		
	7. 结果主要用于正式的外部用途。		
	8. 主要运用标准化的工具。		
	9. 需要研究方法上的培训。		
	10. 结果对师生均有用。		

有时这种表格需要更复杂些，因为对于某些定义性特征，特定的概念或观点不是简单的"有或无"的问题，用"总是有—经常有—很少有—从没有"这样的等级来描述更合适。

这种技术适合于几乎所有的课程，对于了解学生能否区分容易混淆的概念或观点尤其有用。

这些课堂评价技术有一些共同的特点：

首先，编制简单容易。总体上，上述课堂评价技术中评价工具的编制相比较于纸笔测验以及表现性评价，都要简便容易得多，主要是因为课堂评价技术评价所覆盖的内容基本上都是本课或活动的内容，而不像在纸笔测验中可能会涉及一段比较长的时间内学习的内容。有些只需要一两个问题，而且这些问题基本上是现成的，只需要根据实际情况作简单调适即可。即使在"定义性特征"技术中要找到两个概念或观点绝对"有"或"无"的特征相对有些难，但比起编制选择题的干扰项来，还是比较简单的。

其次，实施便利。这些课堂评价技术都可以在比较短的时间内完成，像一分钟试卷、最难理解点等都只需要几分钟。教师可以将评价任务通过事先印制的作业纸、小卡片交给学生，也可以通过PPT、板书，甚至口述的方式交给学生，而学生可以在半张纸上完成相关的评价任务。学生的答案可以直接交给教师，也可以由小组长收交教师，还可以从后到前或横向传递给教师，甚至可以在离开教室之前直接将答案纸放入专门的信息收集篮中。

第三，结果整理简便。由于评价的内容比较少，加上实施的结构化，这些课堂评价技术所收集到的信息易于加工处理，大部分只需要简单地计数或归类，不会给教师增加太多的工作量，能够快速地为教师提供用于教学决策的比较直接的信息，也能够保证向学生提供及时的反馈。

第四，安全。上述所有课堂评价技术都要求匿名实施，即不要求学生在提交的答案上署名。这为学生提供了一个安全的评价环境，能够有效避免频繁实施可能给学生带来的压力和负担。但是，在鼓励学生为分数而学的环境中，学生可能会缺乏参与这类活动的动力。不过，如果能让学生在这一过程中充分获益，学生会有比较高的积极性参与这类活动的。

第五，鼓励自我评价。上述技术中有相当一部分都要求以学生的自我评价为基础，比如一分钟试卷、最难理解点等，实际上收集的是学生关于自己学习的"自陈"，这能很好地鼓励学生进行自我评价，能够发展学生的元认知意识和策略。但从另一角度看，这些建基于学生自我评价的课堂评价技术，也会受到学生自评能力的局限。不过当学生熟悉了某种技术了，他们的操作就会更熟练。在这一过程中，学生的自我评价能力也会得到发展。这不仅为教师进一步使用这些课堂评价技术提供了条件，更重要的是，它直接促进了学习，因为它发展了对于学生未来的学习极为重要的元认知能力。

二、课堂评价技术的运用策略

总体而言，课堂评价技术的运用比较简便，但要保证课堂评价技术的使用产生预期的效果，这些技术的使用依然不容易。实际上，这些技术的运用需要遵循一定的策略和规则，安吉洛就根据上百位有经验的课堂评价者的建议，提供了保证课堂评价成功的七条指南：[1]

- 如果你不想知道就别去问。不要去寻找你不能或不想改变的事的反馈。
- 收集的信息不要太多，应限于你能分析且下一次课能回应的反馈。
- 不要简单地运用他人的评价技术。要调适以适合于你的学科和学生。
- 要明白这些反馈将如何帮助自己和学生改善教与学。如果你不知道信息如何有助于改善，就别进行评价。
- 利用霍桑效应。如果学生知道你运用课堂评价技术来促进参与，他们就可能更为投入；如果学生知道你用它来促进反思和元认知，他们就可能发展这方面的能力。
- 教学生如何给出有用的反馈。让学生知道如何做是有价值的。
- 构建反馈环。让学生知道你从这些回答中了解了什么，以及你和他们如何运用这种信息来改善教与学。

下面我们将讨论课堂评价技术运用的一些具体策略或要求。

（一）根据实际情况选择最恰当的课堂评价技术

这种选择取决于教师对两个方面情况的认识。一方面，教师必须充分认识每一种课堂评价技术的特点、适用范围。每一种课堂评价技术都有自己的特点，对教师和学生的要求都各不相同（见附表1-2），适用的课程和具体的目标也各不相同。另一方面，教师需要明确本门课程及相关的评价目标所要求的适当的评价技术，要保证所用的课堂评价技术与评价目标之间的匹配。注意不能简单地借用别人的课堂评价技术，一定要根据自己的学科和学生情况进行调适。

课堂评价技术	预计需投入的时间和精力等级		
	教师的准备工作	学生作答	教师的数据分析
一分钟试卷	低	低	低

附表1-2

不同课堂评价技术需要的投入[2]

---

[1] Angelo, T. A. Classroom assessment: guidelines for success. http://orpheum.ctl.mnscu.edu/iteach/resources/pod/Packet7/classroomassessment.htm.

[2] 资料来源：Angelo, T. A. & Cross, K. P. (1993) *Classroom assessment techniques: A handbook for college teachers* (2nd ed.). San Francisco: Jossey-Bass.

续表

课堂评价技术	预计需投入的时间和精力等级		
	教师的准备工作	学生作答	教师的数据分析
最难理解点	低	低	低
一句话总结	低	中	中
应用卡片	低	低到中	低到中
RSQC2	低	低到中	低
问题辨析	中	低	低
问题解决记录	低	中	中到高
背景知识调查	中	低	中
概念地图	中	中	中到高
定义性特征	中	低	低

（二）关注最重要的目标

课堂教学的目标经常是多样的。而课堂评价技术与评价目标的匹配关系，意味着教师应当运用多样化的课堂评价技术才能收集关于学生学习状况的全面的信息。这完全正确。但是，我们依然强烈建议，要运用课堂评价技术关注最重要的目标，收集有限的信息。这里所说的"最重要"，并非只是根据课程本身来确定某一目标是否"最重要"，还应考虑所收集的信息能否让教师自己的教学产生变化。如果收集到的信息涉及到教师不能改变的那些方面，那么尽管从课程本身来讲其非常重要，但其依然不能成为"最重要的"目标。课堂评价技术最大的优势是收集信息快速简便，能够与教学过程紧密结合，为了保持这一优势，放弃信息的全面性是必需的，也是一个必要的代价。运用课堂评价技术一定要保证收集到最重要的信息，一次关注一个目标，而不是多个。而且要保证所收集到的信息能够为教师的教学决策和学生的学习决策所用。花有限的时间去收集一些当前用不到的信息，不应该是课堂评价所要做的事，即使这些事得做，课堂评价技术也不要做，运用其他的评价方法来做吧。

（三）保证学生有一个适应过程

几乎所有的课堂评价技术都需要学生的参与。学生在某些课堂评价技术中的参与与其在熟悉的评价活动——如纸笔测验——中的参与差别不大，比如在"背景知识调查"中，学生的表现与在纸笔测验中的表现相似，可能不需要专门的学习、适应，但在其他更多的课堂评价技术类别中，学生的参与不同于在常见的评价方法中的参与，比如那些涉及到学生自陈的课堂评价技术，学生需要有自我评价作为基础，他们的表现应当不同于在纸笔测验或常见的课堂提问中的表现，因此更可能需要学习、适应的过程才能掌握。只有学生也掌握了这种技术，教师才可能运用这种技术收集到准确的信息，否则这种技术的使用就没有意义。因此，在开始运用课堂评价技术时，不要运用多种课堂评价技术，而是运用一种课堂评价技术让学生逐渐掌握，然后再引入另一种技术，可能是一种适当的选择。

此外，还需要保证学生充分地参与。学生的充分参与是课堂评价技术有效性的关键之一。让学生匿名参与且对结果不加评定，有助于学生放下包袱，轻松参与，因此要让学生知道结果保密，且与成绩无关。学生开始时可能会用负面的评论来试探教师，看看是否会有惩罚性的后果。如果没有，学生就可能会信任教师，会更认真地扮演他们的角色，所作出的评价也更有用。但课堂评价技术使用中学生匿名参与以及教师评价中不给分数和等级在带来巨大好处的同时，也可能会使某些学生丧失参与的动力。加强对学生参与过程的监控和指导是保证学生参与的重要手段，让同伴来评价学生的答案，然后给予向同伴提供反馈的学生一定的绩点，或者根据学生上交的情况给予学生的参与一定的绩点，同样能够鼓励学生的参与。

（四）高度重视所收集的信息的运用

课堂评价技术的使用目的，就是收集对于教学和学习决策有用的信息。如果收集了信息却不在教学决策中加以运用，也不向学生提供任何反馈，那么课堂评价技术的运用就毫无价值，甚至会带来负面的影响。

一方面，教师一开始就要明确收集那些对自己改变教学行为有用的信息，并且在分析时要高度关注学生的反应与自己教学的关系以及对自己教学决策的价值，同时将收集到的信息用于自己的教学决策之中；另一方面，要将所收集到的信息反馈给学生，让学生知道你在这种技术的使用中了解到了什么。不过，不要承诺对你所收集到的一切进行反馈，这是你做不到的。如果你承诺了却做不到，学生会失望，会逐渐失去参与的积极性。明智的做法是：承诺得少一些，比如保证对三个最集中的"最难理解点"作出反馈，但实际提供的反馈可以稍多一些，不局限于三个。当学生得到教师提供的反馈信息时，他们就可能学会如何生成自己的反馈信息。

不过需要特别指出的是，教师的反馈不能成为对学生的指责和批评。有时教师在得到学生的答案时可能会产生糟糕的情绪，比如在使用"最难理解点"技术时，看到学生将自己觉得教得如此清楚明白的内容当作"最难理解点"，教师可能会很恼火。在这种情况下，教师一定得等情绪平复之后才能作出反馈。

附录二

教师的课堂
评价素养

评价是教师教育实践的重要组成部分,也是教育本身不可或缺的一部分,是教师专业实践的关键成分。斯蒂金斯估计,一个教师的专业时间约有一半花在与评价相关的活动上。[1] 在我国,教师用于与评价相关事务的时间也在教师总体工作时间中占了相当高的比例——如果"相关"包括了间接相关的话,那么这一时间几乎占据了教师工作时间的全部。然而,很不幸,总体上看,我们的教师的课堂评价素养相当低下。这一方面非常令人遗憾,但另一方面也给人很大的期望——如果教师的课堂评价素养得到提升,那么我们的教育质量将会得到进一步的提高。

一、什么是评价素养

评价素养(assessment literacy)是著名教育评价专家斯蒂金斯在1991年提出的一个新概念。关于评价素养的内涵,许多研究者提供了他们的答案。附表2-1呈现了一些关于评价素养内涵的重要观点。

附表2-1 教师评价素养的观点

提出者	主要观点
美国北方中央教育实验室[2]	教育者在设计、实施和讨论评价策略上的准备状态。
帕特诺(Paterno, J.)[3]	拥有关于可靠的评价实践的基本原理和知识,包括术语、评价方法技术的开发和运用,熟悉评价的质量标准,熟悉一些非传统的评价方法。
韦伯(Webb, N. L.)[4]	关于评价学生所知和能做的工具的知识,如何解释来自于评价的信息的知识,以及如何运用这些信息来改善学生学习和项目效能的知识。
斯切弗(Schafer. W.)[5]	关于评价的基本概念和术语;评价的用途;评价的规划和开发;评价的解释;评价结果的描述;对评价的评价和改善;反馈和评定;评价方面的伦理准则。
富兰(Fullan, M.)[6]	教师和校长检查学生的表现数据并理解它们的能力——能判断出好的作品,理解成就分数,分解数据以确定表现不良的子群体;基于从先前的数据分析中获得的理解开发行动计划以提高成就的能力;在高利害问责时代对成就数据的运用和误用进行争论的能力。
托里和范博伦(Torrie, M. C. & Van Buren, J. B.)[7]	评价素养包括知道评价的频率如何、评价什么,以及如何让学生参与评价。

---

[1] Stiggins, R. J. (1991). Assessment literacy. *Phi Delta Kappan*, 72(7), 534–539.
[2] North Central Regional Educational Laboratory. (n. d.) Indicator assessment. Retrieved April, 12, 2004. http://www.ncrel.or~/en~au~e/framewk/pro/literacv/prolitin.htm.
[3] Paterno, J. (2001) Measuring success: A glossary of assessment terms. Building cathedrals: Compassion for the 21st century. Retrieved July 24, 2003. www.angelfire.comlwa2/buildingcathedrals/measuringsuccess.html.
[4] Webb, N. L. (2002) Assessment literacy in a standards-based urban education setting. Paper presented at the AERA Annual Meeting, New Orleans.
[5] Schafer, W. (1993) Assessment literacy for teachers. *Theory Into Practice*, 32(2): 118–126.
[6] Fullan, M. (2001) *Leading in a culture of change*. San Francisco: Jossey-Bass.
[7] Torrie, M.C., Van Buren, J.B. Student and program assessment: assessment literacy, the basis for student assessment. *Journal of Family and Consumer Science*, 26, 2008.

有些人则没有正式界定评价素养,而是描述了拥有评价素养的人的特征,比如,美国学校改善和政策研究中心(Center for School Improvement and Policy Studies)认为,具有评价素养的教育者知道运用何种方法来收集可靠的信息和学生成绩;无论运用报告卡、考试分数、档案袋,或者会谈,都能有效地传递评价结果;能让学生参与到评价、记录和交流之中,能运用评价促使学生的动机和学习的最大化。[1]斯蒂金斯也提供了一个类似的说法:具有评价素养的人(不管是教师、管理者,还是校长)知道可靠与不可靠的评价之间的差别,他们在进入评价领域时,知道自己评什么,为什么要评,如何最好地评价相关的知识和技能,如何生成良好的学生表现样例;知道评价可能会出现什么错误,以及如何防止这些错误;知道糟糕的、不准确的评价的潜在的、消极的后果。[2]

确切地说,当美国心理学会的《关于心理测验和诊断技术的技术建议》在1966年修订成为著名的《教育与心理测验标准》(下称《标准》)时,关于评价素养的探讨就已经开始。将教育测验纳入《标准》的规范对象之中,实际上就是对教育测验的编制者和用户提出了知识、技能、伦理等方面的要求。当《标准》的相关内容成为以《教育评价学》或《教育测量学》为名的教材的核心,且被当作教师从业应当掌握的必要的知识基础时,这些内容也就成为教师评价素养的一部分。可是,尽管几乎进入了所有的教育评价学教材,成为教师教育中评价课程的核心内容,该测验标准对教师这一群体的影响仍十分有限。

实际上,在很长一段时间里,评价素养——尽管当时并没有这样的名称——只是测验界的专属概念,经常表现为一种"神秘的且总是威胁性的评价技术",[3]教师也经常主动地疏离那种神秘的、看起来非常高深的评价技术,主动地远离"浸泡在神秘与虚幻、恐吓与伤害、压力与焦虑之中的评价世界"。[4]但在过去的20年中,西方国家对高成就标准的关注与日俱增,对评价在提高学生的成就水平中的作用不断地认同,评价越来越多地被当作提高学生成就乃至于进行教育改革的杠杆。另外,"为学习的评价"兴起,新型的评价方法出现,在这种背景下,教师的评价素养开始受到广泛的关注。

二、什么是教师的评价素养

斯蒂金斯将评价素养分成三个层次。在他看来,教育评价的不同参与者需要不同层次的评价素养。[5]

第一层次为具备功能性素养的人(the functional literate),即能够理解自己作出的、与教和学相联系的决策;知道何种数据能够支持自己的决策;熟悉良好的数据的四个

---

[1] Mertler, C. A. & Campbell, C. (2005) Measuring teacher's knowledge and application of classroom assessment concepts: development of the assessment literacy inventory. Paper presented at the annual meeting of the American Educational Research Association. Montreal, Quebec, Canada, April 11-15, 2005.
[2] Stiggins, R. J. (1991) Assessment literacy. *Phi Delta Kappan*, 72(7), 534-539.
[3] Stiggins, R. J. (1995) Assessment literacy for the 21st century. *Phi Delta Kappan*, 77(3): 238-245.
[4] Roschewski, P., Gallaher, C. & Isernhagen, J. (2001) Nebraskans Research for the STARS. *Phi Delta Kappan*, 8, 611-615.
[5] Stiggins, R. J. (1991). Assessment literacy. *Phi Delta Kappan*, 72(7), 534-539.

特征：清晰的目标、适当的抽样、公认的推断来源和可用的结果。需要这一层次的评价素养的是那些数据的用户，他们自己并不生成数据，如学生、家长、校董会成员、立法者、教育行政机构的官员等。

第二层次为具备实践性素养的人(the practically literate)，即知道自己所作的决策以及这些决策如何影响学生；深入理解可靠的数据的特征、影响数据质量的因素以及避免评价中的错误的策略；指导并理解每一种类型评价的优势和局限性，能够开发并运用三种基本的评价(纸笔测验、表现评价、直接交流)来生成高质量的信息。需要这种评价素养的是生成并运用数据的人，如教师、校长、咨询者、学区领导者、教师培训者等。他们知道，不被理解的成就目标不可能被评价，有偏差的抽样会导致无用的数据，不为用户理解的结果会导致有价值的评价资源的浪费。

第三层次为具备高级素养的人(the advanced literate)，即除了功能性和实践性素养外，还掌握大规模测验的开发、实施和评分的能力；掌握经典的和现代的心理测量学理论，具有编制有效度、有信度，且经济的大规模评价的经验。需要这种评价素养的是为他人生成数据的人，包括测量和评价领域的所有专家。

斯蒂金斯对评价素养的这种考察似乎是从"层次"的角度来进行的，但也让我们知道，教师这一群体所应拥有的评价素养与其他群体是不同的。而且，斯蒂金斯本人也有把这三个方面看成"类型"而不是"层次"的证据。1992年，他和考克林的一个关于课堂评价实践的调查得出结论：测量学界在课堂评价方面的知能上贡献甚少。[1] 既然测量学界拥有高级层次的评价素养，而高级层次的评价素养包含了功能性及实践性评价素养，为何不能提供课堂评价方面的专业技能？斯蒂金斯在这一文献中隐含地承认了，测量学界拥有的评价素养与从事课堂评价的教师所需要的评价素养之间的差别不只在于"层次"，同样在于"类型"。教师所需的评价素养与测量学界拥有的评价素养有交叉，但与以往测量学界所关注的评价素养相比，教师需要的是另一种不同类型的评价素养。这是由教师的实践决定的。

我们认为，教师的评价素养就是教师拥有的关于评价的基本观念、基本知识和基本能力。通常涉及到两个方面：一方面是教师拥有的关于外部评价的理念、知识和相关的能力。另一方面是教师拥有的关于自己在课堂层面实施评价的基本观念、基本知识和基本能力。后一方面也即教师的课堂评价素养。

三、教师评价素养的框架

（一）教师的学生教育评价能力标准

为全面实现学生评价潜在的教育功能，美国教师联盟(American Federation of Teachers, AFT)、全国教育测量委员会(National Council on Measurement in Education, NCME)和全国教育协会(National Education Association, NEA)于1987年任命了一个委员会，开发教师在学生评价方面的能力标准。1990年，《教师的学生教育评价能力标准》

---

[1] Stiggins, R. J. & Conklin, N. F. (1992), *In teachers' hands: Investigating the practices of classroom assessment*, State University of New York Press, p.12.

(Standards for Teacher Competence in Educational Assessment of Students)出台。该标准从能力视角界定了教师应当具备的评价素养(这些能力包括了对教师扮演教育者的角色十分关键的知识和技能,不局限于与评价活动直接相关的能力),共七个方面:[1]

1. 选择适合于教学决策的评价方法的能力

评价方法多种多样,教师应能选择有用的、便于实施的、技术上适当的、公平的评价方法。为此,教师需要知道各种评价方法的优缺点以及它们能够提供的信息,而且要熟悉根据教学要求选择评价方法的准则是什么。

这一标准要求教师:在开发或选择评价方法时能关注评价错误和效度;理解有效的评价数据如何支持教学活动,如何向学生提供适当的反馈,诊断群体或个体的学习需要,规划个别化教学,激励学生学习,以及评价自己的教学;了解无效的评价对学生的教学决策的影响,能够考虑学生的文化、社会、经济和语言背景来运用和评价所用的评价方法;认识到评价方法与特定教学目标的匹配性,以及不同评价方法对教学产生的不同影响。

2. 开发适合于教学决策的评价的技能

外部的评价工具不能完全满足教师的评价要求,教师用以作出决策的评价信息经常来自于教师创造并实施的方法,教师需要具备开发适当的评价方法的能力。

这一标准要求教师:具有有计划地收集有助于其决策的信息的技能;指导并遵循适当的原则来开发评价方法并将之运用于教学之中;能够避免学生评价中的普遍的陷阱;能够运用评价数据来分析自己所用的评价技术的质量。

3. 对外部评价和教师评价的结果进行管理、评分和解释的能力

教师仅仅能选择和开发好的评价方法还远远不够,他们还应能适当地运用各种评价方法,具有实施各种评价方法、评定结果以及解释评价结果的技能。

这一标准要求教师:能够解释正式的和非正式的评价的结果,能够对评价进行适当的可靠的评分;教师能实施标准化测验并解释所报告的分数,如百分位数、标准分等;理解经常与评价结果一起报告的指标,如集中趋势、离散程度、相关、信度系数和测量错误;能够解释评价结果上存在的差异,并能在运用结果作出决策之前解决这些不确定因素;能运用评价鼓励学生发展,而不是不适当地提高学生的焦虑水平。

4. 在作出关于学生个体的决策、计划教学、开发课程和改善学校教育时运用评价结果的能力

评价结果能用以作出多个层面的教育决策:在课堂层面关于学生的决策、在学区层面关于学校和学区的决策、在社会层面关于教育事业目的的决策。教师在这些层面的决策上都扮演着重要角色,因此需要能够有效地运用评价结果。

这一标准要求教师:能够运用累积的评价信息来设计良好的教学计划以促进学生发展;在运用评价结果规划或评价教学或课程时,能够正确地解释这些结果并有效地避免常见的错误;了解本州和全国评价的结果,并了解其在改善学生、课堂、学校和学区、州和全国教育上的适当运用。

---

[1] AFT, NCME, NEA(1990). Standards for Teacher Competence in Educational Assessment of Students, http://www.unl.edu/buros/bimm/html/article3.html.

5. 开发可靠的、用于评价学生的程序的能力

评定是教师专业实践的一个重要部分。它涉及到对学生表现水平的确定,以及教师对这些表现的估价。教师应当知道并应用运用评价以获得可靠的等级应遵循的原则。

这一标准要求教师:能设计、实施、解释一个程序,以确定一个基于多种作业、项目、课堂活动、小测验、考试以及其他评价的等级;能够理解并清楚地证明其给出的等级的合理性、公正性、公平性;知道等级可能反映他们自己的偏好和判断;认识并避免错误的评定程序,如将等级当作惩罚手段;能够对评定程序进行评价和修正,以提高就学生成绩所作的解释的效度。

6. 向学生、家长/监护人、其他的利益相关者和教育者交流评价结果的能力

教师必须定期向学生及其家长或监护人报告评价结果。另外,他们还经常被要求就评价结果和其他的教育者以及利益相关者进行交流。如果结果不能得到有效的交流,将会得到不恰当或错误的使用。教师应能适当地运用评价术语来清楚地表述评价结果的意义、局限性和应用,有时还需要为自己的评价程序作辩护,并解释这些评价,还可能需要向公众适当地解释评价结果。

这一标准要求教师:理解并适当地解释对评价的说明可能为学生的社会、经济、文化、语言及其他背景因素所影响;能向学生家长说明这些背景因素不会限制学生的最终发展;能让学生及其家长知道如何评价学生的教育进步;能够理解并解释基于评价作出关于学生个体的决策时考虑测量错误的必要性;能够解释不同评价方法的局限性;能够解释关于学生评价结果的书面报告。

7. 辨别不合伦理的、不合法的、不适当的评价方法和评价信息运用的能力

公平,涉及到所有相关者的利益。所有评价活动,从计划、信息收集、到结果的解释、运用和交流,都应以专业伦理为基础。教师必须明了自己在评价上的伦理和法律责任,应尝试制止他人不适当的评价实践,并参与到更广泛的教育共同体中来,以确定适当的评价行为的边界。

这一标准要求教师:知道影响其评价实践的法律和判例;应当意识到各种评价程序可能被误用或滥用,从而导致一些有害的后果。

(二) 波帕姆的教师评价素养框架

2009年,评价专家波帕姆提出,教师的评价素养应包括在如下内容方面的技能和知识[①]。

1. 理解教育评价的基本功能

教育评价的基本功能是收集证据,从而可以作出关于学生技能、知识和情感的推论。教育者中有一个普遍的误解,就是分数是教育者应该关心的真正东西。但事实上,让学生参加考试的唯一原因,是为了收集某些不能看到的东西的证据,比如,理解、技能的发展等。几乎所有的教育目标都是一些不能看到的技能和知识。教育者不能通过观看学生就知道他掌握了多少知识和技能,而必须依赖学生外显的测验表现来产生可以用来作出关于学生内隐的技能和知识的可靠推论的证据。

---

① Popham, W. J. (2009) Assessment literacy for teachers:faddish or fundamental? *Theory into Practice*, 48: 4–11.

2. 理解教育评价的信度

许多教育者都对教育测试的精确度有盲目的信心,特别是外部的高利害考试。当教育者能领悟到测验误差的本质,并意识到会有很多的因素触发学生测验表现的不稳定时,这些教育者就会对测验结果的不准确性持有一定的警戒。

3. 理解教育评价的效度

无论什么时间,只要教育者说出"有效度的测验"这样的词语,那至少从技术上来说,就是错误的。并不是测验本身有效或者无效。效度指向的是教育者基于学生的分数而作出的推论是否准确。另外,教育者收集到的效度证据也非常不同,而教师最应该知道的效度证据是和内容相关的证据。

4. 如何识别和消除一些测验偏见

应该尽力避免因学生的一些个人特征,比如,种族、性别、社会经济地位,而影响到测验公平性的测验偏见。其实,在大规模的测验中,已经有很多的方法用来显著地减少评价偏见。但在教师的自编测验中,教师也应意识到并知道和消除测验偏见。

5. 建构和改善选择性反应和建构性反应的测验试题

多年来,测量专家对如何建构测验试题有很多的指南。教师应该依据这些指南能够建构选择性反应和建构性反应的试题。但一旦一套试题设计出来,就会有一些可用的程序用来改善这些试题。所以,教师还应熟悉如何改善选择性反应和建构性反应的测验试题。

6. 评价学生在建构性反应试题中的答案,最好能使用设计良好的量规

虽然建构性反应试题,比如短文式和简答式的问题,能提供关于学生知识和技能的良好证据,但如何评价学生在这种题型上的答案,则是一个相对比较难的问题。教师需要知道如何创建和使用量规,即评分指南,这样才能准确地评价学生在建构性反应试题上的答案。

7. 设计表现性评价、档案袋评价、展示、同伴评价和自我评价,并能进行赋分

现在的评价提倡学生给出多样性的反应,从而,今天的教师需要学习如何开发不同类型的评价策略,并知道如何赋分。

8. 设计并实施能促进学生学习的形成性评价程序

形成性评价是一个过程,而不是一种特定的评价策略。有明确的证据显示,恰当地应用形成性评价,可以较好地提高学生的成就。现在的教师应该知道如何实施这种评价过程。

9. 收集和解释学生态度、兴趣和价值方面的证据

应该看到,过多强调学生的认知发展,忽视学生态度、兴趣和价值观,会给学生造成长期的负面影响。因而,教师应具备一些评价学生态度、兴趣和价值的策略。

10. 解释学生在大规模标准化测试和心向评价方面的表现

这种需要是因为不仅教师,家长也非常关心学生的表现,教师应理解经常用于报告学生在标准化测试中分数的技术,从而能向学生和家长进行解释。

11. 评价有残疾和有语言障碍的学生

虽然大多数的评价都适用于所有类型的学生,但对于有残疾和有语言障碍的学生,依然有一些特别的评价需要。所有的教师都应该熟悉如何对这些弱势群体进行评价的特别程序。

12. 让学生为高利害的测验做好准备

让学生在高利害的测验中表现良好，是教师一直以来的压力。教师也一直在致力于让学生为高利害的测验做好准备，但很明显，很多的实践都是不适当的。教师应对让学生为高利害的测验做好准备的适当实践比较熟悉。

13. 理解利用问责性测试来评价教学质量的适切性

教师要理解到，并不是说，问责性测验是官方认可的，就可以适合用来评价教学质量。而对于问责性测试是否适合评价教学质量的原因，教师应能理解。

（三）美国州际教师评价和支持协会的框架

关于教师整体上应该具备的评价素养，一个较近的框架是美国州际教师评价和支持协会（Interstate Teacher Assessment and Support Consortium, InTASC）2011年提出的典型的核心教学标准（model core teaching standards）中的评价素养框架[1]。

该协会指出，原来教育系统经常会把评价看作基本上和教学分离的一个活动。但是现在，教育系统希望教师使用评价数据来改进教学，帮助学习者有所进步。为了完成这样的期望，教师在如何开发一系列的评价、如何适当地综合使用形成性评价和总结性评价、如何使用评价来理解每个学生的进步、根据需要调整教学、给学习者提供反馈，以及记录学生的进步等方面需要更多的知识和技能。另外，教师需要在各个层面的评价上作出基于数据的决策，从每年一次的测试，到一年几次的测试，以及持续的课堂层面的形成性评价和总结性评价。这些工作既可以教师独立进行，也可以和其他教师合作进行。

该协会对教师评价素养的总体描述是：教师理解多种评价方法，并能使用这些评价方法来促进学生的学习参与、监控学生的学习进步、指导教师和学生的决策制定。这些描述可通过一个三维度共21方面内容的框架来呈现。

附表 2-2 InTASC的教师评价素养的结构

表现	1. 教师能恰当地综合使用形成性评价和总结性评价来支持、判定和记录学生的学习。
	2. 教师能设计评价方法和学习目标相匹配的评价，并能把扰乱评价结果的偏见降到最低程度。
	3. 教师能独立地或合作地考查测试结果和其他的表现数据，来理解每个学习者的进步，并用于指导进一步的教学计划。
	4. 教师让学生理解并识别高质量的作业/作品，并提供给他们有效的描述性反馈来指导学生的进步。
	5. 教师让学生参与到多种展现知识和技能的方式中，并把其作为评价过程的一部分。
	6. 教师塑造和建构一些过程来指导学生核查他们的思维和学习以及同伴的表现。
	7. 教师让所有学生为特定评价形式的具体需要做好准备，并在评价或测试条件上作适当的调适，特别是为了满足残疾和有语言障碍等有特殊需要的学生。
	8. 教师持续地探寻适当的应用技术来支持评价，使其既能更好地激发学生参与，也能评价和满足学习者的需要。

---

[1] CCSSO (2011). InTASC model core teaching standards: A resource for state dialogue. The Council of Chief State School Officers, Washington, DC: Author.

核心知识	9. 教师理解评价的形成性应用和总结性应用的不同,并指导如何以及在什么时候应用二者。 10. 教师理解评价的多种类型和多重目的,以及如何设计、改编、选择适当的评价来应对具体的学习目标和个体差异,以及减少偏见。 11. 教师知道如何分析评价数据来理解学习的模式和差距、指导教学设计和教学实施,以及给所有学习者提供有意义的反馈。 12. 教师知道在什么时候以及如何让学生参与到分析他们自己的评价结果中来,并帮助他们制定各自的学习目标。 13. 教师理解给学生的有效的描述性反馈的正面效应,并知道用多种策略来交流这种反馈。 14. 教师知道什么时候以及如何评价和报告学习者的进步。 15. 教师理解如何让学习者为评价做好准备,以及如何在评价和测试条件方面作出调适,特别是为了残疾和有语言障碍等有特殊需要的学生。
关键倾向	16. 教师坚定地促进学生在评价过程中的积极参与,以及发展每个学习者关于回顾和交流他们自己进步和学习的能力。 17. 教师承担起把教学和评价与学习目标相匹配的责任。 18. 教师致力于给学习者提供关于学习进展的及时的和有效的描述性反馈。 19. 教师致力于使用多种评价方法来支持、判定和记录学生的学习。 20. 教师致力于在评价和测试条件上作出调适,特别是为了满足残疾和有语言障碍等有特殊需要的学生。 21. 教师致力于合乎伦理地使用多种评价方法和评价数据来识别学习者的优势和需要改进的地方。

(四)斯蒂金斯的教师评价素养框架

1995年,教育评价专家斯蒂金斯在《为21世纪的评价素养》中提出了一个教师应具备的评价素养框架。斯蒂金斯认为,可靠的评价有五个关键:(1)产生于并服务于清晰的目的;(2)产生于并反映清晰且适当的成就目标;(3)依赖于正确的评价方法,考虑目的和目标;(4)适当地抽样学生的成就;(5)控制所有的偏见和歪曲因素来源。与之相应,教师的课堂评价素养也包括了五个方面[1]:

1. 始于清晰的目的

评价可能会为不同的目的而进行。在教学层面上,教师需要确定个体学生的需要,以及确定整个班级和小组学生的需要,给他们评定等级,或者评价教学,或者评价教师自己。在教学领导和教学支持的水平上,校长需要基于评价结果评价教学项目、分配资源、评价教师、支持熟练教师来帮助新教师、协助团队成员并提供教学支持。咨询者和心理辅导者需要确定学生的特定需要来组织特定的项目。课程指导

---

[1] Stiggins, R. J. (1995) Assessmenet literacy for the 21st century. *Phi Delta Kappan*: 77(3), 238–246.

者和专家需要评价项目的质量。在政策层面,教育督导可以评价项目、评价校长,并分配资源。学校委员会既评价教学项目,又评价教育督导。州、公众和执法者将评价评价项目。

没有哪种方法能服务于所有这些目的。不同的目的需要不同种类的信息,从而需要使用不同类型的评价。课堂层面的评价需要高倍数的显微镜来关注到个体的学生,而政策水平的评价则需要一个宽角度的视野,需要从大量学生的测试结果中总结出一般指标。有评价素养的教师知道期望目标的差异对评价的影响,能选择适合于特定目的的评价。他们能以书面形式清晰地陈述并告知学生知识、推理、技能,或者产品方面的目标。从另一个角度看,这也是要求明确评价信息的目标用户,明确目标用户的需求和信息的用途。

2. 关注成就目标

在斯蒂金斯看来,没有对成就目标的清晰理解,就不可能进行良好的评价。在任何评价情境中,评价的开发都必须从关于学业成功意味着什么的清晰愿景开始。这种愿景也就是我们对学生的期望:可能是理解特定的学科内容(可能是需要直接记住的,或者可能是运用参考资料能够回忆的),可能是运用知识来推理和解决问题,可能是掌握特定的表现技能,也可能是运用知识、推理和技能来创作符合质量标准的产品。因为期望不同,所以评价的目标也可能不同。有评价素养的人知道不同类型的成就目标——掌握内容知识、发展推理能力、获得表现技能、开发高质量的产品——并坚信它们之间的相互联系,也知道这种认识对高质量的评价的意义。

另外,需要指出的是,斯蒂金非常强调学生掌握内容知识的重要性;认为现在虽然很强调让学生获得过程性的成果和复杂性的技能,但掌握内容性知识依然是学生其他方面水平成就的基础。也就是说,基本的知识对于发展高层次的能力来讲虽然不是足够的,但是必需的。

3. 选择适当的评价方法

在提出了多样性的成就目标的基础上,很明显的,并没有一种独立的方法可以反映它们的全部。而且实际上,在实践中,也并没有依赖某种单一的评价方法进行学生评价,有很多的评价策略用于选择,这些评价策略可以分为四类。有评价素养的人知道如何和在什么时候在每一种类型中使用具体的评价方法。

第一类是选择反应的评价。包括多项选择、正误判断、匹配和填空、小测验等。这种情况下,学生在少数几个选择中阅读并选择适当的选项。

第二类是论文式的评价。即需要学生自己建构一个原创性的文本,这些文本会通过一些评价准则或标准来评价。在论文式评价中,评价的准则一般都是关注答案中对内容的呈现的。

第三类是表现性评价。需要学生在评价者的观察下展现一种技能或创造一个多维的产品,而评价者会根据一定的标准来确定展现的表现质量。在表现性评价中,准则的要求既包括形式,也包括内容。

第四类是个人交流式的评价。在这种情况下,教师通过提问问题和倾听答案、倾听讨论,或者和家长谈到特定的学生来收集关于学生成就的信息。

有这么多选择，课堂评价的挑战就变得明朗了：在具体的评价需要面前，如何选择合适的评价方法来确定学生是否达到了特定的成就目标？这些答案是构成评价素养的基础。

当评价知识的掌握时——即学生是否知道或者是否理解——有三个很好的选择。按照效率从高到低，就是选择式反应、论文式反应和个人交流。表现性评价是一个较为不吸引人的选择，因为对复杂性表现的展现，需要的不仅仅是对知识的掌握，还需要几种不同种类的成就应用于同一种评价中。

我们来解释一下为什么评价知识的掌握时，表现性评价并不是一个理想的选择。当一个学生在一个要求创建复杂性作品的表现性任务中表现卓越，那就会有很有说服力的证据来说明学生掌握了必要的知识，并进行了有成效的推理，也有技巧地展示了表现——即特定成就所有的成分都展现了。但这并不是说测量知识和表现性评价之间有很好的匹配。使用这种方法来评价学生知识掌握情况的问题在于，当学生并不能很好地完成任务时，怎么理解结果呢？也就是说，当看到一个不太好的作品，我们其实不知道学生为什么表现失败了。是缺少知识？是推理失败，还是技能的操作有误？只有当再使用其他三种方法之一时，才能确定学生是否已经掌握了必要的知识。但如果只是想评价知识的掌握，何不一开始就使用其他三种方法之一呢？

首先，我们假设我们需要评价一个复杂的技能，比如，使用第二语言进行口头交流的技能。是否可以使用多项选择题或者短文测试来评价这样的技能呢？其实是不适当的。这个目标就需要完全不同的评价方式。在这种情形下，需要使用表现性评价，即要求学生使用这种语言进行交流，从而就可以观察并评价他们的技能。或者可以依靠这个学生和语言熟练的教师之间的个人交流来实现评价。这并不是说，在外语学习的课堂中就不需要使用多项选择题和短文式评价了。这些方法可以促进学生对知识的掌握，而知识的掌握可以作为第二语言交流的基础。

其次，假设我们希望评价推理能力。所有类型的评价都可以用来提供学生使用可得的知识来推理和解决问题的能力的一些信息。但是，并不是所有的评价方式都可以有效地反映推理的模式。其中的挑战是，首先要清楚地理解和定义成就目标中的推理能力是什么样的，然后才能知道哪种评价方法最为适合评价这种推理。

最后，考查学生是否能创造复杂的、和成就相关的作品的唯一方法，就是让他们去创造这样的作品，然后根据一定的质量标准进行评价。如果需要提前检核他们是否已经掌握了创建高质量的作品所需的知识，可以选择其他的三种评价方法。

最重要的是，只有澄清了学习目标之后，才能选择评价方法，而且必须在作出选择时进行平衡。当选择好计划使用的评价方法后，才能以适当的方式来抽样学生的成就。

4. 抽样学生的成就

因为评价必然是有限的长度，从而，无疑每一个都是期望评价的一个样本。即所有的评价都是用从所评价的领域中抽样出的相对较少的、有代表性的问题或任务来对学生在更大的成就领域中的掌握情况作出推断。可靠的评价必须是所有可能的练习的一个有代表性的样本。这一样本应当有足够的代表性，以能产生对学生学习的可靠的判断。教师得明白不同的评价目的对其适当的抽样都有不同的限制。有评价素养的教育者能够抽取适当的问题或任务样本，以使评价能代表我们所期望反映的成就目标，并保证能从评价结果中作出对目标领域成就的正确推断。特别重要的是，教师要知道如何调整评价中的问题的数量和类型，以用最低的成本产生质量最高的结果。

对学生成就的抽样方式取决于几个因素。第一，是在特定情境下选择的评价方法。比如，如果目标需要选择反应的形式，就必须从所有可能的测验问题中进行抽样，从而可以得出结论。如果学生能够在这些问题中答对80%，那么学生就能在所有的问题上也答对80%。如果使用短文式的形式，就需要足够的短文训练来推论：如果进行所有的训练，学生的表现会怎么样。表现性评价也是这样，选择的表现任务必须代表期望这些表现所能完成的任务。第二，一个恰当的评价是目标范围的一个函数。一般来说，目标范围越大，需要的样本就越大。例如，目标如果是三年级学生的问题解决能力，相比学生高中毕业时的问题解决能力而言，所需的样本必然要少。更为具体和聚焦的目标允许更为聚焦的抽样。评价目标越清楚，或者基于评价结果作出的决策越重要，我们对从抽样中得出的推论就越有信心。最后，抽样的方式也是通过学生的反应可以得到的信息的函数。如果一个外语的说话任务提供了学生语言熟练性的充分样本，需要学生在一个反应中展现宽泛的技能，那我们就不需要特别多的练习来推论学生的语言熟练度。

5. 避免偏见和歪曲

即使有清晰的成就目标，运用了正确的评价方法，适当地抽样了学生的表现，但依然会存在一些导致对学生真正的成就进行错误解释的因素，这些因素可能来自于评价本身，也可能来自于学生或者实施评价的环境。学生的阅读或写作技能、语言技能、健康或情感情况、同伴压力，以及类似的事情可能会影响到评价的准确性。如果测试者精力不集中、不舒服，或者没有为评价做好准备，则问题也可能是来自评价环境。当这些因素发生影响时，测验分数将不能反映学生的成就，这种不良的信息也不能有助于得出恰当的结论。类似的偏见和混乱的来源也存在于表现性评价或个人交流性的评价中。为了具备良好的评价素养，教育者必须知道出现了什么问题，以及在面对它们时使用什么样的策略。

总之，这五个质量标准形成了有效评价的基础。有效的评价来源于并服务于阐述清楚的目标，来源于并反映定义清楚的成就目标，依赖于恰当的评价方法，有效地进行表现抽样，并尽量阻止偏见和混乱的发生。

（五）查普伊斯等的教师评价素养框架

2011年，查普伊斯、斯蒂金斯等共同出版的课堂评价名著——《为学生学习的课堂评价——做得对、用得好》又提供了一个新的教师评价素养框架，尽管他们没有直接讨论教师评价素养，而是更多地从高质量的课堂评价的角度来讨论。

他们认为，有评价素养的人理解到，评价可以服务于很多不同的使用者，并能满足支持学习和判定学习的双重目的。他们知道评价的质量首先受制于清晰易懂的成就目标，并受制于评价的设计和实施都得满足的特定评价质量准则。他们还理解到，有效评价的结果应能及时地以可理解的方式传达到期望的使用者的手中。最后，他们也清楚地理解到，评价不再只是成人对学生做出的事。相反，学生在持续地评价他们自己的成就，并对施加于他们身上的干预进行反应。有评价素养的教育者指导学生如何进行有成效的自我评价，这些评价能支持学生的学习成功。

有效的课堂评价的五个关键是：(1) 它们是为服务于预期的使用者的具体的信息需要而设计的；(2) 它们是基于清晰陈述和适当的成就目标的；(3) 它们能精确地测量学生的成就；(4) 它们能获得相应的结果，以和期望的使用者进行有效的交流；(5) 它们可以让学生参与到自我评价、制定目标、跟踪、反思自己的学习中（见附图2-1）。

附图 2-1

高质量课堂评价的关键

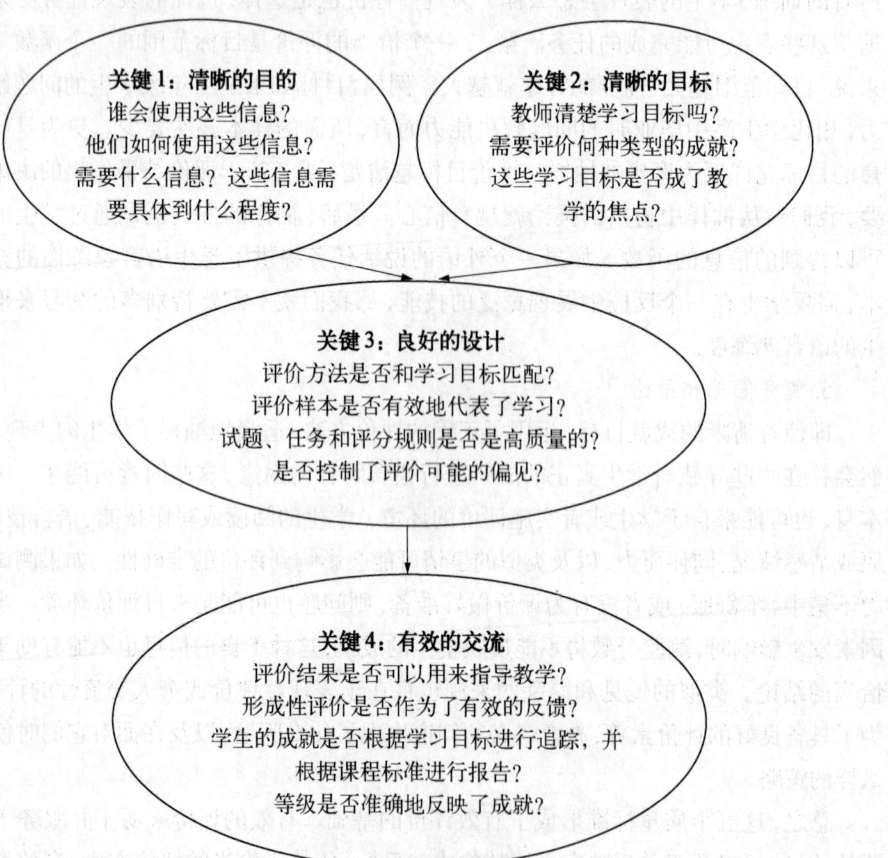

关键1：清晰的目的
谁会使用这些信息？
他们如何使用这些信息？
需要什么信息？这些信息需要具体到什么程度？

关键2：清晰的目标
教师清楚学习目标吗？
需要评价何种类型的成就？
这些学习目标是否成了教学的焦点？

关键3：良好的设计
评价方法是否和学习目标匹配？
评价样本是否有效地代表了学习？
试题、任务和评分规则是否是高质量的？
是否控制了评价可能的偏见？

关键4：有效的交流
评价结果是否可以用来指导教学？
形成性评价是否作为了有效的反馈？
学生的成就是否根据学习目标进行追踪，并根据课程标准进行报告？
等级是否准确地反映了成就？

关键5：学生的参与
评价实践是否满足了学生的信息需要？
学生是否能够理解学习目标？
评价是否可以生成学生可用来自我评价和目标制定的信息？
学生是否可以追踪和交流他们的学习？

1. 清晰的目的

教师进行评价，部分原因是为了给教学决策提供关于学生学习的信息。教师和学生每天都在作出可以驱动学习的决策——从而他们需要关于学生会什么以及不会什么的常规性的信息。教师会经常作出一些决策，比如，如何安排学生下一步的学习，或者学生现在有什么问题。一般来说，这些决策，都是在日常的课堂中基于课堂活动和评价收集的信息作出的，而且这些决策是指向支持学生学习的，即帮助学生学得更多。这些评价总起来叫作"形成性评价"，即教师和学生采用正式和非正式的过程来收集证据，用于促进学生学习的目的。

教师也定期地作出其他的一些决策，比如，要给出报告卡的等级，或为学生特别地服务。在这种情况下，教师依靠积累起来的课堂评价证据来确定学生学得怎么样。这些是总结性评价的例子：提供关于学生成就的证据来满足判断学生能力的目的，从而基于此，也可以给后续的教育活动如何开展提供信息。

另外，除了教师实施的形成性评价和总结性评价外，一些外部的管理者为了相应的教育决策，也会实施问责性的评价来收集学生信息。这种评价中，教师并不直接参与设计与实施，而且，这种评价往往是"防教师"的。但教师也应能清晰地理解这种评价的目的。

所以，教师应该能理解到，评价信息可用于不同的使用者——比如学生、教师、管理者、家长；也可用于不同的用途——比如，形成性的用途和总结性的用途、问责性的用途和非问责性的用途。在每一种评价情境中，教师都首先需要理解期望的使用者需要的信息是什么样的。这些需要会直接决定评价的形式和频率，以及需要什么种类和详细到什么程度的结果。

2. 清晰的目标

除了首先需要考虑期望的用途是什么，教师还必须对评价什么样的学习比较清楚，这样才能开始评价的过程——即教师对学生所持有的成就期望、教学所关注的内容标准，也即学习目标。当学习目标对我们教师来说是清楚的，那下一个步骤就是让学生也清楚这些目标。教师们都知道，当学生对他们前行的方向有清楚的认识时，他们成功的机会就会增加。

3. 良好的设计

评价对于学生学习的当前水平可能反映得准确，也可能反映得不准确。实施评价的目标当然希望能产生准确的信息。前两个关键，清晰的目的和清晰的目标，通过告诉需要评价什么以及哪一种评价是需要的而奠定了高质量评价的基础，接下来的挑战就是如何创造一个评价来传达这些结果。这需要一个评价方法来反映这些期望的目标。评价的方式是选择性反应、书面性反应、表现性评价或个人的交流。这四种评价方法并不是可以相互替换的：每一种都有优势和劣势，每一种也都有适合或不适合的应用情境。我们的任务就是为期望的目标选择合适的方法——我们评价的质量有赖于此。

当选定一个方法时，接下来就是如何开发，以使它满足质量准则。首先，必须很好地进行学生的表现抽样，从而能得出关于学生成绩的可信赖的结论。其次，还需要设计高质量的试题、任务,或练习,并配有适当的评分方案。最后,每个评价情境都可能造成一些失误或偏见,从而引起评价的不准确,因此,还应该知道如何消除和控制这些偏见来避免这些偏见的发生。

4. 有效的交流

当需要的信息清楚、学习目标清楚、收集到的信息准确的时候,评价结果应该及时地、通俗地和期望的使用者进行交流。当这样做的时候,其实就在跟踪总结性评价和形成性评价的结果,并为需要评价结果的人提供可分享的选择。交流形成性评价的信息,提供了学习者学习成长所需要的描述性反馈。交流总结性评价的情境,可以让所有人理解到学生学习的有效性。比如,教师是如何把总结性的评价信息转变成能准确反映学生成就的等级的。

5. 学生的参与

学生的参与是对传统教与学的评价范式的核心转变。对学生的学习成功非常重要的决定,不是教师作出的,而是学生自己作出的。是学生决定这个学习是否值得花费努力,是学生决定是否坚持。只有学生对这些问题作出肯定的决策,教师的教学才能对他们的学习有效。所以,课堂评价的一个很重要的部分,就是让学生能对自己的学习进展比较清楚。

四、教师的课堂评价素养:一个整合的框架

关于教师课堂评价素养的探讨,需要在教育评价范式转换的背景下且在新的教育评价文化——促进学习的评价——的框架内进行。教师的课堂评价素养是指教师实施定位于促进学习的课堂评价实践所必需的评价观念、知识和技能。具体而言,教师的课堂评价素养应当包括以下四个方面。

(一)理解评价

知道评价在促进学生学习上的作用以及这种作用发挥的条件。教师的评价目的在于发现学生学习上的问题和自己教学上的问题,获得改善教和学的反馈。如果评价的内容不能代表教学内容,或者只向学生提供分数或等级,评价就难以有效地促进学生学习。

明确考试只是学生学业成就评价的一种方式,并能将考试与其他评价手段结合起来,获得关于学生学业成就的完整的图景。考试只能评价学生在知识领域的表现,对问题解决、批判性思考之类的高层次技能的评价作用有限。教师需要综合运用考试、表现性评价等多种评价方式,获得关于学生学习的充分的证据。

知道可靠的评价与不可靠的评价的区别。可靠的评价能够准确反映学生在达成目标过程中的进步,能够为教师调整教学和学生改善学习提供充分的信息;不可靠的评价不能代表所评价的内容领域,与教学目标无关。

知道评价可能的误用以及误用可能带来的消极后果,并能有效地避免这种误用。

(二)明确成就期望

知道评价、教学、学习三者的互动关系。评价不是对学习的评价,也不是凌驾于教学之上的独立系统。评价是促进学习的手段,是教学的一个有机组成部分,评价的目

标与教学目标、学习目标是高度一致的。

熟知课程标准,全面、准确地把握课程标准对学生成就的期望。课程标准规定了学生在经过一段时间学习后所应知和能做的结果,是对学生成就的期望。这种期望是教师教学和学生学习的目标,也是评价的目标。

能准确地将课程标准规定的课程目标转化为清晰的教学目标,并将之转化为评价目标。课程标准规定的课程目标以学段目标的形式呈现,相对抽象。教师需要以课程标准为依据,分析具体教学主题在课程中的地位及相互之间的关系,根据具体教学内容确定可观察、可测量的教学目标。明确教学目标同样是评价目标,能够结合教学内容将评价目标具体化为表现指标并设定适当的表现标准,且将评价目标以及相关的表现指标和表现标准事先告知学生。

能够保证每一评价任务都能反映特定的成就期望,并保证评价任务能适当代表所要评价的领域的整体结构。所设计的试题或者表现任务应当能够准确反映课程目标所要求的内容领域和难度水平,并且整张试卷应当反映所要评价的学期或单元的学习目标,试卷中重难点的分配应与课程目标要求的重难点匹配。

(三) 运用适当的评价方式

知道每一种评价形式以及不同评价任务与评价目标的匹配性,能够根据评价目标选择适当的评价形式和评价任务。评价形式与评价目标之间存在切合性,纸笔考试对于知识,尤其是事实性知识的掌握是一种良好的评价形式,但对于技能运用的评价就存在明显缺陷了。评价任务的类型与评价内容之间同样存在切合性,一些内容经常只能借助于特定的题型来检测。教师必须根据评价的目标来选择适当的评价形式和评价任务类型。

(四) 适当地解释、运用评价结果

能对评价结果进行正确的、适当的解释,并能从中作出关于学生成就的正确推论。评价结果的解释应当与评价目的相联系。以安置为目的,结果必须与确定的标准相联系;以诊断为目的,结果解释就必须特别关注学生当前的学习状况与特定阶段的学习目标的差距;以激励学生为目的,结果解释就必须参照学生过去的学习状况。

能设计并运用融合多次评价、多元评价结果的成绩评定方法。评价难免存在错误,单一的评价风险更大。当结果被用于作出关于学生的高利害的决策时,单一的评价造成的伤害尤其大。教师需要综合日常评价的结果来评定学生的学期或学年成绩,同时采用分数、等级与评语相结合的方式,全面描述学生的学习情况。

能设计有效的结果报告方法,能与学生及其家长有效地交流评价结果,能向学生提供促进学习的具体反馈。如果缺少平均分之类的相关信息,分数或者等级的含义是不清晰的。但即使有这些相关信息,分数或等级也不能向学生提供真正意义上的反馈。

能运用评价结果进行自我反馈,规划和改进课程、教学和评价本身。对学生学业成就的评价同样是教师收集自己教学信息的过程,可以帮助教师了解自己教学中的问题。教师需要借助于课堂中持续的评价收集教学信息,以此作为教学决策的依据。评价同样能够让教师发现评价中存在的问题,及时改进,提高评价的质量。